CHINA

부산의
차이나
드라이브 전략

CHINA

부산의
차이나
드라이브 전략

부산발전연구원 엮음

한국학술정보㈜

• 머리말 •

중국의 성장세가 무척 가파르다. 중국은 지난 2010년 일본을 제치고 세계 2위 경제대국으로 부상했다. 경제개방과 연안개발을 본격화한 지 20여 년 만의 일이다. 최근 성장세가 다소 둔화되고 있으나 중국은 앞으로 상당 기간 세계경제의 엔진 역할을 수행할 전망이다.

올해는 한중 수교 20년이 되는 뜻깊은 해이다. 중국은 한국의 제3위 교역 대상국이자 최대 수출국이다. 양국 교역액은 2011년 2,206억 달러 규모로 수교 당시(64억 달러)와 비교해 35배 늘어났다.

한중 관계의 성숙과 더불어 부산도 중국과 경제적으로 크게 밀접해졌다. 중국은 부산의 최대 수출시장이며, 수입에서 차지하는 비중도 가장 높다. 부산과 중국의 물류망도 조밀하게 구축돼 있다. 이는 부산이 중국경제의 향방을 살피면서 능동적으로 대응해야 하는 이유다.

중국이 세계 최대 시장과 해외투자국가로 부상했는데도 부산은 그 기회를 충분히 활용하지 못한 측면이 있다. 부산의 대(對)중국 무역적자가 확대되고 있고 중국기업의 부산 유치가 저조한 점은 냉철히 고려돼야 할 부분이다.

부산은 지금 중대한 전환기에 놓여 있다. 글로벌 해양도시로 도약하느냐, 아니면 수도권의 변방으로 쇠락하느냐의 기로에 서 있는 것이다.

부산이 도약하기 위해서는 중국 관련 기회를 적극 살려야 한다. 이 책은 이런 상황에서 부산과 중국의 경제교류를 확대하고 지역기업의 대중국 경쟁력 강화를 도모하기 위해 기획됐다. 부산지역을 잘 이해하고 중국에 대한 지식과 경험을 가진 전문가들이 뜻을 모았다.

이 책은 부산과 중국의 경제관계를 분석한 후 부산의 도약을 위한 대중국 전략을 모색한다. Ⅰ부에서는 한중 수교 20년을 맞아 중국이 부산에 갖는 의미와 양자 간의 경제교류 성과를 총체적으로 기술한다. 수교 이전부터 존재한 화교자본, 중국 관광객·유학생의 현주소를 알아보고 부산 경제·사회에 미친 영향을 분석한다. 부산-중국 도시교류의 현황과 문제점을 파악하고 향후 교류 방향도 제시한다.

Ⅱ부에서는 부산의 대중국 현안과 대응 방안을 고찰한다. 특히 중국에 대한 투자, 중화자본과 기업 유치, 물류경쟁력 제고를 중점적으로 다룬다. 부산기업의 중국진출 성공·실패 사례를 분석하고 업종별로 중국시장에서의 대응전략을 제시한다. 부산의 중화(中華)자본과 기업 유치를 위한 성공 요인을 도출하고 제도 및 인프라 개선에 대해서도 알아본다. 또한 부산항의 물류경쟁력 제고를 위해 중국과 부산의 협력 대안도 검토한다.

Ⅲ부에서는 향후 중국과의 교역 확대에 따른 부산의 대응, 특히 한중 FTA의 필요성을 집중적으로 다룬다. 부산과 중국의 산업구조를 감안해 효과적인 접근이 필요하다. 현재 추진 중인 한중 FTA의 동향을 살피고 체결 시 부산에 미칠 영향과 이에 대비한 실천과제를

도출한다. 중국인의 시각을 통해 부산이 직면한 위협과 기회를 살펴본다.

이 책은 부산발전연구원 개원 20주년을 기념하는 도서의 하나이다. 부산시의 대중국 정책설계, 지역기업들의 전략 수립에 유용한 자료로 활용되기를 기대한다. 그럼으로써 부산과 중국의 경제협력이 더욱 확대되는 계기가 됐으면 좋겠다. 부산-중국 경제관계를 다룬 첫 책자라는 점을 감안해 내용의 구체성이나 깊이가 다소 부족함을 너그럽게 이해해주기 바란다. 마지막으로, 책이 나오기까지 수고를 아끼지 않은 장정재 연구위원을 비롯해 국내외 8명의 필진에게 깊은 감사를 드린다.

2012년 9월 부산발전연구원장 이언오

| 차례 |

부산-중국 교류 20년사

1992. 08. 한중 수교 체결

1993. 08. 상하이시(上海市)와 자매결연 체결

1993. 09. 주부산 중국총영사관 개관

1994. 01. 주부산 중국총영사관 경제사무실 개관

1994. 04. 부산항 – 상하이항 자매결연 체결

1994. 06. 부산시 사하구 – 톈진시(天津市) 둥리취(東麗區) 자매
　　　　　결연 체결

1994. 08. 부산 – 옌타이(煙臺) 정기 카페리호 취항

1994. 11. 리펑(李鵬) 중국 총리 방한 – 부산, 창원 소재 공장 방문

1996. 05. 부산시 영도구 – 상하이시 루완취(盧灣區) 자매결연 체결

1996. 06. 부산 – 베이징(北京) 직항노선 첫 취항

1996. 07. 부산 의회 – 상하이 인민회의 자매결연 체결

1996. 12. 부산 상하이 무역사무소 개소

　　　　　부산 – 상하이 직항노선 첫 취항

　　　　　부산 – 상하이 경찰 자매결연 체결

1997. 05. 부산 – 중국 省市 경제협력을 확대 업무협력 협정

1998. 10. 중국무역투자시장개척단 1천만 달러 상담실적 달성

1999. 03. 부산시 건설협회 – 상하이시 건축업연합회 자매결연 체결

1999. 08. 초량1동 상하이 거리 조성

2000. 06. 부산 – 칭다오(青島) 직항노선 개설

2001. 05. 한 - 중 카페리선 여객 10년 새 50배 증가

부산 - 선양(瀋陽) 전세기 첫 취항

2001. 06. 중국이 부산 최대 수출시장 부상(6,600만 달러)

2001. 06. 중국 랴오닝성 성장 보시라이(薄熙來) 부산 방문

- 환발해(황해)경제권 협력방안 논의

2001. 12. 부산 - 상하이(上海) 수산 교류협정 체결

2002. 08. 부산은행 - 중국공상은행(中國工商銀行) 업무제휴 조인식

2003. 03. 칭다오(靑島) 라이시시(萊西市)와 부산김해공단조성 협약

부산 - 베이징(北京) 교류협력합의서 체결

2004. 07. 부산 - 저장성(浙江省) 수산 교류합작의향서 체결

2004. 10. 차이나타운 문화 축제 개최

2004. 12. 중국 선전(深圳) 항무국(港務局) 부산항 방문

- 부산항과 선전항의 공동발전 방안을 모색

2005. 03. 부산 - 항저우(杭州) 및 광저우(廣州) 직항노선 개설

2005. 11. 허남식 부산시장 - 후진타오(胡錦濤) 중국 국가주석 회동

- APEC 정상회의 참석 환영만찬 및 중국기업의 부산투자와 관광교류 확대 논의

2005. 12. 부산항만공사와 중국 물류업체들과의 MOU 체결

2006. 05. 부산아이파크 - 칭다오(靑島) 프로축구단과 자매결연 체결

2006. 09. 부산 - 선전(深圳) 교류협력 양해각서 체결

2007. 06. 부산 - 웨이하이(威海) 신규 노선 취항

2007. 07. 부산시 - 톈진시(天津市)와 우호협력도시 협정 체결

부산시 동구 상하이 거리 지역특화발전특구로 지정

2007. 10. '부산 – 상하이의회 교류 10주년 기념' 상하이 의회 부
산 방문

2008. 03. 부산항만공사 – 장쑤성(江蘇省) 다펑항(大豊港)과 우호
협력 체결

2008. 04. 부산 기상청 – 저장성(浙江省) 기상국과 기상 협력 체결

2008. 06. 부산은행 칭다오(靑島)사무소 개소식

2009. 11. 부산시, 중국 공산주의청년단과 한국테마여행사업 MOU
체결

2009. 12. 부산시, 중국 언론인 초청 팸투어 실시

2010. 11. 부산시 남구 – 중국 쑤이펀허시(綏芬河市) MOU 체결
부산항만공사 – 산둥성(山東省) 4개 항과 상호협력 협
정 체결

2010. 12. 부산시 – 충칭시(重慶市)와 우호협력도시 협정 체결

2011. 11. 부산 진해경제자유구역청, 중국 청도보세항구관리위원회
(靑島)와 교류협력 MOU

2012. 03. 현재 11개 항공노선 운항(광저우, 베이징, 상하이, 선양,
웨이하이, 칭다오, 항저우, 홍콩, 옌타이, 하이난, 창사)

I부 한중 수교 20주년을 맞이하는 부산

1장 부산의 중국교류 역사와 경제적 성과

서창배(徐暢培)

요 약

1992년 한중 수교 이래 양국관계의 비약적인 발전은 부산-중국 교류·협력관계에도 많은 변화를 가져왔다. 부산은 1993년 국내 광역시 중 처음으로 상하이(上海)와 자매결연을 체결하였고 톈진(天津)·충칭(重慶)·선전(深圳)과는 우호협력관계를 맺고 있다. 현재 **중국은 부산의 최대 수출·수입시장인 동시에 최대 투자처**로서 지역경제에 큰 영향을 미치고 있다. 그러나 부산은 **지속적인 대중(對中)무역수지 적자, 미흡한 중국인 관광객 및 유학생 유치** 등으로 국내 다른 지역과 비교하여 중국경제의 혜택을 제대로 향유하지 못하고 있다. 그 원인은 **부산시가 지나치게 일본 편중적인 국제교류·협력을 추진하고, 전반적인 서비스마인드의 부족** 등 시장 변화의 흐름을 올바로 인식하지 못하고 있다는 데서 찾을 수 있다.

이를 극복하기 위해서는 ▲**부산의 포지션 정립** ▲**서비스산업 집중 육성** ▲**반(反)기업정서 불식** ▲**국제적 트렌드에 대한 올바른 인식** ▲**일반시민들의 국제화 의식 개선** 등이 필요하다. 또한 **부산시 주도하의 〈동북아 초광역경제권〉 설립**을 기대해 본다.

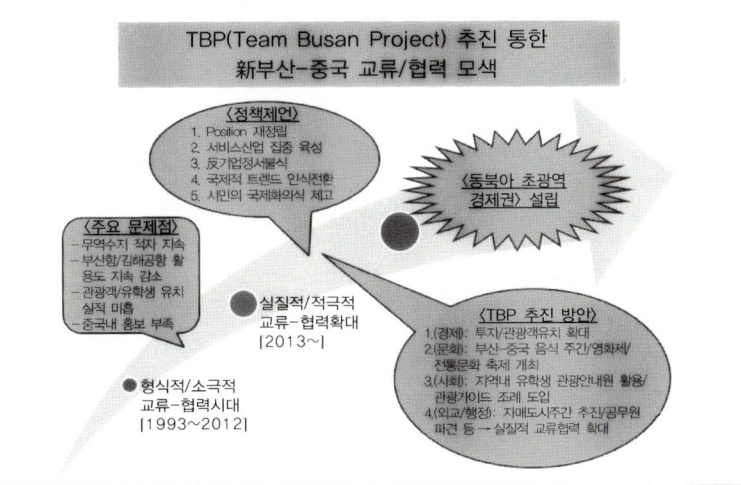

1. 한중 수교 20년의 성과와 부산의 중국 역사

2012년 8월 24일, 한국과 중국은 다시 새로운 20년을 준비하기 시작했다. 1992년 한-중 양국이 공식적인 외교관계를 맺은 지 정확히 20년을 맞이하는 동시에 양국 간의 새로운 역사가 시작됨을 의미하는 중요한 전환점이 되고 있다. 한국과 중국은 1992년 8월 24일 수교 이래 많은 분야에서 비약적으로 발전하고 있다. 특히 한-중 양국은 경제통상관계의 지속적인 확대 및 발전과 함께 인적 교류도 급증함에 따라 전례 없는 관계발전을 시현하고 있다. 이에 따라, 2008년 한-중 관계는 "전략적 협력동반자 관계"로 격상되었다. 이는 양국 간 협력의 범위가 양자문제에서 지역적 · 글로벌 차원으로 확대되고, 경제, 사회, 문화, 정치 · 안보 등 전 분야에 걸쳐 협력이 강화됨을 의미한다.[1]

〈그림 1〉 한-중 관계 발전 추이

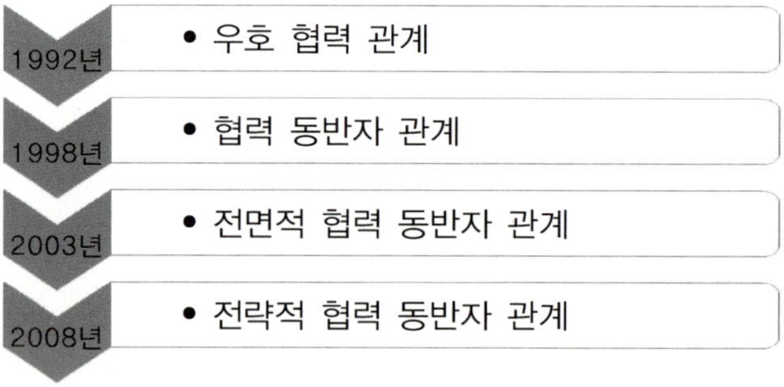

1992년	• 우호 협력 관계
1998년	• 협력 동반자 관계
2003년	• 전면적 협력 동반자 관계
2008년	• 전략적 협력 동반자 관계

---

1) 주중한국대사관 Website(http://chn.mofat.go.kr/korean/as/chn/main/index.jsp)(검색일: 2012.5.1)

1992년 64억 달러에 불과했던 한중 교역규모는 2011년 2,206억 달러를 기록함으로써 35배 증가하였다. 그중 대중(對中) 수출은 51 배 증가하였고, 對中 수입은 23배 증가하였다(<표 1> 참조). 1992 년 중국은 한국의 제4위 수출대상국이었으나, 2003년부터 현재까지 9년간 1위를 기록하고 있다. 한중 교역액은 2011년 2,000억 달러를 돌파하였는바, 이는 한-미, 한-일 교역액을 합한 금액에 해당하는 것 이다.[2] 주중한국대사관 자료에 따르면[3] 인적 교류도 1992년 13만 명에서 2011년 640만 5천 명으로 증가함으로써 49배 급증하였다. 유학생 교류는 총 13만 2천 명[재한(在韓) 6.4만 명, 재중(在中) 6.8 만 명]에 이르며, 양국 간 직항노선은 매주 837편이 운항 중에 있다. 이처럼 한중 관계의 비약적인 발전에는 상호 간에 존재하는 한류(韓流) 및 한풍(漢風)도 크게 작용하였기 때문으로 풀이된다.

<표 1> 1992년과 2011년의 對中 교역 비교

(단위: 천 달러)

구분	1992년	2011년	증대 현황
교역액 (순위)	6,378,580 (5위)	220,617,247 (1위)	35배
수 출 (순위)	2,653,639 (4위)	134,185,009 (1위)	51배
수 입 (순위)	3,724,941 (4위)	86,432,238 (1위)	23배

자료: 한국무역협회 북경지부, 「한·중 수교 20주년 양국 간 경제교류 협력」, 2012.4, p.2

중국은 이제 한국의 최대 무역대상국, 무역흑자국인 동시에 최대 투자대상국 중 하나가 되어 한국경제에 지대한 영향을 미치고 있다. 특히 2008년 하반기부터 시작된 전 세계적인 금융위기로부터 한국

---

2) 한국무역협회 베이징지부, 「한·중 수교 20주년 양국간 경제교류 협력」, 2012.4, pp.2-3.

3) 주중한국대사관 Website(http://chn.mofat.go.kr/korean/as/chn/main/index.jsp)(검색일: 2012.5.1)

경제가 조기에 벗어날 수 있었던 결정적 요인을 대중(對中) 수출과 그에 따른 무역흑자에서 찾기도 한다. 이에 따라 한국경제는 그동안 미국·일본경제 중심에서 벗어나는 계기가 되었으며, 최근에는 오히려 지나친 중국경제 의존도를 우려하기에 이르렀다. 이러한 한중 경제의 긴밀한 관계를 반영하듯 2012년 5월 2일 양국 정부는 중국 베이징에서 한중 FTA 정부 간 협상을 공식 출범시켰고, 5월 14일에는 제1차 협상을 개최한 바 있다.

이처럼 한국과 중국의 경제 긴밀도에 힘입어 한국의 **對中**투자도 크게 증가한 상태이며 한국의 다수 기업들이 중국에 진출한 상태이다(<그림 2> 참조). 한국기업의 **對中**투자는 1988년 약 10만 달러로 시작하였으나 1992년 8월 한중 간 국교 정상화를 기점으로 새로운 전기를 맞이하였다. 그 후 2011년 말까지 20년이라는 짧은 기간에도 불구하고 급속한 성장세를 이어오고 있다. 한국의 연간 해외투자에서 **對中**투자가 2002년부터는 대미(對美)투자를 제치고 한국기업들이 가장 선호하는 투자대상국이 되었다.[4] 이러한 현상으로 봤을 때 향후 한중 FTA가 체결될 경우, 한국의 **對中**투자 규모는 더욱 증가할 것으로 예상된다.

---

4) 한국의 연간 투자규모에서 對中투자는 2002년부터 對美투자를 앞서기 시작했으나, 한-미 FTA 체결과 함께 2009년과 2011년에는 對美투자가 對中투자를 앞선 것으로 나타났다. 한국수출입은행(www.koreaexim.go.kr) <연도별 해외투자현황> 통계기준.

〈그림 2〉 한국의 전체 해외투자와 對中투자의 추이 비교

(단위: 천 달러, %)

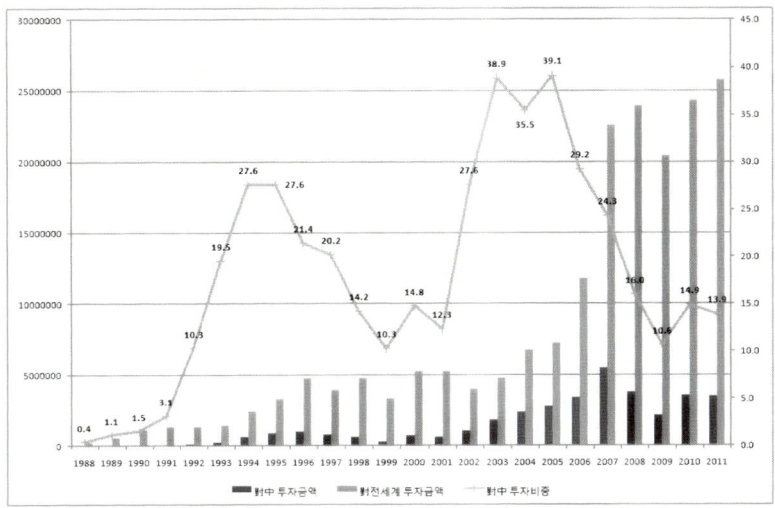

주: 한국의 전체해외투자에서 대중투자가 차지하는 비중은 연구자 계산
자료: 한국수출입은행

그렇다면 부산과 중국 간의 교류·협력관계는 어느 정도이고 어떤 발전과정을 거쳐 지금까지 이어지고 있을까? 한중 간의 비약적인 발전은 부산과 중국 간의 교류·협력관계로도 이어지고 있는 것이 사실이다. 부산은 한중 수교 이듬해인 1993년 8월 24일 상하이(上海)시와의 자매결연을 시작으로 중국과 공식적인 교류·협력관계를 맺기 시작했다. 그러나 부산과 중국 간의 교류는 그보다 110여 년 전인 1882년 화교상인의 진출로 거슬러 올라간다.[5]

부산지역에 화교가 본격적으로 '이주'를 시작한 것은 1882년 임오군란으로 조선과 청나라 간에 <조청상민수륙무역장정(朝淸商民

---

5) 부산의 화교 인구 추이에 대한 자세한 사항은 김태만, 『내 안의 타자(他者), 부산 차이니스 디아스포라』(부산: 부산발전연구원 부산학센터, 2009)를 참조.

水陸貿易章程)>이 체결되면서부터이다. 그 당시 부산은 이미 1876
년 병자수호통상조약(강화도조약)에 의해 무역과 상권이 일본 상인
에 의해 장악된 상태였기 때문에 부산에 진출한 청상(淸商)의 수는
매우 적었다고 한다.[6] 그 후, 1884년 청국 영사관[7]과 1887년 중국
조계지가 부산에 각각 설치됨으로써 화교상인들이 빠르게 증가한
것으로 알려지고 있다. 청국 영사관과 청국조계지가 설치된 이후
1886년 28명에 그쳤던 부산 청국인의 수가 1890년 164명, 1905년
200여 명, 1909년 338명, 1910년 356명, 1925년 542명까지 증가하
였다고 한다.[8]

그 후, 다소 감소하던 부산의 화교 인구는 1950~1953년까지 한
국전쟁이 발발하면서 한국전쟁을 피해 전국의 화교들이 부산으로
몰려옴에 따라 부산의 화교 수가 기하급수적으로 늘어나게 되었다.
당시 한국 정부와 대만대사관임시판공처는 화교 상회 소유의 초량
청관거리 뒤편 1,300평에 충효촌(忠孝村)을 설치해 1,000세대 이상
의 화교 피란민들이 판잣집을 짓고 생활하게 했다고 한다.[9] 이에 따
라, 1957년 3,879명, 1965년 3,957명을 기록한 부산의 화교인구는
1970년 3,977명까지 증가하여 최고 절정기를 맞이하였다.

그러나 1970년대 들어 한국정부의 강력한 화교 배제정책과 텍사
스촌의 쇠락, 화교들 간의 갈등은 부산 화교들이 이민 등 청관거리

---

6) 김태만, 앞의 책, p.56.

7) 정식 명칭은 청국상무공서부산지서(淸國商務公署釜山支署)이나 통칭 부산 청국 이
사부(釜山淸國理事府)라 하였다. 부산광역시사편찬위원회, 『부산의 자연마을』, 2006,
p.43.

8) 김태만, 앞의 책, pp.58-64.

9) 김태만, 앞의 책, p.66.

를 떠나가는 결과를 만들었다. 특히 부유한 화교 층을 중심으로 이
민을 떠나는 경우가 많았다. 그 결과, 초량 청관거리에 빈 집들이 늘
어났다.[10] 이로 인해 부산의 화교인구는 1980년 3,351명, 1983년
3,329명으로 감소하기 시작하였고 2000년대 들어서는 더욱 큰 감소
추세를 보이고 있다. 2001년 2,036명이던 부산의 화교인구는 2003
년 1,956명으로 감소하였고 2006년에는 1,858명까지 급감하였다
(<그림 3> 참조).

<그림 3> 부산의 화교 인구 추이

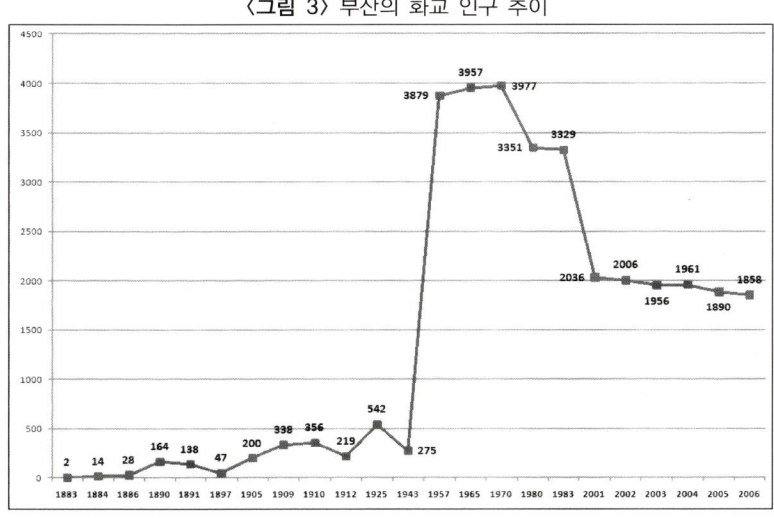

자료: 김태만, 『내 안의 타자(他者), 부산 차이니스 디아스포라』(부산: 부산발전연구원 부산학센터, 2009), p.64,
74, 88을 재정리

    이처럼 부산의 화교인구가 감소하였다고 하여 부산과 중국 간의
관계가 약화된 것은 결코 아니다. 오히려 1992년 한중 수교와 1993

---

10) 김태만, 앞의 책, p.74.

년 부산-상하이 간의 자매결연 체결 이후, 중국인 유학생 및 관광객 급증, 부산-중국 간의 무역관계 증대 등으로 인해 부산의 對中관계는 더욱 활성화되는 양상을 띠고 있다. 특히 2005년 부산에서 개최된 <APEC 정상회의>는 부산과 중국 간의 교류 활성화에 지대한 영향을 미쳤다고 볼 수 있다. 부산 동백섬 누리마루 일대에서 개최된 2005년 <APEC 정상회의>는 중국에 부산을 알리고 부산의 좋은 이미지를 심어준 결정적인 계기가 되었다.[11] 이를 통해 중국인들이 한국의 아름다운 도시, 부산이라는 곳을 인지하기 시작했고 보다 많은 중국인들이 부산을 찾기 시작했다고 할 수 있다.

〈그림 4〉 2005년 〈APEC 정상회의〉 개최 장소였던 부산 동백섬 누리마루와
광안대교 모습

---

11) 중국 내에서는 2005년 APEC 정상회의 개최 이전까지 부산을 제대로 인지하지 못했던 것으로 알려진다. 이는 저자가 주재원과 유학생으로 활동하며 중국 베이징 현지에서 다수의 중국인들에게 문의하였을 때에도 유사한 결과를 얻은 바 있다.

2. 부산-중국 간의 경제교류·협력 현황과 특징

1) 중국 지방정부와의 자매결연 추진

한중 수교 이후 지방자치단체(이하 지자체)를 중심으로 중국인 관광객, 중국인 유학생 등을 유치하기 위한 다양한 논의와 함께 중국 지방정부와의 자매결연을 체결하기 위해 노력하고 있다. 한국의 지자체와 중국 지방정부 간의 첫 번째 자매결연은 전라남도 목포시와 장쑤성(江蘇省) 롄윈강(连云港)시가 1993년 7월 1일 체결한 것이다. 그 후, 다수의 한국 지자체와 중국 지방정부들이 자매결연을 추진함으로써 2011년 12월 말까지 누계기준으로 총 142건에 이르고 있다.[12] 서울시는 중국의 수도인 베이징(北京)시와 1993년 10월 23일 체결하였고, 인천시는 지리적으로 인접한 톈진(天津)시와 1993년 12월 7일 자매결연 도시가 되었다. 부산시는 서울시와 인천시에 앞선 1993년 8월 24일 중국의 제2대 도시이며 제1의 항만도시이고 상업·금융·무역 등 경제중심지인 상하이(上海)시와 자매결연을 체결하였다.

한국의 지자체 중, 중국 지방정부와의 교류 및 협력관계가 가장 활발한 곳은 경기도로 나타났다. 그다음으로는 1995년 10월 23일 허난성(河南省)과의 자매결연 체결을 비롯하여 총 19건을 기록한 경상북도로 나타났으며, 경상남도, 전라남도, 전라북도도 각각 12건, 11건, 11건 등의 자매결연을 체결한 것으로 나타났다. 경기도는 산하 지자체들의 체결건수까지 합할 경우 총 31건의 자매결연을 체결하

---

12) 한국무역협회 상해지부(2012), "중국의 2012 여수엑스포 참가현황", 조사보고서 pp.17-21

고 있다. 특히 경기도는 국내 지자체 중 유일하게 랴오닝성(辽宁省, 1993년 10월 4일), 광둥성(广东省, 2003년 10월 20일), 산둥성(山东省, 2009년 12월 11일) 등 3개의 성급 지방정부들과 자매결연을 체결함으로써 가장 적극적인 모습을 보여주고 있다. 이는 경기도가 중국과 인접해 있다는 지리적 특성도 있으나, 중국경제의 중요성을 가장 크게 절감하고 있다는 반증이라고도 볼 수 있다. 특히 경기도 출신 기업들의 對中투자 진출이 서울(8,554개) 다음으로 많은 6,087개라는 점도 경기도가 중국 지방정부와의 자매결연을 적극 추진하게 된 배경으로 보인다(<표 2> 참조).

부산시도 최근 중국경제의 중요성을 인지하고 중국의 지방정부들과 다각적인 교류 및 협력관계를 이어나가고 있다. 부산시는 전술한 바와 같이 상하이(上海, 1993.8.24 체결)시와 자매결연을 체결한 것을 비롯하여 산하 9개 기초자치단체들이 9개 중국 지방정부와 자매결연을 체결함으로써 2011년 12월 말까지 총 10건을 중심으로 교류·협력을 진행해오고 있다.[13] 또한 중국 지방정부와의 우호협력도 적극적으로 추진 중에 있다. 부산시는 2007년 5월 17일 광둥성 선전(深圳)시와의 우호협력을 비롯하여 톈진(天津)시(2007.7.23.), 충칭(重庆)시(2010.12.2.) 등과 각각 우호협력 협정을 체결한 상태이다. 부산시 산하 기초자치단체들의 우호협력도 크게 증가하여 연제구와 상하이시 황푸구(上海市 黄浦区, 2004.10.12.), 중구와 충칭시 주룽포구(重庆市 九龙坡区, 2009.4.23.) 등 지금까지 총 10건의 우호협

---

13) 자매결연이 잠정 중단된 상태인 부산 사하구와 톈진시 동리구(天津市東麗區, 1994.6.9 체결), 부산 수영구와 랴오닝성 다롄시 진저우구(遼寧省大連市金州區, 1996.9.9 체결) 등 2건은 제외.

력관계를 체결하고 교류·협력 중인 것으로 나타났다.[14] 이로써 부산시와 그 산하 기초자치단체가 중국 지방정부와 체결한 교류·협력관계는 자매결연 10건, 우호협력 13건 등 총 23건에 달하고 있다 (<표 2> 참조).

<표 2> 부산시 및 산하 기초자치단체와 중국 지방정부 간의
자매·우호협력 체결현황

(기준: 2011년 12월 말 현재)

No.	구분	중국 지방정부	체결일자	비고
1	부산시	상하이시(上海市)	1993.08.24	자매
2		광둥성 선전시(深圳市)	2007.05.17	우호
3		톈진시(天津市)	2007.07.23	우호
4		충칭시(重慶市)	2010.12.02	우호
5	중구	충칭시 주룽포구(重庆市 九龙坡区)	2009.04.23	우호 (MOU)
6	서구	랴오닝성 창하이시(辽宁省 长海市)	1995.09.19	자매
7	동구	산둥성 옌타이시 즈푸구(山东省 烟台市 芝罘区)	1996.03.05	자매
8		상하이시 쉬후이구(上海市 徐汇区)	2008.11.26	우호
9	영도구	상하이시 황푸구(上海市 黄浦区)	1996.05.28	자매
10	동래구	상하이시 홍커우구(上海市 虹口区)	1997.05.23	자매
11	북구	산둥성 자오저우시(山东省 胶州市)	1994.11.10	자매
12	해운대구	장쑤성 양저우시 웨이양구(江苏省 扬州市 维扬区)	2007.01.16	자매
13		장쑤성 양저우시(江苏省 扬州市)	2007.01.15	우호
14	사하구	상하이시 자베이구(上海市 闸北区)	2008.09.23	우호
15	금정구	베이징시 창핑구(北京市 昌平区)	2005.06.09	우호
16		푸젠성 샤먼시 쓰밍구(福建省 厦门市 思明区)	2003.07.16	우호
17		상하이시 푸퉈구(上海市 普陀区)	2005.06.01	자매

---

14) 우호협력이 잠정 중단된 상태인 부산 남구와 허베이성(河北省) 친황다오시(秦皇島市), 1996.3.13 체결), 부산진구와 산둥성 펑라이시(山東省蓬莱市, 2003.4.2 체결), 강서구와 산둥성 하이양시(山東省海陽市, 1996.5.30 체결) 및 허베이성 헝수이시(河北省衡水市, 1996.6.19 체결) 등 4건은 제외.

18	강서구	장쑤성 진장시(江苏省 晋江市)	2010.10.18	자매
19	연제구	상하이시 황푸구(上海市 黄浦区)	2004.10.12	우호
20		산둥성 자오저우시(山东省 胶州市)	1995.11.02	우호
21	사상구	랴오닝성 다롄시 간징쯔구(辽宁省 大连市 甘井子区)	1996.06.20	자매
22		랴오닝성 선양시 둥링구(辽宁省 沈阳市 东陵区)	1997.09.28	우호
23	기장군	지린성 쓰핑시(吉林省 四平市)	2005.09.01	우호

자료: 부산광역시 국제협력과, 「한·중 수교 20주년 기념: 2012년도 중국 교류계획」, 2012.2, p.17

이에 따라, 부산시와 상하이시는 다양하고 지속적인 활동을 통해 양 도시 간의 교류·협력관계를 이어가고 있다. 특히 부산과 상하이는 1998년 상하이에 '부산거리'를, 부산에 '상하이거리'를 조성하기로 합의하였고, 그에 따라 부산은 과거 청관거리로 불리던 부산 내 화교밀집지역을 상하이거리로 조성한 바 있다. 또한 부산에서는 2004년부터 매년 '상하이거리축제'를 개최하고 있다.

부산과 중국 지방정부와의 교류 및 협력관계는 수치상으로도 증가하고 있음을 알 수 있다. 2009년 70건에 불과했던 부산-중국 간의 교류 건수는 2010년 125건, 2011년 133건으로 매년 증가하고 있는 상태이다(<표 3> 참조). 이에 따라 2011년 교류건수는 2009년과 비교하여 90% 증가하였다. 특히 상하이와의 교류는 지속적으로 증가하여 2009년 23건에서 2010년 32건, 2011년 49건으로 지속적으로 증가하는 추세이다. 반면에 선전, 텐진, 충칭 등 우호협력 도시들과의 교류 실적은 정체상태를 보이고 있어 상하이와 대조를 보이고 있다. 2011년 3개 우호협력도시와의 교류 활동은 겨우 2~5건에 불과하여 매우 저조한 실적임을 알 수 있다. 특히 부산-텐진 간의 교류는 2009~2011년 동안 1~2건에 그치고 있어 과연 우호협력 도시로서 의미가 있는지 의문이 들 정도이다.

(단위: 건)

도시명	연도	계	인적·행정	경제교류	문화·체육	관광교류	국제회의	민간교류	비고
		328	154	29	31	54	26	34	
상하이	'09	23	5	4	3	4	2	5	자매
	'10	32	16	2	1	8	1	4	
	'11	49	28	2	3	3	5	8	
선 전	'09	6	2		1			3	우호
	'10	1	1						
	'11	4	1		1	1	1		
텐 진	'09	1					1		우호
	'10	2	1				1		
	'11	2	2						
충 칭	'09	3	3						우호
	'10	5	2			2		1	
	'11	5	3				1	1	
기 타	'09	37	14	6	2	5	9	1	
	'10	85	32	13	14	19	4	3	
	'11	73	44	2	6	12	1	8	

주: 1) 기타: 부산주재 공관, 중앙정부 및 자매·우호 미(未)체결 도시 교류현황
　　2) 기초자치단체 교류 실적도 포함된 수치
자료: 부산광역시 국제협력과, 「한·중 수교 20주년 기념: 2012년도 중국 교류계획」, 2012.2, p.2

　　교류와 관련한 분야별 실적에서도 부산은 중국경제를 이용한 지역경제 활성화를 위해 노력하고 있는지 심각한 우려가 제기된다. 인적 교류가 대부분을 차지하고 있는 반면에 경제, 문화, 체육, 관광분야 교류는 오히려 감소하고 있기 때문이다. 2009~2011년 동안 이루어진 부산-중국 지방정부 간의 총 교류건수 328건 중 인적·행정 교류가 154건을 기록하여 전체 교류 건수의 47.0%를 차지하였다. 반면 경제교류는 2009년 10건, 2010년 15건, 2011년 4건 등 29건 (8.8%)에 불과하며 오히려 감소하는 추세를 보이고 있다. 관광교류

도 2009년 9건, 2010년 29건, 2011년 16건 등 54건(16.5%)에 머무르는 등 경제적 효과를 위한 실질적인 교류·협력은 매우 저조한 상태이다. 전반적으로 볼 때, 부산-중국 지방정부 간 교류·협력은 단순한 상호방문, 공무원 교류 등 인적·행정적 교류라는 친선도모의 목적이 큰 반면, 지역경제 활성화 차원에서의 경제교류나 관광교류 등은 매우 저조한 성과를 보이고 있다는 점에서 대폭적인 변화가 필요하다고 생각된다.

<그림 5> 한중 자매결연 현황

(기준: 2011년 6월 현재)

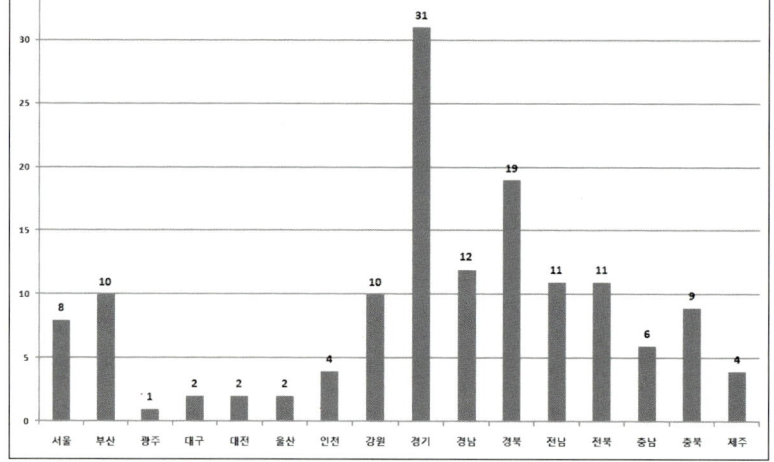

주: 1) 우호협력도시 제외
　　2) 부산시는 2011년 12월 현재 기준임. 단, 자매결연 잠정 중단 상태인 동리구(天津市 東麗區/사하구/94.6.9), 진저우구(遼寧省 大連市 金州區/수영구/96.9.9) 등 2곳은 제외
자료: 한국무역협회 상해지부, 「중국의 2012 여수엑스포 참가현황」, 조사보고서 12-5, 2012.2, pp.17-21; 부산광역시 국제협력과, 「한·중 수교 20주년 기념: 2012년도 중국 교류계획」, 2012.2, p.17을 참조하여 연구자 정리

부산-중국 지방정부와의 교류·협력 실적은 다른 지자체들과 비교하면 더욱 크게 뒤처져 있음을 알 수 있다. <그림 5>에서 보듯, 부산시와 그 산하 기초자치단체가 중국 지방정부와 체결한 자매결연 건수는 강원도, 충청북도, 서울시 등과 함께 중간수준에 불과한 상태임을 알 수 있다. 이러한 수치는 인천시(4건), 제주도(4건) 등과 비교하면 높은 수준이나 경기도(31건), 경상북도(19건), 경상남도(12건) 등과 비교하면 극히 미미한 수준임을 알 수 있다. 최근 부산시가 광둥성 선전(深圳), 톈진(天津), 충칭(重慶) 등 3개 도시들과 우호도시 협정을 체결하는 등 새롭게 노력하고 있으나 여전히 다른 지자체에 비해 매우 부진한 상태를 보이고 있다. 더욱이 부산의 교류·협력 실적이나 활동은 지나치게 인적·행정교류에 편중되어 있다는 점에서 경제교류, 관광교류 등 경제적 활동을 위해 적극적으로 노력하는 여타 지자체와는 대조적인 모습을 보이고 있어 개선이 절실하다고 하겠다.

이처럼 부산의 對중국 교류·협력이 양적인 면에서나 질적인 면에서 다소 부족한 것은 아직까지도 일본 편중적인 모습에서 탈피하지 못하였고 중국에 대한 객관적인 평가나 중국경제의 중요성에 대한 인지도가 낮기 때문으로 풀이된다. 부산시는 지리적인 인접성으로 인해 후쿠오카(2007.2.2 체결), 오사카(2008.5.21 체결) 등 일본 지자체들과의 교류·협력이 다른 지자체들에 비해 매우 큰 상태이다.[15] 특히 부산은 일본 후쿠오카와 2009년 초국경경제권 형성을 위

---

15) 부산의 對일본 교류·협력관계가 중국을 비롯한 여타 자매결연 지역에 비해 매우 활발하다는 점은 부산광역시가 매년 발간하는 『시정백서』를 보면 더욱 쉽게 알 수 있다.

한 MOU를 체결하고 부산·후쿠오카 게임산업 관계자 교류회, 비즈니스CEO포럼, 부산-후쿠오카 무역상담회 개최, G-star공동참여 등 초국경경제권 형성을 위한 협력사업을 적극 추진 중이다. 또한 부산-후쿠오카 포럼을 매년 개최하고 있다. 이처럼 부산의 對日 교류·협력은 질적인 측면에서도 對中 교류·협력보다 훨씬 높은 수준이고 다각적인 차원에서 이루어지고 있음을 알 수 있다.

부산시는 공식 홈페이지를 통해 외국 도시와의 자매·우호협력 등 교류의 질적인 측면이 과거 상호 친선 도모가 근간을 이루는 교류에서 벗어나 통상, 상호투자, 관광객 유치, 공동이익 등 실리추구 위주로 전환되고 있다고 했다. 그러나 후쿠오카, 오사카 등 對日 교류·협력 편중현상이 부산경제 활성화에 큰 영향을 미치고 있는지 경제적 효과를 중심으로 반드시 살펴볼 필요가 있을 것이다.

2) 부산-중국 경제관계

(1) 부산-중국 간 무역

부산과 중국 간의 경제관계는 무역과 투자를 중심으로 크게 증가하고 있는 추세를 보이고 있다. 부산의 수출 및 수입에서 중국은 2010년과 2011년 모두 일본, 미국을 크게 앞서는 것으로 나타났다(<표 4> 참조). 이에 따라, 중국은 현재 부산의 최대 수출시장, 최대 수입시장인 동시에 부산기업들의 최대 해외투자처로 자리매김하고 있다.

<표 4> 부산의 주요 무역상대국 비교

(단위: 백만 달러)

수출				국가명	순위	국가명	수입			
2010		2011					2010		2011	
금액	증가율	금액	증가율				금액	증가율	금액	증가율
12,374	30.3	14,562	17.7		합계		12,469	17.1	14,702	17.9
2,125	42.1	2,772	30.4	중국	1	중국	3,528	38.3	4,527	28.3
1,339	16.8	1,519	13.4	일본	2	일본	2,849	31.1	3,028	6.3
906	12	1,118	23.3	미국	3	미국	1,117	-5.3	1,423	27.4
552	39.1	556	0.7	베트남	4	독일	476	10.6	592	24.4
236	5.1	528	123.7	마셜군도	5	프랑스	452	60.6	484	7.2
360	107.8	458	27.1	러시아연방	6	러시아연방	538	-1.2	463	-13.9
280	42.2	429	53.2	UAE	7	베트남	244	26.6	324	32.5
192	-4.1	407	112.6	필리핀	8	노르웨이	316	-20.8	314	-0.4
267	26.7	361	34.9	인도네시아	9	대만	254	-11	298	17.5
255	11.1	312	22.5	홍콩	10	말레이시아	244	26.2	216	-11.4

자료: 한국무역협회 무역통계(http://stat.kita.net)

　　부산의 **對中**무역액은 2000년 15억 달러에 불과했으나 연평균 18.4% 증가하여 2011년 73억 달러를 기록함으로써 지난 10여 년간 4.9배 증가한 것으로 나타났다. 부산의 전체 무역액이 2000년 88억 달러에서 연평균 12.97% 증가하여 2011년 293억 달러에 달함으로써 3.3배 증가한 것에 비해 높은 수치이다. 또한 부산의 전체무역에서 **對中**무역이 차지하는 비중도 증가하여, 2000년 16.4%에 불과했던 **對中**무역 비중은 2007년 전체 무역의 25.1%를 차지함으로써 최고치를 시현하였으며 2011년에는 24.9%를 기록하였다. 이처럼 부산의 전체무역 대비 **對中**무역 비중은 평균 21.3% 수준을 보이고 있어 전국의 **對中**무역 비중(20.4%)보다는 0.9%포인트, 중국과의 교역이 활발한 인천(15.0%)16)보다는 6.3%포인트 높은 것으로 나타났다.

이에 따라, 부산의 對中무역수지는 지속적인 적자상태를 기록하고 있다. 2000년 5백만 달러에 불과했던 부산의 對中무역 적자 규모는 2008년 36억 달러로 최고치를 기록하였으며 2011년에는 18억 달러의 적자를 기록하였다. 전반적인 한국의 對中무역이 큰 폭의 흑자를 지속하고 있음과 비교하면 부산의 계속적인 무역 적자는 큰 문제가 아닐 수 없다. 2011년 부산의 對中수출과 수입이 2000년과 비교하여 각각 3.8배, 6.2배 증가한 것과 달리 무역 적자 폭은 351배나 급증한 것으로 나타났다. 이러한 현상은 중국경제의 고도성장에 따른 혜택을 부산이 크게 누리지 못하고 있음을 방증하는 것이라고 볼 수 있다. 또한 향후 한중 FTA 체결에 따른 무역증대 효과에서도 부산은 對中무역 수지 적자를 만회하기 힘들다는 것이기도 하다. 이는 부산의 수출입 품목에 따른 결과이기도 하나, 부산시가 중국 지방정부와의 적극적인 경제교류·협력을 통해 극복해야 할 과제이기도 한 것이다.

부산이 對中무역에서 지속적인 적자를 기록하는 원인은 산업구조적인 요인에서 찾을 수 있다. 부산의 주력 제조업인 조선기자재, 자동차부품, 기계부품은 모두 철강·판, 철근, 주·단조품을 원자재로 쓰고 있는데, 이들 대부분이 저렴한 중국산 제품이기 때문이다.[17] 또한 부산에는 한국이 중국으로부터 큰 폭의 흑자를 보이고 있는 반도체, 디스플레이, 휴대폰 등 IT산업 기반이 없어, 현재의 산업구조 하에서는 부산 제조업체들이 생산을 늘릴수록 對中무역 적자가 증가하는 현상이 발생한다는 것이다.[18]

---

16) 단, 인천의 對中무역비중은 1992-2011년 기간 동안 발생한 연평균 비중이다.

17) 부산-중국 간 주요 수출입 품목에 대해서는 이하 장(章)들을 참조하기 바란다.

18) 황영순·유정우·김율성, 『부산-중국 간 주요 분야협력 방안: 기업·관광·물류를 중심으로』(부산: 부산발전연구원, 2011), p.7.

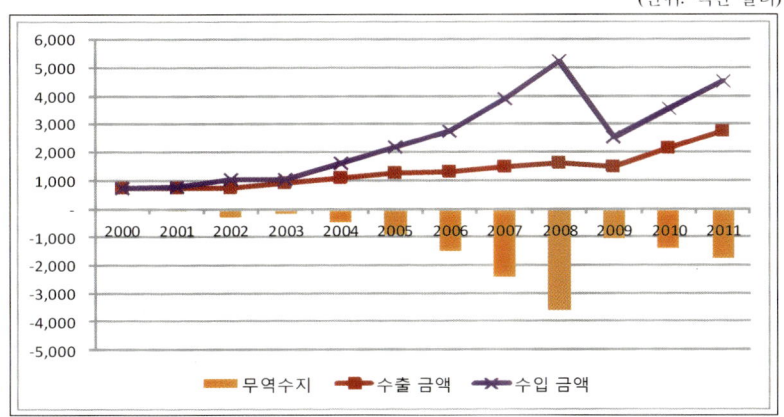

〈그림 6〉 부산의 對中무역 추이

(단위: 백만 달러)

자료: 한국무역협회 무역통계(http://stat.kita.net)

  즉, 전반적으로 볼 때 부산의 **對中**무역성장률은 전국에 비하여 낮은 수준(한국 전체 연평균 20.5%, 부산 연평균 18.4% 성장)을 보이고 있다. 또한 한국의 전체 무역액은 수입보다 수출(2011년 수출 1,341억 달러, 수입 864억 달러)이 많은 것과 비교하여, 부산은 수출보다 수입(2011년 수출 28억 달러, 수입 45억 달러)이 더 많은 것이 특징이다. 부산의 지역경제 활성화를 위해서는 세계 최대 소비시장으로 성장 중인 중국의 활용이 매우 중요하나 현실이 그렇지 못한 것은 지역적 특성을 간과해 온 데서 비롯된 것이 아닌지 고민해볼 필요가 있다. 또한 여타 지역에 비해 중국경제를 활용한 부산의 **對中**무역수지 완화 효과가 제대로 이루어지지 못한 것도 큰 문제점이라고 할 수 있다.

(2) 對中무역과 부산항 · 김해공항의 역할

부산은 한국 제1의 항만도시로서 한국의 대외무역에서 큰 역할을 담당해온 것이 사실이다. 이는 중국과의 무역에서도 그대로 드러났으나 최근 들어 그 비중이 크게 감소하여 이제는 인천항에 이어 2위를 차지하고 있다는 점에서 부산시의 대책이 절실한 상태이다(<그림 7> 참조).

〈그림 7〉 한국의 주요 항만별 대중무역 및 비중 추이

(단위: 백만 달러, %)

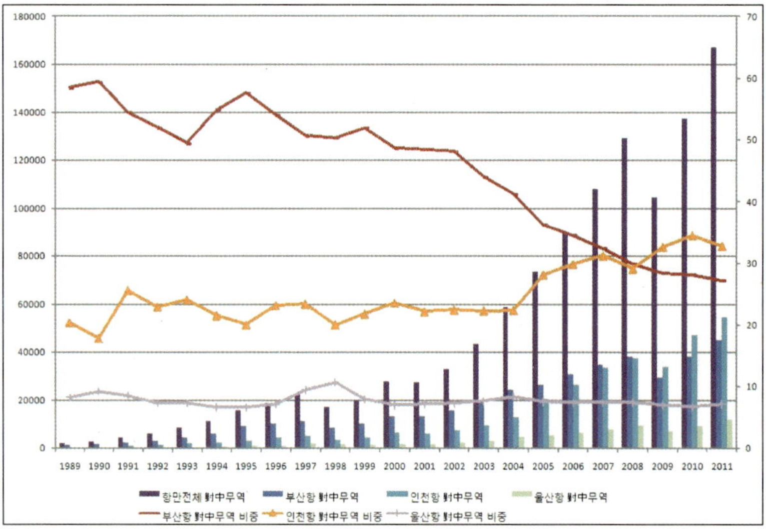

자료: 한국무역협회 무역통계(http://stat.kita.net)

부산항을 통한 **對中**무역 규모는 1992년 한·중 수교 당시 32억 달러에 불과했으나, 연평균 85.6% 증가하여 2011년 453억 달러에 달해 지난 20년간 14.2배 증가한 것으로 나타났다. 부산항 전체 무역액이 같은 기간 연평균 7.3% 증가하며 1992년 830억 달러에서 2,857억 달러로 3.4배 증가에 그친 것과 비교해볼 때 부산항의 **對中**무역 규모는 큰

폭의 증가세를 시현한 것이다. 그러나 부산항 전체 무역액 중 **對中**무역 비중은 1992년 교역 초기 52.0%였으나 2011년에는 27.1%에 불과한 것으로 드러나 대폭 감소하였음을 알 수 있다. 다시 말해 부산항의 **對中**무역 비중은 지난 20년 동안 50% 가까이 감소한 것이다. 이에 따라 지난 20년간 한국의 **對中**무역에서 절대적인 비중(평균 43.4%)을 차지했던 부산항은 최근 들어 그 비중이 지속적으로 감소함으로써 이제는 30% 미만으로 크게 저하된 상태이다(<그림 7> 참조).

이에 반해 인천항은 한국의 **對中**무역에서 차지하는 비중이 점차 증가하고 있어 부산항과 대조를 이루고 있다. 다시 말해 부산항의 **對中**무역 비중 감소 추세를 국내 최대 경쟁항구인 인천항이 고스란히 수용하고 있는 것이다. 이는 다음과 같은 인천항의 성과와 비교해보면 더욱 확연히 알 수 있다.

1992년 수교 당시 인천항의 **對中**무역액은 14억 달러에 불과했으나 연평균 21.3% 증가하여 2011년 548억 달러에 달해 지난 20년간 39.1배 증가하였다. 같은 기간 인천항 전체 무역액은 연평균 11.9% 증가세를 보여 1992년 120억 달러에서 1,026억 달러로 8.6배 증가하였다. 인천항 전체 무역액 중, 중국 비중은 1992년 교역 초기 11.7%였으나 2011년 교역 전체의 53.4%를 차지하여 인천항의 **對中**무역 비중이 1/2 이상을 기록하였다. 지난 20년간 한국의 **對中**무역 중 평균 21.1%가 인천항을 통하여 이루어진 것으로 나타난 것이다. 이에 따라 최근 인천항을 통한 **對中**무역이 전체의 1/4에 달하고 있는 것으로 나타났다.[19]

이와 같은 추세는 **對中**수출 및 수입을 각각 구분해서 보면 더욱

---

19) 인천상공회의소, 「한·중 수교 20주년, 인천지역 대중국 교역량 변화: 인천항·인천국제공항 중심으로」, 경제현안분석 2012-1, 2012.8, p.5.

명확히 드러나고 있다. 국내 주요 무역항인 부산항이 對中수출 및 수입 규모에서 인천항과 그 폭을 크게 줄이고 있다. <그림 8>과 <그림 9>를 보면, 한국의 對中수출입에서 부산항이 차지하는 비중에 있어서도 수출비중은 인천항보다 크게 감소한 반면에 수입비중에서는 인천항과 거의 유사한 상태임을 알 수 있다. 한국의 對中수출에서 부산항의 비중은 1992년 57.2%에서 2011년 20.0%를 차지해 37.2%포인트의 큰 감소세를 기록한 반면, 인천항은 1992년 12.8%에서 2011년 29.9%를 차지해 11.1%포인트 증가함으로써 부산항을 앞서고 있다(<그림 8> 참조). 對中수입의 경우, 부산항과 인천항의 비중은 1992년 각각 48.1%, 30.4%에서 2011년 각각 38.6%, 37.4%를 차지한 것으로 드러났다(<그림 9> 참조).

〈그림 8〉 한국의 對中수출에서 주요 항만이 차지하는 비중 추이

(단위: %)

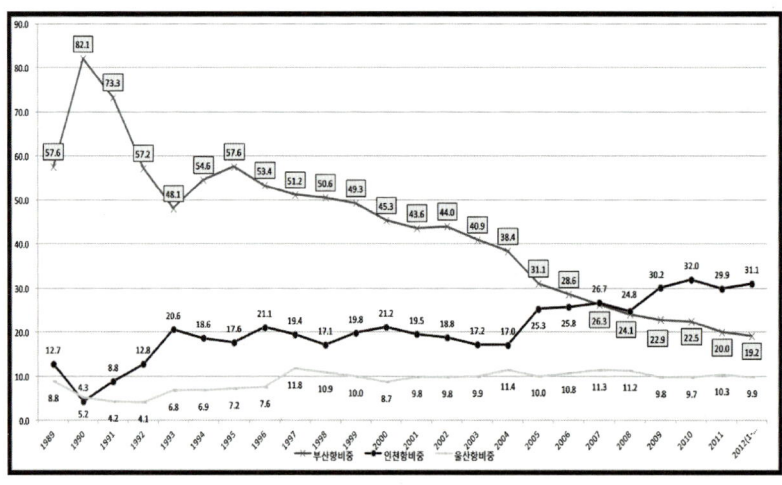

자료: 한국무역협회 무역통계(http://stat.kita.net)

〈그림 9〉 한국의 對中수입에서 주요 항만이 차지하는 비중 추이

(단위: %)

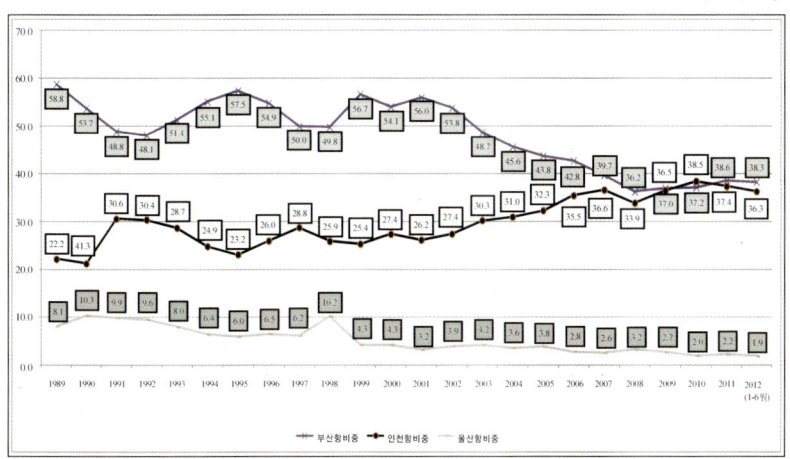

사료: 한국무역협회 무역통계(http://stat.kita.net)

　　또한 김해공항의 **對中** 수출입 비중이 인천공항에 비해 크게 뒤처
져 있음도 주목할 필요가 있다. 인천공항은 동북아 허브공항이고,
중국과의 지리적 인접성 그리고 중앙정부의 적극적인 지원하에 그
역할이 더욱 커지고 있는 데 반해, 김해공항의 역할은 더욱 감소해
對中 수출입 비중에서 1% 미만을 기록하고 있다는 점은 큰 문제라
고 할 수 있다(<표 5> 참조). 이는 부산시가 적극 노력하고 있는 가
덕도 신공항 건설 또는 김해공항 확장이라는 목표의 달성에도 큰 저
해요인이 될 수 있음을 주지해야 할 것이다.

<표 5> 주요 공항을 통한 한국의 對中 수출입 비중 추이

(단위: 백만 달러, %)

연도	對中 수출											對中 수입										
	전체 공항		김해공항			인천공항			김포공항			전체 공항		김해공항			인천공항			김포공항		
	금액	증가율	금액	증가율	비중	금액	증가율	비중	금액	증가율	비중	금액	증가율	금액	증가율	비중	금액	증가율	비중	금액	증가율	비중
2001	1,439	23.9	15	232.5	1.0	1,163	-	80.8	1	-	0.1	2,165	4.6	65	18.5	3.0	1,639	-	75.7	5	-	0.2
2002	4,714	227.7	53	260.6	1.1	4,660	300.6	98.9	0	-29.0	0.0	3,112	43.7	74	12.9	2.4	3,033	85.1	97.5	2	-55.6	0.1
2003	8,642	83.4	39	-25.2	0.5	8,602	84.6	99.5	0	-97.3	0.0	4,543	46	83	12.3	1.8	4,458	47	98.1	0	-80.6	0.0
2004	13,289	53.8	59	50	0.4	13,229	53.8	99.5	0	0.4	0.0	6,732	48.2	106	27.7	1.6	6,624	48.6	98.4	1	182.2	0.0
2005	17,767	33.7	101	71.4	0.6	17,664	33.5	99.4	0	623.4	0.0	8,918	32.5	96	-9.1	1.1	8,818	33.1	98.9	3	142.2	0.0
2006	17,358	-2.3	161	58.6	0.9	17,196	-2.6	99.1	1	922.8	0.0	11,412	28	131	36.5	1.1	11,276	27.9	98.8	2	-24.5	0.0
2007	22,547	29.9	246	53.5	1.1	22,300	29.7	98.9	0	-52.3	0.0	14,324	25.5	125	-4.4	0.9	14,192	25.9	99.1	4	66.3	0.0
2008	22,372	-0.8	289	17.1	1.3	21,996	-1.4	98.3	85	24,425.9	0.4	16,538	15.5	107	-14.5	0.6	16,375	15.4	99.0	7	93.8	0.0
2009	22,157	-1.0	253	-12.2	1.1	21,902	-0.4	98.8	1	-99.2	0.0	14,174	-14.3	57	-46.9	0.4	14,038	-14.3	99.0	5	-28.7	0.0
2010	31,361	41.5	318	25.6	1.0	31,040	41.7	99.0	1	113	0.0	19,470	37.4	58	1.1	0.3	19,376	38	99.5	11	103.4	0.1
2011	30,594	-2.4	265	-16.7	0.9	30,103	-3.0	98.4	225	15,628.0	0.7	22,665	16.4	45	-22.3	0.2	22,461	15.9	99.1	24	124.5	0.1

자료: 한국무역협회 무역통계(http://stat.kita.net)

이와 같은 부산항과 김해공항의 **對中**무역 비중 감소 추세의 원인은 부산의 제조업 비중 저하에서도 찾을 수 있으나, 부산항과 김해공항이 부산지역만을 대표하는 시설이 아닌 동남권을 대표하는 항만과 공항이라는 점에서 설득력이 매우 낮다고 생각된다. 그것보다는 오히려 부산항과 김해공항이 접근성이 떨어지고 대기시간이 길며 물류배후단지 조성이 제대로 이루어지지 않음이 근본적인 원인은 아닌지 되새겨볼 필요가 있다. 따라서 부산항의 물류배후단지 조성을 신속히 완비함으로써 무역 증대 효과를 대비하는 동시에 김해공항에 대한 저가항공사(LCC: Low Cost Carrier) 항공화물 유치 등에 적극 노력함으로써 **對中**무역 전진기지로서 부산의 역할 확대를 도모해야 할 것이다.

(3) 對中투자와 부산 중소기업의 중국 진출

부산의 **對中**투자 규모는 2012년 3월 말까지 실질투자건수 총 5,270건, 실질투자금액 17억 달러를 기록하고 있다[20](<표 6> 참조). 이는 부산이 한국의 **對中**투자금액에서 서울(161억 달러), 경기(96억 달러), 경남(30억 달러), 경북(22억 달러) 등에 이어 5번째로 많은 규모이다.

---

20) 이하 각종 수치는 모두 한국수출입은행이 발표한 2012년 3월 말까지 집계한 통계 기준이다. 한국수출입은행 Website(http://www.koreaexim.go.kr/kr/work/check/oversea/)는 국가별, 산업별, 업종별, 기업규모별, 투자규모별 한국의 해외투자통계를 상세히 제공하고 있다. 한편, 본고에서는 중국 상무부의 외국인직접투자(FDI) 통계 발표 자료를 일부만 활용하였다. 그 이유는 중국 상무부의 FDI 통계수치는 중국진출 한국기업의 자세한 내용을 담고 있지 않기 때문에 부득이 한국수출입은행의 통계를 활용하였음을 밝힌다.

(기준: 2012년 3월 말, 단위: 백만 달러)

지자체	신고건수	신규법인 수	신고금액	투자건수	투자금액	투자비중
서울	16,892	8,554	22,433	28,513	16,132	42.78
부산	2,818	1,420	2,347	5,270	1,700	4.51
대구	1,300	660	880	2,342	665	1.76
인천	3,303	1,519	2,366	6,235	1,558	4.13
광주	418	228	325	799	232	0.61
대전	659	319	400	1,031	263	0.70
경기	13,066	6,087	13,571	24,168	9,638	25.56
강원	306	153	208	585	109	0.29
충북	898	376	675	1,609	449	1.19
충남	1,313	584	1,238	2,452	857	2.27
전북	559	339	338	1,051	200	0.53
전남	350	182	259	646	144	0.38
경북	1,407	645	2,926	2,632	2,153	5.71
경남	2,548	1,084	4,188	4,768	2,986	7.92
제주	59	31	31	87	10	0.03
울산	488	225	712	811	569	1.51
기타	228	156	45	384	24	0.06
N/A	421	146	17	156	15	0.04
Total	47,033	22,708	52,958	83,539	37,705	100.00

주: 투자건수 및 투자금액은 도착 기준
자료: 한국수출입은행 해외경제연구소

1990년 136만 달러를 시작으로 전개된 부산기업의 **對中**투자는 한중 수교 이전인 1991년까지 386만 달러에 불과해 매우 미미한 수준이었다. 수교 직후인 1992년 투자액이 전년 대비 185.9% 급증하였고 1995년에는 누계기준으로 실질투자금액이 1억 달러를 처음으로 초과(1억 402만 달러)하였다. 특히 중국의 WTO 가입 직후인 2002년부터 부산기업들의 중국에 대한 투자는 크게 증가하기 시작하여 미국을 제치고 최대의 투자대상국이 되었다. 2008년에는 실질투자금액 2억 153만 달러를 기록함으로써 사상 최고의 **對中**투자를 실현하였다. 지난 20년간 부산의 **對中**투자는 연평균 38.1% 증가함에 따라 부산지역 기업이 중국 현지에 투자한 신규법인 수도 총 1,420개 기업이 되었다. 이들 기업의 평균 투자액은 119.7만 달러인 것으로 분석되었다. 이를 다시 투자건수와 비교하여 평균투자액을 살펴보면 32만 3천 달러에 불과함을 알 수 있다. 이러한 점들을 종합해보면, 중국진출 부산투자기업들은 대부분 소규모 투자를 하였으며 중국의 지리적 인접성, 풍부한 노동력 등을 활용하고자 하는 중소기업이 주로 투자 진출하였음을 알 수 있다.

부산의 **對中**투자 업종의 경우, 제조업이 89.2%를 차지하고 있어 전 세계 투자(75.0%)와 비교하여 매우 높은 제조업 집중도를 나타내고 있다. 이는 한국 전체(76.4%)와 비교하면 12.8%포인트 높은 것이며 서울(62.5%)와 비교하여도 26.7%포인트 높은 수치이다. 이와 관련, 최근 부산의 **對中**투자에서 드러난 가장 큰 특징은 노동집약형 산업이 쇠퇴하는 반면에 자동차, 기타운송장비 등 자본집약형 산업과 도소매업종과 같은 서비스산업이 증가 추세를 보이는 등 투자업종이 크게 변화하고 있다는 점이다. 지난 20년간 부산의 **對中**투자 업종은 2005년까지는 가죽, 가방, 신발 등의 제조업이 대부분을 차지하였으나 2006년 이후 금속가공제품, 자동차 및 트레일러, 기타제품 등의 제조업으로 전환 중인 것으로 나타났다.[21] 이는 노동집약형 산업인 가죽·가방·신발제조업이 중국 내 임금 상승 및 투자환경 악화 등으로 어려움에 직면함에 따라 상대적으로 저렴한 인건비를

---

21) 이미정, 「2011년 부산지역 해외직접투자 현황 분석」, 『BEPA Issue Report』(제16호), 부산경제진흥원, 2012.6.20, p.7.

활용할 수 있는 인도네시아, 베트남, 캄보디아 등 동남아지역으로
이전함에 따른 결과로 풀이된다.

가죽·가방·신발제조업의 **對中**투자금액은 2009년 3,340만 달러
에서 2010년 831만 달러, 2011년 410만 달러로 급감하였다. 반면에
자동차 및 트레일러 제조업의 **對中**투자는 2009년 546만 달러에서
2010년 1,180만 달러, 2011년 2,593만 달러로 크게 증가하였다. 또
한 기타운송장비제조업도 2009년 658만 달러에서 2010년 1,010만
달러, 2011년 911만 달러로 증가하였다. 아울러 STX조선의 **對中**투
자와 맞물려 연관된 중소기업들의 동반진출도 조만간 더욱 활발해
질 것으로 예상된다.

〈그림 10〉 한국 지자체의 해외투자 및 대중투자에서 제조업이 차지하는
비중(누계 기준)

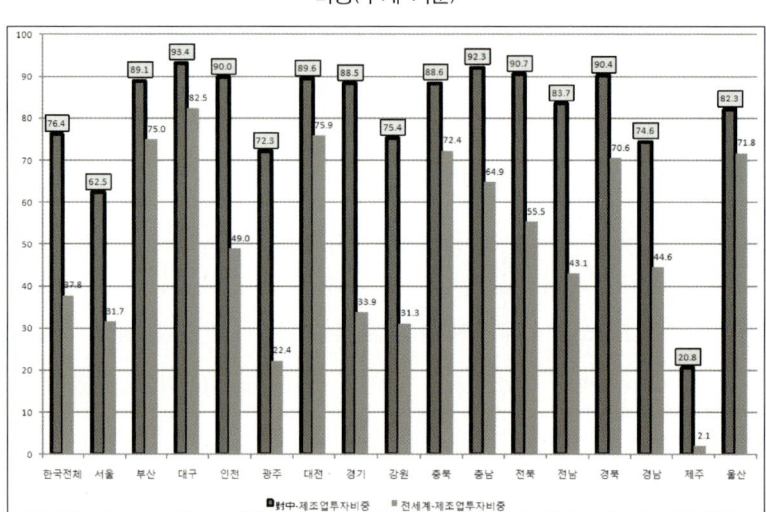

3. 부산-중국 간 인적 교류 현황과 특징

1992년 수교 이래 한-중 양국 간 경제교류 확대는 인적 교류의 증가로 이어지고 있다. 특히 한국기업들의 **對中**투자 증가에 따라 한국어와 중국어를 모두 구사할 수 있는 인재수요의 증가로 이어지며 상대방 국가로의 유학생 증가는 당연한 결과가 되었다고 볼 수 있다. 이는 다시 관광객 증가, 소비 확대, 지역경제 활성화 등 경제교류의 촉진으로 이어지고, 상대국에 대한 이미지 제고, 문화적 공감대 형성 등을 통해 정치·외교적인 협력 확대로 연결되고 있다는 점에서 매우 중요하다.

한국 법무부 자료에 따르면, 2012년 6월 30일 현재 국내에 등록된 외국인의 수[22]는 975,922명 가운데 52.8%가 중국인(515,301명)이며, 외국인 유학생의 수는 64,549명으로 나타났다. 부산지역에는 12,822명의 중국인이 등록거주하고 있어 국내 등록외국인의 1.3%, 부산지역 등록외국인의 36.5%를 차지하고 있다. 중국인 규모로는 서울, 경기, 인천에 이어 4번째이며, 중국인 비중 면에서는 서울, 경기, 대전, 인천, 충남, 울산, 충북, 광주, 전북, 강원 등에 이어 11번째로 나타났다. 이를 바탕으로 부산지역의 중국인 유학생을 추산해보면 서울, 경기 등 수도권지역과 비교하여 매우 적을 것으로 추정된다.[23]

---

22) 법무부 통계자료에 의한 등록외국인의 수 및 등록외국인 유학생의 수는 실제 체류 외국인의 수 및 외국인 유학생의 수와는 많은 차이가 존재함을 밝힌다. 특히 외국인 유학생의 수에 있어서는 법무부 통계자료와 교육과학기술부 통계자료상에 다소 차이가 존재함도 밝힌다.

23) 한국 법무부의 자료에 따르면, 2012년 6월 30일 기준 한국 내 중국인 유학생은 60,843명으로 전체 외국인 유학생의 72.0%를 차지하고 있어 절대적 비중임을 알 수 있다.

<표 7> 등록외국인 지역별 현황(2012년 6월 말 기준)

구분	등록 외국인 수	중국인		외국인 유학생	
		중국인 수	비중	유학생 수	비중
합계	975,922	515,301	52.8	64,549	6.6
강원도	13,229	5,115	38.7	1,771	13.4
경기도	302,606	166,878	55.1	7,246	2.4
경상남도	66,827	15,282	22.9	1,937	2.9
경상북도	40,610	12,033	29.6	4,205	10.4
광주광역시	14,667	5,868	40.0	2,617	17.8
대구광역시	21,956	7,143	32.5	2,337	10.6
대전광역시	14,729	7,164	48.6	4,192	28.5
부산광역시	35,105	12,822	36.5	5,086	14.5
서울특별시	266,412	200,340	75.2	20,414	7.7
울산광역시	19,252	8,138	42.3	478	2.5
인천광역시	49,551	22,530	45.5	1,500	3.0
전라남도	24,896	8,634	34.7	1,652	6.6
전라북도	22,664	8,866	39.1	3,180	14.0
제주특별자치도	8,115	2,890	35.6	737	9.1
충청남도	49,400	21,048	42.6	4,822	9.8
충청북도	25,903	10,550	40.7	2,375	9.2

자료: 법무부 Website(http://www.moj.go.kr/)(검색일: 2012.8.10)

한편, 중국인 유학생의 증가는 대학교를 중심으로 하는 고등교육 기관의 국제화 수준을 높이고 지역경제발전 및 미래의 중국 내 부산 이미지 제고에도 적지 않은 영향을 초래한다는 점에서 더욱 큰 의미 를 지닌다고 볼 수 있다. 특히 <그림 11>에서 보듯이 중국인 유학 생의 비중은 2003년 45.5%에서 꾸준히 증가하여 2009년 최고치인 70.5%를 기록하는 등 국내 외국인 유학생의 절대적 비중을 차지하 고 있음에도 주목할 필요가 있다. 이는 해외 전체 중국인 유학생의 재한(在韓) 중국인 유학생 비중에서도 확연히 알 수 있는데, 2003년

4.74%에서 꾸준히 증가하여 2004년 7.6%, 2005년 10.4%, 2006년 14.3%, 2007년 23.4%, 2008년 22.7%, 2009년 27.6%, 2010년 23.5%를 기록 중이다.[24]

<그림 11> 재한 중국인 유학생 발전 추세

(단위: 명, %)

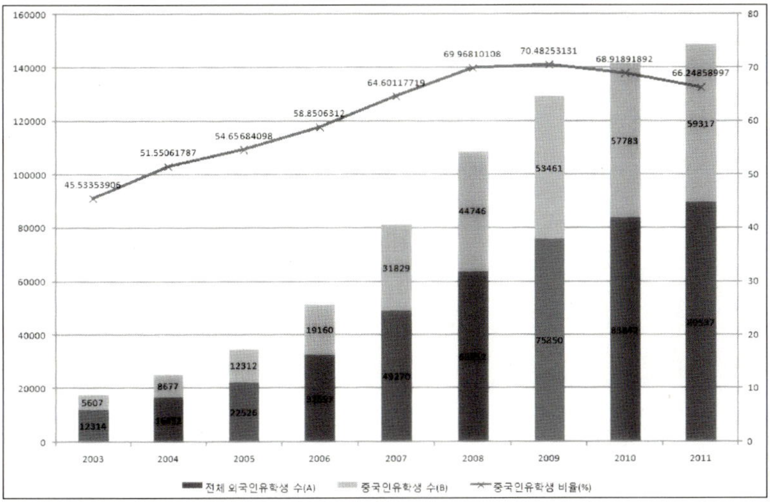

자료: 교육과학기술부 Website(http://std.kedi.re.kr)

부산지역 소재 4년제 및 2년제 대학교들의 공식 홈페이지를 모두 조사한 결과, 2012년 6월 말 현재 외국인 유학생의 수는 5,003명이며 그중 83.8%인 4,195명이 중국인 유학생으로 나타나 전국 평균 (66.2%)보다 높은 비중을 차지하고 있다. 그중 부산대(547명)와 부경대(520명) 등 2개 대학이 중국인 유학생을 500명 이상 보유한 것으로 나타났다. 다음으로 300~500명 사이의 중국인 유학생을 보유

---

24) 김상욱, 「재한 중국인 유학생의 현황과 구조적 특징」, 『한국동북아학회 2012년 경제학공동학술대회 논문집』, p.8.

한 대학은 동서대, 신라대 등 5개 대학이며, 100~300명을 보유한 대학은 동아대, 경성대 등 4개 대학이다. 100명 미만을 보유한 대학은 부산여대, 경남정보대 등 주로 2년제 대학들이 대부분인 것으로 나타났다(<그림 12> 참조). 그러나 중국인 유학생을 적극 유치하고 있는 경희대(3,477명), 성균관대(3,404명), 건국대(2,462명) 등 수도권 대학들과 비교하면 매우 큰 격차를 보이고 있다. 또한 청주대(1,083명), 배재대(602명), 영남대(594명) 등 다른 지방대학들과의 비교에서도 다소 저조한 유치실적이다.

〈그림 12〉 부산의 대학별 전체 외국인 유학생과 중국인 유학생 분포

(단위: 명)

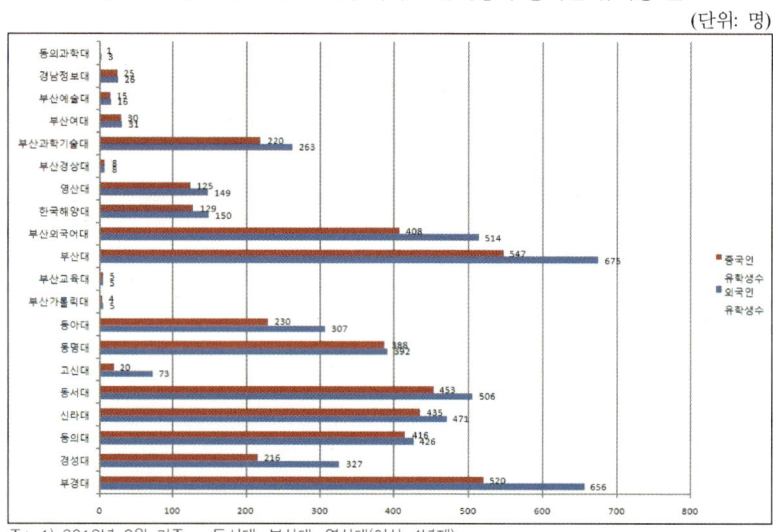

주: 1) 2012년 3월 기준 – 동서대, 부산대, 영산대(이상 4년제)
　　2) 2012년 2월 기준 – 동아대(4년제)
　　3) 2011년 8월 기준 – 경성대, 동의대, 부경대, 신라대, 고신대, 동명대, 부산가톨릭대, 부산교대, 부산외국어대, 한국해양대(이상 4년제), 부산과기대, 부산여대, 경남정보대, 동의과학대(이상 2년제)
　　4) 2011년 기준 – 부산경상대, 부산예술대(이상 2년제)
자료: 부산지역 각 대학 Website 참조

중국의 고도성장과 더불어 중국인들의 해외관광이 크게 증가하고 있음은 이미 다 알려진 사실이다. 또한 세계 1위의 외환보유고를 자랑하는 중국의 해외투자도 급속하게 증가하고 있다. 한국관광공사의 통계자료에 따르면, 2011년 한국을 찾은 중국인 입국자의 수는 전년 대비 18.4% 증가한 2,220,196명에 달해 전체 외국인 입국자 중 22.7%를 차지하였으며 그중 59.1%인 1,312,511명(전년 대비 29.7% 증가)이 관광목적으로 방한하였다. 그러나 부산의 對중국관은 어떠한가? 지난 10여 년의 교류에도 불구하고 커다란 경제적 효과를 보이지 않고 있는 일본에 대한 환상 속에서 아직도 헤어나지 못하고 있다. 그 덕분에 여타 지역에 비해 중국인 관광객과 그들의 해외투자를

〈그림 13〉 부산의 외국인 관광객 수 추이

(단위: 명)

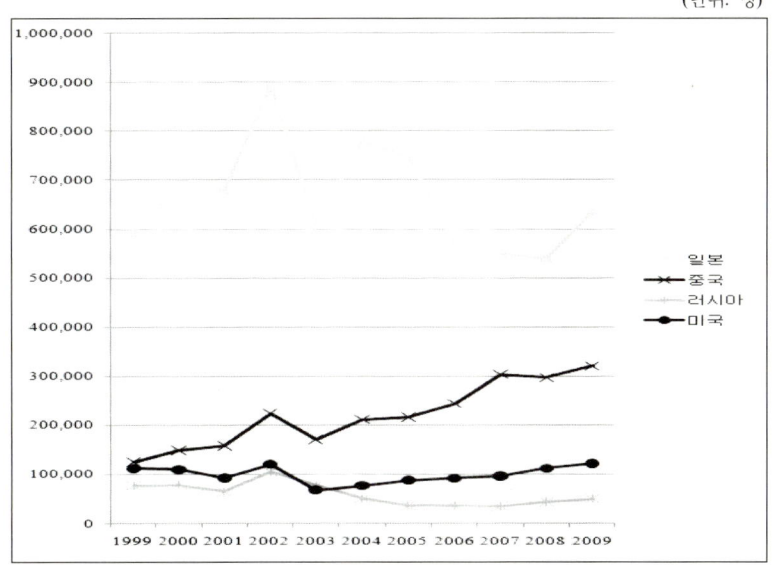

자료: 부산광역시 Website

흡수하려는 준비가 매우 미흡한 것이 사실이라는 점은 부끄러울 정도이다. 심지어 부산은 중국인 관광객의 통계추이조차도 제대로 파악하지 못하고 있는 실정이다. 또한 중국인 입국자의 72.0%가 항공을 이용하였는데, 김해공항을 통한 입국자는 4.0%인 89,080명에 불과해 인천공항(53.5%), 제주공항(10.3%)에 비해 크게 뒤지는 것으로 나타났다. 그 증가추이에 있어서도 김해공항은 제주공항, 김포공항에 비해 뒤처지고 있다.

4. 부산-중국 중심의 동북아 초광역경제권 설립 추진 필요성

부산과 외국 도시 간의 자매결연은 1966년 대만 카오슝시(高雄市)와 체결한 이래 2011년 12월 말 현재까지 23개국 30개 도시로 증가한 상태이다. 그중 상하이(上海), 후쿠오카, LA 등 25개 도시와는 자매결연을 체결하였고, 선전(深圳), 톈진(天津), 오사카, 충칭(重慶), 방콕 등 5개 도시와는 우호협력관계를 맺고 있다. 그러나 부산이 현재 추진하고 있는 초광역경제권은 오로지 일본 후쿠오카만을 상대로 하고 있는 경향이 있다. 이는 현재 일본경제의 침체와 후쿠오카의 산업기반 등을 종합해볼 때 큰 경제적 효과를 거두기 어렵다고 판단된다. 반면에 앞서 중국 내 자매 및 우호협력도시들과의 교류·협력 현황에서도 지적하였듯이 그들과의 교류·협력은 극히 미미하거나 단순히 인적 교류 차원에서 머무르고 있을 뿐이다.

이러한 가운데 최근 중국과 관련된 수많은 이슈들이 우리 주변을 휘돌고 있다. '중국은 우리에게 어떤 의미인가?', '중국경제를 활용한 우리경제 활성화 방안은?', '중국인 관광객 유치 방안은?', '한중

FTA가 양국 경제에 미칠 영향은?', '중국이 지역경제에 미치는 영향은?' 등등 중국과 관련하여 다양한 논의가 제기되고 있다. 이를 위해 서울, 경기, 인천은 물론이고 제주도와 전라남도 등도 발 빠르게 움직이고 있다. 이는 GDP 규모 세계 2위, 외환보유고 세계 1위, 중국인 관광객 수 세계 3위 등 중국 및 중국경제의 국제적 위상을 놓고 볼 때 어쩌면 당연한 결과라고 생각한다. 부산도 이미 교류의 내용면에 있어서도 큰 변화가 있다고 홈페이지를 통해 밝힌 바 있다. 특히 부산은 과거 세계화의 필요성이 절실하지 않았던 시기에는 실리 추구보다는 상호 친선 도모가 교류의 근간을 이루었다고 볼 수 있으나, WTO체제의 출범 등 세계 정치, 경제 질서의 개편과 함께 국경을 초월한 무한 경쟁체제의 세계화 시대를 맞아 도시 간의 협력 및 연대가 요구되면서 통상, 상호투자, 관광객 유치, 공동이익 등 실리 추구 위주로 전환하였다고 하였다. 그런데 현실은 어떠한가? 과연 중국경제의 위력을 제대로 활용하고 있는가?

따라서 부산 지역경제 활성화를 위해서는 보다 큰 틀의 초광역경제권 설립을 주도해 나갈 필요가 있다. 일본 후쿠오카 중심에서 탈피하여 중국, 대만, 일본 등을 아우르는 '동북아 초광역경제권' 설립을 부산이 주도해나가야 한다. 다시 말해 지역경제 활성화를 위해 중국 요인의 중요성을 객관적으로 파악하고 그에 따른 신속한 대처와 정책적 지원이 필요한 시기임을 깊이 반성해야 할 것이다. 이에 부산이 먼저 부산중심의 동북아 초광역경제권 설립을 위한 이니셔티브 추진이 필요하다고 생각한다. 예를 들어, 부산~다롄(또는 칭다오)~상하이~광저우~홍콩~대만~후쿠오카 연계의 필요성을 제기해볼 필요가 있다. 특히 동북아 주요 도시 간 LCC 정기셔틀노선 구축 등 저가항공사(LCC: Low Cost Carrier)를 적극적으로 활용함으로써 인적 및 사회문화적 교류를 확대해나가야 할 것이다. 이를 통해 부산(김해공항)을 동북아 LCC 허브공항 중심지로 탈바꿈함으로써 공항의 국제적 활용도를 높이는 동시에 연계산업의 파급효과를 높임으로써 지역경제 활성화를 도모해야 할 것이다. 이는 현재 한·중·일 FTA 논의가 진행 중이라는 점에서도 그와 연계하여 충분히 타진해볼 수 있는 부분이라고 생각한다.

이를 위해서는 우선적으로 '부산시 상하이대표처'의 역할 및 기능을 보완하고 더욱 강화할 필요가 있다. 현재의 부산시 상하이대표처는 적극적인 부산시 알리기보다는 일부 제품소개나 출장자 지원 등에 불과한 소극적인 역할만 하고 있으며 항저우, 쑤저우, 난징 등 상하이 주변의 주요 도시들을 포괄하지도 못하고 있다. 또한 부산시와의 경제적 연계성이 강하거나 향후 미래의 성장잠재력이 큰 중국 내 도시들을 중심으로 대표처를 추가 설립해야 할 것이다. 또한 상하이를 제외한 3개 우호협력 도시들과의 직항노선 추진이 절실하다고 본다. 직항노선 하나 없이 우호협력을 하자는 것은 어쩌면 제한적인 교류와 협력에 그칠 수 있기 때문이다. 또한 부산 및 경남·경북지역 대학들과 교류·협력관계가 높은 우한(武漢) 등에 대한 체계적인 항공노선 운용도 검토해볼 필요가 있다. 이를 통해 對중국 마케팅을 적극적이고 다소 공격적으로 전개해 나가야 한다.

5. 시사점 및 정책적 제언: 對중국 경제교류 활성화를 위한 방안

한중 수교와 한국기업의 대중투자 확대 등으로 한국을 찾는 중국인 관광객의 수가 급증하고 있으며 그에 따른 경제적 파급효과도 증가하고 있다. 2011년 10월 중국 국경절 기간을 이용하여, 방한한 중국인 관광객만으로 1천억 원의 경제적 효과가 예상되기도 했다. 중국인 관광객의 증가 추이는 2011년 세계 3위에 불과했으나, 2013년이면 일본을 추월하여 세계 2위로, 그리고 2020년이 되면 미국과 대등한 세계 1위로 급성할 것이라고 해외기관들은 전망하고 있다. 그러나 부산의 경우 현실적으로 국내 다른 지자체에 비해 현저히 뒤처져 있는 것이 사실이다. 따라서 소비수준 측면에서 중국인 관광객 유치를 위한 부산의 특화전략은 매우 시급하고 중요한 문제이다. 이는 곧 부산지역의 서비스산업 활성화 및 고용창출에도 큰 효과를 가져온다는 측면에서 지역경제 활성화에 크게 기여할 것이다. 이를 위해 과거와 같은 일본인 관광객 유치 중심의 관광전략에서 탈피하여 새로운 전략 마련이 필요하다. 또한 부산시 차원의 중국인 유학생 유치 확대 및 활용방안을 제시함으로써 그들의 지역경제에 대한 역할을 강화할 필요가 있다.

2012년 5월 한중 FTA 정부간협상의 공식 출범과 더불어 부산의 對中무역 및 중국의 對부산 투자확대를 전망해볼 수 있다. 특히 한-미 및 한-EU FTA 기대효과에 따른 U-턴 기업과 중국기업의 對부산 투자진출 극대화를 위한 부산시 및 부산산업계 차원의 방안 마련이 시급하다고 생각한다. 이를 위해서는 부산 중심의 조선ㆍ자동차ㆍ철강 등의 보다 적극적인 R&D 산업클러스터 구축 등 중국인직접투자 유치를 위한 산업클러스터 개선 필요성도 존재한다. 다만 U-턴 기업에 대해서는 부산지역 내 산업 및 경제적인 파급효과 등을 고려하여 선별적ㆍ차별적인 혜택의 추진이 요구된다. 또한 인적 교류 활성화를 위해 부산중심의 크루즈 항로개척 및 부산-중국 도시 간 저가항공(LCC) 셔틀노선 정기화의 필요성을 제기해야 한다.

그렇다면 부산의 중국인 관광객 및 투자 확대를 위한 준비상황은 어느 정도일까? 전반적으로 볼 때, 부산의 하드웨어(H/W)적인 측면은 국내 다른 지역들과 비교하여 크게 뒤처지지 않고 있다. 특히 지방세 감면, 입지 지원 등 외국인투자 지원제도는 오히려 다른 지역들에 비해 우수할 정도이다. 그러나 소프트웨어(S/W)적인 측면에서는 다음과 같은 문제점들을 드러내고 있어 그 개선이 절실한 상태이다. 첫째, 가장 중요한 '서비스 마인드'의 전반적인 부재(不在)이다. 외국인 투자자들은 낯선 투자대상지역에서 보다 편안하고 안정된 서비스를 통해 비즈니스에 집중하고자 하는 속성을 갖고 있으나, 부산의 현실은 서비스 제공자들이 서비스 수혜자들의 입장을 전혀 고려하지 않는다는 느낌이 들고 있다. 둘째, 공공행정서비스 부문의 마무리가 부족하다는 점이다. 이곳저곳에서 데면데면의 안일한 서비스문화가 만연해 있음을 알 수 있다. 셋째, 중국인 관광객 및 투자 유치를 위한 보다 적극적인 자세가 필요하다. 부산시정부 관련 각종 홈페이지를 통해 외국인 투자자들이 투자 관련 정보를 찾아보기가 매우 어렵다. 또한 공항, 부산역, 주요 관광지 등 중국인 관광객을 위한 홍보부스도 제대로 이루어지지 못하고 있다. 특히 외국인 투자와 관련한 통계정보는 어디에서도 찾아볼 수가 없으며, 어렵게 구한 통계자료들도 체계적이지 못한 상태이다. 넷째, 제3자 또는 외부의 객관적 목소리나 비판에 대한 공감적 경청이 부족하다는 점이다. 다섯째, 시장의 변화 흐름에 적응하는 속도가 매우 느리다는 문제점이다. 이미 서울, 제주도를 비롯한 다수의 도시들은 중국인 관광객들

을 유치하기 위해 많은 것들을 보완하고 있으나, 부산은 각종 편의
시설에서 접하는 언어적인 소통의 어려움 등 아직도 많은 부분에서
준비가 부족한 상태이다.

전술한 문제점들은 최대한 이른 시일 내에 개선이 필요하며 부산
시가 조금만 노력하면 충분히 극복할 수 있다는 점에서 부산의 중국
인 관광객 및 투자 유치, 특히 차이나머니 유입의 미래는 밝다고 본
다. 부산으로의 차이나머니 확대를 위해 다음과 같은 점들을 제안하
고자 한다.

첫째, 최우선적으로 필요한 것은 부산의 포지션(Position) 정립이
다. 인천, 경기도, 제주도 등 다른 지자체들이 공단을 조성하고 국제
학교를 운영해서 성공했다고 하여 그대로 답습하는 것은 옳지 않다
고 본다. 오히려 그들의 성공과 실패 원인을 분석하여 부산만의 독
특한 위상을 정립하는 것이 더 효율적이라고 생각한다. 따라서 미래
의 부산은 국내지향형, 제3국 수출지향형, 또는 동아시아 거점지역
으로 성장할 것인지 그 목표를 명확히 설정하고 그 목표에 맞춰 불필
요한 것들을 제거함으로써 선택과 집중을 해야 한다. 특히 <표 8>의
사례와 같이 중국의 해외투자가 글로벌경쟁력을 통한 해외 그린필드
(Greenfield) 투자는 거의 없는 반면, 자원개발, 기술습득, 브랜드강화,
사업다각화 등 자국 비교열위 부문의 경쟁력 강화를 위한 M&A에
집중되어 있다(<표 8> 참조)는 점에서 부산의 포지션 정립은 매우
중요하다.

<표 8> 중국의 해외투자 사례

투자 목적	투자가명	인수대상	프로젝트 내용
기술 습득	베이징자동차 (BAIC)	SAAB (스웨덴)	○투자규모: 2억 달러('09년) ○GM의 스웨덴 자회사 SAAB 특정자산 인수를 통한 기술도입으로 기술개발 기간을 최소 5년 단축할 수 있게 됨
	지리그룹 (GEELY)	VOLVO (스웨덴)	○투자규모: 18억 달러('10년) ○중국의 해외 자동차 메이커 M&A 중 가장 큰 규모
브랜드 강화	안타스포츠 (ANTA)	BELLE (이탈리아)	○투자규모: 7,800만 달러('09년) ○M&A를 통해 고급 스포츠웨어 시장을 공략할 수 있는 마케팅 채널을 확보, FILA가 보유하고 있던 홍콩, 마카오 소재 10개 매장까지 소유, 마 케팅 영역을 크게 확대
	하이얼 (HAIER)	F&P (뉴질랜드)	○투자규모: 2,500만 달러('09년) ○뉴질랜드 Fisher & Paykel 지분 20% 매입, 하이 얼은 F&P 제품을 중국에 독점 판매, F&P는 하 이얼 제품을 뉴질랜드 및 호주에서 판매 공급
사업 다각화	주저오 난처스다이 (CSR Times Electric)	DYNEX (영국)	○투자규모: 1억 위안('08년) ○고속철 부품 및 솔루션 기업인 난처스다이는 M&A를 통해 반도체 R&D 및 생산 단가를 크게 줄임
	시페이항공 (XAC)	FACC (오스트리아)	○투자규모: 1억 유로('09년) ○XAC는 홍콩 ATL과 함께 FACC 지분 91.2% 인 수 (중국 항공업계 사상 최초 해외 M&A) ○M&A로 항공기 내외장부품 생산영역 확대

자료: 주중한국대사관 Website

둘째, 서비스산업을 집중 육성하자. 부산은 전형적인 서비스산업
중심의 도시이다. 부산의 산업별 취업인구 추이를 살펴보면(<그림
14> 참조) 1차·2차 산업의 취업인구가 지속적으로 감소하고 있는
것과는 반대로 3차 산업의 취업인구는 지속적인 증가 추세를 보이
고 있다. 전체 취업인구(1,597천 명) 가운데 3차 산업이 81.2%의 비
중을 차지하고 있어 1차(0.7%), 2차(18.1%) 산업과 큰 대조를 보이

고 있다. 이를 놓고 볼 때, 부산이 서비스산업 중심도시로 전환해야 하는 충분한 이유가 된다. 현재 부산의 가장 큰 서비스산업 분야의 강점은 항만시설, 물류, 관광 및 유통산업이 될 것이다.

<그림 14> 부산의 산업별 취업인구 추이

(단위: 천 명)

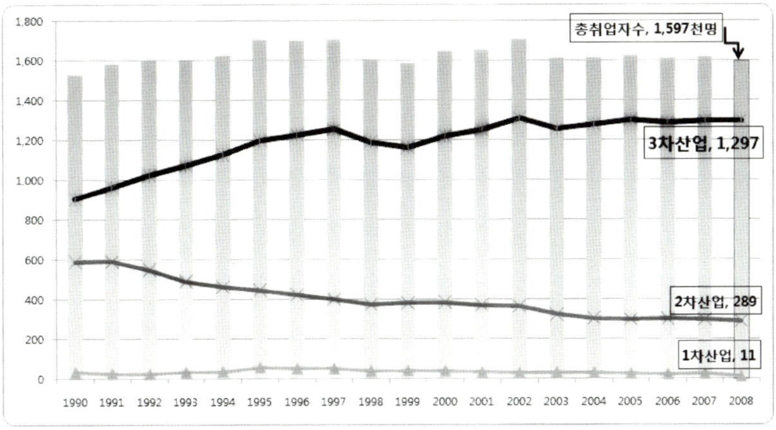

자료: 부산시 Website

셋째, 반(反)기업 정서에 대한 오해의 불식과 중국자본에 대한 부정적 인식의 불식이 절실하다. 기업이 존재하지 않는 지역경제의 발전은 존재할 수 없다. 그러나 우리 부산은 어떠한가? 근래에 발생했던 장안산업단지 문제와 관련한 기업들의 불만, 특히 "돈 100억보다 반기업정서가 더 문제"라는 주장 등은 시사하는 바가 크다. 부산이 서비스중심의 산업구조를 지녔으나 완벽하지 않다는 점에서 제조업체는 여전히 중요한 고용창출의 주요 요인 중 하나이다. 이는 신규 외국인투자 유치는 물론이고 기존의 제조업체들을 유지하기 위해서도 적극적인 지원이 필요한 부분이다. 이를 위해서는 인천, 경기도 등 다른 지역의 산업단지처럼 저가의 토지 제공과 초기 약속사항의 이행을 통한 신뢰도 제고가 우선되어야 할 것이다. 또한 중국자본의 투자유치 확대를 위해서는 상하이자동차-쌍용자동차, 경동방(BOE 그룹) 하이테크-하이디스 등의 투자 실패 사례로 인해 중국 자본에 대한 부정적 인식이 여전하다는 점에서 이에 대한 해소가 필요하다고 본다.

넷째, 국제적인 트렌드를 아는 것이 필요하다. 중국의 고도성장과 더불어 중국인들의 해외관광 증가는 이미 다 알고 있는 사실이다. 또한 세계 1위의 외환보유고를 자랑하는 중국의 해외투자도 급속하게 증가하고 있다. 그러나 부산의 對중국관은 어떠한가? 부산은 지난 10여 년의 교류에도 불구하고 커다란 경제적 효과를 보이지 않고 있는 일본에 대한 환상 속에서 아직도 헤어나지 못하고 있다. 그 덕분에 여타 지역에 비해 중국인 관광객과 그들의 해외투자를 흡수하려는 준비가 매우 미흡한 것이 사실이라는 점은 부끄러울 정도이다. 또한 국제공항주변에 대한 개발을 서두를 필요가 있다. 해운대 중심의 개발에서 벗어나 공항 주변을 중심으로 컨벤션센터, 호텔 및 쇼핑센터, 물류단지 등을 집중적으로 조성할 필요가 있다. 이를 위해서는 서부산권의 조기 개발 및 확대가 필요하다고 생각한다.

다섯째, 일반 시민들의 국제화 의식 개선에 대한 추진이 필요하다. 운전자들의 시그널 표시, 신호 지키기 등 기초 교통질서부터 새로이 정립하고, 광안리나 주요 간선도로에 대한 적극적인 주차단속 등을 통해 교통흐름을 원활히 할 필요가 있다. 2009년 중앙일보 초청으로 부산을 찾았던 중국 청소년 일행(200여 명 참여)이 부산진입 후에 2시간의 교통체증을 겪었다는 불만의 목소리를 기억할 필요가 있으며, 서부산권 개발이 절실한 이유이기도 하다. 또한 부산시정부 차원의 외국어 통역서비스를 더욱 확대하고 이에 대한 적극적인 홍보가 필요하다고 본다.

중국인 관광객 및 투자 유치 확대를 위해서는 하드웨어 측면도 중요하지만 소프트웨어의 효율적 관리가 우선시되어야 한다. 전술한 바와 같이 부산의 하드웨어는 다른 지역과 비교하여 크게 뒤처지지 않는 반면에 소프트웨어 측면은 그렇지 못하기 때문이다. 따라서 소프트웨어적인 측면의 개선과 계발이 절실하다고 본다. 또한 산업적인 측면에서 선택과 집중, 그리고 일관된 정책의 추진이 필요하다고 본다. 부산의 10대 비전 속에 포함된 신성장동력 3대 분야는 총 17개 산업을 포괄하고 있다. 이는 지나치게 백화점식 나열이며 다른 지역과의 상생협력에도 전혀 도움이 되지 않는다. 오히려 여타 지역들로부터 이것저것 욕심 부린다는 지적과 함께 불필요한 견제를 유발할 수 있다는 점에서, 부산에 필요한 산업이 무엇인지 재조정하여 특화된 산업을 집중 육성하는 것이 더 효과적이라고 생각한다. 또한 무역, 투자 부분 등에서 부산과 산업적으로 연계된 중국 내 지역이 어느 곳인지를 파악하여 대표처를 설립하고 공격적이고 전략적인 부산마케팅을 전개해야 한다. 그리고 외자유치 이후 전개될 사후관리에 대한 철저한 이행과 서비스도 필수적이다. 이러한 적극적인 노력들이 중국인 관광객 및 중국자본은 물론이고 전반적인 외국인투자의 유입 확대로 이어지는 지름길이 될 것이기 때문이다.

참고문헌

김태만(2009), 『내 안의 타자(他者), 부산 차이니스 디아스포라』, 부산발전연구
　　　원 부산학센터

황영순·유정우·김율성(2011), 『부산-중국 간 주요 분야협력 방안: 기업·관
　　　광·물류를 중심으로』, 부산발전연구원

김상욱(2012), 「재한 중국인 유학생의 현황과 구조적 특징」, 『한국동북아학회
　　　2012년 경제학공동학술대회 논문집』

이미정(2012), 「2011년 부산지역 해외직접투자 현황 분석」, 『부산경제진흥원
　　　BEPA Issue Report』 제16호

교육과학기술부 Website(http://std.kedi.re.kr)

법무부 Website(http://www.moj.go.kr)

부산광역시 Website(http://www.busan.go.kr)

부산광역시 국제협력과(2012), 「한·중 수교 20주년 기념: 2012년도 중국 교류
　　　계획」, 2012.2

부산광역시(2011), 『2011 시정백서』

부산광역시사편찬위원회(2006), 『부산의 자연마을』

주중한국대사관 Website(http://chn.mofat.go.kr)

한국무역협회 무역통계(http://stat.kita.net)

한국무역협회 북경지부(2012), 「한·중 수교 20주년 양국 간 경제교류 협력」,
　　　2012.4

한국무역협회 상해지부(2012), 「중국의 2012 여수엑스포 참가현황」, 조사보고
　　　서 12-5, 2012.2

한국수출입은행 Website(http://www.koreaexim.go.kr/)

교육과학기술부 Website(http://www.mest.go.kr)

김상욱, 「재한 중국인 유학생의 현황과 구조적 특징」, 『한국동북아학회 2012
　　　년 경제학공동학술대회 논문집』, 2012.2

부산지역 각 대학 Website

인천상공회의소(2012), 「한·중 수교 20주년, 인천지역 대중국 교역량 변화: 인
　　　천항·인천국제공항 중심으로」, 경제현안분석 2012-1, 2012.8.

한국관광공사, 「2012 중국 유학생 연계 FIT 활성화 사업(안)」

2장 부산의 중국 자매(우호협력)도시 교류 성과

연상모(延上模)

요 약

　한중관계의 비약적인 발전에 따라, 부산과 중국 간 교류도 활발해지고 있다. 부산은 상하이시(上海市)와 1993년 자매도시 관계를 맺은 이후, 선전시(深圳市), 톈진시(天津市), 충칭시(重慶市)와 각각 우호협력도시 관계를 수립하였다.

　부산은 중국의 4개 도시들과 인적·행정, 경제, 문화·체육, 관광, 민간 분야 등에서 활발한 교류를 해왔다. 부산이 현재 교류를 하고 있는 4개 도시들은, 인구가 1천만 명에서 3천만 명이 넘고 급속히 발전하는 경제중심 도시들이다. 부산이 한국 제2의 도시이지만 중국의 이들 4개 도시와 비교하면 인구, 경제력 등에서 열세이다.

　부산이 중국의 4개 도시들과 경제협력을 극대화하기 위해서는 ▲ **성공적인 국내외 교류사례들 참고** ▲**교류에 관한 보다 명확하고 구체적인 추진 방향을 설정 및 민간차원의 인적 교류사업 발굴** ▲ **상호 공통된 이익 및 의제를 개발** ▲**선택과 집중**이 필요하다.

〈자매도시와의 교류 발전 방향〉

정책 제언

여타 도시들 간의 성공적인 교류사례 참고

교류에 관한 구체적인 추진방향 설정

각 도시의 특성에 맞는 진정성 있는 교류 추진

상호 협력 및 학습 추진

"집중과 선택" 필요

자매도시 현황

· 상하이시(上海市)
· 선전시(深圳市)
· 톈진시(天津市)
· 충칭시(重慶市)

중국 내에서 급속히 발전 중인 4개 도시들과의 경제 협력 강화를 위한 새로운 노력 필요

1. 부산과 자매도시들과의 교류 현황

1) 발전하는 한중 관계

한중 수교 20년의 역사는 '양자 외교의 기적'이라고 할 만큼 세계 역사상 전례가 없는 폭발적인 발전으로 평가되고 있다. 양국은 정치, 외교, 경제·통상, 문화, 인적교류 등에서 비약적인 발전을 하고 있다. 양국 관계의 발전에 발맞춰 1992년 주중한국대사관이 설립된 이래, 한국은 중국 9개 도시(베이징, 상하이, 선양, 칭다오, 광저우, 시안, 청두, 우한, 홍콩)에 총영사관을 운영하고 있다. 중국은 한국에 부산을 포함해 4개(서울, 부산, 광주, 제주)의 영사관 및 영사사무소를 운영하고 있다.

양국 간 경제통상관계를 보면 교역액은 2011년 수교 시에 비해 34배, 인적교류는 49배 증가했다. 우리의 수출시장으로서 중국의 규모는 미국 시장의 3배에 달하며, G7 전체 비중 29%보다 크다. 미국과 일본을 합친 것보다 많은 한중 간 상호교역액, 500억 달러 규모의 한국의 對중국 투자, 5만여 개의 對중국 진출 한국기업, 조만간 100만 명에 도달할 중국 상주 한국인 등은 양국의 경제통상협력이 얼마만큼 긴밀한지를 잘 보여주고 있다. 앞으로 중국의 내수시장이 본격 개발되고 한중 자유무역협정이 체결되면 우리 경제의 중국 의존도는 더욱 높아질 전망이다.

다만 양국 간엔 경제통상 등 실질적인 협력관계는 발전했지만 정치 및 안보 분야의 발전이 상대적으로 미흡하다. 이는 북한문제 등에 기인하는 것으로 앞으로 양국이 더욱 노력해야 할 분야이다.

중국의 지속적인 경제발전은 한국에 새로운 성장의 기회를 제공할 것이 분명하다. 다만 한중 수교 이래 20년간 양국의 경제관계는 큰 변화를 겪어왔다. 향후 우리는 이러한 변화를 잘 읽고 적절히 대응해야 한다. 그간 중국경제의 비약적인 발전에 따라 중국기업의 기술력이 강화됐고 중국인의 소비력이 증대됐다. 특히 중국은 개혁개방 이래 수출에 의존해 왔으나 서방 경기의 위축 등으로 인해 수출이 급감하면서 기존의 성장 패턴을 소비 중심으로 바꾸려는 방침을 세워놓고 있다. 중국의 소비자는 두 부류가 있다. 중국에 있는 소비자가 그 하나이고, 한국에 와 있는 중국 관광객이 또 다른 부류이다. 그동안 중국이라는 존재는 '제조업 단지'의 의미가 강했으나, 이제는 소비시장으로서의 중요성이 더 커지고 있다. '메이드 인 차이나(Made in China)'에서 '메이드 포 차이나(Made for China)' 시대로 넘어가고 있는 것이다.

이에 따라 한국 제2의 도시인 부산은 중국의 주요 도시들과 상호 이해와 신뢰를 증진하기 위한 민간의 인적 교류를 어떻게 더욱 활성화할 것인지, 중국의 거대 소비시장에 어떻게 진출할 것인지, 중국 관광객을 어떻게 유치할 것인지 등에 대한 깊은 연구가 필요하다.

2) 부산과 상하이, 선전, 톈진, 충칭과의 교류 현황

부산과 중국의 주요 도시 간 교류는 한중 관계의 발전에 따라 확대되고 있다. 부산은 2012년 현재 중국의 4개 주요도시와 자매도시 또는 우호협력도시 관계를 맺고 있다.

부산은 상하이시(上海市)와 한중 수교 이듬해인 1993년 자매도시

관계를 수립한 이후 2007년 선전시(深圳市)와 톈진시(天津市), 2010
년 충칭시(重慶市)와 각각 우호협력도시 관계를 맺었다. 부산이 관
계를 수립한 중국 4개 도시 중 상하이, 톈진, 충칭은 직할시이고 선
전은 경제특구도시이다. 4개 도시 모두 중국에서 중요한 위상을 갖
고 있다.

특히 상하이는 장강지역, 선전은 주강지역, 톈진은 환발해만지역
의 중국의 3대 경제중심지에 위치하고 있다. 충칭은 경제개발을 추
진 중인 중국 중서부의 핵심도시이다. 부산은 중국에서 인구와 경제
성장 잠재력 등의 규모가 큰 4개 도시와 관계를 수립함으로써 향후
지역경제의 발전에 큰 도움을 받을 수 있을 것으로 전망된다.

〈표 1〉 부산의 자매 및 우호협력 도시 개요

도시명	부산과의 관계수립연도	특징
상하이(上海)시	1993년	인구 1400만 명의 중국 제1의 경제도시 **1인당 소득: 16,200달러**
선전(深圳)시	2007년	인구 1000만 명의 중국 남부의 경제특구도시 **1인당 소득: 18,000달러**
톈진(天津)시	2007년	인구 990만 명의 중국 북부의 산업도시 **1인당 소득: 16,610달러**
충칭(重庆)시	2010년	인구 3300만 명의 중국 중서부의 최대직할시 **1인당 소득: 6,100달러**

상하이는 인구 1,400만 명의 중국 제1의 경제도시로, 향후 동아시
아는 물론 세계적인 도시가 될 전망이다. 중국정부는 2009년 상하이
에 국제금융센터 및 국제해운센터, 즉 '투센터(Two-Center)'를 건립
기로 결정했다. 이는 상하이가 국제금융과 국제해운의 중심지가 되
려는 야심찬 계획이다.

상하이항의 컨테이너 물동량은 2011년 3,174만TEU로 세계 1위이다. 상하이는 최근 2020년까지 상하이항을 홍콩과 같은 자유무역항(Free Port)으로 개발하는 계획을 발표했다. 이 계획은 홍콩뿐만 아니라 주변국들의 외국투자유치와 공항 및 항만 물동량 등에 상당한 영향을 줄 것이다. 이런 상황을 고려하면 상하이는 부산과 경쟁 도시가 될 수 있다. 이는 부산에 큰 도전이 될 수 있지만 기회도 된다. 부산이 상하이와 경쟁하면서 자매도시의 이점을 활용해 적극적인 교류와 협력을 할 경우 동반 발전의 좋은 계기가 될 수 있기 때문이다.

선전은 인구 1,000만 명의 중국 남부의 경제특구도시이다. 작은 어촌에 불과했으나 우수 인재들이 경제개방의 붐을 타고 유입되면서 신(新)계획도시로 커졌다. 선전은 개방성과 합리성이 강한 도시로 홍콩과 연계돼 물류와 서비스 산업이 발달했다. 전자·기계·완구·생필품 등의 제조업과 세계 10대 항구로서의 물류산업, 고부가가치 서비스산업에 강점을 갖고 있다. 선전은 중국의 생산거점이자 물류항구로서 부산과 공통점이 있다. 양 도시는 이를 토대로 상호보완의 협력이 가능할 것이다. 선전은 중국에서 가장 높은 소득(1인당 GDP 17,084달러)과 구매력을 갖추고 있다. 이는 부산에 투자와 관광객 유치에 도움이 될 수 있을 것이다.

톈진은 인구 990만 명의 중국 북부에 있는 역사가 오랜 도시이다. 중국 수도 베이징과 고속철도로 30분 거리에 있는 항만 물동량 세계 5위의 도시이다. 베이징과 톈진은 지리적 여건상 하나의 도시권으로 조정되는 단계이다. 베이징의 서비스업, 문화와 톈진의 제조업 등이 결합하면 큰 변화가 예상된다.

톈진은 개방 수준이 높아 한국과의 관계가 긴밀해질 전망이다. 특히 톈진은 중국의 징진지(京津冀) 경제권(베이징, 톈진, 허베이성)의 한 축으로 막대한 성장잠재력이 있다. 중국의 경제발전 축은 2000년 이후 베이징, 톈진, 허베이성 중심의 환발해만으로 급속히 이동하고 있다. 또한 2010년대에는 동북아지역이 세계 GDP의 30%를 차지하는 경제권으로 부상할 전망이다. 이런 상황에서 부산이 톈진과 긴밀한 경제협력 파트너가 된다면 두 도시 모두 상승효과를 기대할 수 있다. 환발해만의 발전 산업이 IT(정보통신)/BT(생명공학), 자동차 등 첨단업종으로 구성돼 있어 한국 수도권의 경제구조와 부합하는 점을 고려하면 환경, 정보통신, 설비제조, 관광, 교육 등 다양한 분야에서 양 지역 간 교류·협력과 상생발전을 생각할 수 있다. 특히 최근 톈진은 빈하이(濱海) 하이테크 산업개발구를 조성해 고기술을 바탕으로 한 아시아의 경제중심이 되려는 목표를 착실히 추진하고 있다. 세계적인 기업들도 속속 진출하고 있다. 이런 측면에서 부산이 톈진과 경제협력 방안을 적극 추진하는 것이 필요하다.

충칭은 인구 3,300만 명의 중국 중서부 최대 직할시이다. 면적은 직할시인 베이징, 상하이, 톈진을 합한 것보다 2배 정도 넓다. 중국의 신생 직할시(1998년 직할시 지정)로 인구가 가장 많고 지역도 제일 넓다. 중국 서부의 유일한 직할시이다. 충칭은 40개 구, 현을 관할하고 있으며, 대규모 농촌을 포함하고 있다.

충칭은 최근 중국정부가 적극 추진하고 있는 서부대개발의 중심이다. 중국정부는 "충칭시를 하루 빨리 서부의 중요한 성장축으로 건설하고 양자강 상류지역의 경제 중심, 도시와 농촌이 통일 발전하는 직할시로 서부지구에서 주도적이고 전면적으로 부유한 사회를 건설한다"는 목표를 세워놓고 있다. 충칭은 이러한 중앙정부의 방침에 따라 경제발전에 총력을 쏟고 있다.

이에 따라 충칭은 한국과의 교류에 관심이 많다. 최근 중국정부가 중점 추진하고 있는 중서부지역의 중심인 충칭과 부산의 협력 가능성은 아주 크다. 충칭에는 제2차 세계대전 기간인 1939~45년 대한민국 임시정부가 있었다. 현재 임시정부청사가 복원돼 있는데, 이는 한국과 정서적 유대로 작용해 부산과 충칭 간 우호관계 증진에 도움이 될 수 있다.

〈그림 1〉 부산시와 충칭시 우호협력도시 체결식(2010년)

부산은 그간 중국의 4개 도시와 인적·행정, 경제, 문화·체육, 관광, 국제회의 참석, 민간 분야 등에서 활발한 교류를 해왔다. 부산은 1997년 상하이에 '중국 상해무역사무소'를 개설했다. 이 사무소는 부산기업의 중국진출 지원은 물론 경제통상, 문화, 관광 등의 교류

를 적극 추진하면서 중국과의 관계 발전에 기여하고 있다.

부산과 중국 도시 간 교류건수는 2010년에 전년 보다 85% 이상 증가했다.

부산과 중국 도시 간 구체적인 교류현황을 살펴보자.

부산과 중국 도시 간 교류는 인적교류가 큰 비중을 차지한다. 인적·행정교류는 2009년 24건, 2010년 52건, 2011년 63건으로 매년 증가하고 있다. 2009~2011년 경제교류는 29건, 문화·체육교류는 35건, 관광교류는 53건, 국제회의 참석은 26건, 민간교류는 34건이다.

부산은 상하이와 1993년 자매결연 후 중국 도시 중 가장 활발한 교류를 하고 있다. 2012년 한·중 수교 20주년, 2013년 부산·상하이 자매결연 20주년을 맞아 최근 높아진 상하이시의 경제 수준 및 국제적 위상에 걸맞은 교류의 방향을 다시 설정할 필요가 있다. 부산은 현재 상하이와 경제, 관광 등 분야별 교류협력을 강화하고 의견교환을 확대하고 있다.

특히 올해 4월에는 허남식 부산시장이 상하이와 베이징을 방문해 부산관광설명회를 개최하고, 양 도시 간 교류와 협력을 더욱 심화하기로 양해각서를 체결했다. NK, 동화엔텍 등 24개 부산기업이 참여하는 부산기업협의회가 운영 중이다.

올해 6월 여수엑스포 상하이시 대표단이 부산을 방문해 자매도시 교류행사와 상하이 경제무역·해양포럼을 개최했다. 특히 부산시 주최의 대형 행사는 물론 2012년 여수엑스포 등 국가 행사에 상하이시 고위급 간부의 방문을 추진함으로써, 네트워크를 강화하고 교류분야를 재검토하고 신규 사업을 발굴할 예정이다. 이에 부산시는 6월 라이온스 부산세계대회, 8월 부산바다축제 등의 국제행사에 상하이시 인사들을 초청해 부산을 적극 홍보했다.

부산시는 국제교류재단, 부산예총 등을 통해 양 도시 간 민간교류, 문화·예술, 체육교류도 추진할 예정이다. 학교 자매결연 확대, 청소년 홈스테이, 스포츠 등 교류사업을 확대할 예정이다. 양 도시는 문화공연 교류도 하고 있다. 올해 4월 상하이에 이어 10월에는 부산에서 문화공연을 개최할 예정이다. 양 도시의 산하 구·군 자매결연도 추진되고 있다. 현재 16개 구·군 중 자매결연은 3개 구(영도구-황푸구, 동래구-황저우구, 금정구-푸퉈구), 우호협력 은 3개 구(연제구-황푸구, 사하구-자베이구, 동구-쉬후이구)가 체결됐다.

선전과는 2007년 우호협력도시를 체결한 후 다양한 채널을 통해 교류를 추진 중이다. 선전에는 현재 20여 개 한국기업이 진출해 있다. 다만 부산기업은 아직 없다. 올해 5월 개최된 선전시 세계문화산업박람회에 부산시가 참가했다. 부산시 간부급 인사와 태권도 교류팀이 공연에 참석했다. 박람회 기간에는 부산시 홍보부스도 운영됐다. 이 박람회는 중국의 국가급 문화산업박람교역회로 매년 개최된다. 중국 국내외 우수 문화상품과 서비스를 전시·소개하는 중요한 행사이다. 올 하반기에는 부산-선전 우호협력도시 결연 5주년 기념행사 개최도 추진할 예정이다. 올해 10월 개최 예정인 부산어울마당 행사에는 선전시 대표단 홍보부스가 운영될 예정이다.

톈진과는 2007년 우호협력도시 체결 후 국제회의(동아시아경제교류추진기구, TPO, 톈진 국제라운드테이블 컨퍼런스) 참여 등을 통해 네트워크를 강화하고 있다. 양 도시에서 개최되는 대형 국제행사에 상호 초청·방문을 통해 서로 실익을 줄 수 있는 교류방안을 모색하고 있다. 톈진에는 650여 개 한국기업이 진출해 있으며, 부산기업은 20여 개가 있다. 올해 9월 톈진에서 열리는 하계 다보스포럼에 부산시 경제부시장이 참석할 예정이다. 부산-톈진 우호협력도시 결연 5주년 기념행사도 함께 추진할 예정이다. 올해 11월에는 톈진에서 '한국어 말하기대회'가 처음으로 개최된다.

충칭과는 2010년 우호협력도시 체결 후 국제회의(아태도시 서미트) 공동 참여를 통해 네트워크를 강화하고 있다. 양 도시에서 개최되는 대형 국제행사에 상호 초청·방문을 통해 인적 네트워크를 강화하는 한편 상호 실익을 줄 수 있는 자동차, 문화, 관광, 항만·물류, 경제 등 분야의 교류방안을 모색하고 있다. 예를 들어 부산항축제, 부산국제모터쇼, 부산국제영화제 등을 활용할 예정이다. 현재 충칭에는 10여 개 한국기업이 진출해 있다. 부산기업은 아직 없다. 부산시는 도시로서는 세계 최대의 면적과 인구를 가진 충칭의 관광객 유치를 위한 마케팅을 추진하고 있다. 2010년 관광설명회 후 인적 네트워크를 관리하고 있다. 올 하반기에는 충칭시 시장이 투자설명회 개최를 위해 방한할 예정이다. 특히 국제교류재단의 자매·우호도시 민간교류사업에 충칭의 참여를 유도하고 있으며, 올해 2월과 8월에는 각각 양 도시의 청소년 교류가 진행됐다.

부산은 중국의 4개 도시 외에도 난징(南京)시, 다롄(大連)시 등과 우호협력도시 체결을 추진하고 있다. 청두(成都)시, 인촨(銀川)시, 선양(沈陽)시 등과도 교류를 확대하고 있다.

〈**그림 2**〉 상하이시 대표단 부산시 방문(2012년 7월)

한편 부산과 중국의 자매 및 우호협력도시들 간 민간교류, 문화·예술, 체육교류는 2009년부터 부산국제교류재단의 주도하에 이뤄지고 있다. 부산국제교류재단은 상하이인민대외우호협회, 베이징청년교류중심 등 중국 기관과의 협력을 통해 민간교류 등을 추진하고 있다.

예를 들어 올해 7월 부산 청소년 10명이 상하이 국제청소년우정캠프에 참석한 것을 계기로 부산과 상하이의 학교 간 교류를 주선하고 있다. 특히 부산국제교류재단은 부산과 중국 도시 간 문화공연교류, 청소년 홈스테이 교류, 중국인의 한국어 말하기대회 지원, 부산의 어울마당축제 등에 중국 인사 참가, 중·고교 자매결연 추진, 부산시 기초자치단체와 중국 기초자치단체 자매결연 등 다양한 분야의 교류가 활발히 이뤄질 수 있도록 노력하고 있다.

또한 부산국제교류재단은 한중 수교 20주년을 맞아, 중국 내 부산시 자매 및 우호도시 등 주요 도시의 공무원 초청연수를 통해 중국과의 교류를 강화할 예정이다. 여기에는 자매도시인 상하이시와 우호협력도시인 선전시, 톈진시, 충칭시, 우호협력도시 의향서를 체결한 도시인 베이징시와 다롄시의 공무원들이 참석해, 부산시 국제교류도시 세미나 및 부산신항 등을 시찰하고 차이나타운특구축제를 참관할 예정이다. 또한 자매도시 관계자 초청 팸투어를 개최해 톈진시, 충칭시 등의 관계자가 참석해 자매도시 교류활성화를 위한 워크숍에 참가하고, 물 관련 기관 산업과 전시관을 시찰하며, 부산 주요시설을 탐방할 예정이다.

2. 부산과 중국 자매도시들 간 교류에 대한 평가

부산은 중국의 자매 및 우호협력 도시들과 많은 교류를 진행해 왔다. 한국과 중국이 수교한지 20년이라는 짧은 기간에 오랜 관계 단절로 정서적으로 거리감이 존재했고 사회주의체제를 유지하고 있는 중국과 활발하게 교류를 한 것은 높이 평가할 만하다. 특히 부산이 상하이시와 한중 수교 이듬해인 1993년 자매도시를 맺어 도시 발전의 경험을 공유하고 유대관계를 지속해온 것은 소중한 자산이다. 부산은 선전, 톈진, 충칭과 최근 5년 이내에 우호협력도시를 체결해 상호협력 방안을 적극적으로 모색하고 있어 향후 협력의 잠재력이 크다.

다만 부산과 중국의 자매 및 우호협력 도시들 간 협력을 더욱 강화하기 위해, 현재 부산과 중국 도시들과 교류에서 미흡한 점이 없는지를 냉철하게 검토해야 할 부분도 있다.

첫째, 부산이 현재 교류를 하고 있는 상하이, 선전, 톈진, 충칭은 인구가 1천만 명에서 3천만 명이 넘고 급속히 발전하는 경제중심 도시들이다. 부산이 인구 360만 명의 한국 제2의 도시이지만 중국의 이들 4개 도시와 비교하면 인구, 경제력 등에서 열세이다. 따라서 급속히 발전하는 4개 중국 도시들이 점차 부산과의 이러한 격차로 인해 부산에 대한 관심이 식을 가능성이 있다. 부산도 이들 도시와의 교류에서 심리적으로 위축될 가능성이 있다. 따라서 부산시는 이를 극복할 방안을 찾는 것이 시급하다. 특히 상하이는 중국의 경제중심 도시로 자신의 위상변화에 따라 새로운 방식의 대외교류를 추진하려는 움직임도 있다는 사실을 감안해야 한다.

둘째, 부산은 중국 4개 도시와의 교류 시 각 도시의 특성과 비전을 상세히 연구한 후 구체적으로 성과를 낼 수 있는 협력분야를 발굴해 일관성 있게 추진했는지를 검토해야 한다. 중국의 도시들은 각각의 특성과 발전 전략을 갖고 있다. 최근 수년간 부산과 4개 도시 간 교류실적을 보면 인적·행정 교류는 증가한데 비해 경제, 문화·체육, 관광분야 교류는 줄어들고 있다. 또한 최근 우호협력도시 관계를 맺은 선전, 톈진, 충칭과의 교류는 현저하게 증가하 지 않고 있는 실정이다. 부산과 교류를 하고 있는 중국 도시들은 점차 실리적인 생각으로 외국 도시들과 교류 시 구체적 협력사업이 없을 경우 일회성이나 형식적 교류는 하지 않으려는 경향을 보이고 있다.

셋째, 일반적으로 중국의 도시들은 여러 외국 도시들과 우호협력 관계를 맺고 있어 한 도시와 협력관계를 일관성 있게 유지하는 것이 어렵다. 이러한 상황에서 부산이 막연하게 국제우호증진이라는 목표만을 가진다면 중국 도시들과의 협력관계 발전이 어려울 것이다. 기존의 교류체결 도시들 간 지역의 특성과 문화적, 환경적 요인 등을 극복하지 못하고 교류 아이템을 개발하지 못한 사례가 많다.

각국 도시 간 우호교류는 주민에게 보다 풍요로운 삶을 제공할 수 있는 실용적이고 가시적인 성과가 나타날 때 전폭적인 지지와 동참 속에 선린우호 관계를 넓혀 나갈 수 있다. 따라서 부산시가 그간 중국 도시들과의 교류에서 구체적이고 이익이 있는 사업을 추진했는지 되돌아 볼 필요가 있다. 만약 미흡했다면, 부산시는 중국 도시들과 서로 공통의 이익이 되는 의제를 부단히 발굴해 도시 간 협력이 시너지 효과를 낼 수 있도록 해야 한다.

넷째, 일반적으로 지자체 수준의 국제교류는 행정 주도의 교류에 그치거나 자매결연 정도에 머무는 경우가 많아 교류의 효과가 지역 사회에 파급되지 못하고 있다. 부산도 이러한 경향이 없는지를 파악할 필요가 있다.

3. 국내외 도시들 간 교류 사례

부산이 중국 도시들과의 교류를 되돌아보고 향후 교류를 강화하기 위해서는 부산의 여타 국가 도시들 간 교류, 한국과 중국의 도시들 간 교류현황 중에서 성공적인 사례들을 참고하는 것이 바람직하다.

국내외 도시들 간 성공적인 교류 사례를 크게 분류하면 다음과 같다. 즉, 양측 고위인사들 간의 진정성이 있는 교류, 경제 · 통상분야에서 구체적인 성과가 있는 사업 추진, 각 도시의 발전 방안에 대한 상호 학습, 문화 · 청소년 · 언론 등에서의 실질적 교류 등이다.

이 글에서 소개하는 도시 간 성공적인 교류의 주요 특징은 아래와 같다.

첫째, 부산시는 일본의 도시들과 다자협의체를 구성해 교류를 추진하고 있다. 특히 부산은 요코하마시와 협력해 2010년 하네다공항과 부산 김해공항 간 직항노선을 실현하는 성과를 거뒀다.

둘째, 서울시는 일본의 도시들과의 교류를 통해 발전 전략과 선진시정 정보를 적극 공유하고 있다.

셋째, 저장성과 전라남도 간 교류는 특히 성공적으로 보인다. 즉 양측 고위층 인사들 간 진정성 있는 교류, 경제·통상협력을 위한 지속적 교류, 양측 관심사에 대한 상호학습을 위한 학술세미나 개최, 청소년·언론 등 분야에서의 실질적 교류 등이다. 특히 내년에 중국의 국가주석이 될 것으로 예상되는 시진핑(習近平) 전 저장성 당서기와 전라남도 간의 친분은 한중관계 우호증진에 큰 역할을 할 것으로 예상된다.

넷째, 중국 충칭시의 경우 중국 중서부의 핵심도시로서 경제 발전을 위해 한국의 도시들과 적극적인 협력 의사를 갖고 이를 실행에 옮기고 있다. 부산시가 이에 적극 호응하는 것이 바람직할 것이다.

다섯째, 중국의 샤먼시(厦門市)와 목포시는 상호 특성을 잘 살려 석재산업 분야 등에서 실질적인 경제협력을 추진하고 있다.

여섯째, 베이징시의 창핑구(昌平區)는 서울시 도봉구와 공무원 교류를 효율적으로 추진하고 있다. 특히 창핑구가 해외투자를 유치하기 위해 노력하는 방식은 우리가 배울 만하다.

일곱째, 중국의 다롄시와 춘천시는 활발한 시민 교류와 특성에 맞는 상호 교류를 추진하고 있다.

여덟째, 중국의 산둥성은 경기도와 관광교류에 역점을 두고 추진하고 있다.

아홉째, 경기도는 중국의 여러 지방정부와 다수의 창의적인 아이디어를 내 교류하고 있다.

열번 째, 경상북도는 중국의 자매도시, 자매결연 학교들과의 관계 강화를 통해 관광객 유치에 전력하고 있다.

이 같은 도시들 간 교류 사례를 좀 더 상세히 살펴보자.

1) 부산시와 서울시의 일본 도시들 간 교류

부산은 시모노세키시, 후쿠오카시와는 자매도시, 오사카시와는 우호협력도시, 요코하마시와 파트너도시를 체결했다. 또한 홋카이도와는 교류의향서를 교환했다. 부산은 한국과 일본이 개최하는 '한일해협 시도현지사 회의'에도 참여하고 있다. 이 회의에는 한국의 남해안 4개 시도인 부산, 경남, 전남, 제주와 일본의 큐슈북부의 4개 현인 야마구치현, 후쿠오카현, 사가현, 나가사키현이 참여하고 있다. 이 회의에서는 매년 관광, 경제교류, 청년 문화교류 등 공동교류사업을 추진하고 신규 사업을 결정하고 있다. 특히 부산은 파트너도시인 요코하마와 협력해 2010년 하네다공항과 부산 간 직항노선을 개설하는 등 구체적인 성과를 내고 있다.

서울시는 일본의 도쿄도와는 자매도시, 홋카이도와는 우호협력도시를 체결했다. 서울시는 도쿄도와 분야별 선진시정 정보 공유(도쿄 하수관거 정비사업 벤치마킹, 도쿄 공유재산 관리정책 사례 벤치마킹 등)에 역점을 두고 교류를 진행하고 있다. 또한 도쿄도와 다자 간 협의체 구성 및 참가를 통해 교류의 다각화도 모색하고 있다. 예를 들어 2000년 도쿄도가 주창한 아시아 대도시들의 협의기구인 ANMC21 (Asian Network of Major Cities 21)에 참여해 공통과제를 협의하고 상호이해를 증진하고 있다. 서울시가 개최한 '지구촌 나눔한마당축제'에는 도쿄도와 홋카이도가 매년 참석하고 있다. 서울시는 도쿄도와 공무원을 장기적으로 상호 파견하고 있다.

2) 한국의 도시들과 중국의 도시들 간 교류

(1) 중국 저장성(浙江省)과 전라남도 간 교류

저장성과 전라남도는 1998년 자매결연을 했다. 현재 저장성(시, 현 포함)은 한국의 24개 지자체와 자매결연을 했는데, 이는 전체 자매도시의 11%를 차지한다.

저장성은 1998년 전남도와 자매결연을 한 후 역대 정부와 의회 (인민대표대회) 간 고위층 상호방문을 추진했다. 예를 들어 2005년 7월 저장성 시진핑(習近平) 당서기는 중국공산당대표단을 인솔하고 전남도를 방문해 박준영 지사와 회담을 하고 광양제철소를 시찰했다. 같은 해 11월 박준영 지사는 저장성을 방문해 고위층과 회담하고 교류협력을 협의했다. 2008년 전남도의회 의장이 저장성을 방문했다.

경제협력과 문화교류를 확대하기 위해 저장성은 그 지역에서 열리는 대형 행사에 전남도 기업가와 관련 인사들을 초청해 실질적인 교류를 추진했다. 예를 들어 '저장투자무역상담회', '저장농업박람회', '저장성국제우호도시친목회' 등의 행사에 전남도가 정기적으로 대표단을 구성해 방문했다. 저장성도 전남도의 초청으로 한국을 방문해 각종 대형 경제행사 및 문화행사에 참가했다. 저장성은 문화, 교육, 체육 등의 교류에 많은 신경을 쓰고 있다.

첫째, 학술세미나를 개최하고 있다. 10년 전부터, 저장성은 전남도와 매년 번갈아 학술세미나를 개최해 공동 관심사에 대한 학술교류를 진행해 왔다. 세미나 주제는 경제, 역사, 관광, 환경보호, 여성, 정보산업, 고령화문제, 지방의 특성 있는 자원을 이용한 한중지방농업 발전 등이다. 세미나에는 부성장 혹은 부지사 등 고위급 인사들이 참석해 축하 메시지를 전달한다. 지역의 반응도 좋다.

둘째, 청소년교류대표단 상호 파견을 진행하고 있다. 1999년부터 저장성과 전남도는 매년 고고생대표단을 구성해 상호 방문을 하고 있는데, 양 도시 청소년들의 견문을 넓히는 데 큰 도움이 되고 있다. 현재까지 400여 명의 청소년이 교류행사에 참여했다. 주요 행사내용은 홈스테이, 유적지 방문, 한중청소년친목회 개최 등이다.

셋째, 친선 축구경기를 개최했다. 2008년 전라남도 봉황축구팀이 항저우를 방문해 항저우사이버축구클럽에서 개최한 '2008년 항저우 국제축구초청경기'에 참가해 4위를 했다. 저장성과 전남도 자매결연 10주년을 맞아 열린 이 친선경기는 양 지역 주민들의 우의를 증진했다.

다양하고 실질적인 교류를 위해 저장성은 자매도시를 활용해 조건이 성숙되고 경제력이 있는 시(현, 구)와 전라남도 산하 지자체와의 자매결연 또는 우호협력을 추진했다. 저장성은 전남도와 공동으로 라디오와 TV방송, 뉴스, 문화, 체육, 농업, 경찰, 대학, 과학연구기관 등에서 정기 혹은 비정기 교류와 협력을 추진했고, '우호 부서 합의서'를 체결하기도 했다. 저장성의 주요 신문사와 방송사는 전남도 신문사, 방송사와 뉴스 원고 및 프로그램을 비정기적으로 교환하고 있으며 프로그램 공동제작 또는 협조제작도 추진하고 있다.

저장성은 전남도와 자매결연을 한 후 협력을 확대하면서 지속적인 우호교류를 위해 노력하고 있다. 첫째, 자매도시 간 명품 교류프로젝트를 발굴하고 있다. 둘째, 양측의 언론을 통해 교류의 성과를 적극 홍보해 상호 인지도를 확대하고 있다.

저장성과 전남도 간 자매도시 교류는 성공적인 것으로 평가되고 있다. 양측의 지도급 인사가 의지를 갖고 교류를 강력하게 추진하고 있고, 정부에서도 관심을 갖고 있기 때문이다. 2005년 당시 저장성 당서기였던 시진핑(習近平)이 내년에 중국의 국가주석이 될 것으로 예상되는데, 그는 전남도와의 교류에 각별한 관심이 있었다. 박준영 전라남도 지사와도 친분이 두텁다. 시진핑 전 당서기가 국가주석이 되면 한중관계 발전에도 큰 도움이 될 것으로 기대된다.

(2) 중국 충칭시의 한국과의 교류 방침

충칭시는 한국과 광범위한 인적교류와 다양한 우호관계를 추진하고 있다.

첫째, 충칭은 2007년 인천시와 자매결연을 하고 실질적인 우호교류를 추진하고 있다. 충칭은 2009년 문화예술, 교육, 경제무역(음식업, 자동차오토바이 등) 분야의 대규모 대표단을 구성해 인천에서 열린 '인천 · 중국절'에 참가했다.

둘째, 충칭은 학교 및 민간 교류를 적극 추진하고 있다. 최근 수년간 충칭은 인재를 양성하기 위해 한국에 유학생을 파견했고, 동시에 한국의 대학과 중고교 유학생들을 유치했다. 충칭의 10여 개 대학과 한국의 18개 대학이 교류협의서를 체결했다.

셋째, 충칭은 한국과의 경제협력을 적극 추진하고 있다. 충칭의 부동산그룹은 전남 무안군과 접촉해 한중산업단지 조성을 협의 중이다. 외국에 대형 산업단지를 조성해 각국의 기업을 유치하는 것은 중국의 중요한 대외 프로젝트이며 동북아시장을 개척하기 위한 기반을 구축하는 사업이다. 이를 위해 충칭은 전남도와 우호교류의향서를 체결하고 다양한 교류채널을 구축했다. 양측 간 기업 왕래도 추진하고 있다.

넷째, 충칭은 소속 구, 현의 개방을 지원하고 중점 프로젝트를 적극 추진하고 있다. 충칭의 현재 도시인구는 1,300만 명, 농촌인구는 2,000만 명으로 지역 도농 간 불균형을 이루고 있다. 충칭정부는 향후 도시인구는 2,300만 명, 농촌인구는 1,000만 명으로 조정해 도시화 비중을 현재의 7%에서 70%로 제고한다는 목표를 세워놓고 있다. 이를 위해 충칭은 구, 현의 개방에 많은 지원을 하고 교류프로젝트를 집중적으로 추진할 예정이다. 충칭은 한국과의 교류가 일정 수준에 도달하고, 특히 경제통상협력에서 합리적인 발전계획을 수립한 구, 현에 대해 자금, 인력, 정책 등의 지원을 할 예정이다. 또한 충칭은 민간교류를 적극 추진해 협회 등 단체 간 우호교류도 지원할 계획이다.

충칭은 중국 중앙정부가 추진하고 있는 서부대개발지역의 핵심도시로 경제발전을 위해 한국 등 외국 도시들과의 교류를 추진할 준비가 돼 있다. 부산은 이를 최대한 활용해야 한다.

(3) 푸젠성(福建省) 샤먼시(廈門市)와 목포시 간 교류

샤먼시는 중국의 7대 항구도시로 해양·관광·물류 중심도시이다. 중국 석재 물동량의 60% 이상을 차지하는 도시이기도 하다. 2007년에 목포시와 자매결연을 하고 긴밀한 협력관계를 유지하고 있다.

목포시는 신항 배후부지에 6,000평 규모의 국제석재물류타운을 조성해 한국석재산업의 메카로 성장하는 도시이다. 샤먼시는 향후 목포시와 석재산업을 비롯해 관광·해양·해운분야에서 활발한 교류를 할 예정이다.

(4) 춘천시와 중국 다롄시(大連市) 간 교류

자매도시인 춘천시와 다롄시는 2007년 시민관광교류 방문 협약을 했다. 이에 따라 2009년 춘천에서 1,000명, 다롄에서 1,000명의 시민관광교류를 진행했다. 춘천시 모범 부부공무원 90여 명이 상·하반기로 나눠 다롄을 방문했다. 춘천시 건설도시국과 강원대학교 도시경관 용역설계팀은 다롄의 녹지공원과 광장을 시찰했다.

(5) 베이징 창핑구(昌平區)와 서울시 도봉구 간 교류

베이징시 창핑구와 서울시 도봉구는 2004년부터 공무원을 상호 파견하면서 어학연수와 정부 간 업무교류를 하고 있다. 창핑구는 공무원 상호 파견제도를 다음과 같이 엄격히 관리하고 있다.

첫째, 창핑구는 해외파견 공무원들을 교류 목표와 중점 추진업무에 맞춰 엄격하게 선발한다. 둘째, 해외파견자는 파견 전에 소속부서와 현재 담당하고 있는 업무와 밀접한 관련이 있는 연구과제를 확정해야 한다. 장기 해외파견자는 출국 전 주요 임무를 확실히 숙지하고 연구과제를 정해야 한다. 파견기간이 만료된 후 1~2개월 내에 보고서를 제출해야 한다. 셋째, 창핑구만의 독창적인 교류공무원 관리방법을 제정했다. 이 관리방법은 베이징시 및 중국 주요 부서의 해외파견공무원 관리지침에도 반영됐다. 넷째, 교류를 통해 핵심 업무능력을 배양한다. 교류공무원은 해외 파견기간 중 언어능력을 향상하는 것 외에 정부 또는 의회에서 맡은 구체적인 업무를 수행해야 한다.

창핑구와 도봉구는 2004년 서울시에 창핑구투자유치사무실을 설립하고 주재관을 파견해 경제교류 및 협력업무를 전담케 하고 있다. 투자유치사무실의 노력으로 많은 한국 기업이 수차례 창핑구를 방문해 상담을 했다. 현재 한국의 9개 첨단기술기업이 중관촌 과학기술원구 창핑원(昌平園)에 공장을 건설했는데, 이는 총 외자기업의 6.6%를 차지한다.

(6) 중국 산둥성(山東省)과 경기도 간 교류

산둥성과 경기도는 2000년 우호협력을 체결하고, 경제, 문화 등 분야에서 협력을 하고 있다. 첫째, 공무원 상호교류는 특색 있고 성과가 큰 분야이다. 우호협력 체결 후 양 측은 공무원 상호파견을 합의했다. 공무원 파견교류는 교류협력 촉진에 큰 역할을 하고 있다.

둘째, 산둥성 정부는 한국관광공사와 관광 협력협정을 체결해 산둥성과 한국 관광업계의 협력을 추진하고 있다. 산둥성 관광국은 한국의 경상남도관광협회, 인천시관광협회, 대구시관광협회, 경기도관광협회, 충청북도관광협회, 광주시관광협회 등과 '관광협력교류협정서'를 체결했다. 산둥성은 문화와 청소년 분야의 교류를 강화해 나가고 있다. 산둥성 관광국과 경기도 문화복지국은 '산둥성 - 경기도 청소년 문화교류협정'을 체결해 2004년부터 청소년 문화교류단을 상호 파견하고 있다. 2005년부터 산둥성과 한국청소년연맹이 협력해 매년 100명의 한국 학교장들이 산둥성을 방문해 수학여행코스를 시찰하고 있으며, 매년 5만여 명의 한국 학생이 산둥성에 수학여행을 가고 있다. 양측은 '우호협력, 공동발전'의 원칙에 입각해 상호 최고책임자 정기방문제도를 확립하고 문화, 청소년사업의 공동발전을 추진하고 있다.

(7) 경기도와 중국 각 성시 간 교류

경기도는 1993년 중국 랴오닝성(遼寧省)과 자매결연을 한 이후 광둥성, 허베이성(河北省), 산둥성, 톈진시 등 5개 지역과 자매결연 또는 우호협력 관계를 유지하고 있다.

경기도는 2003년 광둥성과 자매결연 관계로 격상했다. 경기도와 광둥성은 한·중 양국의 경제중심지로서 경제협력 극대화에 역점을 두고 있다. 특히 매년 '광둥성 국유기업 최고 경영자연수사업'을 경기도에서 실시해 광둥성 국유기업 관계자들에게 한국의 시장과 산업·경제 환경, 한국의 전략적 육성 산업에 대한 이해를 제고하고 있다. 향후 경기도와 광둥성 간 무역·투자 분야의 협력강화는 물론 광둥성 기업의 한국 진출을 촉진할 수 있는 장을 마련했다.

광둥성 정부 대표단 등 여러 행정 분야 인사들이 경기도를 방문해 선진 행정에 대한 벤치마킹을 했다. 경기도는 광둥성이 개최하는 '광둥성국제문화관광행사'에 지역 대학생으로 구성된 태권도 공연단을 파견해 현지 시민과 학생들에게 한국의 전통무술을 홍보하고 있다.

랴오닝성은 1993년 경기도와 자매결연을 한 이후 행정기관은 물론 민간분야에서 활발한 교류협력을 하고 있다. 2008년 환경문제 및 온실가스 감축을 위한 상호 논의가 있었다. 2008년 랴오닝성에서 개최된 한·중·일 우호교류회의를 통해 각 지역 대표자는 다양한 분야에서 교류활동을 할 것을 약속했다. 경기도지사는 기조연설에서 한중 육로교통망 개설과 북한과의 교류협력 확대를 제의하고 랴오닝성의 적극적인 지원을 요청했다.

산둥성은 2000년 우호협력을 체결한 지역으로 인적, 물적 교류가 활발하다. 양 정부는 2008년 산둥성 칭다오에서 한·중 지방정부 간 국제협력의 틀을 마련하기 위해 경기도 12개 도시와 산둥성 17개 도시 대표가 배석해 '경기·산둥 도시연합' 창설 합의서를 체결했다. 양 지역 협력사업으로 평택시와 웨이하이시(威海市) 간 카페리호 취항합의서를 체결했다.

경기도는 향후 상호보완적이고 시너지 효과 창출이 높은 지역으로 평가되는 산둥성과 실질적인 교류협력사업을 확대해 자치단체 간 교류모델 사례를 만들려고 한다.

허베이성과는 2009년 자매결연관계로 격상하는 등 향후 활발한 교류활동이 기대되는 지역이다. 허베이성은 징진지(京津冀) 경제권(베이징, 톈진, 허베이성)의 한 축으로 막대한 성장잠재력이 있는 지역이다. 환경, 정보통신, 설비제조, 관광, 교육 등 다양한 분야에서 양 지역 간 교류·협력과 상생발전이 기대된다.

한편 경기도는 향후 녹색경제, 환경보호, 신에너지, 하이테크, 신농촌 건설, 기후변화대응과 자연재해 등의 분야로 교류를 확대할 예정이다. 경기도는 올해 한중 수교 20주년을 맞아 다음과 같은 사업을 추진하고 있다.

첫째, 'G-FAIR 산둥'을 개최해 경기도 70여 개 기업의 참가를 지원할 예정이다. 둘째, 도립예술단-랴오닝성 발레단 상호 방문공연을 추진한다. 셋째, 경기도-광둥성 생활체육인 국제스포츠교류를 추진할 예정이다. 넷째, 중국 내몽고 사막화(황사) 방지 조림사업을 추진한다. 이는 2009~2013년 사업으로 총 10억 원을 지원할 예정이다. 넷째, 중국 교류지역을 대상으로 환경분야 협력을 추진하며, 이를 위해 기술교류 및 전문인력 교환연수 등 협력프로그램을 마련하고 MOU를 체결할 예정이다. 다섯째, 경기도-장쑤성(江蘇省) 보건의료 협력을 추진해 양 지역 병원 간 의료기술 협력 및 보건의료 학술세미나 등을 추진한다. 여섯째, 공무원 중국교류과정 확대 운영을 추진한다.

(8) 경상북도의 중국인 관광객 유치전략

경상북도는 한국의 자치단체가 중국의 시, 성과 맺고 있는 자매결연 내지 우호협력 관계를 활용해 중국 초·중·고 수학여행단을 유치하려고 노력하고 있다. 즉, 지자체 내 학교를 파트너로 선정하는 방안을 추진 중이다. 한·중 청소년문화캠프를 마련해 방학기간에 한국 관광 겸 한국 학생과의 대화 및 교류를 증진하려고 한다.

4. 자매도시 우호협력 발전 방향과 부산시에 대한 제언

1) 기본 추진방향

부산은 국제정세와 한중 경제관계, 중국의 경제상황이 급격히 변화하고 있는 상황을 감안해 중국 도시들과의 교류를 점검하고 발전적으로 검토할 필요가 있다. 향후 교류 활성화를 위한 기본 추진방향을 제안한다.

첫째, 교류에 대해 보다 명확하고 구체적인 방향을 설정해야 한다. 도시 간 교류가 구체적인 결실을 내려면 부산시의 특별한 관심과 실천력이 무엇보다 중요하다. 부산시가 강력한 리더십 아래 2개의 기본목표를 설정할 것을 제안한다. 우선 양 도시 간 상호 이해와 신뢰를 증진하기 위한 풀뿌리 차원의 민간 인적 교류를 발굴해 활성화하는 것이다. 또한 양 도시 간 구체적인 경제적 이익이 도출될 수 있는 사업을 발굴하고 추진하는 것이다.

둘째, 양 도시 간 교류를 강화하기 위해 상호 이익이 되는 의제를 개발해야 한다. 부산은 자신의 장점과 약점, 중국 도시들과의 교류에서 얻고자 하는 목표를 도출하고, 이를 토대로 중국의 자매도시와 우호협력도시의 장점과 약점을 분석한 후 교류를 추진해야 할 것이다. 즉, 적절한 어젠다와 콘텐츠를 갖고 주도적, 실질적, 지속적 교류의 원칙으로 접근해야 할 것이다.

셋째, 부산과 교류를 진행하고 있는 중국의 4개 도시 중 상하이와 톈진시는 직할시, 선전 시는 경제특구도시이다. 모두 항구도시이며, 충칭시는 중국 서부대개발의 핵심도시로서 과감한 경제발전전략을 추진하고 있다. 이들 도시는 부산과 경쟁 또는 협력의 가능성을 모두 갖고 있다. 부산은 경쟁을 극복하고 협력을 강화하기 위해 이들 4개 도시와의 적극적인 협력방안을 연구하고 발전방안을 교환할 수 있는 건설적이고 진취적인 기회를 만들어 나가는 것이 필요하다.

넷째, 교류의 '집중과 선택'이 필요하다. 부산시는 교류에서의 내부 자원과 인력에 한계가 있음을 감안해야 할 시점이다. 따라서 4개 도시와의 교류 상황을 점검하고 이를 토대로 선택과 집중의 전략으로 협력을 확대하는 것이 현실적이다. 13억의 인구와 한반도의 50배에 해당하는 면적을 가진 중국에는 많은 도시가 있기 때문에 부산시에 여러 형태의 교류가 제안될 수 있다. 부산시는 선택과 집중의 전략하에 협력을 통해 얻을 수 있는 구체적 이익이 무엇인지를 냉철하게 판단하고 추진할 필요가 있다. 도시 교류가 성과를 내기 위해서는 오랜 인내와 집중적인 노력이 필요하다는 것을 잊지 말아야 한다.

다섯째, 중국의 지방정부는 중앙정부로부터 광범위한 자율권을 받고 있다. 따라서 부산은 이러한 상황을 잘 파악한 뒤 중국 도시에 접근하는 것이 좋다. 중국 지방도시의 광범위한 자율권은 거대한 면적과 인구에 기인하는 것으로 오랜 역사에 걸쳐 형성된 것이다. 특히 부산이 자매관계 및 우호협력관계를 맺고 있는 상하이시, 톈진시, 충칭시, 선전시는 중국에서도 영향력이 큰 도시들로 각자의 특성, 발전전략, 비전을 갖고 있다. 이를 감안해 각 도시에 맞는 교류 전략을 수립하고 실행해야 한다.

다음으로 무한경쟁의 세계화시대에 부산시는 창의적인 사고와 실천 의지를 갖고 앞으로 나아가야 한다. 이탈리아 중부의 작은 도시인 피렌체는 14, 15세기에 새로운 생각, 새로운 아름다움을 추구하

면서 중세의 암흑을 걷어내고 유럽의 르네상스운동을 선도했다. 주
변의 강대한 세력들에 끼어 있던 피렌체가 어떻게 르네상스를 이끌
수 있었을까? 피렌체가 당시 새로운 시각으로 세상을 아름답게 볼
수 있다는 사고를 했고, 이 도시를 통치한 메디치가는 이런 시각을
가진 인재와 정책을 발굴하고 적극 지원했다. 즉, 새로운 사고를 행
동으로 옮겼기 때문이다. 부산시도 급변하는 환경 속에서 르네상스
시기의 피렌체와 같이 새로운 생각과 실천 의지를 갖고, 중국 도시
들과 교류를 추진할 필요가 있다.

2) 구체적 방안

기본적으로 부산은 오래 교류를 유지해 오고 있는 상하이와는 질
적 발전을 추진하고, 교류기간이 상대적으로 짧은 선전, 톈진, 충칭
과는 성과를 꾸준히 축적하는 것이 필요하다.

(1) 경제통상협력

중국의 구매력이 급속히 향상되고 있고, 특히 상하이, 선전 등은
중국 최고 수준이다. 따라서 고급 내수 소비재 등을 비롯해 우리가
강점이 있는 의료/성형, 교육 등 서비스 분야로의 진출 확대가 필요
하다.

경제통상문제는 기본적으로 기업인 간에 추진되지만 중국의 경우
대형 사업 프로젝트나 개발계획이 아직 정부의 주도로 이뤄지고 있
고 관계법령도 수시로 바뀐다는 점을 감안해야 한다. 따라서 부산시
가 중국의 자매 또는 우호협력도시와 밀접한 관계를 유지하면서 관

련 정보나 참여기회를 부산기업인들에게 제공할 수 있다.

저장성과 전라남도의 교류를 참고할 필요가 있다. 전남도는 매년 개최되는 '저장투자무역상담회', '저장농업박람회' 등의 행사에 참가하고 있고, 저장성 정부도 전남도의 대형 경제행사에 방문단을 보내고 있다.

목포시와 샤먼시는 석재산업을 비롯해 관광·해양·해운분야에서의 교류를 진행할 예정이다.

특히 부산시는 중국 서부대개발의 핵심도시인 충칭시가 한국과의 경제협력을 적극 추진하는 점을 활용해야 한다. 충칭의 부동산그룹이 전남 무안군과 접촉해 한중산업단지 조성을 협의하고 있다는 사례를 참고할 필요가 있다.

부산과 선전시는 생산거점인 동시에 물류 항구도시라는 공통점을 바탕으로 상호보완의 협력관계를 추진한다면 양측 모두에 새로운 성장기회를 가질 수 있을 것이다. 선전시가 관심을 가질 수 있는 분야는 부산항의 신속한 통관시스템 등 첨단서비스, 친환경 산업, 에너지 절감, 문화 등이다.

상하이는 서비스업 및 제조업의 발전을 통해 세계적인 국제금융센터 및 국제해운센터가 된다는 목표가 있다. 톈진은 빈하이(濱海) 하이테크 산업개발구를 조성해 고급기술을 바탕으로 아시아 경제중심이 되려는 목표를 세워놓고 있다. 부산은 이런 점을 염두에 두고 이들 도시와의 협력을 확대해야 할 것이다.

부산시는 2010년 일본의 요코하마시와 협력해 하네다공항과 부산 간 직항노선을 개설한 것처럼 상하이시와 홍차오(紅橋) 공항과 직항노선을 추진할 필요도 있다.

(2) 상호 학습 및 협력

부산이 교류하고 있는 중국의 4개 도시는 모두 야심찬 경제발전을 추진하고 있다. 부산시도 이들 도시로부터 배울 만한 경제발전계획이 있을 수 있다. 따라서 중국의 4개 도시와 상호 학습할 수 있는 프로젝트를 개발해 정기 교류를 통해 윈-윈 할 수 있도록 하는 것이 필요하다. 경기도가 매년 실시하는 '광둥성 국유기업 최고경영자연수사업'을 참고할 수 있다.

동북아는 세계에서 가장 고성장 지역으로 물동량이 폭발적으로 증가하고 있다. 부산은 항만 하드웨어 구축, 항만 종합 정보시스템 구축, 세계적 외국 물류기업 유치, 국내 물류기업의 선진화 및 제3, 4자 물류기업의 활성화, 전문 인력 양성 등을 통해 중국 항만과의 비교 우위를 확보해야 한다.

부산은 상하이, 톈진, 선전은 물론 내륙 해운의 중심인 충칭과의 선택과 집중 투자에 의한 전략적 통합화를 통해 동북아 중심항만의 위치를 선점하는 것이 필요하다. 항만 배후부지 개발과 유통가공 등의 고부가가치 물류활동기반 조성을 통해 중국의 자매, 우호협력도시의 관련기업을 유치하는 노력도 필요하다.

(3) 중국자본 투자유치

중국의 해외투자는 2004년 55억 달러에서 2011년 600억 달러로 10배 이상 증가했다. 중국의 외환보유고는 2012년 3월 현재 3조 3천억 달러에 달했다. 중국은 현재 자원개발, 기술 습득, 브랜드 등 자국이 비교열위에 있는 부문의 경쟁력을 강화하기 위한 M&A에 집중하고 있다.

부산은 향후 한중 산업분업을 통한 장기적 win-win 체계 구축을 위한 중국 투자유치에 노력할 필요가 있다. 즉, 중국의 '자본＋시장'과 한국의 '기술' 간 투자협력을 통한 시너지를 창출하는 것이 바람직하다. 중국기업이 완성품을 생산하고, 한국기업이 부품 소재 공급 등 가치사슬(value chain)상의 상호 보완구조 구축을 통해 장기적 성장을 공유한다. 한중기업 간 합작투자 후 생산기지는 중국, 글로벌 R&D기지는 부산 등 기능의 지역 분화를 통해 글로벌 경영의 효율성을 추구할 필요가 있다.

부산의 중국자본 유치 확대를 위해 국가 투자유치 기관인 Invest Korea(KOTRA 내 조직)와의 적극적인 협력도 필요하다.

(4) 중국 관광객 부산 유치

중국인의 한국 관광은 매년 두 자릿수로 증가하고 있으며, 연간 약 200만 명 시대에 돌입했다. 세계관광기구에 따르면 2020년 중국인 해외 관광객은 1억 명을 초과할 것으로 예상된다. 중국인 관광객 1인 평균지출액(1558달러)은 미국인(1292달러), 일본인(1072달러)보다 많다. 중국인 관광객의 한국 방문 주요 목적은 쇼핑과 뷰티 관련 분야이다. 이들이 가장 많이 구입하는 품목은 화장품, 의류, 인삼, 한약재 순이다. 우리 보건복지부에 따르면 국내 병원에서 진료를 받은 국적별 환자 중 중국인이 미국인 환자(2만 1333명, 32%) 다음으로 2위를 차지하고 있다. 다만, 대부분의 중국인 관광객은 서울과 제주도에 집중되고 있다. 선호 관광지는 제주도(82%), 명동(35%), 동대문시장(21%) 등이다.

부산은 차이나 타운의 전략적 개발, 부산영화제 등 한류행사와 연계한 관광상품 개발, 명동에 대응하는 유명 쇼핑거리 개발, 상하이 등과 연계한 크루즈 상품 개발 등이 필요하다. 특히 한·중·일을 연결하는 크루즈 여행상품에 부산을 반드시 넣어 한국 남부를 대표하는 거점도시가 되도록 해야 한다. 즉, 부산과 남해안 연계 상품을 개발하고, 제주도 방문 관광객의 부산 연계 방문을 유도하는 노력이 필요하다. 또한 상하이, 선전, 톈진, 충칭 등지의 주요 지방 TV에 부산 홍보 영상물을 방영해 관광객을 유치하도록 해야 한다.

산둥성 정부가 한국관광공사와 한국의 지방자치단체들과 관광협력협정을 체결함에 따라 매년 5만여 명의 한국학생들이 산둥성에 수학여행을 가는 것을 참고할 필요가 있다. 한국의 자치단체가 중국의 시, 성과의 자매결연 내지 우호협력 관계를 활용해 중국 초·중·고 수학여행단을 유치하기 위해 노력하고 있는 경상북도의 사례도 참고할 필요가 있다.

(5) 중국의 시안(西安)시와의 우호협력도시 체결 추진

시안시는 2011년 1인당 GDP가 7205달러로 13.8%의 경제성장을 했을 정도로 발전이 빠른 도시이다. 시안시는 인구 850만 명의 내륙도시로 외국과의 교류가 불편한 점이 있으나, 서부대개발의 핵심도시로서 지속적인 경제성장을 위해 개방과 국제화를 상당히 중시하고 있다. 따라서 부산이 우호교류도시를 맺는다면 시안시는 상당히 적극적일 것으로 전망된다. 부산으로서도 구체적인 교류의 성과를 거둘 수 있을 것이다. 시안시는 1100여 년간 13개 왕조의 수도로서 역사적인 도시이기도 하다.

시안시의 경제 발전 속도가 빠르기 때문에 경제분야 교류협력의 가능성이 높다. 특히 시안시는 현재 경제발전 초기 단계로 부산이 조기에 진출할수록 유리할 것이다. 한국기업 입장에서는 중국의 내수시장 진출 지역으로 서북부지역이 좋을 것이다. 최근 삼성전자가 시안시에 반도체 공장건설을 확정했고, 내년까지 70억 달러를 투자해 공장을 완공할 예정이다. 200여 개 협력업체들도 동반 진출을 준비하고 있다.

부산은 시안의 기업진출과 투자를 유치할 수 있을 것으로 보인다. 시안이 위치한 산시성(陝西省)은 올해 산시해외투자공사를 설립하고 지역의 국유기업을 중심으로 해외 투자에 적극 나서고 있다. 아직 한국에 대한 투자는 진행되지 않고 있지만 부산과의 교류가 늘어나면 투자유치에도 유리할 것으로 보인다. 시안에서 매년 4월 동서부 무역투자상담회, 매 2년 1회 개최되는 9월 중국서부문화산업박람회에 통상대표단 또는 문화사절단을 파견해 상호 교류와 이해증진의 기회로 활용할 필요가 있다.

시안 주민들은 경제성장으로 가처분소득이 늘어나면서 해외여행이 크게 늘어나고 있다. 특히 바다가 없는 내륙이기 때문에 바다를 볼 수 있는 제주도와 부산에 관심이 많다. 현재 에어 부산이 시안－부산 노선을 주 2회 운항하고 있다. 시안 주민 입장에서 부산보다는 제주도를 관광목적지로 더 선호하겠지만, 부산은 바다와 자연 그리고 한국의 제2도시이며 제1 항구도시로서 한국의 정취를 더욱 강하게 느낄 수 있는 장점을 갖고 있다. 부산이 교류를 늘린다면 시안의 관광객을 대거 유치할 수 있을 것이다. 부산과 주변 도시인 경주, 울산, 포항 등을 패키지로 연계하는 방안도 고려해볼 만하다. 장기 교류증진 방안의 하나로 현재 시안과 부산 간 비정기 노선을 정기노선으로 격상할 필요가 있다. 이를 위해서는 부산시의 도움이 필요하다.

양 도시 간 청소년교류사업도 검토할 필요가 있다. 시안은 한국인에게 익숙한 진시황릉, 병마용 등 역사문화 유적지가 풍부하다. 우리 광복군(2지대) 유적지가 있기에 청소년 역사문화탐방 대상지로도 손색이 없다.

시안이 위치한 산시성은 내년 국가주석이 될 것으로 예상되는 시진핑 국가부주석의 고향이므로 중국경제의 중심지로 급부상할 가능성이 높다.

(6) 중국 내 명문 교육기관 유치

송도국제도시는 외국대학 유치를 통해 도시 경쟁력을 제고하려고 한다. 이에 따라, 뉴욕주립대, 2013년 조지메이슨대, 2014년 유타대, 겐트대 등의 외국 대학이 총 1만 명 규모의 학부와 대학원을 운영할 예정이다.

중국의 국가 경쟁력 제고에 따라 한국에서 중국 대학 진학에 대한 관심이 증대되고 있음을 감안해 부산이 중국의 명문대학을 유치하는 것을 검토할 만하다. 부산의 자매도시인 상하이시 소재 푸단(複旦)대학은 중국 최고 명문 중 하나이다. 또한 자매도시 대학뿐 아니라 베이징대학, 칭화대학 등 여타 도시의 명문대학도 유치를 고려할 필요가 있다.

(7) 공무원 상호 파견

한국과 중국의 자매도시 대부분은 공무원을 상호 파견함으로써 협력이 증진되는 효과를 보고 있다. 공무원이 상호 파견되었을 때

양 도시가 실제 필요로 하는 사업인지를 더욱 잘 파악함으로써 협력 사업이 활성화될 수 있다. 부산시도 이와 같은 교류방식을 적극 활용하는 것이 바람직할 것이다. 이 제도의 실효성을 높이기 위해, 베이징시 창핑구와 서울시 도봉구가 공무원 상호 파견제도를 엄격히 관리하는 것을 참고할 필요가 있다.

(8) 문화 · 체육 · 청소년 교류의 활성화

양 도시 간 실질적인 상호 우호와 이해를 증진하기 위해서는 문화 · 체육 · 청소년 교류가 필수적이다. 따라서 부산은 중국의 도시들과 문화 · 체육 · 청소년 교류를 위해 참신한 아이디어를 계속 발굴해야 한다.

특히 미래의 주인공인 청소년 교류는 큰 의미가 있다. 청소년 홈스테이 프로그램은 효과가 좋다. 교류 도시의 역사유적지 등 관람, 한중청소년친목회 개최 등의 프로그램이 바람직할 것이다.

(9) 민간 대 민간 교류의 활성화

도시 간 교류가 지속적으로 발전하기 위해서는 민간 교류가 활발히 이뤄져야 한다. 상호의존과 감성의 시대에는 양국 민간 간의 그물망을 촘촘히 쌓는 것이 협력에 필요하다. 이를 위해 시 산하 기초지자체 간 자매결연, 민간단체(의사협회, 변호사협회 등) 간 자매결연, 도시 간 우호친선협회의 결성 등을 지원할 필요가 있다. 학교 간 교류에서 학생과 교직원 교류 외에 학자 방문, 교수초청 등을 통해 공동 관심사가 되는 전공과 분야에서 지식을 전파하는 것이 바람직하다. 특히 충칭시가 한국과의 교류가 일정 수준에 도달하고 경제통상협력에 있어 합리적인 발전계획을 수립한 구, 현에 대해 자금과 인력 및 정책을 지원하면서 민간교류를 적극 추진하고 있는 점을 적극 활용할 필요가 있다.

특히 언론 간 프로그램 공동제작, 뉴스 교환 등의 긴밀한 협력을 통해 자매도시 교류를 활성화하는 것이 바람직하다.

(10) 부산시의 중국에 대한 명확한 우선순위 설정 필요

부산시가 중국의 주요 도시들과의 교류에 있어서 명확한 우선순위를 설정할 필요가 있다. 부산시는 중국 외에도 주요 국가의 도시들과 교류를 하고 있으며, 이에 따라 자원과 인력에 제한이 있을 것이다. 따라서 우리와 경제적으로 가장 밀접해지고 있는 중국과의 교류에서 우선순위를 어떻게 설정할지를 결정하고 자원을 집중해야 할 필요가 있다. 이를 위해 부산시는 다음과 같은 조치를 취할 필요가 있다.

첫째, 현재 경기도는 중국과의 관계의 중요성을 감안해 보통 우리 지자체에서 한 명의 '국제관계 자문대사'를 초빙하는 것과는 달리 중국을 잘 알고 있는 대사를 외교통상부로부터 별도 초빙해 중국관계를 처리하고 있다. 이는 부산시도 참고할 만하다.

둘째, 부산과 중국 도시들 간 교류를 활성화하기 위해 부산시의 중국담당 직원의 자질을 높이고 직원 수를 확대하는 것이 필요하다.

셋째, 부산과 중국 도시들 간 교류가 매우 중요해지고 있음을 감안해 부산시에 경제·통상·문화 등 구체적인 협력을 총괄하는 전담부서를 설치할 필요가 있다.

II부 변화하는 중국과 부산의 대응

3장 중국 투자진출 기업의 현황과 시사점

곽복선(郭福墡)

요 약

최근 기업경영의 핵심목표는 중국시장으로의 성공적 진입이며, 현지 경영성과가 개별 기업의 생존은 물론 한국경제의 명운을 결정할 정도로 그 중요성이 커졌다.

사례분석을 통해, 중국투자 진출 기업들의 성공요인으로는 철저한 사전 시장조사, 준법 및 투명경영, 앞선 기술-품질-서비스, 현지 판매처 적정 관리 및 안정적 대금회수 등이 제시되었으며, 실패요인으로는 성급한 투자 결정, 현지 경영환경 이해 부족, 현지 인력관리 불철저, 법규제도에 대한 몰이해 등이 지적되고 있다.

부산기업의 대중국 투자는 투자금액 중 5%에 불과하나, 부산경제와 소재기업의 지속적인 확대발전을 위해서는 중국시장을 포기할 수 없다. 중국 진출 시 **부산시에서는 ▲부산기업 연합진출 지원을 위한 시정부 지원부서(가칭: 중국사업지원국) 확대가 시급하며, 기업차원에서는 ▲ 철저한 사전시장조사 ▲최고 경영층의 확고한 의지와 현지 인원에 대한 신뢰 ▲지속적 생산비용 상승 대비한 탄력적 경영시스템 구축 ▲중국내수시장 마케팅 강화 ▲준법투명경영과 기업사회공헌(CSR) 등에 역량을 집중**하여야 한다.

중국투자와 부산기업	부산시 및 기업의 대응
중국투자 ■ 중국시장의 성공적 진입 여부가 기업 경영의 핵심사항으로 부상 ■ 제도 미정비 및 불투명, 지역 환경 차이 존재 ■ 노무, 세무, 투자정책, 시장환경 등 변화 탄력적 대처 필요 ■ 기존 진출 기업의 성공실패요인이 거울 **부산기업** ■ 전체 대중국 투자기업 중 6%, 투자금액 중 5%에 불과 ■ 부산경제와 소재기업의 지속적인 확대발전을 위해서는 세계 최대 시장으로 부상하고 있는 중국진출 확대 필요	**정부차원** ■ 부산기업 연합진출 유도 및 지원을 위한 부서(중국사업지원국) 확대 설치 **기업차원** ■ 철저한 사전시장조사 ■ 최고 경영층의 확고한 의지와 현지 인원에 대한 신뢰 ■ 지속적 생산비용 상승에 대비한 탄력적 경영시스템 구축 ■ 중국 내수시장 마케팅 강화 ■ 준법투명경영과 CSR 강화

이제 웬만한 기업이라면 중국시장의 성공적 진입 여부가 기업경영의 핵심사항이 되었다. 삼성, 현대, LG, 포스코, SK 등 글로벌기업들은 물론이고 중견기업들과 중소기업들 역시 중국과 무역을 하거나 투자에 긴밀히 연결되어 있을 뿐만 아니라, 중국이 우리 기업 개개의 최대 또는 2, 3위의 주요시장이 되었기 때문이다. 이러한 상황은 우리 기업들의 중국 현지 경영 성과가 개별 기업의 생존은 물론이고 향후 우리 경제발전의 명운을 결정할 정도로 그 중요성이 커졌다는 것을 의미하고 있다. 특히, 우리나라 대외수출에서 23~25%를 차지하며 최대 수출시장이 된 중국시장에 대한 수출 중 50% 이상이 가공무역이라는 점은 우리 기업의 중국 현지 투자진출이 우리나라의 대중수출은 물론 대외수출과 긴밀히 연계되어 있고, 한국경제 성장에 상당히 중요한 작용을 하여 왔음을 시사해 주고 있다.

부산과 부산 소재 기업의 경우 대중국 투자 진출이 서울이나 경기도에 비해 상당히 작은 규모이며, 영향력도 작은 편이긴 하지만 부산과 개별 기업의 지속적인 확대발전을 위해서는 업종불문하고 세계 최대시장으로 부상하고 있는 중국을 겨냥하지 않을 수 없는 상황이다.

1. 우리 기업의 중국투자

1) 시기별 투자 특징: 진입 → 정착 및 발전 → 조정(숨고르기) 및 진출 전략 수정

중국에 대한 우리 기업의 투자는 2011년 말 현재 신설법인

21,844개, 실제 투자금액 360억 달러에 달하였다. 투자금액 면에서는 미국지역에 대한 투자금액과 거의 차이가 없는 상황이지만 최근 들어 중국으로 투자가 다소 둔화되는 추세이다. 그러나 투자 기업 수를 보면 중국에 진출한 기업이 미국투자기업의 2배에 달할 정도로 압도적으로 많은 상황이다.[25]

우리 기업의 중국투자는 1992년 한중 수교를 기점으로 본격적으로 진행되기 시작하였는데, 이를 시기별로 살펴보면 두 번의 금융위기를 변곡점으로 크게 세 단계로 나누어지게 된다. 즉, IMF금융위기와 리먼브라더스 사태로 인한 세계적인 금융위기가 몰고 온 국내외 경영환경의 변화가 중국의 경제성장 패러다임의 변화와 맞물리면서 우리 기업의 대중국 투자가 진입 → 정착 및 발전 → 숨 고르기(조정) 및 전략 수정의 국면을 겪고 있다. 이 시기를 간략히 살펴보면 다음과 같다.

○ 1단계(진입단계: 수교~IMF금융위기)

우리 기업들이 국내에서 생산비용 한계에 부딪히면서 중국을 제조공장으로 삼아 투자를 확대해 간 단계다. 80년대 말부터 제조업 종사기업을 중심으로 날로 힘들어지는 국내 생산환경에 대응하기 위하여 새로운 생산기지를 찾고 있었다. 마침 중국이 1992년 덩샤오핑의 남순강화(南巡講話)[26]를 기점으로 개혁개방을 가속화하고, 외자에 대해 각종 우대정책을 폈을 뿐만 아니라, 한중 간 정식 외교관

---

25) 2011년 말 누계 기준으로, 우리 기업의 미국투자는 총 388억 달러, 신설법인 수 10,615개에 달했다.

26) 덩샤오핑(鄧小平, 등소평)이 1992년 1월 18일부터 2월 22일까지 우한(武漢), 선전(深圳), 주하이(珠海), 상하이(上海) 등을 시찰하고 개혁개방 노선을 지속할 것임을 발표.

계가 수립되어 중국시장의 문이 열리자 우리 기업들이 중국으로 몰려가기 시작했다.

○ 2단계(정착 및 발전 단계: 2000년 초~2008년)

이 시기에 우리 기업은 IMF금융위기로 인해 국내외에서 혹독한 구조조정을 거치면서 내부체질이 강화되었고, 이를 바탕으로 전열을 재정비하면서 중국투자를 본격화했다. 중국경제는 같은 기간 두 자릿수의 급속한 경제성장을 이어갔으며, 경제성장의 패러다임도 대외의존형에서 점차 내수시장확대형으로 전환하기 시작하였다. 동남부에 집중되었던 중국의 지역개발정책이 서부대개발, 중부굴기 등을 통해 중서부지역으로 초점이 옮겨 가는 시기이기도 했으나 우리 기업의 중서부 진출은 미미한 상황이었다. 이 시기 우리 기업들은 가공무역 위주 투자에서 서서히 탈피하면서 중국 내수시장을 겨냥한 투자진출을 하기 시작하였다.

○ 3단계(조정 및 진출전략 수정 단계: 2008년 말 리먼브라더스
　　사태~현재)

중국의 경제성장 속도가 한 자릿수로 둔화되기 시작했으며, 노무 및 세무 관련 제도의 변화, 인력부족과 급격한 임금상승, 각종 법규 제정을 통한 시장체제 정비 및 관리 강화, 가공무역 제한업종 확대 등 투자진출환경의 급격한 변화가 일어났다. 또한 중국이 자국의 산업과 국가발전에 유리한 산업을 선별적으로 우대하는 정책으로 전환하고 있는 시기다. 우리 기업의 중국시장 진출에 대해 많은 경험과 노하우가 쌓이면서, 기업들이 보다 신중한 태도로 중국시장에 접

근하고, 진출방향도 단순 현지생산 차원을 넘어서 중국시장공략의 관점으로 진출전략을 조정하는 등 투자패턴의 변화를 보여주고 있는 시기이며 지금까지 이러한 상황이 지속되고 있다.

〈표 1〉 우리 기업의 대중 투자

연도	신규법인 수 (개사)	투자금액 (천 달러)
총계	21,844	35,997,819
1988	1	10
1989	7	6,360
1990	24	16,173
1991	69	42,466
1992	170	141,128
1993	382	264,017
1994	842	640,876
1995	750	842,159
1996	738	941,623
1997	637	780,929
1998	266	680,587
1999	461	349,171
2000	779	756,840
2001	1,060	646,513
2002	1,386	1,078,948
2003	1,684	1,791,596
2004	2,147	2,368,237
2005	2,257	2,818,155
2006	2,300	3,439,462
2007	2,116	5,268,370
2008	1,297	3,764,196
2009	734	2,168,749
2010	909	3,619,241
2011	828	3,572,013

자료: 한국수출입은행

▶ 부산기업의 대중국 투자: 주요 광역지자체 대비 적은 편

부산기업의 대중국 투자는 2011년 말 현재 기업 수 1,391개사, 투자금액 16억 6,700만 달러로, 우리나라의 대중국 투자에서 차지하는 비중은 전체 투자기업 중 6%, 전체 투자금액 중 5%에 불과하다. 한국의 대중국 투자를 주도하고 있는 서울(37%, 41%), 경기(27%, 26%) 지역과 비교해 보면 상당한 차이를 보이고 있는데 이는 부산시가 GDP 규모, 산업구조, 기업 수, 인구 등에서 두 지역과 다른 데 따른 것으로 보인다. 인근지역인 경남과 비교해 보면 투자기업 수는 많은 편이나 투자금액은 오히려 적은 상황이다.

〈표 2〉 우리나라 주요 광역지자체 대외 및 대중 투자(2011년 말 누계)

구분	법인 (개사)	점유율 (%)	투자금액 (천 달러)	점유율 (%)	투자평균 (천 달러)
한국의 대외총투자	51,447	100	190,385,519	100	3,701
(중국투자)	21,843	100	35,997,618	100	1,648
서울	23,551	46	100,859,459	53	4,283
(중국투자)	8,116	37	14,777,538	41	1,821
부산	2,725	5	4,455,221	2	1,635
(중국투자)	1,391	6	1,667,734	5	1,199
경기	12,837	25	49,838,820	26	3,882
(중국투자)	5,958	27	9,463,283	26	1,588
경남	1,829	4	8,177,502	4	4,471
(중국투자)	1,067	5	2,958,660	8	2,773

주: 지자체의 중국투자 비중은 우리나라의 중국투자를 100%로 보았을 때 비중임. 즉, 지역별 대외투자가 한국전체 대외투자에서 차지하는 비중과 지역별 대중투자가 우리나라 중국투자에서 차지하는 비중을 비교해 보면, 지역별로 중국투자에 대한 상대적 집중도를 알 수 있음
자료: 한국수출입은행

부산의 연도별 對中투자 동향을 보면 우리나라의 전체 對中투자흐

름과 유사한 패턴을 보여 주고 있다. IMF금융위기 시 중국진출이 대폭 줄었으며, 2008년 하반기 이후 투자기업 진출 감소세를 보이고 있다.

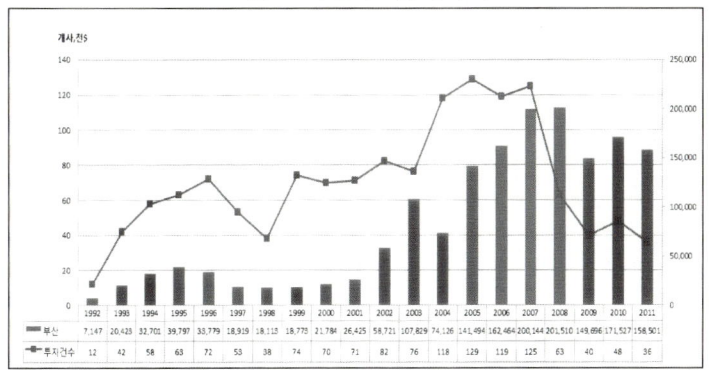

〈그림 1〉 부산의 대중국 투자

자료: 한국수출입은행

2) 지역별: 산둥성, 장쑤성 등 동남부 연해 집중, 중서부 투자는 여전히 미미

우리 기업의 對中 투자는 동남부 연해지역에 집중되어 있으며, 최근 들어 주목을 받고 있는 중부나 서부지역의 투자는 여전히 미미한 수준에 머무르고 있다.[27] 주요지역별로는 산둥성(山東省), 장쑤성(江蘇省), 동북3성(黑龍江省, 吉林省, 遼寧省), 베이징(北京), 톈진(天津)

---

[27] 우리 기업과 경쟁관계에 있다고 할 수 있는 대만기업의 경우 최근 들어 충칭, 쓰촨 등 서부지역에 대한 투자를 활발히 진행하는 모습을 보여주고 있다. KOTRA자료에 따르면 대만의 중국 중서부지역 투자는 2005년 3.53%에서 2010년 14.5%까지 확대되는 등 매년 증가 경향이다. 한국의 중서부지역 투자는 2011년 말 현재 전체 대중투자에서 기업 수 2.3%, 금액 5.3%에 머물고 있다(2011년 당해연도는 기업 수 2.8%, 투자금액 5.1%였음).

등에 투자가 집중되어 있다. 한편, 우리 기업의 중국 투자는 초기 가공무역 위주로 이루어지면서 산둥지역과 동북3성 지역에 집중되는 경향을 보였으나 2000년대에 접어들면서 점차 장쑤성(江蘇省)을 중심으로 베이징, 톈진 등 내수시장이 큰 지역으로 이동하는 상황이다. 2011년 말 누계로 지역별 투자현황을 보면 진출업체 수에 있어서는 산둥성이 33.9%로 압도적인 다수를 차지하고 있으나, 투자금액 면에서 보면 장쑤성과 차이가 없다. 이는 산둥성 지역에는 주로 가공무역 위주의 중소기업투자가 주를 이루었고, 장쑤성은 비교적 대규모의 투자가 이루어졌음을 시사한다.

〈표 3〉 한국기업의 중국지역별 투자 현황(2011년 말 누계)

지역	신규법인 수 (개사)	점유율	투자금액 (백만 달러)	점유율
총계	21,844	100.0	35,998	100.0
산둥(山東)	7,397	33.9	8,189	22.7
장쑤(江蘇)	1,963	9.0	8,176	22.7
베이징(北京)	1,758	8.0	4,100	11.4
랴오닝(遼寧)	2,877	13.2	3,375	9.4
톈진(天津)	1,832	8.4	2,916	8.1
상하이시(上海)	1,750	8.0	2,322	6.5
광둥성(廣東省)	809	3.7	1,838	5.1
저장성(浙江省)	732	3.4	1,312	3.6
지린성(吉林省)	1,080	4.9	804	2.2
허베이성(河北省)	431	2.0	454	1.3
후난성(湖南省)	43	0.2	544	1.5
흑룡강성(黑龍江省)	400	1.8	327	0.9
자치구(自治區)	88	0.4	211	0.6
장시성(江西省)	55	0.3	325	0.9
산시성(山西省)	33	0.2	192	0.5
쓰촨성(四川省)	110	0.5	192	0.5

푸젠성(福建省)	132	0.6	201	0.6
안후이성(安徽省)	78	0.4	150	0.4
후베이성(湖北省)	69	0.3	116	0.3
하이난성(海南省)	41	0.2	64	0.2
허난성(河南省)	56	0.3	83	0.2
간쑤성(甘肅省)	17	0.1	30	0.1
윈난성(雲南省)	44	0.2	32	0.1
산시성(陝西省)	32	0.1	24	0.1
구이저우성(貴州省)	10	0.0	18	0.0
칭하이성(青海省)	7	0.0	2	0.0

자료: 한국수출입은행

▶ 부산기업의 대중국 투자지역: 산둥을 중심으로 연해지역에 분포

중국에 진출한 부산기업의 중국 투자지역을 KOTRA의 기업조사 자료를 바탕으로 정리해 보면 대체로 한국의 대중투자지역과 유사하게 연해지역에 집중되어 있는 것을 알 수 있다. 칭다오 지역의 경우 라이시(萊西市)에 부산전용공단이 있고 15개 업체가 입주해 있다.

〈표 4〉 부산기업의 대중국 투자지역

지역	투자기업 수	지역	투자기업 수
총계	111	-	-
랴오닝성	20	쓰촨성	1
산둥성	35	광둥성	3
베이징	11	허베이성	1
톈진	11	후베이성	1
상하이	16	저장성	3
장쑤성	8	윈난성	1

주: 2011/2012 해외진출 한국기업디렉토리(KOTRA) 수록 111개 업체 투자처 정리

3) 업종별: 제조업투자 위주, 점차 업종 다양화 추세

중국투자업종은 기업 수, 투자금액 면에서 제조업이 70% 이상으로 압도적으로 많은 상황이나 최근 들어 업종이 다양화되고 제조업체 진출이 둔화되는 모습을 보여주고 있다. 사실 이러한 상황은 우리 기업의 중국투자가 시장적 관점보다는 코스트 절감의 관점에서 이루어져 온 경우가 대부분이고, 한국 내에서 가장 먼저 생산한계상황에 부딪혔던 것이 제조업 분야이기에 당연한 현상이라고 할 수 있다.

최근 들어 한국기업의 대중투자업종은 도소매 분야가 다른 분야보다 빠른 증가를 보이고 있으며, 기업 수는 적지만 M&A 등을 통해 투자금액이 늘고 있는 금융 분야가 활기를 띠고 있다고 할 수 있다. 이외 지주회사 설립, 연구개발센터 설립 등 분야도 증가세를 보이고 있다.[28)]

▶ 부산기업의 대중국 투자업종

관련 자료에 따르면 부산기업 역시 제조업 분야의 투자가 압도적이며, 제조업 중에는 기계, 금속, 전기전자 부품, 자동차 부품, 조선 기자재, 섬유의류 등 업체가 진출해 있는 것으로 나타났다.

---

28) 우리 기업의 2011년 대중투자업종을 보면 이러한 경향을 뚜렷이 알 수 있다. 도소매업의 경우 2011년 말 누계로는 기업 수에서 10.1%, 투자금액에서 5.4%이지만, 2011년 한 해를 놓고 보면 도소매업이 대중투자에서 차지하는 비중은 기업 수에서 25.7%, 금액에서 6.0%를 차지하고 있다.

〈**표 5**〉 한국기업의 업종별 중국투자 현황(2011년 말 누계)

업종 대분류	신규법인 수 (개사)	점유율	투자금액 (천 달러)	점유율
Total	21,844	100.0	35,997,819	100.0
농업, 임업 및 어업	294	1.3	115,897	0.3
광업	94	0.4	255,023	0.7
제조업	15,964	73.1	28,286,693	78.6
전기, 가스, 증기 및 수도사업	18	0.1	38,161	0.1
하수, 폐기물처리, 원료재생 및 환경복원업	21	0.1	7,332	0.0
건설업	338	1.5	822,771	2.3
도매 및 소매업	2,206	10.1	1,926,529	5.4
운수업	174	0.8	345,069	1.0
숙박 및 음식점업	731	3.3	490,401	1.4
출판, 영상, 방송통신 및 정보서비스업	290	1.3	236,899	0.7
금융 및 보험업	64	0.3	1,556,556	4.3
부동산업 및 임대업	364	1.7	760,135	2.1
전문, 과학 및 기술 서비스업	517	2.4	694,197	1.9
사업시설관리 및 사업지원 서비스업	145	0.7	54,427	0.2
공공행정, 국방 및 사회보장 행정	3	0.0	58	0.0
교육 서비스업	120	0.5	29,722	0.1
보건업 및 사회복지 서비스업	43	0.2	15,975	0.0
예술, 스포츠 및 여가 관련 서비스업	199	0.9	242,488	0.7
협회 및 단체, 기타 개인 서비스업	256	1.2	104,036	0.3
가구 내 고용활동 및 미분류 자가 생산	1	0.0	500	0.0
국제 및 외국기관	1	0.0	14,848	0.0
N/A	1	0.0	100	0.0

자료: 한국수출입은행

〈표 6〉 부산기업의 업종별 중국투자 현황(2011년 말 누계)

업종	기업 수
제조업	88
도소매, 유통	6
서비스업	9
건설, 공사업	2
금융, 보험	1
운송, 물류	5
기타	2

자료: 2011/2012 해외진출 한국기업디렉토리(KOTRA) 수록 111개 업체 투자업종 정리

4) 투자규모: 점차 중대형 투자가 늘어나는 추세, 대만의 투자규모에는 미치지 못해

〈그림 2〉 평균 투자 금액

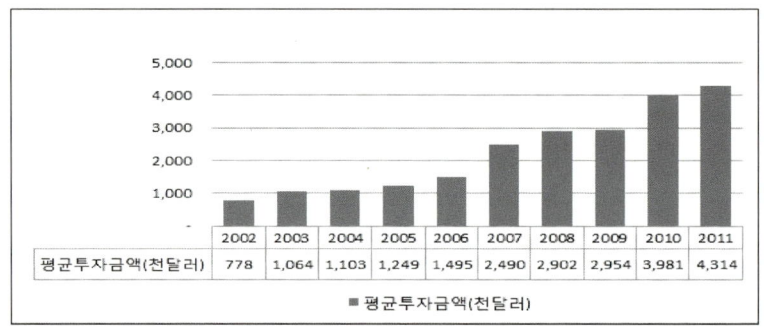

	2002	2003	2004	2005	2006	2007	2008	2009	2010	2011
평균투자금액(천달러)	778	1,064	1,103	1,249	1,495	2,490	2,902	2,954	3,981	4,314

■ 평균투자금액(천달러)

2011년 말 누계 기준으로 중국에 투자한 신규 설립법인의 평균투자규모는 1,648천 달러로 상당히 작다. 우리나라 전체 대외투자의 신규 법인 평균투자규모 3,701천 달러에도 훨씬 못 미치고 있는 수치일뿐만 아니라, 미국투자법인의 평균투자액(3,650천 달러)에도 못 미치

는 수준이다. 이는 대중국 투자가 중소기업 위주의 소규모 투자로 이루어지고 있음을 명확히 보여주고 있는 수치이다. 더구나 이러한 투자규모는 중국대륙에서 우리의 경쟁상대가 되고 있는 대만기업들의 투자규모(2,823천 달러)와 비교해 볼 때도 작은 편이다.[29]

그러나 2000년대 들어 한국기업의 대중국 투자 규모는 꾸준히 확대되고 있다. 근년 들어 중국 투자기업 수가 크게 늘지 않거나 둔화되고 있지만, 기업별로는 중대형 위주의 투자가 이루어지기 시작하였음을 알 수 있다. 연도별로 보면 기업별 평균투자규모는 2010년 3백만 달러를 넘어섰고, 2011년에는 4백만 달러를 넘어섰다.

▶ 부산기업의 대중국 투자규모: 주요 광역지자체 대비 소규모

<표 7>

지방자치단체	신설법인 평균투자액 (천 달러)
한국의 대외투자 (중국투자액)	3,701 (1,648)
서울 (중국투자액)	4,283 (1,821)
부산 (중국투자액)	1,635 (1,199)
경기 (중국투자액)	3,882 (1,588)
경남 (중국투자액)	4,471 (2,773)

---

29) 대만기업의 투자규모도 매년 확대되고 있는데 대만경제부 투자심의위원회의 통계에 따르면 대만기업의 2011년 말 누계 중국대륙투자(비준기준)는 39,572개사 1,116억 9,700만 달러에 달했다.

부산기업의 기업별 평균 투자규모 역시 소규모인 것으로 나타났다. 중국 투자를 주도하고 있는 서울, 경기 지역 기업보다 그 규모가 작을 뿐만 아니라 우리나라 대중국 전체투자의 평균투자액보다도 훨씬 작은 규모인 것으로 나타났다.

특히, 부산 인접지역인 경남지역의 법인별 중국투자규모는 부산의 2배 이상, 전체 대외투자 평균규모는 부산의 3배에 달한 것으로 나타나 부산의 대외투자가 인근 광역 지자체에 비해서도 소규모 위주로 이루어지고 있음을 보여주고 있다.[30]

5) 투자동기의 변화: 생산코스트절감형 → 내수시장진출형으로 전환 중

그동안 우리 기업들의 중국투자는 중국을 제조공장으로 보고 생산코스트 절감 및 가공무역 위주로 진출했던 초기 진출 패턴에서 서서히 벗어나 '현지(내수)시장진출(공략)형' 투자로 패턴이 변화되고 있다. 다음 각 기관의 투자기업에 대한 설문조사의 응답을 보면 이러한 투자패턴의 변화를 알 수 있다.

---

30) 서울·경기·경남 지역 모두 다른 나라에 대한 투자 규모가 중국에 대한 투자규모보다 훨씬 큰 것으로 나타나고 있다.

〈표 8〉 우리 기업의 중국투자 동기

연도	조사기관	1순위 투자동기	2순위 투자동기	응답업체 수
1995	한국무역협회	저임금(26.8%)	현지시장 개척(18.7%)	173
1998	대한상공회의소	저임금(43.2%)	현지시장 개척(30.5%)	246 (복수응답)
2002	대한상공회의소	저임금(25.5%)	현지시장 개척(25.5%)	70 (복수응답)
2004	**KOTRA**	**내수시장 진출(26.8%)**	**저임금(25.8%)**	**529 (복수응답)**
2007	**KOTRA**	**내수시장 진출(38.4%)**	**저임금(17.6%)**	**595 (복수응답)**
2008	**KOTRA**	**내수시장 진출(31.3%)**	**저임금(21.9%)**	**592 (복수응답)**
2009	**KOTRA**	**내수시장 진출(34.0%)**	**저임금(20.9%)**	**636 (복수응답)**
2010	**KOTRA**	**내수시장 진출(53.1%)**	**저임금(16.2%)**	**539 (복수응답)**
2011	**KOTRA**	**내수시장 진출(62.3%)**	**저임금(11.3%)**	**523 (복수응답)**

자료: KOTRA 등 각 기관 설문조사

KOTRA가 2011년 9월 실시하였던 중국진출기업 대상 그랜드서 베이에 발표된 우리 기업의 투자동기를 보면 이러한 변화를 쉽게 알 수 있다. 523개 총 응답기업의 60% 이상이 중국 현지 내수시장 개 척을 위해 투자 진출(진출동기 1순위 응답 기준)을 한다고 답했는데, 이 비율은 2007~2009년 설문조사 시의 30%대 응답과 비교해 보면 우리 기업의 중국투자동기가 확연히 달라졌음을 보여주고 있다.

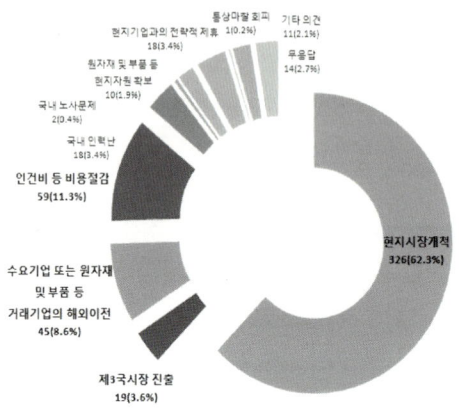

〈그림 3〉 중국진출 기업의 투자동기

통상마찰 회피 1(0.2%)
현지기업과의 전략적 제휴 18(3.4%)
원자재 및 부품 등 현지조달 확보 10(1.9%)
국내 노사문제 2(0.4%)
국내 인력난 18(3.4%)
인건비 등 비용절감 59(11.3%)
수요기업 또는 원자재 및 부품 등 거래기업의 해외이전 45(8.6%)
제3국시장 진출 19(3.6%)
기타 의견 11(2.1%)
무응답 14(2.7%)
현지시장개척 326(62.3%)

자료: Grand Survey 2011, KOTRA

2. 중국의 투자환경 변화

중국진출기업을 둘러싸고 있는 경영환경은 대단히 복잡하고 여기 저기 문제발생 여지가 많은 것이 사실이다. 아직도 제도적인 정비가 덜 되어 있고 제도운영의 투명성이 높지 않으며, 여전히 지역별 차 이가 많고, 변화가 거듭되고 있는 중국에서 우리 기업이 성공적으로 기업을 끌고 가려면 신경 써야 할 부분이 한두 가지가 아니다.

우리나라의 대중투자 초기(위에서 구분한 1단계)에는 각종 세제상 의 우대정책과 풍부한 저임 노동력, 엄격하지 않은 토지관리, 탄력 적인 고용 및 해고가 가능한 노무제도, 수출장려와 수출관련 증치세 의 환급, 각 지방정부의 경쟁적 투자유치 등 투자기업이 현지 경영 을 열심히 하도록 하는 유인이 많은 시기였다. 물론 이 시기에는 중 국제도운영의 높은 불투명성과 법치보다는 인치에 가까운 환경, 서로 다른 문화코드에 대한 부적응 등 문제로 실패한 기업들이 적지 않았지만 투자환경 면에서 보면 친기업적 환경이 주류를 이루고 있었다.

그러나 2000년 들어 WTO가입으로 세계무대의 규범체제로 진입하고 두 자릿수 고속성장을 거듭하면서, 중국이 서서히 내부를 돌아보기 시작하였다. 커져가는 지역 간 경제발전격차 및 소득격차, 도시와 농촌 주민 간의 소득격차, 외자기업과 내자기업 간의 불균형 문제 등에 대해 중국정부는 하나하나 대응하는 조치를 취하기 시작하였다. 이러한 조치들은 중국을 제도화된 국가의 시장경제 체제로 가속화하였으나, 투자기업의 입장에서는 현지 경영의 어려움이 커지는 상황이 되었다. 예를 들면 중국정부는 점점 확대되는 도시와 농촌 간 소득불균형 문제와 관련 2006년 1월 1일을 기해 농민에게 거둬들이던 모든 세금을 완전히 없애버리는 과감한 조치를 취하였다. 결과는 부족한 지방세수를 메우기 위하여 외자기업이나 민영기업들에 대한 세무조사가 강화되는 결과를 가져왔다. 이때부터 많은 우리 기업들이 세무문제로 어려움을 겪는다는 하소연을 하기 시작하였다. 중국정부의 조치 하나하나가 바로 현지 진출 우리 기업들의 경영환경에 큰 변화들을 가져오기 시작했다.

현지 진출기업들이 부딪히는 투자환경의 변화는 너무도 다양하지만 그중에서도 우리 기업들이 관심을 집중적으로 기울여야 하는 투자환경 부분을 들라면 대체로 노무, 세무, 가공무역, 투자유치정책, 시장진입환경의 변화 등을 들 수 있을 것이다.

1) 노무환경: 인력관리구조 경직성 증가, 노무관리 코스트 급증, 인력 부족

중국진출기업들이 이제는 많이 적응을 하였다고 하지만 여전히 주요한 애로사항으로 꼽고 있는 문제 중 하나가 노무관리이다. 기업들이 겪고 있는 주요한 환경변화는;

-노동자 해고의 비탄력성 및 노동쟁의의 증가
-사회보험, 최저임금인상 같은 노무관리 코스트의 급증
-동부연해 2, 3선 도시에서 더 심하긴 하지만 중국 전반적인 노동력 부족문제
-개인소득세, 외국인근로자 사회보험료 신규 징수와 같은 현지 법인에 파견된 한국주재원에 대한 관리 코스트 증가 등

을 들 수 있다. 한마디로 친기업적 환경이 친노동자적 환경으로 완전히 바뀌었다고 할 수 있으며, 중국 투자진출기업들이 현지 기업경영의 기본 틀을 바꾸어야 하는 상황이 되었다.

중국정부는 노동자의 점증하는 불만을 잠재우고 실질소득을 제고해 주기 위하여 고용의 안정성, 즉 해고의 경직성을 증가시키는 정책을 2008년 1월 1일 발효된 노동계약법을 통해 전격적으로 시행하였다. 같은 해 5월 1일부터는 노동자가 본인의 부담 없이 노동쟁의 관련 제소가 가능토록 한 노동쟁의중재법을 실시하였다. 나아가 노동자들의 소득제고를 위해 최저임금을 2010년부터 매년 20% 가까이 인상시키는 조치를 취하고 있다.[31] 또한 2011년 7월 1일부터 사

회보험법을 실시함으로써 그동안 기업들이나 근로자들이 회피했던 또는 변통적으로 일정 수준만 지켰던 사회보험을 전부 다 가입하도록 법률로 강제하였다. 사회보험, 즉 양로보험, 의료보험, 공상보험, 실업보험, 생육보험은 노동자 총 급여의 40% 이상을 차지하고 있기 때문에 이러한 조치는 기업들의 생산코스트 급증을 불러왔다. 이와 더불어 한 자녀 세대인 노동자의 의식구조 변화, 중국의 지역개발정책과 도시화 정책 등으로 인해 남아돌던 중국근로인력의 지역별 부족현상이 심화되는 상황이 되었다. 한편, 한국에서 파견한 본사인력의 관리코스트도 개인소득세 문제뿐만 아니라 2011년 10월 15일부터 실시한 외국인근로자 사회보험은 또 다른 기업부담이 되고 있다.

2) 세무 환경: 내외국인 기업소득세 통일, 세무조사 강화, 수출관련 증치세 환급률 조정 등

2008년 1월 1일 중국정부는 또 하나의 중요한 조치를 취하였다. 외자유치정책에서 핵심사항의 하나였던 외국인투자기업에 대한 세제우대조치를 없앤 것이다. WTO 가입 국가로 외자기업에 대해 비차별적인 '내국민대우'를 해야 한다는 논리를 통해 그동안 취해 왔던 내외자기업의 기업소득세율 분리과세를 하나로 통일하는 조치를 취하였다.[32] 이와 더불어 중국정부는 매년 초 세무총국(稅務總局)

---

31) 2010년 30개성 평균 22.8% 인상, 2011년 24개성 22%인상, 2012년 상반기 12개성 10% 이상 인상.

32) 내외자기업의 기업소득세 통일 전에는 외자기업의 경우 국가급 개발구 입주기업은 15%, 성급 개발구 입주기업은 24%, 일반지역은 33%의 차등을 두었으나, 2008.1.1.을 기해 25%로 통일하였다. 사실 중국정부의 재정계통 고위인사들이 2005년, 2006년, 2007년 매년 언론을 통해 '민족기업'이 역차별을 받지 않도록 기업소득세제를 통

명의로 각 지역 세무국에 세원개발과 세무조사 강화를 지시하고 있으며, 주로 외자기업들이 문제가 되는 이전가격조사 강화도 요구하고 있다.[33] 한편, 수출 시 환급해주는 증치세(增值稅, 우리의 부가가치세) 세율은 중국경제의 호불호와 대외수출 환경의 호불호에 따라 품목별로 수시로 조정하는 입장을 취하고 있어 기업으로서는 이에 상당한 주의를 기울여야 한다. 또한 중국중앙정부의 재정정책은 기업의 세무분야에 영향을 주는 경우가 비일비재하고 특히 외자기업의 경우 중국의 국영기업들에 비해 유리알 지갑이기 때문에 기업회계 및 세무관리에 각별한 주의가 필요하다. 지방별로는 하천세와 같이 각종 잡세를 부과하는 경우가 많아서 지역별로도 각 지방의 세무환경의 변화에 많은 주의를 기울여야 한다.

3) 가공무역환경: 중국정부의 가공무역제도 운영변화에 대응 내수개척 필요

중국의 대외무역에서 가공무역 비중은 '07년 45.3%에서 '11년 35.8%로 4년간 9.5%포인트 감소하였으나, 여전히 중국의 대외무역에서 중요한 위치를 차지하고 있다. 더욱이 일반무역 분야는 매년 무역수지적자를 기록하고 있으나, 가공무역 분야는 수천억 달러의 무역수지 흑자를 기록하고 있어 중국의 대외무역수지 흑자를 유지하는 데 중요한 역할을 하고 있다.[34] 한편 한국의 對中 무역 중 가

일해야 한다는 발언을 하였다.

33) 이전가격조사 문제는 대기업만 해당되는 사항이 아니기 때문에 중소기업도 철저한 대비가 필요한 부분이나 준비 자료의 복잡성으로 인해 준비 자체가 까다로운 부분이 있다.

공무역의 비중은 '07년 50.4%에서 '10년 51.2%(수출 51.5%, 수입 50.8% 10년)로 0.8%포인트 증가하였다. 이러한 수치는 중국의 가공무역 관련 제도변화가 현지 진출한 우리 기업들은 물론 우리나라의 대중무역에 상당한 영향을 줄 수 있는 상황이란 것을 보여주고 있다. 따라서 우리 투자기업으로서는 안정적인 경영을 하기 위해서는 가능한 한 가공무역 위주의 구조에서 벗어나 일반 무역확대, 즉 중국 내수시장 진출을 확대하는 쪽으로 기업경영의 방향을 전환해야 한다고 할 수 있다.

중국정부는 중국경제의 상황과 수출기업의 상황에 따라 가공무역에 대해 여러 가지 조치들을 취하고 있는데 장기적으로는 가공무역의 비중을 더 줄여가겠다는 입장을 천명하고 있다.

중국의 가공무역제도 관리 방침은 다음과 같다.

- 가공무역 허용 또는 제한품목의 관리(무역환경에 따라 증가 또는 감소 조치를 하고 있으나 전반적으로 가공무역제한 분야를 증가시키고 있음)
- 가공무역 종사기업의 분류를 유지하여 관세 및 증치세에 상응한 보증금 납부 범위를 정하고 이를 통한 관련 기업 관리
- 수출 관련 증치세의 환급률 조정을 통한 관리

---

34) 2011년 중국의 무역수지흑자는 1,551억 달러에 달했는데, 가공무역분야 흑자는 무려 3,649억 달러에 달했다(일반무역 분야는 903억 달러 적자). 2012.5. 누계로도 가공무역 분야는 전체 무역에서 35.1%를 차지하고 있으며 1,471억 달러의 흑자를 기록(반면에 일반무역은 579억 달러 적자)하였다. 중국정부는 무역균형을 이루려면 가공무역의 비중을 더 줄여야 한다는 입장을 취하고 있다.

이 세 가지 중 어느 하나에서 조금만 제도변화를 보여도 우리 기업에는 기업경영의 성패가 좌지우지 되는 상황이 발생할 수도 있으므로 각별한 주의가 필요하며, 이러한 상황에 대비하여 빠른 시기에 내수시장 진출을 기하여야 할 것이다.

4) 정책(제도)과 시장환경 변화

투자환경과 관련된 정책과 시장환경의 변화는 우선, 중국정부의 거시정책의 흐름의 방향을 고려해야 한다. 구체적으로는 중국정부가 2년마다 수정 발표하고 있는 '외국인투자산업지도목록(**外商投資産業指導目錄**)'의 방향, 해당 산업의 중국정부 발전정책 내용의 변화, 지역별 개발계획에 따른 우대정책의 변화 등을 살펴보아야 한다. 또한 시장환경의 변화는 중국경제의 전반적인 흐름과 중앙정부나 지방정부가 추진하는 산업 및 지역발전 정책의 흐름과 연결되게 된다.

○ 거시경제 정책 및 시장환경의 변화: 위협과 기회요인 동시에 존재

중국의 거시정책의 흐름은 우리 기업에게 상당히 중요하다. 예를 들면 중국정부는 2011년부터 12.5계획(**國民經濟和社會發展第十二個五年規劃** 2011-2015)을 추진하면서 중국정부는 3대 정책 방향의 하나로 '강대국에서 부유한 국민시대로'라는 캐치프레이즈를 내걸었다(<그림 4> 참조). 이것은 중국정부가 균부정책, 즉 국민의 소득분배 쪽에 역점을 두는 정책을 지속적으로 추진하겠다는 의지의 표명이지만, 우리 진출기업의 입장에서 보면 중국정부의 세원 발굴 및

세수증대를 위한 세무관리 강화, 노동자 소득확대를 위한 최저임금 인상 및 사회보험 관리 강화를 의미한다고 할 수 있다. 즉, 중국의 거시경제정책의 변화는 우리투자기업 경영에 바로 영향이 미쳐오기 때문에[35] 기업으로서는 정책변화의 방향을 예의주시하여 이에 맞는 기업관리 체계를 갖추어 나가야 한다.

〈그림 4〉 중국 12·5 규획에 근거한 3대 정책방향

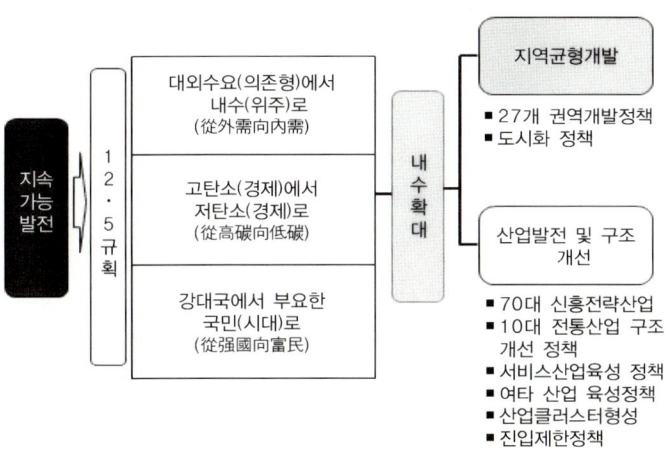

어느 나라나 마찬가지지만 중국의 경제정책도 양면성을 가지고 있다. 즉, 기업관리에 있어 어려움을 주는 면이 있지만, 시장진입을 확대할 수 있는 기회를 주기 때문이다. 12.5계획만 해도 내수확대 정책의 기조나 이를 실현하기 위한 지역균형개발, 산업발전 및 구조개선 정책들은 기업들에 많은 사업기회를 주고 있기 때문이다.

예를 들면 중국정부가 추진하고 있는 도시화 정책의 경우 크고 작

---

35) 사회보험법(2011.7.1.), 외국인사회보험법(2011.10.15.) 등의 실시가 그러한 예이다.

은 600개가 넘는 도시들을[36) 대상으로 진행되고 있는데, 이러한 도시화는 도시별 소비 확대와 프로젝트 시장 확대를 불러오고 있어 그만큼 우리 투자기업들에는 내수시장 진입을 위한 유리한 환경을 조성해주고 있다고 할 수 있다. 따라서 우리 투자기업들은 세세한 행정조치의 변화도 주의 깊게 추적하고 민감하게 대처해야 하지만, 거시정책의 변화에도 주의하여 현지기업경영전략을 수시로 조정하는 탄력성을 갖추도록 해야 할 것이다.

〈그림 5〉 도시화와 시장기회

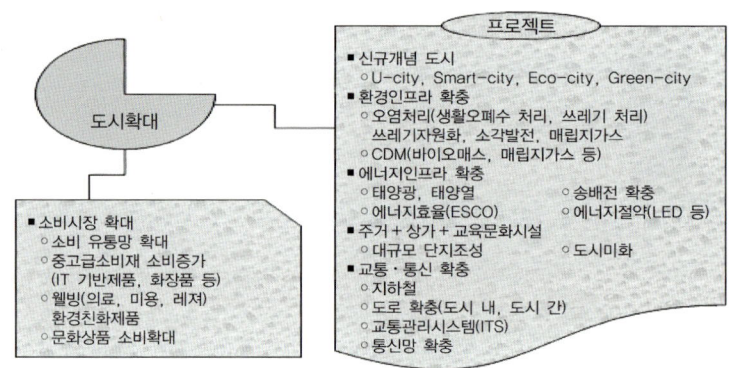

○ 투자유치 정책과 산업발전 정책

중국정부는 2년마다 외국기업의 중국투자산업에 대한 방향을 '지도'하는 외국인투자산업지도목록을 발표하고 있다. 2007년 동 목록이 발표된 후에 2009년 수정본 발표가 기대되었으나 2008년 이후 세계적인 금융위기로 국내외 환경이 급변하고 관련 산업계들의 이

---

36) 중국의 행정 구분상 직할시(直轄市) 4개 지급시(地級市) 284개, 현급시(縣級市) 369개가 있으며, 도시화는 지급시를 중심으로 추진되고 있다고 할 수 있다.

해가 복잡하게 얽히면서 2009년에 발표하지 않고 4년이 지난 2011년 말에야 관련 목록을 발표하였다. 외국기업들의 의견까지 반영하는 모양새를 취하면서 오랜 진통 끝에 발표된 관련 목록은 예상했던 대로 산업분야에서는 최첨단 고기술산업, 신흥전략산업(戰略的新興産業), 현대적 서비스업 등의 외국인투자를 장려하고, 지역적인 면에서는 중국의 중서부지역에 대한 외국인 투자를 장려하는 내용을 담고 있다.[37] 이러한 산업지도목록은 투자진출을 준비하는 기업들에 중요할 뿐만 아니라 중국정부의 산업구조 조정내용을 엿볼 수 있어 현지 진출한 기업들에도 새로운 기회와 더불어 위기를 가져오는 내용이 되고 있다. 한편 중국정부는 2009년부터 10대 전통산업분야에 대한 발전 및 구조조정 정책을 발표하고 이를 진행시키고 있는바, 투자기업은 이러한 내용들을 숙지하고 미래 닥쳐올 상황을 예비하여 기업경영에 반영하여야 할 것이다.[38] 이외에도 서비스산업의 육성, 산업클러스터 육성, 지역별 중점 육성산업, 진입제한 산업 등과 관련된 산업정책 등을 눈여겨보아야 할 것이다.

---

37) 관련 목록 2011년 수정판은 농업, 광업, 제조업, 전력전기, 교통, 도소매, 임대비즈니스서비스, 과학연구기술서비스, 환경 및 공공시설 관리, 교육, 위생 및 사회복지, 문화체육 및 레저, 금융업, 부동산업, 기타로 분류되어 있으며, 장려업종 350개, 제한업종 79개, 금지업종 38개 분야로 나뉘어 있다. 관심을 끌었던 서비스 분야의 경우 자동차충전소, 창업투자기업, 지식재산권서비스, 해상(바다) 석유오염물질제거기술서비스, 직업기능양성 등 9개의 서비스 부문이 추가되었다. 자동차의 경우 장려항목에서 제외되었으나 신에너지 자동차용 주요 부품은 투자항목으로 추가되었다.

38) 중국정부는 2009년부터 10대 전통산업에 대해 연속적으로 관련 발전 및 구조정책을 발표하기 시작하였으며, 대체적인 내용은 산업별로 산업구조 고도화를 이룬다는 것으로 경쟁력 있는 기업은 키우고 그렇지 않은 기업은 도태시킨다는 발전과 구조조정을 겸하고 있다. 관련 10대 산업과 발표정책: 자동차(汽車産業調整和振興規劃), 철강(鋼鐵産業調整和振興規劃), 방직(紡織工業調整和振興規劃), 선박(船舶工業調整和振興規劃), 장비제조업(裝備制造業調整和振興規劃), 경공업(輕工業調整和振興規劃), 석유화학(石化産業調整和振興規劃), 전자통신(電子信息業振興規劃), 비철금속(有色金屬産業調整和振興規劃), 물류(物流業調整和振興規劃).

3. 우리나라 중소기업의 중국진출 성공 · 실패 사례

앞에서도 언급하였지만 우리나라 기업의 초기 중국투자는 한계에 다다른 국내경영환경에서 벗어나 생존차원에서 이루어진 '생산코스트 절감형'이 많았다. 이들 기업은 중국의 저가 노동력과 세계시장 특히 선진국 소비시장의 확대, 중국의 여러 가지 외국인투자우대정책 및 비교적 헐거운 환경 · 에너지 · 자원 및 토지관리 정책 등에 힘입어 비교적 순조로운 성과를 거두었다. 물론 낯선 제도와 경영환경, 합자파트너의 약속 미이행, 시장의 미성숙, 인문환경의 미발달 등으로 실패를 한 기업들도 상당수였으나 대체로 투자기업들의 경영은 성공적이었다고 평가할 수 있다.

그러나 2000년대 들어서면서 중국경제가 두 자릿수의 급속한 성장을 거듭하면서 투자기업 경영환경의 주요 구성요소인 노무, 세무, 가공무역, 시장환경에서 급격한 변화가 일어나기 시작했다. 중국정부는 성장우선 정책이 20여 년간 이루어지면서 초래된, 계층 · 지역 간 소득격차를 줄이는 것이 최우선 과제이다. 그래서 사회 안정성을 높이기 위해 균부정책(均富政策)이 추진되고, 전국적인 지역 균형개발을 시도하는 권역개발 및 도시화정책이 가속화되는 이유이다. 이러한 정부주도 정책과 산업구조의 고도화 전략은 중국기업 경쟁력 향상의 촉진제가 된다. 결국 우리기업의 중국내수시장 진출은 쉽지 않은 환경이 되었으며, 생산코스트가 빠른 속도로 증가되는 상황을 맞이하고 있다. 이렇게 다방면으로 동시 다발적으로 몰아닥친 환경변화는 이에 적응하지 못한 투자기업들 특히 중소기업들에 커다란 어려움을 안겨주었다. 이에 따라 2005년경부터 무단철수의 현상이 언론지상을 장식하기 시작하였고 투자실패를 경험한 기업들이 늘기 시작하였다. 반면에 성공적으로 기업을 운영하는 기업들의 이야기도 언론에 자주 실리기 시작하였다. 어려운 환경이지만 다수의 우리 기업들은 현지 경영환경변화에 보다 적극적으로 대처하면서 단단한 생산 기반을 다졌을 뿐만 아니라 가공무역을 넘어 중국내수시장 진입에 잘 적응하였으며, 내수시장을 목표로 장기적인 플랜을 가졌던 기업들도 중국의 빠른 시장 확대에 발맞추어 성공적으로 안착하며 그 기업규모를 확대해 가고 있다.

〈그림 6〉 중국투자진출 기업의 생산라인

KOTRA가 매년 실시하는 그랜드서베이[39]를 보면 대체로 60% 이

---

39) KOTRA에서 매년 현지 조직망을 통해 진출기업들을 대상으로 해서 실시하고 있으며 중국지역 설문대상기업은 3,500~4,000여 개이며, 보통 500~600개 회사가 응답을 하고 있다.

상의 기업이 선전하고 있으며 30% 정도가 어려움을 겪고 있는 것으로 나타나고 있다.[40] 이는 간혹 언론을 장식하듯이 어려움에 처한 기업이 대다수라고 하기보다는, 데이터 해석에 따라서는 우리나라 기업이 중국투자진출 후에 나름대로 합리적인 경영을 하고 있다고 긍정적인 평가를 내릴 수도 있는 수치이다.

기업별로는 모기업의 규모, 진출지역, 진출방식(독자, 합자, 합작), 투자방식(현물, 자본, 기술 투자), 투자분야 및 업종, 경영방향(가공무역위주, 내수시장 공략 위주), 마케팅전략, 노무 및 인력관리 방식, 세무관리, 생산관리, 홍보 및 브랜드전략, 시장경쟁적응, 제도변화 적응력 등에서 상당한 차이를 보이고 있다. 이와 같은 상황이기 때문에 한 기업의 성공전략이 반드시 다른 기업의 성공전략이 될 수 없으며, 한 기업이 실패했다고 다른 기업이 동일한 방식으로 운영할 경우 반드시 실패한다고 할 수도 없는 상황이지만 기업들의 사례를 들춰 보면 어느 정도 공통분모가 보이는 것도 사실이기 때문에, 투자예정기업이나 현재 진출해 있는 기업들은 이를 경영 참고자료로 삼을 수 있을 것이다.

---

40) KOTRA그랜드서베이의 자료를 보면 (연도별로 조사방식의 약간의 차이가 있지만) 이러한 상황을 추정해 볼 수 있다. KOTRA발표에 따르면 ㉠ 2008년 조사시점 (2008.6.23.~7.13)에서 '경영상황'이 어떤지를 묻는 문항에 응답한 565개사 중 흑자 35.3%, 균형 32.6%, 적자 32.2%였으며, ㉡ 2009년(조사시점 2009.7.1.~7.31) 동일 문항에 대한 응답기업 611개사 중 흑자 37.2%, 균형 24.8%, 적자 34.0%라고 응답하였다. ㉢ 2011년 9.14~10.21 기간 조사한 기업의 영업이익 개선여부에 대한 설문문항에 응답한 523개 기업 중 개선 35.2%, 변화 없음 33.5%, 악화 24.9%의 응답을 보였다. 물론 경영실패로 망한 기업들은 설문 대상이 아니었기 때문에(설문에 응하는 경우도 없지만) 동 수치는 다소 유리한 방향으로 과대 계상되는 면이 있음을 유의할 필요는 있다. 그렇더라도 '중국에 가면 다 망한다.'라든가 '대부분의 기업이 헤매고 있다.'는 평가는 지나치게 비관적으로 상황을 보는 나아가 우리 기업의 능력을 무시하는 우를 범하고 있다고 할 수 있다.

1) 개황

우리 기업의 성공·실패 사례는 한 번에 끝나는 것이 아니며 항상 진행형이다. 어느 시점에서 그 기업이 어떠한 상황이냐를 보고 이를 참고로 각자 기업경영에 참고하는 것이 필요하다.

예를 들면 지금 중국에서 의류분야에 수천 개의 매장을 가지고 있는 E기업의 경우도 90년대 중반 진출 초기에는 현지 시장적응의 실패로 영업부진과 대금회수 문제 등 혹독한 교육비를 지불하였지만 이를 바탕으로 현지 경영방식의 변화를 주면서 성공의 길을 달려가고 있다. 그러나 현지 진출하여 매년 선진국시장에 천만 달러 이상 스테인리스 양식기를 수출하던 한 기업은 언론과 우리 기업들에 늘 성공사례로 꼽혀 왔었으나 바이어의 문제와 수출증치세 환급률의 조정에 따른 경영악화, 중국기업의 엄청난 가격공세 등 복합적인 원인으로 갑자기 문을 닫는 경우도 있었다. 현지에서는 기업운영이 잘 되고 있지만 모기업이 한국에서 엉망이 되면서 갑자기 문을 닫거나 피땀 흘려 일구었던 현지 사업체를 남에게 넘겨주어야 하는 경우도 있었고, 제조업체가 유통분야에 뛰어들면서 사업을 그르치거나, 다 망한 것으로 생각하였지만 현지에서 파견직원의 헌신적인 노력으로 기사회생하면서 본사를 지원하는 경우도 있었다. 중국진출기업의 성공과 실패는 말 그대로 천변만화(千變萬化)의 양상을 보이고 있으며, 그 성공이나 실패가 일회성으로 끝나는 것이 아니라, 늘 변하는 것이란 것에 유의할 필요가 있다는 말이다.

따라서 성공·실패 사례는 어느 일정 기간 또는 시점에서 어느 기업이 성공하고 있느냐 실패했느냐를 파악하는 횡단분석적 경향이 강하다. 중국투자를 진행하고 있거나 하려는 기업들이 바로 이 점을 유의해야 할 것이다. 즉, 현지 기업경영은 강물이 흘러가는 것과 같이 멈추지 않고 앞으로 나가는 것이며, 성공과 실패의 사례를 타산지석으로 삼을 때 지속경영이 가능한 것이다. 이를 위해 경영자는 성공의 시점에 있는 기업의 잘한 점 또는 잘하고 있는 점을 평가해야 한다. 만일, 실패한 경우라면 그 기업이 잘못한 점 또는 실패를 몰고 온 점에 유의하면서 그것을 중국투자기업 당사자로서 앞으로 어떻게 적용할지를 고민해야 한다.

2) 성공사례

중국 현지 근무 시 수많은 투자기업들과 현장에서 만나보면 그 기업이 성공적인 길을 걸어가는 데 있어 다른 기업과는 상당히 다른 전략을 구사하며 특별히 그것 때문에 성공했다고 또는 성공하고 있다고 강조하는 부분들이 있는데 그 부분만으로 그 기업이 성공했다고 착각하면 절대 안 된다. 사실 성공하고 있는 기업들은 그들이 말하는 성공요인을 넘어서 기업경영 전 분야에 걸쳐 양호한 관리를 하고 있어서 성공하고 있는 것이기 때문이다. 그러나 그 기업들이 강조하는 부분들을 살펴보는 것은 중국투자를 하려는 기업들이 특별히 더 유의하거나 힘써야 할 부분들을 알 수 있게 할 뿐만 아니라 약점을 보강하고 강점들을 더 강화시켜 주는 역할을 하게 될 것이기 때문에 중요하다고 할 수 있다.

기업들이 밝히고 있는 현지투자 후 성공요인은 실로 다양하다. 철저한 사전시장조사/ 최고경영층의 결단과 확고한 의지 및 신뢰, 원활한 현지법인-본사 간 의사소통/ 무리하지 않는 초기 투자규모/ 시장의 형성과 관련한 적절한 투자시기 판단/ 기술우위와 우수 품질의 제품/ 현지에 맞는 가격 및 홍보전략/ 적절한 현지 인력관리-비전 및 발전 가능성 제시, 인센티브, 쾌적한 근무환경, 감성경영 등/ 판매처 개발과 안정적 대금회수/ 적정한 대리상 및 판매상 관리/ 기업 능력에 맞는 직판체제 구축/ 투자이윤의 적정 재투자-설비증설, 공장증설 등/ 현지 사회에 대한 기업이윤의 환원(CSR)을 통한 브랜드이미지 제고-중국국민, 소비자 신뢰 획득/ 현지 파견인력의 본사에 대한 절대 충성 및 본사의 신뢰/ 기업 브랜드 제고 전략/ 본사와 현지법인의 유기적 업무 분장-예를 들면 본사는 디자인, 품질관리, 기술개발 등, 현지법인은 생산, 마케팅으로 이원화 경영/ 준법경영-투명경영, 정직한 제세납부, 현지 정부기관 신뢰획득/ ERP 구축 같은 현대적 관리 시스템의 운영 등 헤아릴 수 없이 많은 요소가 복합적으로 작용하고 있다.

현장방문이나 기 조사된 자료나 동영상을 통해 발표된 기업들의 사례에서 강조하는 성공의 포인트는 기업 각자의 상황에 따라 정말 천차만별이지만 다음의 몇 가지 사례에서도 알 수 있듯이 다음의 요소들이 공통적인 성공요인으로 꼽히고 있다.

- 철저한 사전시장조사
- 최고경영층의 확고한 의지와 현지 운영자에 대한 신뢰 및 원활한 의사소통, 신속한 의사결정
- 준법 및 투명경영과 그러한 경영을 통한 현지 신뢰 확보
- 가장 기본적인 성공조건이라 할 수 있는 앞선 기술수준, 독특한

또는 뛰어난 품질 및 적어도 현지 기업보다 앞선 서비스
  ○ 적절한 현지 판매처 관리 및 안정적인 대금회수
  ○ 현지 파견책임자의 열정

[사례 1: 앞선 기술, 브랜드이미지, 열정의 결정체 K '랲']
  중국유통매장에서 가장 쉽게 눈에 뜨이는 제품을 들라면 농심라면, 초코파이와 더불어 랲 제품을 들 수 있다. K기업은 자사 제품의 판로를 확보하기 위해 현지 진출한 총경리가 수백 개 소매점을 직접 발로 뛰면서 시장을 개척한 사례로 손꼽힌다. 처음에는 문전박대도 많이 받았지만 이제는 까르푸 같은 수많은 대형유통점의 관련 코너에서 중요한 위치를 차지하고 있게 되었으며 그렇게 되기까지 그야말로 총경리의 열정과 우수한 품질로 시장개척에 성공하였다. 투자 시 중국정부로부터 우수기술제품으로 인정을 받았을 뿐만 아니라 그 당시 많은 기업들이 투자코스트가 비교적 적게 드는 장쑤성으로 갔지만 동사는 장기적인 브랜드 이미지를 고려하여 상하이 지역을 선정 투자를 하였다. 상하이 투자기업은 기업명 앞에 상하이란 명칭을 붙이기 때문에 은연중 중국소비자에게 우수 기업이란 인상을 강하게 주는 효과를 노린 것이었다. 초기 투자는 녹다운 방식의 조립을 중심으로 하였기 때문에 무리하지 않는 소규모로 시작하였다. 제품 판매에 있어서는 초기 소규모 유통점들을 접촉하면서 중국의 관련 제품 시장 동향은 물론 유통구조의 특징들을 파악하는 탐색기간을 거쳤으며, 소규모 유통점과 직접적인 접촉으로는 본격적인 시장진입이 어려움을 알게 되어, 까다로운 입점 조건에도 불구하고 까르푸 같은 대형 유통점들의 입점을 추진하기 시작하였다. 초기에는 현

지 지명도가 없어 어려움도 많이 겪었지만 우수한 제품을 바탕으로 매장 내에서 유사 중국제품들과 소비자가 직접 현장에서 비교하여 선택하도록 하는 체험판촉 활동을 통해 제품을 알렸으며, 지역 대리상에 대해서는 유통점 입점과 판매에 따른 인센티브 지급과 실적이 우수한 대리상은 파트너십으로 전환케 하여 반독립적 관리를 허용하는 과감한 마케팅 방식을 도입하였다. 이제는 유통점들이 오히려 자기들 점포에 입점하여 달라고 하는 정도까지 갔으며 관련 분야 중국점유율 30% 가까운 브랜드로 성장하였다. 동사의 성공요인은 여러 가지가 꼽히지만 무엇보다도 신발이 여러 켤레 닳도록 전국 각지를 다니며 시장을 개척해 간 총경리의 열정을 가장 중요한 요소로 꼽을 수 있다.

[사례 2: 우유회사의 연합투자, 현지책임자의 열정으로 자리 잡은 Y발효유]

한국과 달리 제약요인이 많고 유사제품이 많은 마케팅환경에도 불구하고 유산균 발효유 제품을 만드는 Y기업은 비교적 성공적으로 현지 시장에 진입하고 있다. 중국인들의 소득증가와 소비시장 확대, 소비취향의 웰빙트렌드 중시, 이에 따른 건강음료에 대한 관심도 제고에 발맞춰 현지에 진출한 H기업도 초기에는 많은 어려움을 겪었지만 이를 극복하고 성공적인 기반을 닦게 된 것은 우선 뛰어난 품질의 제품이 있었다는 데 있다. 유산균 발효유의 기능성과 품질 우수성을 기반으로 유사제품들과 정면 승부를 하였으며 그 품질을 인정받게 되었다. 초기부터 제품의 소비대상을 명확히 하였던 점도 현지 시장 공략에 성공 포인트이다. 많은 중소식품이나 음료기업들이 초창기부터 한국주재원이나 유학생을 우선 대상으로 삼은 것과 달리 H기업은 처음부터 중국인 소비자를 목표로 설정하여 시장을 공략하였으며, 실제로 소비자의 95% 이상이 중국소비자가 될 정도로 현지화에 성공하였다. 문제는 홍보였는데 동사는 엄청난 매체광고비가 요구되는 중국에서 지속적이며 대규모로 시행하는 매체광고의 어려움을 인식하여 구전마케팅을 적극 추진하였다. 초창기 3년간 주말마다 대학가와 아파트 단지를 돌아다니며 시음회를 열어 제품의 맛을 알리는 행사를 끊임없이 하였으며, 현지 지방유력지와 제휴하여 사람이 많이 모이는 공원에서 공동행사 및 관련 모델선발대회 개최, 학술제 지원 등을 하였다. 이러한 행사는 브랜드이미지 제고와 기업홍보 효과가 있는 것은 물론 부수적으로 기업 내부 종사원의 자긍심도 올려주는 효과가 있었다. 또한 H사는 사업장이 중국임을 잊지 않고 이익의 사회환원에 노력하였다. 수익금의 일부와 행사 판매액을 고아원, 양로원에 기부하는 등 현지와의 융합을 위해 노력하였다. 끝으로 무엇보다도 현지 한국인 책임자의 몸을 아끼지 않는 열정적인 마케팅 노력을 들 수 있다. 주말도 없이 수년간을 시장을 발로 뛰며 개척하는 현지 법인 책임자의 열정이 가장 중요한 성공의 열쇠였을 것이다.

[사례 3: 현지와 하나로 녹아드는 경영으로 현지 시장쉐어 장악한 굴착기유압펌프로더]

2001년 진출하여 굴착기 유압부문 제품을 생산하며 현지에서 성공적인 운영을 하고 있는 D사가 제일 먼저 내세우는 성공조건은 관련 소재지에서 납세 1위를 하고 있는 기업이란 점이었다. 즉, 투명한 준법경영을 통해 현지에서 신뢰를 받고 있는 것이 성공의 요체라는 것이다. 존경받는 기업(得到尊重的企業)이 모토인 D사로서는 당연한 일이라고 할 수 있다. 특히 관련 기업은 중국 내수 비중이 94%이며 중국업체에 판매하는 비중이 50%를 넘고 있는 업체로 진정한 내수시장 개척에 성공하고 있다. 성공요인은 위에서 말한 준법경영을 바탕으로 관련 유압제품 분야의 자타가 인정하는 우월한 제품 경쟁력(중국 마켓쉐어 30% 이상), 한국본사와 현지 공장의 동일한 생산 프로세스를 가져가는 생산라인 레이아웃 경쟁력을 들고 있다. 또한 현지직원의 높은 숙련도 및 반수 이상이 현지직원인 중간관리자들의 책임감 높은 근무와 현지 직원들의 적극적인 현지 수요업체 개발, 본사와 협력하여 현지직원을 본사에 파견하여 1~2년 장기간 교육시키는 기술숙련 및 인센티브 부여 프로그램 운영, 다른 현지법인들이 따라하기 어려운 경영정보의 현지 근로자에 대한 실시간 공개를 통해 직원의 애사심을 높이는 투명경영, 본사 최고 경영진이 현지 최고 경영진을 겸임하여 양쪽을 오가며 경영함으로써 투자기업의 병폐인 본사와 현지 법인 간 의사불소통의 문제를 해결한 점도 주요한 성공요인으로 꼽히고 있다.

3) 실패사례

반면교사 역할을 하는 실패사례는 성공사례와 달리 잘 알려지지 않는 특성이 있다. 본인의 실패를 흔쾌히 공개할 기업이나 사람이 적으며, 성공요인과 마찬가지로 실패의 원인도 너무도 복잡다단하게 얽혀 있기 때문이다. 우리 기업이 현지투자기업 경영에 실패하는 이유는 각양각색이지만 대체로 아래와 같은 사유에 기인한다.

- 사전 투자 준비나 시장조사의 부족,
- 현지시장에 대한 지나친 낙관(지나치게 서두르는 투자를 하게 되며 시장의 상황에 대한 판단미스를 저지름)
- 현지 경영환경에 대한 이해 부족
- 문화코드나 비즈니스 관습에 대한 몰이해,
- 중국을 한 수 아래로 보는 경영마인드, 현지 인력관리의 불철저
- 비시장적 규제와 불투명한 현지 경영환경, 법규나 제도의 몰이해는 물론 우리가 예측하기 어려운 중국지방정부의 각종 행정 간섭 등
- 성공한 기업들과 정반대의 경영기법 등

이외에도 현지 경영의 실패까지도 몰고 갈 수 있는 경영애로를 호소하는 경우도 다양하다. 예를 들면 현지 성급 대리상들이 우리 제품 대리를 하면서 시장성이 있다고 판단하면 대리를 하면서, 다른 사람 명의로(실제로는 자신들이 직접 경영하는) 같은 제품을 생산하는 공장을 설립하여 대대적인 광고와 함께 유사제품을 생산하는 바람에 우리 기업의 매출신장이 갑자기 저조해진다든가, 투자파트너 몰래 다른 구좌를 개설하여 수입과 지출 창구가 분리되어 만성적자에 허덕이게 한다든가, 기술력 있는 회사의 파견 한국기술자를 빼내서 기술을 빼간다든가 하는 사례들은 다반사로 일어나고 있다. 현지기업을 운영하다 보면 현지 직원들의 조직 충성도가 낮고 개인주의적 성향이 강해 기껏 키워놓으면 다른 기업으로 이직하여 업무공백이 생기는 문제, 현지 진출기업의 생산제품이 다양하지 못해 내수시장을 잘 열지 못한다든가, 외상거래 성행으로 기업의 자금 부담이

가중(은행에서 어음발행을 하려면 그 이상의 현금이나 담보물을 예치해야 어음 발행이 가능하기 때문에)되는 문제 등등 수많은 자질구레한 문제들이 기업경영에 어려움을 더해준다.

[사례 1: 사전 시장조사, 준비 부족]

준비부족과 시장미성숙이 철수를 불러온 사례이다. 한국의 투자 진출 초기에 해당되는 사례로 우리나라 유수의 업체인 S사가 유통업에 진출했다 진출 3년 만에 철수하였었다. 가장 큰 원인은 당시 고급제품 소비를 할 수 있는 시장이 미성숙되었다는 것과 소비수요가 없는 지역에 위치한 유통업체의 로케이션 문제가 기본적으로 현지 경영의 발목을 잡고 있었다. 이러한 상황은 진출 초기에 어느 정도 예상된 것이지만, 유통업 중 동 분야의 최초 진출이라는 메리트와 이러한 열세를 어느 정도 극복할 수 있다는 판단 아래 S사는 과감한 진출을 하였다. 그러나 중국의 유통업 운영에 대한 여러 가지 제약[41]과 당시 IMF금융위기로 인해 본사가 지속적인 지원을 해주지 못함으로써 현지 경영은 부진의 늪에 빠졌고 결국 철수하게 되었다. 더욱이 현지 유명 유통업체에 비해 낮은 브랜드이미지를 가지고 있었고 진열된 한국제품도 품질에 비해 현지 브랜드인지도가 낮아 외국 유명업체와의 경쟁에 취약한 측면이 있었다. 나아가 이를 극복하기 위한 적극적인 홍보전략과 마케팅전략이 필요하였지만 이에 대한 준비도 미흡하였다. 이는 현지 경쟁업체와의 차별화의 실패를 불러왔다. 설상가상으로 유통업체 자체가 수입권한에 제약을 받게 되

---

41) 유통업체의 고객용 셔틀운영의 제한, 광고내용의 제약, 제품수입권한의 제한 등등.

어 제품의 자유로운 소싱을 못하고 동반진출 한국업체에 의존할 수밖에 없는 상황이 되었다. 이에 따라 적합한 상품소싱이 이루어지지 못하면서 현지인의 기호에 적합한 디자인, 가격, 품질 수준을 맞추기 어려웠고 판매에 지장을 가져오면서 채산성 악화로 이어졌다.

[사례 2: 적합한 운영모델 준비 없는 진출]

2000년대 초반(2002~2004) 상하이, 충칭, 쿤밍 등지에 설립되었던 한국상품을 전문으로 취급하는 대소규모의 한국상품전문매장(한국상품성)들과 그 이후 설립된 매장들 대부분은 제대로 작동도 못해 보고 실패한 경우가 많았고, 존재하더라도 명목만 상품성인 경우도 많았다. 한국상품성 실패의 원인 중 상당수는 겉으로 잘 드러나지 않은 참여 이해당사자 간의 복합적인 요인이 있지만, 적어도 한국제품이 수출되었던 몇몇 상품성의 경우 일부 실패요인은 다음과 같다. 첫째, 한국상품성을 경영하는 사업자의 상품성경영모델의 부적합이다. 유통점으로서 자체 마케팅전략이 없었으며, 단순한 임대장사 개념으로 운영된 경우가 많았다. 간단히 말해서 입주기업을 지원하는 자체 호보 및 판촉행사가 부족했고, 자체개발제품은 전혀 없었다. 둘째는 관련 시장조사 및 준비 미숙이다. 값비싼 한국제품 특히 소비제품의 수입관세와 증치세를 감안하면 더욱 비싸지는 상품의 판매 가능 상권에 대한 정밀한 분석과 판매방안이 미흡하였으며, 원활한 통관과 절세방안 역시 부족하였다. 셋째, 유통매장운영 및 관리의 전문화가 이루어지지 않았다. 매장 관리 경험자도 거의 없었으며, 매장 내 관리 인원의 전문적인 교육시스템 부재 및 늘어나는 운영비용의 원활한 조달대책이 없었다. 이러한 상황은 판매운영전략 부재+

물품의 원활치 못한 조달+관리의 비전문화가 겹치면서 판매부진을 가져오고 나아가 채산성 악화를 초래하면서 연달아 문을 닫는 상황이 벌어졌다. 이외에도 한국본사의 무리한 사업확장계획으로 제조업체가 현지 유통상가를 조성하여 뛰어들었던 사례도 있는데 이 역시 유통경험 부족, 유통점 로케이션의 부적합 문제로 결국 유통분야에서 철수하는 상황이 되었다.

[사례 3: 현지 문화코드, 비즈니스관습 무시]

중국현지 비즈니스관습이나 문화코드를 잘못 읽어 어려움을 겪거나 심지어 철수하는 사례는 상당히 많았다. 지금은 가장 성공한 기업으로 명성을 날리며 성공가도를 달리고 있지만 의류업체인 H기업의 경우 중국인의 체형을 고려하지 않은 의류생산으로 판매부진과 대리상의 채무문제까지 있어 초기에 어려움을 겪었다. 사실 중국인의 체형은 우리와도 다를 뿐 아니라 지역별로도 다르지 않은가? 남방의 라지는 북방에서는 미디엄이 되는 것이 중국이기 때문이다. 구두로 유명한 K사 역시 중국인의 체형을 고려하지 않고 한국 모델 그대로 생산하는 실수를 저질렀으며, 화장품을 생산하는 대기업의 경우는 북방과 남방 시장의 기후 차이를 고려하지 않은 일괄적인 판매홍보로 어려움을 겪은 사례도 있다. 지난해에는 우리 기업은 아니었지만 중국의 문화코드를 무시해서 DIY제품을 주로 취급하던 다국적 가구업체가 문을 닫은 사례가 있었다.

4. 중국진출 시 고려해야 할 점

90년대나 2000년대 초반 같이 국내에서 기업경영한계(인건비의 급상승 등 생산코스트 상승으로 국내 생산이 어려워 해외투자를 하는 상황)에 부딪힌 기업이 생산코스트 절감을 위한 투자지로 중국을 선택하는 시기는 이제 지나갔다고 보아야 한다. 국민소득이 5천 달러를 넘어섰고, 힘든 분야의 노동을 기피하는 현재의 중국에 인건비 다운형 생산코스트 절감 방식의 투자는 앞에서 살펴본 바와 같이 어려운 시기가 되었다. 이제 중국에 진출하려는 기업은 가장 기본적으로 앞선 기술수준, 독특한 또는 뛰어난 품질 및 현지 기업보다 앞선 생산시스템 및 서비스, 경영관리 노하우 등 경쟁력을 갖추고 있어야 한다는 기본 전제하에 막대한 중국내수시장을 개척하려는 투자를 진행하여야 할 것이다.

앞에서 살펴본 기업들의 중국진출 성공·실패를 요인을 분석 해 보면, 적어도 우리기업들이 기본적으로 고려해야 할 것이 있다. 몇 가지 공통사항을 준수한다면 중국 진출에 있어 성공의 확률을 높일 수 있을 것이다. 이와 관련 몇 가지 중국진출과 관련 부산시나 기업들이 고려해야 할 부분을 간추려 보았다.

[정부차원]

○ 기업연합 진출 지원-부산시정부 내 지원부서 확대설치

중국투자기업 현황에서 살펴본 대로 부산소재 기업들의 대중국 투자진출은 상당히 미약한 상황이다. 몇몇 큰 기업들이 있기는 하지

만, 서울이나 경기소재 기업들의 대중국 투자에 비해 투자기업 수가 상당히 적은 데다 기업별 투자규모 역시 적다는 특징을 보여주고 있고, 투자 지역도 산동 등 몇몇 지역으로 편중되는 경향을 보여주고 있다. 매년 3천~4천억 달러 규모로 소비시장 파이가 커지고 있는 중국내수시장에[42] 부산기업이 제대로 진출하려면 지금의 소규모, 소수기업, 가공무역위주의 스타일로는 쉽지 않은 상황이다. 특히 중국 진출외자기업이나 경쟁대상 중국기업들의 규모가 우리 중소기업에 비해 크기 때문에 현지에서 경쟁이 쉽지 않은 상황이다. 따라서 우리 기업의 풍토상 쉽지 않은 상황이며, 사례도 거의 없지만 기업 간 서로 잘 알고 상호 신뢰도가 높을 수 있는 지역적 특성을 살려 동종업종 간의 연합을 통한 중국시장 공략을 적극 추진해보아야 할 시기가 되었다고 할 수 있다.

중국이라는 거대시장에 효과적으로 대응하여 진출하려면 부산업체끼리 또는 부산업체와 울산·경남지역업체와 연합을 통해 규모를 갖춘 투자진출이 필요하며[43], 이제는 시너지 효과가 별로 크지 않아 보이는 중국지방정부 부산전용공단조성(지원) 같은 전통적 스타일의 투자지원 방식에서 벗어나야 한다. 시정부나 지원기관 차원에서 보다 세부적으로 부산소재기업의 생산품목특성, 부산의 미래성장산업, 중국시장의 미래발전향방(권역별개발, 도시화, 전략적 신흥산업 육성, 전통산업의 구조개선, 서비스산업 육성, 산업클러스터 육성 등

---

42) 중국의 사회소비품소매 총액규모는 매년 3천~4천억 달러 규모로 커지고 있다. 전년 대비로 볼 때 2008년에 3,889억 달러, 2009년 3,802억 달러, 2010년 3,767억 달러, 2011년 4,866억 달러가 늘어났다.

43) 쓰촨성 쯔공에 투자한 휴비스의 경우 삼양사와 SK가 연합한 기업투자로 비교적 성공한 케이스로 꼽힌다.

정책에서 파생되는 시장기회 및 발전방향)을 감안하여, 부산기업과 연관성이 높은 산업군이 형성되어 있는 중국의 산업클러스터[44] 지역이나 시장이 형성되어 있는 또는 가까운 지역을 진출지역으로 삼는 보다 적극적인 시장진출 전략이 필요하다. 이를 위해서는 동종 또는 이종업종의 부산기업들 간의 중국진출을 위한 활발한 연구모임의 결성과 공동조사 등이 이루어지도록 정부에서 지원해야 할 것이다.

이와 관련 부산시 정부 내에 중국과의 확대될 경제교류, 인원교류, 기업 간 교류를 총괄하면서 지원기능을 확실히 할 수 있는 별도의 중국사업지원국(가칭)을 설치하여 부산기업의 중국진출지원, 부산기업의 대중투자유치지원, 부산기업의 인원교류, 부산기업의 중국시장연구 등을 집중적으로 지원할 수 있는 플랫폼을 구축해야 한다. 특히, 중국진출을 예정하고 있는 또는 진출 중인 부산 중소기업 간의 경쟁을 넘어선 기업협력을 유도하기 위해 활발한 기업교류모임과 중국연구 및 기업임직원 스터디 모임 조직을 통한 기업 간 연합을 지원하여야 한다. 또한 부산소재기업들의 현황에 대한 보다 면밀한 연구 및 부산기업의 중국진출지원, 투자유치 지원 관련 연구 기능을 강화하여 진출지원, 투자유치, 인원교류 등과 관련된 적합한 중국시장진출 솔루션을 지속적으로 개발하고 이를 업계에 전파하여야 한다.

---

44) 중국에서는 최소규모 500억 위안(약 10조 원)이상의 산업클러스터 2,000여 개를 전국적으로 육성하는 노력을 경주하고 있다.

[기업차원]

○ 철저한 사전시장조사 - 성공으로 가는 첫 걸음
- 투자예정지역의 투자여건: 생산클러스터 및 배후 산업현황, 물류인프라, 노동력 등 고용조건, 부지구매 또는 임대 조건 등
- 투자제도: 투자와 연관된 각종 법규와 현지 운영 시 부딪히는 세무, 노무 등 관련된 각종 법규, 투자승인기관 및 절차 관련 사항 등
- 투자비용: 설립, 노무, 세무, 생산관련 각종 코스트
- 관련 기업조사: 합자협력대상, 경쟁대상기업, 향후 협력가능 기업 등

이러한 기본적인 조사를 바탕으로 보다 세부적인 기업설립(법인형태, 공장입지, 건축, 설립인가절차 등) 관련 사항과 기업설립 후 기업경영과 관련해서 마케팅(판매, 유통, 물류, 통관 등), 생산(제조, 부품, 조달), 인력관리(인력조달, 노무관리), 자금관리(금융조달문제, 운전자금 등), 세무(조세제도, 회계시스템 등) 문제 등을 체크하여 기업 진출을 결정해야 한다.

이 과정에서 시장진입을 지나치게 서두르면 안 되며, 중국이 아니라도 얼마든지 다른 나라에 갈 수 있다는 여유를 가지고 투자를 결정해야 하며, 본사를 전부 옮겨가는 것이 아니라면 핵심기능과 전력은 국내에 남겨두어야 한다. 투자규모에 '파레토의 법칙'[45]이 적용

---

45) 파레토 법칙(Pareto's law)이란 '전체 결과의 80%가 전체 원인의 20%에서 일어나는 현상'을 가리킨다. 예를 들어, 20%의 고객이 백화점 전체 매출의 80%에 해당하

되는 것은 아니지만 본사와 현지의 비중을 8:2로 해서 무리 없는 투자가 되도록 해야 한다. 현지법인으로 인해 본사가 함몰하는 최악의 경우는 어떠한 경우에도 막아야 한다. 중국투자에 올인하지 말라는 말이다.[46]

○ 최고 경영층의 확고한 의지와 신뢰-본사와 현지 법인 간
　　의사소통 가장 중요

현지 투자기업의 성패는 사실상 최고 경영층의 확고한 의지와 파견인력에 대한 경영진의 격려와 신뢰에 달려 있다고 해도 과언이 아니다. 경영층이 반드시 이 사업은 성공시키겠다는 강력한 의지가 없으면, 현지에서 조그만 어려움이 발생해도 투자기업이 제대로 운영되지 못하는 사례가 많았다. 일단 철저한 사전조사가 끝나 중국투자를 결정했다면 사내외에 관련 사업을 확실히 밀고 갈 것임을 명확히 보여주어야 한다. 현지 경영은 최고 경영층이 현지 사장을 겸임을 하지 않는 한 임직원을 현지 책임자로 파견하게 되는데 인원선발에 상당히 신중을 기해야 한다. 중소기업에서 파견되는 인력 중 왕왕 회사의 일이 아니라 '자신'의 일에 더 신경을 쓰는 경우도 발생하고 있기 때문이다. 일단 인원을 선발하였으면 전폭적인 신뢰를 주어야 한다. 중국말에 "일단 사람을 기용한다면 의심하지 말고, 의심이가는 사람이라면 처음부터 기용하지 말라(用人不疑, 疑人不用)"라는

는 만큼 쇼핑하는 현상을 설명할 수 있다.

46) 필자가 현장에서 상담을 통해 겪은 경험으로 보면 기업의 투자규모는 국내사정으로 전체 기업이 옮겨오는 경우가 아니라면, 소규모로 시작하는 것이 바람직(본사 7 또는 8, 현지 2 또는 3 정도의 비율)하고, 공장도 처음에는 가능한 한 임대로 스타트하는 보수적인 투자가 바람직하다.

말이 있듯이, 선발에는 최대한 신중하되 일단 선발했으면 ale고 맡기는 것이 필요하다. 또한 중국시장에 진입해서 바로 성과를 내는 경우도 간혹 있기는 하지만, 대부분의 기업들은 현지에서 성과를 내는 데 상당한 시간을 필요로 한다. 쉽게 말하면 현지 투자 성공기업들은 대부분 J커브 형태(초기 적자-후기 흑자)의 경영 상황을 보인다는 말이다. 따라서 이를 충분히 감안하여 투자계획을 세우고 '성과에 대해서 서두르지 않는 자세로 기다리는 경영'이 중요하다. 사실 상당수의 성공기업들을 보면 처음부터 성공의 길을 가는 경우는 극히 드물고 투자초기 2~3년 이상 헤매는 경우가 대분이다. 어느 정도 현장 교육비를 들이고 나서 시장적응이 끝나고 나면서 성공의 길로 들어서게 되기 때문에, 최고 경영층은 '끈기'를 가지고 기다리는 경영이 필요하다. 따라서 앞에서도 이야기한대로 중국투자규모의 적정성 유지는 상당히 중요한 부분이다.

○ 지속적 생산비용 상승 대비한 탄력적 경영시스템 구축 · 저임금은 과거지사

중국은 2011년 일인당 GDP가 5천 달러를 넘어섰다. 2010년 4천 달러에 진입한 지 1년 만에 다시 5천 달러대로 진입한 것이다. 약 5%의 위안화 평가절상률을 감안해도 너무나 빠른 속도로 국민소득이 증가하고 있다고 할 수 있다. 이러한 상황은 급격한 임금상승을 불러오고 있다. 상하이 같은 경우는 수년 전 한화 20만~30만 원에 불과했던 집에서 가사를 돕는 인력들의 인건비가 100만 원대에 진입할 정도다. 매년 20%에 달하는 최저임금 상승과 사회보험료 부담의 증가, 물류코스트, 에너지가격의 상승, 환경오염처리 비용, 원부

자재 조달 가격 상승 문제 등등 중국진출기업들에는 하루가 다르게 비용 상승의 압력이 현실화되고 있다. 이제는 저비용 구조의 기업 경영이 아니라 가능한 부분의 생산 아웃소싱, 자동화 및 고용 인력 최소화, 합리적인 세무관리를 통한 절세 등 상시적인 비용 상승에 대비한 탄력적인 경영시스템, 생산성 높은 생산구조의 구축이 필요하다.

○ 중국내수시장 마케팅 강화-성공을 위한 필수항목

중국 진출기업 특히 중소기업들은 상당수가 가공무역에 종사하고 있다. 이미 소비규모 2조 7천억 달러의 소비규모를 자랑하는 세계시장으로 변한 중국 내수시장에 독자적 기반으로 진출하여 성공한 중소・중견 기업은 크린랲, 누가의료기기, 오리온, 하나코비, 동양기전, YG1, 한국화장품 등 몇몇 기업에 불과하다. 그동안은 중국진출 목적이 주로 싼 인건비를 활용하여 가공한 후 한국이나 제3국으로 수출하는 기업 위주로 진출해 왔다. 중국 자체가 가공무역 위주의 생산수출구조를 가지고 있었고, 가공무역에서 내수시장 진입으로 전환하려 해도 높은 관세 장벽이 있었다. 뿐만 아니라 정부조달 시장 미개방, 금융서비스 시장 진입제한, 다양한 중국자체 인증제도, 불투명한 법규제도운영 등 수많은 비관세 장벽 때문에 시장진입 자체가 쉽지 않았다. 그러나 이제는 중국도 내수시장 확대를 통한 안정적 경제성장을 경제정책의 최우선 순위로 삼고 있다. 때문에, 시장진입 문턱도 지속적으로 낮추고 있는 상황이며, 국민소득 상승과 2, 3선 도시의 부상으로 소비시장이 확대되고 있다. 중국 27개 권역개발, 2・3선 도시 중심의 지역발전, 전략적 신흥산업 발전, 산업클러스터 형성, 서비스산업 육성 등 산업발전 정책을 추진함에 따라 프로젝트 시장과 기계설비, 부품소재 등 분야의 시장이 확대되고 있다. 더욱이 중국정부의 입장은 향후 가공무역 비중을 지속적으로 줄여나간다는 입장(일부 품목은 가공무역 금지 조치)이며, 중국의 산업정책에 부합되는 에너지 효율적, 환경공해 저유발, 첨단 기술보유의 산업 유치에 투자 중점을 두고 있는 상황이어서 과거와 같이 단순 생산기지로의 활용 투자는 쉽지 않은 상황이다. 한편, 한중 간에 FTA가 수년 내 체결되면 원부자재 수입관세 부담이 적어지는 우리 투자기업의 중국내수전환이 유리해지는 면이 있다. 여전히 어려운 내수시장이지만 투자기업입장에서는 면밀한 계획 아래 중국내수시장 마케팅을 강화 및 확대해 나가야 성공률을 높일 수 있는 시대가 되었다.

○ 준법투명경영과 사회공헌(CSR)-현지사회가 원하는 기업으로 탈바꿈 필요

성공기업들이 이구동성으로 이야기하는 것으로 너무도 기본적인 사항이지만 중소기업 입장에서는 코스트 문제로 지키기 어려운 사항이 현지 법률에 부합되는 준법투명경영이라고 할 수 있다. 성공적인 현지경영을 하고 있는 기업들은 적어도 기업이 소재한 시(市), 구(區), 현(縣) 등에서 납세우수 기업이거나 노무관리 우수기업들이다. 적법 경영을 하려면 투자 시 초기예상비용보다 더 많은 운영비용이 발생하거나, 갑작스런 제도 변경으로 예상치 않은 비용이 발생해 생산비용을 감당하기 어려울 정도로 어려움이 많았던 경우가 많았다. 그러나 이들 기업은 이러한 어려움에도 현지법에 맞추어 준법경영

을 지속하였고 특히 세무, 노무 분야의 규정을 잘 준수하여 불시에 몰아닥치는 세무당국이나 노무당국의 조사에서 어려움을 겪지 않게 되고, 현지에서 우수기업으로 신뢰가 쌓여가면서 결국 기업이 이익을 보게 되었다. 즉, 현지 법 규정을 회피하여 이익을 보는 경영을 하더라도 차후에 중국정부 당국에 발각되면 벌금, 신뢰추락 등으로 더 많은 비용이 든다. 심각한 경우 기업이 문을 닫게 되는 상황에 직면 할 수 있으므로 장기적인 경영이익 실현을 염두에 두고 반드시 준법경영을 해야 한다. 어느 나라를 막론하고 경영에서 '꽌시'는 중요하고, 중국은 아주 필수적이다. 그러나 준법경영의 바탕 위에 형성된 관계망이라야 뒤탈이 없기 때문에 '꽌시'에 앞서 준법경영이 먼저라는 것을 명심해야 한다.

중국에서도 기업의 사회공헌이 기업경영의 중요한 부분으로 자리 잡아가고 있다. 현지 진출기업은 한국기업이지만, "현지법을 적용받는 현지 기업으로서, 보다 적극적인 자세로 현지 지역사회에 공헌한다."는 자세가 필요하다. 특히 중국내수마케팅이 중요한 경영요건이 되고 있는 현지 투자기업의 입장에서는 기업의 사회공헌이 기업 신뢰도 확립과 제품이미지 제고에 중요하다는 점을 인식해야 한다. 그동안 주로 삼성, LG 등 대기업 위주로 이루어졌던 현지 사회공헌 활동에 중소기업들도 보다 신경을 써야 할 것이다.

참고자료

KOTRA 각 연도 그랜드 서베이
한국수출입은행 대외투자통계
www.ois.go.kr의 성공실패사례
KOTRA 해외진출기업디렉토리
www.kita.net
www.globalwindow.org 등

4장 부산의 중화자본 유치 방안

김동하(金東河)

요 약

글로벌 경제위기에도 불구하고 중국은 2011년에 600억 달러(금융부문 제외)의 대외직접투자(OFDI)를 실행하여 전년비 1.8% 증가세를 기록했다. 현재 진행 중인 한·중 FTA 협상, '12·5기간 중국 OFDI전략' 등을 고려하면 향후 중국의 OFDI는 기술선진국(OECD), FTA 허브 국가 등에서 늘어날 전망이어서, 한국의 중화권 자본유치 가능성이 커지고 있다는 판단이다.

분석결과, 중국기업들은 對한국 투자 시 R&D센터 운용가능, 메이드 인 코리아 효과 창출, 제3국 수출기지로서의 장점(물류비 절감) 극대화, 선진기술 습득가능 여부 등을 투자 결정요인으로 꼽았다.

또한 중국정부의 OFDI 전략은 저부가가치형 제조업 진출 회피, FTA 체결국 진출로 우회수출효과 극대화, 해외경제무역단지 진출로 규모의 경제 달성, OFDI를 통한 지방경제 및 중소기업 발전유도 등으로 요약된다.

이러한 상황을 고려할 때, 부산시가 중화권 자본을 유치하기 위해서는 ▲부산시만의 중화권 투자 성공사례 발굴과 적극적인 홍보 ▲중화권 투자설명회(해외) 적극 참여 ▲부동산 및 해양 분야 투자거리 마련 ▲교육단지 조성에 따른 중화권 자본유치 추진 등이 필요하다.

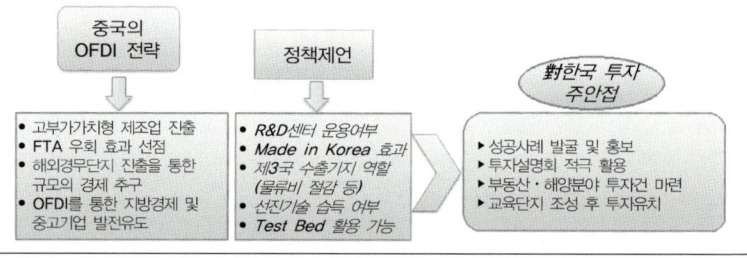

중국의 첫 번째 해외직접투자(OFDI. Outward Foreign Direct Investment)는 개혁개방 정책이 막 시작된 1979년이라고 알려져 있지만, 중국정부가 '저우추취(走出去)', 즉 OFDI 장려정책을 시작한 1997년부터 본격화되었다. 또한 규모 면으로만 보면, 중국이 공개적으로 OFDI 실적을 공포하기 시작한 첫 해인 1990년 실적은 9.1억 달러를 기록했으며, 이후 매년 10억~43억 달러 규모로 투자가 이루어졌다. 중국이 WTO에 가입한 2001년에는 69억 달러로 OFDI가 확대되기 시작했으며, 2005년에 한 해 OFDI가 100억 달러를 초과하여 122.6억 달러를 기록하게 된다. 이처럼 중국의 OFDI 역사는 그리 오래되지 않음을 알 수 있다.[47)]

중국의 對한국 OFDI는 1989년(지식경제부 통계)부터 시작되었지만, 한중 수교가 이루어진 1992년 이후에 본격화되었으며, 누계기준으로는 1995년에 이르러서야 1천만 달러가 넘어섰다. 1999년 아시아 금융위기로 인해 한국 내 기업들의 자산가치가 하락하고 중국 역시 '저우추취' 정책에 박차를 가하면서 對한국 OFDI가 늘어났으며, 2004년 11.64억 달러(신고액)로 정점을 기록했다. 그럼에도 불구하고 중국 상무부 통계에 따르면 중국 전체 OFDI 비중에서 한국 점유비는 최근 8년 평균 0.7%에 불과하여 거의 미비한 수준이다.

최근 글로벌 금융위기로 거의 모든 국가의 FDI가 위축되고 있음에도 불구하고, 중국은 2011년에 600.7억 달러(금융부문 제외)를 투자하여 전년비 1.8%의 증가세를 기록하고 있다. 또한 현재 진행 중

---

47) 해외직접투자는 일반적으로 FDI(Foreign Direct Investment)로 표기되나, 본고는 중국이 유치한 FDI가 아닌, 중국의 대외투자를 다루는바, 구분을 위해서 '대외직접투자'라는 의미를 가진 OFDI(Outward Foreign Direct Investment)로 표기한다.

인 한·중 FTA 협상, 지방정부 발전을 도모하는 12·5기간 OFDI전략 등을 참고하면, 향후 중국의 OFDI는 OECD 기술선진국, FTA 허브(Hub)국가 등에서 늘어날 전망이어서, 對한국 OFDI 역시 확대될 가능성이 높아 보인다. 따라서 부산시 역시 중화권 자본유치를 체계적으로 준비할 필요가 있으며, 이는 부산 지역경제 발전뿐만 아니라 일자리 창출 측면에서도 의미가 크다고 할 것이다.

본고는 이와 같은 배경으로 부산의 중화자본 유치 방안 도출을 위해, 먼저 중국의 해외투자 경과를 살펴보았으며, 다음으로 최근 중국 해외투자 촉진정책의 동향을 고찰하였다. 특히 <국가별 대외투자 산업지도목록>, '해외경제무역협력단지' 등에 대한 분석을 통하여 중국정부가 추진하는 OFDI의 방향성을 가늠할 수 있을 것이다. 다음으로는 중국 해외투자 현황과 중화권의 對한국 투자현황과 추이를 분석하였으며, 특히 중화권의 對한국투자 사례(5건) 분석을 통해 부산시에 유의미한 시사점을 도출하고자 했다. 마지막으로 부산시의 중화권 투자유치 전략을 제시하고자 하였으며, 몇 가지 정책제언을 통해 조언을 제공하였다.

1. 최근 중국의 해외투자 정책

1) 해외투자 촉진 정책 동향

그동안 중국의 해외투자 촉진을 위한 정책을 단계별로 나누어 살펴보면 다음과 같다. 먼저 개혁개방 초기인 1979년부터 1988년까지는 농산물, 광물 위주의 해외투자 단계로 볼 수 있다. 이 시기 해외투자는 농업 및 광업에 대한 투자가 전체 투자의 70% 이상을 차지했다. 즉, 해외투자 중 1차산업 비중을 보면, 1984년에는 79.3%를 기록했으나, 1988년에는 26.8%로 축소되었다.

다음 시기는 투자 다변화 단계 초기로 꼽을 수 있다. 1989년부터 1993년까지 중국은 산업구조 전환기를 거치면서 중국기업의 해외투자 분야도 이전의 '농산물, 광물' 위주에서 무역, 교통, 통신, 금융·보험, 요식·여행업, 컨설팅, 의료, 무역서비스, 제조업, 자원개발 등으로 다원화되었다. 실제 1993년 중국 OFDI기업의 분야별 비중을 보면, 무역형 24%, 생산형 19%, 요식·여행업 18%, 건설 16%, 금융·보험 12%, 자원개발 5%로 다양화되어 있음을 알 수 있다. 이후 중국의 OFDI 분야는 가공무역, 상업 서비스 등 더욱 다양하게 확대되었다.

다음 단계는 해외투자 본격화 단계이다. 즉, 중국정부가 '저우추취' 정책을 1996년부터 본격적으로 실시하기로 결정하면서, 관련 투자촉진 정책이 본격적으로 마련되었다. 그 결과, 2000년 이후 OFDI 비중은 광업이 15% 이상으로 단일 산업분야로는 가장 높고, 상업서비스, 금융, 도소매, 교통운수, 부동산 등 서비스업이 70% 이상을 차지하여 서비스업 비중이 급증하는 추세를 보이게 된다.

2000년 이후 공포된 중국정부의 해외투자 촉진정책을 보면, 중소기업형, 첨단기술입수, 대형플랜트 수주, 해외경제무역협력단지 등에 OFDI 중심을 두고 있음을 알 수 있다. 관련 법제도를 살펴보면 다음과 같다. 먼저 2000년에 <중소기업 국제시장 개발자금관리 시행방법>을, 2005년에는 <대외경제기술 합작전용자금관리방법>을 재정부에서 공포했다.

2008년에는 '해외경제무역협력단지' 관련 법제도 3건이 한꺼번에

국무원 및 상무부에서 공포되었는데, <해외경제무역합작단지 건설 추진에 관한 의견(2008.2.28)>, <해외경제무역협력단지 심의잠정방법(2008)>, <해외경제무역협력단지 발전자금관리잠행방법(2008)> 등이 있다.

이외에도 <대외공정도급관리조례(2008.9.1)>를 제정하여, 중국 기업의 대형 엔지니어링 공사수주에 따른 관리감독 규정을 신설하였으며, <해외중자기업기구 및 인원안전관리규정(2010)>과 <해외 중자기업·기구인원관리지침(2011)>을 공포하여, 해외에 파견 나간 중국국적 근로자의 안전관리 문제를 상세히 규정했다.

또한 상무부는 <플랜트항목 재무관리 진일보 규범화에 관한 통지(2011)>와 <비농업 기술시범센터항목 지속발전촉진에 관한 지도의견(2011)>, <대외원조물자항목관리방법(2011)> 등을 공포하여, 아프리카 등 개발도상국에서 진행되고 있는 플랜트 프로젝트, 기술 이전센터 및 대외원조에 관한 관리감독 규정을 마련했다.

2) 〈국가별 대외투자 산업지도목록〉 공포

중국의 OFDI가 촉진되는 전기를 맞이하게 된 것은 2004년 7월에 발표된 <국가별 대외투자 산업지도목록(对外投资国别产业导向目录)>을 공포한 것에 기인한다. 이는 중국정부가 처음으로 전 세계 67개국에 대하여 어떠한 산업부문에 투자하는 것이 좋겠다는 가이드라인을 제시한 것으로, 국내외 시장의 효율적 이용과 맹목적인 투자를 방지하는 데 그 목적을 두었다.

이와 관련하여, 같은 해에 상무부는 상술한 <해외투자기업 설립

인가사항에 관한 규정(2004.10)>을 국가발전개혁위원회는 <해외투자 프로젝트 인가 잠정관리방법(2004.10)>을 공포하여 해외투자 장려산업의 범위를 제시하게 된다. 그 내용을 보면, 먼저 국내경제에 유리한 해외자원투자, 국내 산업구조의 선진화를 가져올 수 있는 투자, 국내제품·설비·기술의 해외수출과 노동력 수출을 수반하는 국제 생산형 설비 및 기초설비 투자, 기업의 국제적인 영업능력을 향상시킬 수 있는 투자 등이 있다. 또한 국제 선진기술·관리경험·전문인력의 해외 R&D센터를 학습하고 중국기업의 연구개발 능력을 향상시킬 수 있는 투자를 장려했다. 마지막으로 중국 우량기업이 무역회사, 은행, IT전자, 물류해운 등의 사업을 운영하거나 서비스업의 국제경쟁력을 향상시키는 투자를 장려했다.

<국가별 대외투자 산업지도목록>은 2005년 10월에 추가로 스리랑카 등 28개국에 대한 '2차 목록'이, 2007년 1월에는 사이프러스 등 32개국에 대한 '3차 목록'이 상무부·외교부·국가발전개혁위원회 등 3개 중앙부처 연합으로 공포된 바 있다.

한국은 '1차 목록'에 처음으로 포함 되었는데, 기타 주요국과 비교하면 다음 <표 1>과 같다. 실제 이 시기를 전후한 투자를 보더라도 중국자본의 대표적인 對한국 투자사례로 꼽히는 상하이자동차의 쌍용자동차 인수(2004년 11월), BOE의 하이디스 투자(2002년 12월), 상하이샨다의 엑토즈 소프트사 인수(2004년 12월), SinoChem의 인천정유 인수시도(2004년)처럼, 중국의 OFDI는 한국에서 만큼은 철저히 동 목록 내 가이드라인(자동차, IT설비, 화공 등)에서 움직이고 있다고 판단된다. 또한 최근 중국의 러시아(톰스크 목재가공단지), 브라질·호주(철광석 광산 매입) 등에 대한 투자 역시 동 목록과 무

관하지 않음을 알 수 있다.

<표 1> '국가별 대외투자 산업지도목록(2004)' 주요 내용

국가명	농·임·목·어업	광산채굴업	제조업	서비스업
한국	-	-	자동차 등 교통운수설비 제조, 화공원료, 통신설비, 컴퓨터 및 기타 전자설비 제조	무역, 판매, R&D, 건축, 교통운수
독일	-	-	전기기계 및 기자재·화학원료 및 화학제품·전자설비 제조	무역, 판매, 금융, 교통운수, R&D
미국	-	-	자동차 부품 등 교통운송설비·가정용 전기제품·방직·의료·원예설비·전동공구 제조	무역, 판매, 창고, 금융, R&D, S/W개발, 교통운수·전신서비스
러시아	산림개발, 과수재배	석유 등 에너지 자원, 철·구리 등 광산 원자재	인쇄 등 전기기계 및 기자재·전자설비 및 통신설비·목재가공 및 가구·담배제품 제조	무역, 판매, 전신서비스, 교통운수, 요식업, 건축, 여행, 교육, 의료, 금융, 컴퓨터 서비스
브라질	산림개발	석유, 철광석·보크사이트·구리광산	냉장고, 에어컨, TV 등 전기기계 및 기자재 제조	무역, 판매, 건축, 교통운수, 전력생산 공급
호주	과일·채소재배, 수산양식, 목축사양	천연가스, 철광석·석탄·보크사이트 광산	농부산품 및 사료가공, 의약제조, 알루미늄 제련	무역, 판매, 금융, 교통운수, R&D, 여행, 전신서비스

자료: 对外投资国别产业导向目录(2004), 商务部

3) 해외경제무역협력단지 설치

중국정부는 2006년부터 해외경제무역협력단지(境外经济贸易合作区)를 설치하기 시작했다. '해외경제무역협력단지'란 중국정부(상무부)가 허가·지원하고 기업이 설립·운영하는 해외공단으로 생산·

물류·서비스 전체나 일부 기능을 포괄하는 산업단지를 의미한다. 2006년 1월에 설치된 하이얼-파키스탄 Ruba 해외경제무역협력단지를 시작으로 2007년 말 현재 12개 단지를 허가하여 개발이 이루어지고 있다. 특히 2007년 9월, 충칭시가 상무부에 신청한 전남 무안의 한중국제산업단지가 12번째 '해외경제무역협력단지'로 지정되어, 중국 측 통계에는 현재까지도 진행 중인 사안으로 잡히고 있다.[48]

중국정부는 향후 50개의 '해외경제무역협력단지'를 설치한다는 계획이며, 동 '단지'에 지정되면 중국정부는 2억~3억 위안 규모의 재정지원을 하고, 중장기적으로는 20억 위안까지 대출 지원을 하고 있다. 상무부는 2006년 하반기에 200억 위안 규모의 동 '단지' 건립기금을 모집한 것으로 알려졌다.

동 '단지'의 설립방식은 정해진 모델은 없으며 주도 기업의 계획에 따라 다양하게 추진되는데 3가지 유형 분류가 가능하다. 먼저 전문경영형으로 대기업 중심으로 특정 업종으로 전문화된 단지를 꼽을 수 있다. 세계 최대가전사인 하이얼이 파키스탄에 투자한 Ruba단지와 피혁제품 제조사인 캉나이 그룹이 러시아에 투자한 우수리스크 경제협력단지를 들 수 있다.

다음으로는 자원개발형으로 현지 자원에 근거하여 자원개발 산업을 중심으로 협력하는 단지이다. 잠비아의 중국경제협력단지는 아프리카 동광(銅鑛) 자원개발이 목적이며, 주로 아프리카 지역에 설치된 '단지'에서 이러한 유형이 많다. 마지막으로는 특화산업형을 꼽을 수 있는데, 중국 전통특화산업에 의거해 형성된 경제협력단지이

---

48) 한중국제산업단지에 대한 상세 설명은 본고 4장을 참고할 것.

다. 아프리카 중부 인도양에 위치한 모리셔스의 텐리(天利)경제협력
단지의 경우, 방직, 의류, 가전 등 중국이 비교우위를 점유하고 있는
업종에 집중투자하고 있는 특징을 보이고 있다.

중국정부는 동 '단지'의 규범적인 관리를 위하여 2008년부터 관
련 규정을 제정하고 있는데, 2008년 2월 28일에 국무원과 10개 중
앙부처가 연합하여 공포한 <해외경제무역합작단지 건설추진에 관
한 의견(2008.2.28)>은 동 '단지'에 대한 인허가, 자금 및 세제지원
등의 관리 · 감독 규정을 담고 있다. 같은 해에 상무부는 <해외경제
무역협력단지 심의잠정방법(2008)>, <해외경제무역협력단지 발전
자금관리잠행방법(2008)> 등을 추가로 공포하여, 동 '단지' 지정과
자금지원에 관한 상세한 규정을 마련한 바 있다.

2011년 말 현재 상무부가 승인한 해외경제무역협력단지는 총 19
개(이 중 1개는 선정 후 취소)에 달한다. 먼저 시기별로 보면, 2009
년 이전에는 아프리카, 러시아 지역에 집중되고 있으며, 2009년 이
후에는 FTA를 체결한 아세안 국가들로 확대됨을 알 수 있다. 국가
별로 보면, 아프리카(알제리, 나이지리아 2곳, 잠비아, 이집트, 에티
오피아, 모리셔스)가 7개로 가장 많고 특히 나이지리아는 2007년에
'단지'를 2개나 조성한 바 있다. 이외에도 아시아(베트남 2곳, 태국,
캄보디아, 인도네시아, 한국) 지역에 5개, 남미(베네수엘라, 멕시코)
지역에 2개, 러시아에 2개를 조성하였다.

단지 내 주력 유치산업을 업종별로 보면 중국이 비교우위를 점유
하고 있는 경공업, 가전이 다수를 점유하고 있고, 이외에도 지역별
특성을 고려하여 목재가공(러시아 톰스크), 금속가공(잠비아) 등의
해외경제무역협력단지를 조성한 바 있다.

〈표 2〉 중국의 해외경제무역협력단지 현황

협력단지명 (국가)	투자회사 (지역)	투자 내용
하이얼-파키스탄Ruba 단지(파키스탄)	하이얼 그룹 (산둥 칭다오)	- 중국 최초의 해외경제무역협력단지(2006.11) - 면적 1.03㎢, 투자액 2.5억$. Lahore市 - 가전, 원자재, 물류, 생활구역 - '10년 가전 1,300만 대 판매계획(매출 10억$·수출 1억$)
우수리스크 단지 (러시아)	캉나이(康奈) 그룹 (저장 원저우)	- 러시아 국경인접, 동녕(면적 228㎢) - 2006년 8월 착공. 투자액 20억 위안, 24개 기업입주 　매출 2.6억$(2011년 말) - 피혁, 의류, 주택, 목재, 건자재, 자동차부품, 가전
Rayong 중국공업원 (태국)	화리(華立)그룹 (저장 항저우)	- 2006년 8월 착공 (면적 12㎢), 39개사 입주 - 자동차부품, 기계, 건자재, 전자, 전동계측기기(華立) - 1.2억$ 투자. 태국 내수시장 진출 및 수출기업 입지
Lekki 자유무역구 (나이지리아)	중철건설, 난징강녕 (장쑤 난징)	- 2007년 9월 착공 투자액 3.3억 달러(면적 30㎢) - 가구, 건자재, 비철금속, 목재가공 - 2010년 말 70개 기업 입주
Ogun광둥경무합작구 (나이지리아)	신광(新廣) 국제그룹 (광둥)	- 2007년 7월 착공 투자액 25억 위안 (면적 20㎢) - 가구, 건자재, 도자기, 비철금속, 의약, 전자 - 2011년 말 200개 기업 입주
시아누크항 경제특구 (캄보디아)	홍더우(紅豆)그룹 (장쑤 우시)	- 2006년 10월 착공. 투자액 3.2억$(면적 11.13㎢) - 경방직, 의류, 기계전자 위주(19개사 입주) - 수출가공구, 보세구, 상무구, 생활구로 구성
잠비아 중국경무합작구 (잠비아)	중국유색광업그룹	- 4.1억 달러(면적 17.28㎢) - 유색금속, 제련, 가공·압연 관련 단지 조성 - 2007.2 착공. 17개 기업 입주(2011), 1.3억$ 투자
수에즈경제무역단지 (이집트)	톈진태달(泰達) (톈진)	- 2008년 7월 착공, 20개 기업 입주(2011년 말) - 투자액 4.6억 달러(면적 7㎢) - 석유장비, 방직, 의류, 자동차, 기계전자, 신소재
톰스크목재공무단지 (러시아)	중항임업, 연태서북임업 (산둥 옌타이)	- 2008년 10월 계약체결, 투자액 5.3억$(면적 6.95㎢) - 러시아 Tomsk지역에 임업 및 목재가공기지 건설
베트남 용강단지 (베트남)	저장친장(前江)투 자공사 (저장·쓰촨)	- 2007년 착공, 베트남 띠엔장 성에 위치 - 투자액 1.05억 달러(면적 6㎢) - 방직업, 경공업, 기계, 전자, 건재재, 화공 등
선전하이퐁 경무합작구 (베트남)	중항기술, 해왕그룹 등 (광둥 선전)	- 2008년 12월 착공, 투자액 2억 달러(면적 8㎢) - 방직, 경공업, 기계전자, 의약, 바이오 등

에티오피아동방공업원 (에티오피아)	장쑤영원투자공사 (장쑤)	- 2007년 11월 착공, 에티오피아 Oromia 지역 - 투자 8.49억 달러(면적 5k㎡), 11개사 입주(2011) - 철강, 건자재, 기계전기 등
모리셔스진비경무단지 (모리셔스)	산시晋非투자유한공사 (산시)	- 2009년 9월 착공, 투자액 2.2억 달러(면적 2.11k㎡) - 정보·비즈니스·생활서비스, 물류 무역, 생산가공 - 산서성 天利그룹, 태원강철, 초매집단 투자
중국인니경무합작구 (인도네시아)	광시농가그룹 (광시자치구)	- 2010년 12월 착공, 투자액 9300만 달러(면적 2k㎡) - 가전, 정밀화학, 바이오제약, 농산품심가공, 기계제조
한중공업원 (한국)	동조장태 그룹 (충칭시)	- 2008년 12월, 상무부 승인 - 투자액 3.6억 달러(면적 3.96k㎡) - 자동차, 오토바이, 선박부품, 바이오기술, 물류·도매
중-베네수엘라 과기단지 (베네수엘라)	산둥양조그룹 (산둥)	- 2008년 2월 착공 - 투자액 1억 달러(면적 5k㎡) - 전자, 가전, 농업기계 등

자료: 각 '단지' 홈페이지(2012.6); 境外经济贸易合作区目录(2011), 商務部

〈그림 1〉 태국 라용공업원 안내 홈페이지

<그림 2> 나이지리아 자유무역구 안내 홈페이지

<그림 3> 에티오피아 동방공업원 안내 홈페이지

4) 〈해외투자관리방법〉 제정

2008년 말 미국발 금융위기로 인해 노동집약적 분야와 가공무역 분야에 의존도가 높았던 중국의 무역부문이 적지 않은 타격을 입었다. 따라서 중국정부는 더욱 OFDI를 통한 국내기업의 경쟁력 제고를 필요로 하게 된다. 이러한 배경으로 상무부는 <해외투자관리방법(境外投資管理辦法)>을 2009년 3월 16일자로 공포하고, 동년 5월 1일자로 실시하였다. 모두 41조로 이루어진 동 '방법'은 중국 OFDI의 승인과 관리·감독에 대한 구체적인 조항을 담고 있는데 전체적인 방향은 OFDI 인허가 및 심사를 간소화하였으며, 각 부처별로 분산되어 관리·감독하던 OFDI 관련 법제도를 중앙부처인 상무부 차원으로 일원화한데 의미가 있다.

실제로 동 '방법' 공포로 2004년 10월에 공포했던 <해외투자기업 설립 인가사항에 관한 규정(상무부2004.10)>과 같은 해 공포한 <국내기업의 홍콩·마카오특별행정구에 투자기업 설립 인가사항에 관한 규정(국무부·상무부·홍콩마카오 판사처. 2004.8)>을 폐지했다.

주요 내용을 보면 다음과 같다. 먼저 미수교국에 대한 OFDI, 국가가 따로 정한 특정국가·지역에 대한 OFDI, 1억 달러 이상 규모의 OFDI, 다국적 이익과 관계된 OFDI, 특수목적회사(SPC. 페이퍼컴퍼니) 설립 등 상기 5건의 경우를 제외하고는 기타 OFDI의 관리·감독권을 성급(省級) 지방정부로 이양하였다. 또한 성급 지방정부 관할 범위를 1천만 달러에서 1억 달러 이하, 에너지 및 광물 분야 OFDI, FDI 유치를 위해서 필요한 OFDI 등 3건으로 한정해 1천만 달러 이하의 소규모 OFDI는 省보다 더 낮은 하부 행정단위인 시급

(市級)으로 이양할 수 있는 여지를 남겨 놓았다.

또한 상술한 <국가별 대외투자 산업지도목록>에 근거하여 중국 기업의 OFDI를 집행할 것을 다시 한 번 천명하였으며, OFDI는 상무부가 구축하는 전산시스템에서 일괄적으로 통일 관리감독할 것임을 규정하였다.

동 '방법'과 관련하여, 11 · 5규획(2006～2010년) 강요(綱要)에서도 6가지 투자 가이드라인을 제시한 바 있다. 첫째, 조건을 갖춘 기업의 해외직접투자와 다국적 경영을 지원한다. 둘째, 우위산업을 중심으로 기업이 역외 가공무역을 전개하도록 유도하고, 제품 원산지의 다원화를 촉진시킨다. 셋째, 다국적 인수합병 · 지분참여 · 상장 · 구조개편 · 연합 등의 방식으로 중국의 다국적기업을 양성하고 확대한다. 넷째, 상호보완 · 호혜평등 등의 원칙에 따라 해외자원 협력개발을 확대한다. 다섯째, 기업의 해외 인프라건설 참여를 장려하고 공사도급 수준을 향상시키며, 노무협력을 점진적으로 발전시킨다. 여섯째, 해외투자의 촉진과 보장체계를 완비하여 OFDI에 대한 종합적인 조정 · 위험관리와 해외 국유자산의 관리감독을 강화한다.

그 결과, 2006년 이후 중국의 OFDI는 과거와 달리 적극적으로 외국기업을 M&A하는 방식으로 전환되고 있는데, 실제 2006년 M&A를 통한 중국의 OFDI는 47.4억 달러로 같은 해 해외투자총액의 36.7%를 점유하고 있다.

5) 12 · 5기간 대외투자 전망

상무부는 2012년 5월 15일, <12 · 5기간 대외투자 주요임무와 중

요업무>를 공표하여, 2015년까지 OFDI 목표와 주요 방향을 천명한 바 있다. 먼저 상무부는 2015년 OFDI 총액 목표치를 1500억 달러로 제시하였으며, 이는 12 · 5기간(2011~2015년) OFDI가 연평균 17% 성장함을 의미한다.

또한 2015년 대외 프로젝트 수주 계약액 및 매출액 목표를 각각 1800억 달러, 1200억 달러로 제시하였는데, 이 역시 같은 기간 연평균 6%의 성장을 의미한다. 2015년 신규 노무 수출 목표인원은 55만 명으로, 같은 해 총 100만 명 이상의 노무 인원 해외진출을 목표로 하고 있다.[49]

실제 2011년 실적을 보면, 대외 프로젝트 수주 매출액은 1034.2억 달러(전년비 12.2% 증가), 신규 계약액은 1423.3억 달러(5.9%)를 기록한 바 있다. 특히 신규 프로젝트 중 건당 5천만 달러 이상 프로젝트가 498개(2010년에는 488개)로 신규 프로젝트 계약액 중 79%에 달한다. 이 중 1억 달러 이상 대형 프로젝트는 266개이다. 2011년 말 기준 누적 대외 프로젝트 수주 계약액은 8416억 달러이며, 매출 총액은 5390억 달러 규모이다.

2011년 한 해, 대외 노무수출 인원은 45.2만 명으로 전년비 4.1만 명 증가했으며, 2011년 12월 말 현재 해외에 체류 중인 중국인 근로자는 81.2만 명에 달한다. 2011년 말 기준 대외 노무수출 누계인원은 588만 명이다.[50]

한편, 상무부는 12 · 5기간 대외투자 주요 방향으로 다음의 4가지를 지정했는데, 다음과 같다. 첫째, OFDI를 통해서 각 분야의 산업

---

49) '商務部确定"十二五"對外投資主要任務和重点工作' 商務部(2012.5.15).

50) 中國新聞網(2012.1.18).

구조 업그레이드에 기여한다. 즉, 중국이 경쟁력을 보유한 가공제조업이 통하는 개발도상국 시장에 대한 OFDI를 적극 개척하고, 과학자원이 밀집된 선진국 시장에서는 R&D센터 설립을 확대한다. 해외 에너지 협력개발 모델을 확대하고, 중국기업의 글로벌 영업망 구축을 통해 유명 브랜드를 창출하는 것을 지원한다.

둘째, 국제 분업 수준을 제고한다. SOC, 농업, 가공제조, 물류 분야에서 OFDI 대상국과의 합작 투자를 확대한다. 특히 남미와 아프리카 지역에서의 합작 투자를 확대하여, 해외 제조업 단지, 에너지, 자원, 농업, SOC 분야에서 합작 사업을 전개한다. 홍콩, 대만, 마카오 지역 내 기업과의 합작을 통해서 제3국 시장을 공동으로 개척한다.

셋째, 지방정부의 '저우추취' 전략을 고취하여, 지역 경제발전에 도움이 되도록 지도한다.

넷째, OFDI를 통하여 글로벌 브랜드 파워를 가진 대형 다국적기업이 중국에서 탄생하도록 지원한다. 특히 해외경제무역협력단지, 해외공업단지 건설을 확대하며, 이들 단지 입주를 통한 중소기업의 성장을 유도한다. 해외 진출한 중국기업이 현지 법률·법규를 준수하고, 환경을 보호하며 사회적 책임(CSR)을 다하여 존경받는 기업 이미지를 수립하도록 지도한다.

2. 중국의 해외투자

1) 중국의 해외투자 현황

2010년 말 기준, 중국의 대외직접투자(OFDI) 누계(Stock)는 3172.1

억 달러로 이중 17.4%인 552.5억 달러가 금융부문에 대한 투자이며, 나머지 82.6%(2619.6억 달러)는 비금융부문에 대한 투자이다. 2010년 한 해 중국의 OFDI는 688.1억 달러로 전년비 21.7%나 증가한 수치이다. 2002년부터 2010년까지 중국 OFDI 연평균 증가율을 보면 49.9%를 기록한 바 있다.

2010년 말 현재 중국에는 1만 3천여 개의 기업이 해외에 1.6만 개의 투자기업을 설립했으며, 이들은 178개 국가(지역)에 분포되어 있다. UNCTAD가 발표하는 <World Investment Report 2011>에 따르면, 2010년 말 전 세계 당해 연도 FDI는 1.32조 달러, 누계 기준으로는 20.4조 달러로 중국은 2010년 당해 연도 전 세계 FDI의 5.2%, 누계기준으로는 1.6%를 점유하고 있다. 또한 당해 연도 기준으로는 미국, 독일, 프랑스, 홍콩에 이은 세계 5위 수준이며, 누계기준으로는 17위 수준을 보이고 있다.

〈표 3〉 1991~2010년간 중국의 OFDI 현황

(단위: 억 달러)

연도	당해 연도 투자액	투자누계(Stock)
2002	27	299
2003	28.5	332
2004	55	448
2005	122.6	572
2006	211.6	906.3
2007	265.1	1179.1
2008	559.1	1839.7
2009	565.3	2457.5
2010	688.1	3172.1
2011	*600.7	N.A.

주: *2011년 투자액은 금융부문 제외 수치(전년비 1.8% 증가)
자료: 中國新聞網(2012.1.18), 2010年度中國對外直接投資統計公報(2011), 商務部

2010년과 2011년 최근 2년간의 중국 OFDI 특징은 다음 몇 가지로 요약할 수 있다. 첫째, 투자 방식으로 M&A 방식이 급격히 증가하고 있다. 2010년 M&A를 통한 OFDI는 297억 달러로 전년비 54.7% 증가했으며, 전체 투자액의 43.2%를 점유하고 있다. M&A 영역은 채굴업, 제조업, 전력생산 및 공급, 전문기술서비스, 금융업 등으로 다양해지고 있다. 2011년에도 M&A 규모(금융부문 제외)는 222억 달러 수준을 기록하여 전체 투자액의 37%를 점유했다.[51]

둘째, 당기 이윤을 재투자하는 비중이 늘고 있다. 2010년 현지법인의 이윤 재투자액은 240.1억 달러로 전년비 48.9%나 증가했으며, 이는 당해 연도 OFDI총액의 34.9%에 달하는 수준이다. 즉, 기존 중국의 OFDI가 수익을 창출하고 이를 현지 혹은 제3국에 재투자하는 순환 구조를 이미 수립했음을 의미한다.

셋째, 홍콩, 마카오 등 같은 중화권에 치중되었던 투자지역 편중성에서 벗어나 소위 거대 경제권을 구성하고 있는 미국, EU, 아세안, 일본 등에 대한 투자가 현저하게 증가하고 있다. 2010년도 EU지역에 대한 OFDI 투자액은 59.63억 달러로 전년비 101% 증가했으며, 아세안 44.05억 달러(전년비 63.2% 증가. 이하 동일), 미국 13.08억 달러(44%), 러시아 5.68억 달러(63%), 일본 3.38억 달러(302%)를 기록한 바 있다. 이는 금융위기로 경영부실에 빠진 일본, 미국기업에 대한 중국기업의 M&A 증가분이 OFDI 실적에 그대로 반영되었음을 알 수 있다. 2011년에도 대EU 투자액(금융부문 제외)은 46.1억 달러, 대아세안 42.78억 달러를 기록하여 높은 비중을 보였다.

---

51) 中國新聞網(2012.1.18).

2010년 말 누계기준으로 중국의 OFDI 대상지역 비중을 보면, 홍
콩(62.8%), EU(3.9%), 미국(1.5%), 호주(2.5%), 러시아(0.9%), 아세안
(4.5%) 순이었다.

〈표 4〉 최근 중국의 국가/지역별 OFDI 현황

국가/지역	2010년 말 누계 비중(%)	2010년 당해연도 비중(%)
홍콩	62.8	55.9
버진아일랜드	7.3	8.9
케이맨제도	5.4	5
호주	2.5	2.5
싱가포르	1.9	1.6
룩셈부르크	1.8	4.7
미국	1.5	1.9
남아공	1.3	0.6
러시아	0.9	0.8
캐나다	0.6	1.7
미얀마	0.6	1.3
독일	0.5	0.6
스웨덴	0.5	2.0
기타 국가/지역	12.4	-
합계	100% (3272.1억 달러)	100% (688.1억달러)

주: 2010년도 20위 내 국가로는 태국(1%), 이란·브라질(0.7%), 캄보디아, 투르크메니스탄, 헝가리, UAE 등이 있음
자료: 2010年度中國對外直接投資統計公報(2011), 商務部, p.9, p.17

넷째, 2010년 업종별 투자현황을 보면, 비제조업 분야 투자가 현
저하게 증가했다. 리스 및 비즈니스 서비스업에 대한 투자는 302.8
억 달러로 전년비 47.9% 증가했으며 전체 투자액의 44%를 점유했
다. 금융부문에 대한 투자는 86.2억 달러로 12.5%를 점유했고, 도매
및 소매업에 대한 투자도 9.8%를 차지했다. 이는 중국이 전통적으

로 큰 비중의 투자를 유지해 온 에너지 및 자원에 대한 채광·채굴
업 OFDI 편중 현상에서 변화하고 있음을 보여준다.

〈표 5〉 최근 중국의 업종별 OFDI 현황

구분	2010년 말 누계 비중(%)	2010년 당해 연도 비중(%)
리스 및 비즈니스 서비스	30.7	44
금융	17.4	12.5
채광·채굴업	14.1	8.3
도매 및 소매업	13.2	9.8
교통운수, 창고업	7.3	8.2
제조업	5.6	6.8
정보전달·컴퓨터서비스, 소프트웨어	2.7	0.7
부동산업	2.3	2.3
건축업	1.9	2.4
과학연구, 기술서비스, 지질탐사	1.3	1.5
전력·가스 생산 및 공급업	1.1	1.5
주민 서비스	1	0.5
농·림·목·어업	0.8	0.8
수리·환경·공공설비관리	0.4	-
숙박·음식	0.1	0.3
기타	0.1	0.4
합계	100% (3272.1억 달러)	100% (688.1억달러)

주: 2010년도에 수리·환경·공공설비관리는 0.1% 미만이었음
자료: 2010年度中國對外直接投資統計公報(2011), 商務部, p.8, p.14

다섯째, 투자 주체가 이전의 국유기업 일변도에서 다양화되고 있
다. 2010년 말 누계기준으로 본 중국의 비금융 분야 OFDI 투자 주
체를 보면 국유기업(66.2%), 유한책임공사(23.6%), 주식유한공사
(6.1%), 사영기업(1.5%), 집체기업(0.2%), 외상투자기업(0.8%) 비중
을 보여, 제조업 분야에 대한 국유부문 투자비중이 여전히 높음을

알 수 있다.

그러나 금융 분야를 포함한 전체 업종에 대한 투자 주체를 보면 국유기업(10.2%), 유한책임공사(57.1%), 주식유한공사(7%), 사영기업(8.2%), 외상투자기업(5.2%), 집체기업(1.1%) 등의 비중을 보여, 비국유성 기업의 OFDI가 증가하는 추세이다.

그렇다면 중국의 對한국 투자 비중은 어떠할까? 중국 상무부 통계에 따르면, 2003년부터 2010년간 중국의 對한국 OFDI 투자총액은 5억 739만 달러로 같은 기간 중국의 전 세계 투자총액의 0.21%에 불과하다. 특히 2010년에는 상하이자동차가 쌍용자동차에 투자했던 지분(5.6억 달러. 48.9%)이 인도 타타자동차에 매각됨으로써, 투자자금이 회수됨에 따라 무려 7.21억 달러 규모의 투자금액이 취소처리 되었다.

동 기간 중국의 對한국 투자가 가장 많았던 해는 2005년으로 5억 8,881만 달러를 기록한 바 있으며, 같은 해 중국 전체 OFDI에서 비중은 4.8%를 기록한 바 있다. 또한 2003년에는 전 세계 OFDI 중 對한국 투자비중이 5.39%로 정점을 기록하기도 하였다.

다만 중국 상무부의 對한국 OFDI 통계수치와 한국 지식경제부의 중국 FDI 통계수치가 상이한 것은 상무부 통계에서 해외투자의 대부분을 차지하고 있는 홍콩 · 케이맨제도 · 버진아일랜드에 대한 투자(2004년과 2005년 각각 85.2%, 82.9%)가 대부분 한국 외 다른 국가(지역)로 우회투자되기 때문으로 추정된다.

<표 6> 상무부 기준, 중국의 對한국 OFDI 현황

(단위: %, 억 달러)

연도	2003	2004	2005	2006	2007
전 세계 총 투자액	28.54	54.97	122.61	176.33	265
對한국 투자액	1.5392	0.4023	5.8881	0.2732	0.5667
비중	5.39%	0.73%	4.8%	0.15%	0.21%
연도	2008	2009	2010	합계	
전 세계 총 투자액	559	565.2	688.11	2459.76	
對한국 투자액	0.9691	2.6512	-7.2168	5.073	
비중	0.17%	0.47%	-	0.21%	

자료: 2010年度中國對外直接投資統計公報(2011), 商務部, p.36

2) 중화권의 對한국 투자 현황과 추이

지식경제부 통계에 따르면 한중 수교 이후인 1992년부터 2012년 1분기까지 중화권(중국, 대만, 홍콩, 싱가포르)의 對한국 투자총액(신고금액 기준)은 168.46억 달러로 같은 기간 한국 전체투자액의 9.3%를 점유하고 있다. 또한 투자 건수는 모두 10,660건으로 동 기간 한국 전체 투자건수의 22.6%를 차지하고 있다. 이는 단적으로 중화권으로부터의 투자 규모가 전 세계 평균에도 미치지 못하고 있음을 보여준다.

중화권을 각각 나누어 보면, 중국은 동 기간 7,674건(38.29억 달러)을 투자하여 전 세계 투자금액 중 2.1%를 점유하고 있으며, 대만은 544건(11.58억 달러)으로 0.6% 수준을, 홍콩은 1223건(45.2억 달러)으로 2.5% 수준을, 싱가포르는 1256건(73.38억 달러)으로 4.1% 수준을 점유하고 있다.

1989년 중국은 한국에 대한 최초 OFDI를 시작으로 1992년 한중 수교를 계기로 투자 건수와 규모를 확대하여 왔다. 누계기준으로 1995년에 처음으로 중국의 대한국 OFDI가 1천만 달러를 넘어섰으며, 이후부터는 아시아 금융위기로 인해 다소 부진한 증가세를 기록했다. 아시아 금융위기가 마무리된 1999년부터는 중국의 對한국 본격 투자가 이루어지기 시작했는데, 이는 아시아 금융위기로 한국 내 기업들의 자산가치가 크게 하락한 점과, 중국에서 '저우추취' 정책이 본격적으로 시작되어 본고에서 상술한 해외투자 촉진정책이 가속화된 점을 이유로 들 수 있다.

실제 2000년 중국의 對한국 투자는 건수 기준으로 1165건이 신고되어 최고 기록을 갱신한 바 있으며, 신고금액 기준으로는 2004년에 11.64억 달러를 기록하여 정점을 기록한 바 있다. 물론 이는 2004년 상하이자동차의 쌍용자동차에 대한 투자와 상하이샨다의 엑토즈 소프트사 인수 등 2건의 대형투자에 기인한다. 이후 2010년까지 투자 규모는 연간 1.6억~4.1억 달러 수준으로 축소되게 된다.

같은 기간 전 세계 모든 국가의 對한국 투자와 중국의 對한국 투자를 비교해보면 그 특성이 명확해 진다. 먼저 투자규모를 보면 1992년부터 2012년 1분기 간 전 세계의 對한국 투자 중 1백만 달러 미만 비중을 보면 3.2%에 불과했으나, 중국은 14.7%로 11.5%포인트나 높은 수준을 나타내고 있다. 이는 다른 중화권인 대만(9.2%), 홍콩(4.4%), 싱가포르(2.5%)보다도 높은 수준이다. 특히 같은 기간 1백만 달러 미만 투자 건수 비중을 보면 중국 투자가 98.3%로 거의 대부분을 차지하고 있음을 알 수 있다.

동 기간 對한국 전 세계 투자의 1건당 평균 투자액은 380만 달러인 데 반해, 중국은 49.8만 달러로 큰 격차를 보이고 있다. 중화권 전체로는 1건당 평균 투자액이 158만 달러이며, 이 중 대만은 213만 달러, 홍콩은 369만 달러, 싱가포르는 584만 달러 수준을 보이고 있다.

〈표 7〉 1992~2012년 1분기간 주요 지역/국가의 대한국 투자 규모 현황

국가	1백만 달러 미만		1백만~1천만 달러		1천만~1억 달러		1억 달러 이상	
구분	건수	금액	건수	금액	건수	금액	건수	금액
전체	82.6%	3.2%	13.1%	11.9%	4.3%	32.5%	0.8%	52.4%
미주지역	75.5%	2.7%	18.4%	11.0%	5.7%	29.8%	1.2%	56.6%
아주지역	88.5%	5.6%	9.1%	14.7%	2.5%	34.6%	0.4%	45.1%
중동지역	92.0%	6.5%	6.7%	23.1%	1.1%	18.4%	0.3%	52.0%
OECD	73.9%	2.7%	19.1%	11.5%	6.6%	33.1%	1.2%	52.6%
EU	60.2%	1.4%	26.9%	9.8%	11.7%	32.9%	2.2%	56.0%
아세안	69.4%	2.3%	21.4%	13.6%	8.9%	44.6%	1.1%	39.5%
중국	98.3%	14.7%	1.5%	7.8%	0.3%	19.4%	0.1%	58.0%
대만	87.5%	9.2%	11.4%	12.8%	0.9%	14.7%	0.7%	63.3%
홍콩	76.3%	4.4%	18.6%	15.5%	4.3%	29.7%	0.9%	50.4%
싱가포르	67.1%	2.5%	24.2%	14.0%	7.8%	41.6%	1.1%	41.9%

주: 국가(지역)별 누계 기준임
자료: 지식경제부 외국인투자통계(2012.6). 홈페이지 www.mke.go.kr

다음으로 업종별 투자비중을 살펴보면, 1992년부터 2012년 1분기까지 전 세계 對한국 투자액의 업종 비중은 서비스업이 56.2%, 제조업 39.6%, 농·축·수산·광업 0.3%, 전기·가스·수도·건설업이 4% 수준을 보이고 있다. 반면 같은 기간 중국의 對한국 업종별 투자 비중은 서비스업이 46.1%, 제조업 52%, 농·축·수산·광업 1.7%, 전기·가스·수도·건설업이 0.2% 수준을 나타내고 있는데, 이는 전 세계 평균보다 제조업 비중이 12.4%포인트나 높고, 서비스업 비중은 10.1%포인트 낮음을 알 수 있다.

같은 기간, 투자 건수로 그 비중을 보면, 먼저 전 세계 평균은 서비스업이 73.2%, 제조업 24.8% 수준이었으나, 중국의 경우에는 서비스업은 87.7%로 압도적으로 많았으며 제조업은 10.3% 수준을 나타냈다.

즉, 통계수치만을 놓고 보면 중국의 對한국 OFDI는 투자건수는 서비스업에 대한 투자가 압도적으로 많으나 투자금액으로는 제조업에 대한 투자가 집중된 것처럼 보인다. 그러나 이러한 흐름을 중국의 對한국 일반적인 투자 경향으로 보기 어렵다. 그 이유는 투자금액 면에서 볼 때, 제조업에 대한 투자금액이 압도적으로 많은 것은 사실이나, 그 이유가 2002년에 2.49억 달러, 2004년에 11.64억 달러로 두 해에 일시적으로 막대한 자금이 유입되어 발생한 현상으로 해석해야 옳을 것이다. 특히 2002년에는 BOE의 하이디스 투자(2002년 12월)가 있었고, 2004년에는 상하이자동차의 쌍용자동차 인수(2004년 11월), 상하이샨다의 엑토즈 소프트사 인수(2004년 12월), SinoChem의 인천정유 인수시도(2004년) 등 총 4건의 개별 투자로 인해서 제조업 분야에 막대한 자금이 투자신고된 것임을 알 수 있다.

따라서 이러한 개별 요인을 배제하고 보면, 중국의 對한국 투자 경향은 서비스업 분야에 대한 1백만 달러 미만의 소규모 투자가 꾸준히 지속되고 있다고 설명된다.

〈표 8〉 1992~2012년 1분기간 주요 지역/국가의 대한국 투자 유형

국가	농·축·수산·광업		제조업		서비스업		전기·가스·수도·건설	
구분	건수	금액	건수	금액	건수	금액	건수	금액
전체 결과	0.5%	0.3%	24.8%	39.6%	73.2%	56.2%	1.5%	4.0%
미주지역	0.5%	0.2%	32.6%	33.5%	65.1%	60.0%	1.7%	6.3%
중동지역	0.0%	0.0%	7.5%	16.4%	91.1%	74.8%	1.4%	8.8%
OECD	0.4%	0.3%	37.1%	40.0%	60.3%	55.5%	2.2%	4.2%
EU	0.3%	0.4%	35.1%	39.7%	61.0%	56.7%	3.6%	3.2%
아세안	0.4%	0.1%	24.3%	33.2%	73.6%	61.9%	1.8%	4.7%
중국	1.0%	1.7%	10.3%	52.0%	87.7%	46.1%	1.0%	0.2%
대만	0.9%	0.4%	42.6%	35.5%	55.9%	64.1%	0.6%	0.0%
홍콩	0.2%	0.0%	28.0%	19.3%	69.7%	76.3%	2.1%	4.3%
싱가포르	0.6%	0.0%	24.6%	42.0%	73.1%	52.6%	1.8%	5.4%

주: 국가(지역)별 누계 기준임
자료: 지식경제부 외국인투자통계(2012.6), 홈페이지 www.mke.go.kr

〈표 9〉 중화권의 對한국 외국인 직접투자 현황

(단위: 천 달러, 건, %)

연도	구분	중화권 전체	중국	대만	홍콩	싱가포르
1992	신고건수	23	6	4	9	4
	금액	13,724	1,056	1,558	9,538	1,572
1994	신고건수	80	33	7	27	14
	금액	133,620	6,145	64,748	43,058	19,669
1996	신고건수	130	63	9	26	33
	금액	283,437	5,578	2,484	228,651	46,724
1998	신고건수	164	97	20	24	26
	금액	1,236,597	8,381	6,013	38,379	1,183,824
2000	신고건수	1,384	1,165	72	68	81
	금액	747,711	76,288	250,873	123,459	297,090
2002	신고건수	603	442	28	86	48
	금액	638,452	249,380	8,740	234,147	146,185
2004	신고건수	771	596	32	69	76
	금액	1,650,909	1,164,760	17,065	89,486	379,598

2006	신고건수	536	332	39	82	84
	금액	779,551	37,887	19,859	165,161	556,644
2008	신고건수	611	389	25	96	102
	금액	1,638,516	335,601	145,088	242,019	915,808
2010	신고건수	853	616	42	77	123
	금액	1,488,157	414,178	208,476	92,527	772,977
2011	신고건수	691	405	29	112	146
	금액	1,845,472	650,853	10,908	572,405	611,306
전 세계 비중(2011)	신고건수	25.5%	15.0%	1.1%	4.1%	5.4%
	금액	13.5%	4.8%	0.1%	4.2%	4.5%
전 세계 비중 누계	신고건수	22.6%	16.2%	1.2%	2.6%	2.7%
	금액	9.3%	2.1%	0.6%	2.5%	4.1%

주: 전 세계 비중 누계 기간은 1992~2012년 1분기까지임
자료: 지식경제부 외국인투자통계(2012.6), 페이지 www.mke.go.kr

3. 중화권의 對한국 투자 사례 분석

1) 무안 한중국제산업단지

무안기업도시는 2005년 7월 기업도시 시범사업으로 선정됐고 한중 수교 이후 양국이 최초로 합작한 대규모 국내 개발사업으로 추진됐다. 전라남도 무안읍과 청계면, 현경면 일대 19.7km²를 2012년까지 한중 국제산업단지로 개발할 계획이었다. 장기적으로는 중국 성·시 지역별 제조업체가 입주하는 산업단지(2.5㎢), 세계화인연합회가 주도하는 금융, 명품쇼핑, 업무센터로 조성될 차이나시티(1.5㎢), 중국 대학의 분교 등 국제대학단지(2.1㎢), 도소매 유통을 전문으로 경영할 국제유통단지(1.8㎢) 등을 조성해 2025년까지 약 5.5만 명이 상주하는 도시 건설을 목표로 했다.

2006년 초부터 중국 측에게 투자의향을 타진해 온 무안시는 중국 정부 실사단의 현장조사까지 거친 후, 중국 중앙부처인 국가발전계 획위원회의 해외투자 승인(2007.1.24)까지 이끌어 냈다. 또한 같은 해 상무부는 한중국제산업단지를 해외경제무역협력단지로 지정 (2007.9)하고, 그동안 아프리카, 아세안 등 개발도상국에만 설치했던 전례와 달리 중국이 처음으로 OECD 국가에 설치한 해외경제무역협 력단지 사례로 보도하기도 했다. 중국 상무부 허가공시에 따르면 중 국 측 투자자는 중경시 부동산그룹(重庆市地产集团)과 동조장태투 자그룹(东兆长泰投资集团)이 합자설립한 중경동태화안국제투자유 한공사(重庆东泰华安国际投资有限公司)였다. 즉, 중국의 직할시인 충칭시 국유기업이 투자 주체로 나선 것이다. 중국정부가 1차 승인 한 투자총액은 3.6억 달러였고, 계획면적은 3.96㎢(3기로 나누어 투 자, 1기는 1.98㎢)였으며, 투자 주력업종은 자동차, 오토바이, 선박 부품, 바이오기술, 물류, 도매업 등이었다.

실제 무안시와 중국 측 파트너는 산둥성 위해시전용단지(0.6㎢. 2007.1.23), 산둥성전용단지(1.3㎢. 2007.1.25), 황회해투자지주집단 등 8개 업체와 16.5억 달러 규모의 투자협약(2007.6.15)을 체결하는 등 중국 측 입주자 모집은 순조롭게 진행되는 듯했다. 그러나 2008 년 말 미국발 금융위기로 인해 총 사업비 1.76조 원 중 토지개발에 사용될 7천억 원 중 대부분을 프로젝트 파이낸싱(PF)으로 조달할 계 획에 차질이 생기면서 사업 전체가 흔들리게 된다. 무안시는 주관사 자본금을 감자(2010.1)하고, 사업면적을 5.3㎢로 줄였으며(2009.12) 사업 시점도 2015년까지로 늦추게 된다. 이후에 사업지체에 따른 중 국 측 투자자와의 갈등이 지속되다가 지분 51%를 가진 중국 측이

2012년 2월 철수를 결정하게 되면서 사업이 중단됐다.

무안 한중국제산업단지의 실패요인은 다음 몇 가지로 요약할 수 있다. 첫째는 사업 시행자 간의 불균등한 수준에 기인한다. 중국 측 사업주체는 중국 내 직할시 중 하나인 충칭시 국유기업이었으나 한국 측 파트너는 민간기업이 나섬에 따라 양측 간에 균형 있는 사업 추진력을 발휘하기가 어려웠다.

실제 국내 언론에서는 한중미래도시는 중앙정부의 든든한 지원이 있어야 실현 가능성이 있다는 것을 보여주는 사례라며 중국은 정부 주도, 한국은 민간주도로 개발사업을 진행하다 보니 한중 양국 간 차이로 의견 상충이 많았다고 평가했다.[52] 실제 무한기업도시 사업에 대해 한국 중앙정부는 '지자체 및 일반기업이 참여하는 민자사업이므로 정부가 나서서 지원은 어렵다'고 밝힌 바도 있다.[53]

반면, 중국정부가 보인 자세는 한국과 비교된다. 2007년 1월 투자계획을 승인하고 국가간 사업으로 확정한 데 이어 중국개발은행(국책은행)을 통해 자금확보 방안을 마련하고, 사업 추진전담체로 동태화안유한공사를 설립했다. 산단 조기 활성화를 위해 상무부가 2,800억 원을 들여 중국투자기업의 금융비용 중 50%를 지원하고, 충칭시는 투자기업에 모두 1,200억 원을 지원한다는 계획도 세웠다. 중국이 한·중국제산단에 투입하는 자금은 총 7,800억 원가량이었다.

중국 측은 한국 측의 PF 불발로 사업이 더뎌지자 참여업체인 지산그룹과 동조장태투자유한회사를 통해 독려에 나섰다. 국내 금융권

52) 동아일보(2012.6.4).

53) 조선일보(2009.7.21), 김미희(2012), 「중화자본의 대한직접투자와 전라북도의 대응」, 『이슈브리핑』, Vol.77, 전북발전연구원(2012.3.5), 11쪽.

을 다니며 중국 투자자금에 대한 관리보증과 함께 국내사에 대한 금융지원 등을 요청했다. 청융화 주한 중국대사도 우리 국무총리실을 찾아 중국정부가 한·중 산단사업을 최대한 지원할 것을 약속하고, 한국정부에는 산업은행 등 국책은행의 참여를 요청한 것으로 알려졌다.[54]

둘째로는 너무 많은 투자자금을 PF에 의존하려는 안이한 자세를 지적할 수 있다. 한중국제산업단지개발㈜은 사업승인 직후 총사업비 1조 7,600억 원 중 1차분 토지개발자금으로 7,000억 원을 투입하기로 하고 지분 비율(중국 51%, 국내컨소시엄 49%)에 따라 자금을 조달키로 했다. 무안군 등 국내컨소시엄은 금융회사에 3400억 원의 PF를 요청했으나 금융위기로 지체된 것이다. 금융회사들은 '5년 내 중국기업 300개를 유치해 산업단지를 100% 분양할 수 있다'는 확약서를 요구한 것으로 알려졌다.

결국 한중국제산업단지개발㈜은 1차분 자금을 투입해 조성한 용지를 선분양해 사업을 지속할 계획이었으나, 1차분 자체를 조달하지 못해 2009년 11월 착공은 물론 전체 사업계획도 불확실해졌다.

마지막으로 투자 규모를 처음부터 확대한 점을 지적할 수 있다. 다음 <표 10>의 진행경과에서 보이는 것처럼, 당초 사업규모는 17.7㎢였으나, 사업부진 등을 이유로 사업 착수 4년이 지난 2009년 12월에서야 당초 28.2% 규모인 5㎢로 축소하게 되었다. 그 결과, 중국 내 사업자의 신뢰도와 사업 추진력이 약화된 것으로 판단된다.

---

54) 한국경제(2009.6.22).

<표 10> 무안 한중국제산업단지 진행 경과

일시	주요 내용	비고
2005.7.8	무안, 산업교역형 기업도시 시범사업 선정	-
2005.12.23	한중국제산업단지개발(주) 설립	주관사
2006.1	무안, 충칭시(북부신구) 간 우호도시 협약체결	-
2006.3.16	중국정부 실사단 무안 방문	중국국제공정자문공사
2007.1.24	중국 국가발전개혁위원회 승인	600만 평, 사업비 15억 달러
2007	컨소시엄 구성 및 지분 배정 중국 측 51%, 한국 측 49%	전담법인 출자총액: 1538억 원 중국 측 784억 원(51%) 한국 측 754억 원(49%) -농협(14.64%), 두산중공업(11.97%)
2007.9	중국 상무부, 해외경제무역협력단지 지정	12번째 해외단지
2007.1~6	위해시(0.6㎢)・산동성전용단지(1.3 ㎢), 황회해투자지주집단 등 8개 업체와 투자협약	총 16.5억 달러 규모
2008.1.7	1차 증자금 54억 원 납입 (中 지산그룹 27억 원, 벽산건설 컨소시엄・농협 27억 원)	한중국제산업단지개발(주) 자본금 74억 원 (법정자본금 1,540억 원)
2008.5.28	통태화한유한공사, 200억 원 투자 후, 同年 중국 측 투자금 완납	중국 측 투자금 784억 원
2009.1	국토해양부 사업계획 승인	-
2009.12	중국 측과 합의 후 사업규모 17.7㎢에서 5㎢로 축소	<기업도시법> 최소면적
2010	미국발 금융위기로 프로젝트 파이낸싱 지체	토지개발금 7천억 원(1차)중 한국 측 조달액 3,400억 원 PF요청 (총사업비 1.76조 원)
2010.1.29	한중국제산업단지개발(주)을 한중미래도시개발(주)로 사명 변경	자본금 1,537억 원을 430억 원 으로 감자
2010.2	중국 현지 회의 시 중국 측 사업지연에 불만제기	상무부, 충칭시, 동조상태 그룹 관계자 참석
2012.2	중국 측, 사업철수 결정	한중미래도시개발(주) 중국 측 지분 51%
2012.7	한중미래도시개발(주) 청산절차 개시	경암물산 11.9%, 두산중공업 10.9%, 무안군 9.1%, 전남개발공사 5% 외

자료: 조상필(2008), 조상필 외(2009), 국내외 언론 자료 종합 (2012.7)

2) 진왕 킹킹의 투자철수 사례 (부산)

　1993년에 창업한 칭다오 진왕(青岛金王应用化学股份有限公司) 그룹은 일용품인 양초산업에서 아시아 최대, 세계 3대 회사이다. 현재 아시아 동종업계 가운데 규모가 가장 크고 생산능력이 가장 뛰어난 양초제품 생산업체이며, R&D, 디자인, 생산, 판매를 한데 아우르고 있는 하이테크기업이다.[55]

　산둥성 칭다오시에 본사를 둔 진왕 킹킹은 2006년에 선전 증권거래소에 상장(자산총액 11.35억 위안)하였으며, 2011년도 그룹 전체 매출액은 9억 위안(약 1620억원)을 기록한 바 있다. 1,200개 특허를 확보한 Kingking 브랜드 제품은 세계 50개 국가(지역)로 수출되고 있으며, 세계적인 R&D센터인 스웨덴 IKEA, 스위스 SGS로부터 양초제품표준검사기구 권한을 부여받았다. 미국 월마트, 스웨덴 IKEA 및 프랑스 까르푸 등을 비롯한 26개 세계 500대 기업에 일용 양초제품을 공급하는 메이저업체이다. 신형 폴리머 기질 복합자제 양초제품, 일용 양초제품, 유리공예제품, 신형 에폭시수지 복합체 재료제품, 기타 공예품 등 5가지 종류의 제품을 주로 생산, 수만 종의 제품을 출시했으며 점차 신소재 위주의 상품체계를 완비해 나가고 있다.

　진왕 킹킹이 한국 부산에 투자를 하기로 결정한 시기는 2004년이다. 진왕 킹킹이 밝힌 첫 번째 투자 이유는 WTO 가입 이후 미국으로부터 계속된 반덤핑 공세 때문이었다. 1985년 미국 상무부는 중국 양초산업에 대한 덤핑판정을 해 20년간 54.21%의 반덤핑세를 부과

---

55) 진왕 킹킹의 홈페이지 주소는 www.chinakingking.com이다(검색일자: 2012.7).

했다. 또한 2005년에는 새로운 반덤핑조사를 시작, 2006년 초부터 중국에서 수입하는 양초에 대해 108.3%의 반덤핑세를 징수했다. 당시 미국은 중국 양초 수출액의 60%를 점유하는 거대시장이었다. 킹킹은 월마트의 전 세계 공급업체로 월마트 공급량이 진왕 킹킹 총판매액의 30% 이상을 차지했다.

반덤핑세가 부과되면 원가상승으로 미국과 월마트 공급경로를 잃을 것으로 우려한 킹킹은 미국의 반덤핑조사 진행되는 2005년 부산에 1,500만 위안을 투자해 제조공장을 설립하기로 결정했다. 부산을 선택한 이유는 중미 무역의 최대 중계항으로 부산항이 사용될 수 있고, 칭다오와 거리도 가까웠기 때문이다. 또한 부산의 공업인프라가 잘 갖춰져 있고 관련 부대시설도 완비돼 있으며, 부산과 칭다오는 우호도시로 일정 수준의 노무수출을 허용했기 때문이었다. 킹킹이 부산에 투자할 당시 한국기업들은 중국투자를 확대할 때라 많은 공장들이 비어 있었다. 이 때문에 킹킹은 입지선정에서 프로젝트 가동까지 3개월 만에 일사천리로 투자를 진행할 수 있었다. 부산공장 투자 후 킹킹은 미국의 반덤핑을 피할 수 있었으며, 국제시장 판매액이 오히려 26%나 증가했다.

이처럼 진왕 킹킹은 한국에 투자하여 '메이드 인 코리아'를 통해 우회 수출전략을 구사할 목적이었다. 2005년 3월 진왕 킹킹은 부산에 한국진왕제조유한공사(韩国金王制造有限公司)를 설립하였으며, 최초 자본금은 100만 달러였고, 2006년에는 45만 달러를 증자하여, 145만 달러로 규모가 커지게 된다.[56]

---

56) 경향신문(2006.3.23).

진왕 킹킹이 밝힌 또 다른 부산 투자 이유는 첫째, 부가가치세가 중국보다 7%포인트나 낮은 10%로 세금 부담이 적었으며, 둘째 부산시 정부는 직원연수 명목으로 직업훈련 지원금을 지급하였다. 또한 설립초기 빈 공장건물을 임대하는 데 들어간 비용은 1㎡당 하루 리스비용이 1위안(180원)에 불과하여, 진왕 킹킹 총재인 황바오안은 부산시가 제공하는 특혜 조건에 감탄할 수밖에 없었다고 중국 언론에 밝힌 바 있다.[57]

그러나 2006년도 연도보고서를 보면 한국진왕제조유한공사는 2,738만 위안(49.3억 원)의 매출을 기록했으나, 순이익은 33.3만 위안(6,011만 원)으로 순이익률이 1.2%에 불과했다. 이는 주로 한국 내 인건비 상승에 따른 것으로 보고 있다. 결국 2008년 말 미국발 금융위기와 이로 인한 중국 제조업체의 對미국, 對EU 수출 감소로부터 진왕 킹킹도 자유롭지 못했다. 진왕 킹킹은 전 세계 사업장의 구조조정을 결정하면서, 2008년 5월 21일 개최된 주주총회에서 한국진왕제조유한공사의 청산을 의결한다. 그 결과, 2009년에 공장 생산이 중지되었으며, 2010년 2월 18일자로 부산에서 청산수속을 착수했다.

이후 진왕 킹킹은 부산에 투자한 공장을 전부 베트남으로 이전하기로 결정했다. 킹킹 철수의 가장 큰 이유는 베트남공장 확장이 한국공장 확장보다 수지타산이 맞았기 때문이다. 킹킹이 부산에 투자한 공장은 킹킹 전체 생산능력의 10%를 담당했으나, 베트남에 전체 생산능력 50%에 달하는 해외생산기지를 건설할 예정이다.

---

57) '韓國推出多項优惠政策吸引外資 更期待中國'(投資尙澤. 2007.9.10).

2007년은 중국의 양초기업로서는 잔인한 한 해였다. 국제유가가 배럴당 100달러를 돌파하자 양초의 주요 원료 가격도 80% 올랐으며, 위안화의 가치상승·수출증치세 환급률 4% 하락에 최대 수출시장인 EU가 반덤핑 조사를 준비하기 시작했다. 2008년 2월 16일 EU는 중국 원산지인 양초제품에 대해 반덤핑조사를 시작했다. EU는 킹킹의 최대 해외시장으로 총 판매량의 45%를 차지하고 있다. 킹킹은 EU 반덤핑에 대비, 한때 부산공장을 확장할 것을 검토했으나 문제는 고비용이었다. 부산공장은 킹킹 생산능력의 10% 규모이나 노동원가는 중국의 5~6배였으며, 생산 및 노동원가가 계속 상승하자 베트남으로 다시 이전하게 된 것이다.[58]

3) 펑타이 스테인리스의 부산 투자사례

부산·진해경제자유구역에 처음으로 대규모 중국자본이 유치된다. 부산·진해경제자유구역청은 2012년 2월 12일, 한국초전도와 중국의 후주 펑타이 스테인리스스틸 파이프(Huzhou Fengtai. 湖州丰泰不锈钢管业有限公司) 간 투자유치협약을 체결했다고 밝혔다.[59]

두 회사는 부산·진해경제자유구역 화전외국인전용단지에 3.3만㎡ 규모의 공장을 건립하기로 하고, 총 6,900만 달러(외국자본투자 3,200만 달러)를 투자한다. 후주 펑타이는 중국 저장성 후주시에 본사를 두고 있으며, 인근지역에 7개 지사를 두고 스테인리스스틸 파이프를 제조하는 업체다. 2011년 매출액은 2,800억 원에 달한다.

---

58) 주간무역(2008.6.11), KOTRA 칭다오무역관(2008.5.30).

59) 동사 홈 페이지는 www.fengtaipipe.com이다.

이번 투자유치 협약에 따라 신설되는 합작법인인 KTMT뉴클리어는 자기공명촬영장치(MRI) 등에 사용되는 초전도선재와 원자력발전소용 증기발생기에 사용되는 특수합금튜브 등을 생산한다. 이들 제품은 중국시장을 비롯해 인도 등 신흥시장에서 수요가 크게 늘고 있어 대부분 수출될 예정이다.

부산·진해경제자유구역청 관계자는 이번 펑타이사와 합작투자는 구역청 최초로 대규모 중국자본이 유치된 것이라며, 이를 계기로 앞으로 풍부한 외자를 보유한 우수한 중국기업들의 부산·진해경제자유구역 내 투자가 본격화될 것으로 기대했다.[60]

4) 평택 한중테크밸리

무안 한중국제산업단지와 비슷한 시기에 추진한 중국전용 산업단지로 평택 한중테크밸리가 있다. 다만 중국 측 사업파트너가 민간기업이라는 점이 다르다. 한중테크밸리는 중국 대기업인 대련화흥기업집단유한공사(大連华兴企业集团)와 평택도시공사·대우건설 등이 컨소시엄을 구성, 사업 참여 주주 간 협약을 맺고 ㈜한중테크밸리를 설립, 평택시 포승읍 회곡리와 만호리 일대 132만 2천㎡(40만 평)에 138억 원 규모의 자본금을 증자시켜 산업단지를 조성키로 한 사업이다.

동 단지는 한국과 중국의 민간기업이 공동 투자해 자동차 및 트레일러, 기계 및 장비, 전기·전자, 음향 및 통신 등 산업시설과 주거

---

60) 매일경제(2012.3.12).

시설, 산단지원 금융, 서비스, 상업시설, 공공기관 등의 편의시설이 상존하는 복합산업단지 조성을 목표로 했다. 평택시는 2005년 대련화흥기업집단유한공사로부터 이 사업을 제안받아 공업물량 배정 내에서 40만 평을 결정했다. 2008년 4월에는 복합산업단지 조성을 위한 SPC(특수목적회사)인 주식회사 평택한중테크밸리 공식설립을 위한 주주 간 협약식이 개최됐다.

이후 경기도는 2008년 5월 한중테크밸리 일반산업단지를 대중국 무역 교두보 확보 차원에서 「경제자유구역지정 및 운영에 관한 법」을 적용해 황해경제자유구역으로 지정했고, 평택시는 2006년 기본협약체결 당시 한중테크밸리를 일반산업단지로 추진하기로 함에 따라 「주한미군기지 이전에 따른 평택시 등의 지원 등에 관한 특별법」을 적용, 2008년 10월 개발사업의 시행 승인을 고시했다. 결국 경기도와 평택시의 지나친 개발의지와 소통부재로 한 개의 사업구역에 두 개의 법률이 적용되면서부터 한중테크밸리 사업은 험난한 앞날을 예고한 바 있었다.[61]

동 사업은 2010년 3월 16일, 시행사인 평택한중테크밸리가 ㈜대련화흥기업집단유한공사, 평택도시공사, 평택화흥, 다올신탁, 대우건설사 등이 참여한 가운데 주주협약을 체결하고 138억 원 규모 자본금을 증자하여 2013년을 완공목표로 본격 추진되는 듯했다.[62] 그러나 사업착수 7년 만인 2012년 5월 30일, 산업단지 개발계획 승인이 취소되면서 산업단지 지정도 해제되는 등 사업자체가 무산되고 말았다.[63]

---

61) 평택시사신문(2012.6.6).

62) 뉴시스(2010.3.17).

실패의 첫째 이유로는 중국 측 파트너의 추진력 부족을 들 수 있다. 주 사업시행사인 대련화홍 등은 지난 2008년 4월께 최초 사업을 추진하며 투입한 1차 50억 원의 자본금만 투입한 이후, 2010년에 결의한 증자금 138억 원을 납입하지 못했기 때문이다.[64]

5) 기가솔라의 제주도 투자

중국이 OFDI 장려업종으로 지정한 첨단산업군인 태양광전지 셀 제조 공장이 제주도에 투자하기로 한 사례도 있다. 제주특별자치도는 외국인 투자유치 사상 최초로 4억 달러 규모의 대규모 첨단제조업 투자가 이뤄질 전망이라고 밝혔다. 제주도에 따르면 2010년 3월 25일, 중국 기가솔라홀딩스(CEO孫良欣)와 MOU를 체결, 2015년까지 4억 달러를 투입, 제주첨단과학기술단지 5.4만㎡에 20개 라인 800MW 규모의 실리콘 기반 태양광전지 셀제조 공장을 건립한다.

중국 기가솔라홀딩스의 태양광전지 제주 투자는 2009년 KOTRA를 통해 총 2억 달러의 FDI 신고를 마치고 현재 법무 대리인을 선임, 외국인 투자에 따른 제반 절차를 이행 중이다. 기가솔라홀딩스는 절차가 마무리되는 대로 제주를 주사무소 소재지로 하는 법인을 설립하는 한편, 제주첨단과학기술단지 부지 매입을 추진, 제조시설 착공과 함께 우선 4개의 생산라인(160MW)을 건설할 예정이다.

한편 투자 주체인 기가솔라홀딩스(중국명 吉阳. Gigasolar Holdings Inc.)는 중국의 베이징중연과위달기술(北京中聯科偉達技術)과 베이

---

63) 인천일보(2012.6.12).
64) 경인일보(2012.5.30).

징항기위업(北京恒基偉業)이 공동으로 투자, 2009년 미국 캘리포니아 새너제이에 설립한 기업이다.[65]

제주도 강산철 국제자유도시본부장은 2009년 9월부터 투자협의를 진행한 기가솔라홀딩스 측이 세계자연유산이자 유네스코 생물권 보전지역인 제주에서 제품을 생산하면 브랜드 가치를 더욱 높일 수 있을 것으로 판단, 투자를 결정했다고 밝힌 바 있다. 제주도는 이 업체의 투자가 실현되면 연간 매출액 1천억 원, 고용효과 650명 등으로 지역경제 활성화와 산업구조의 고도화에도 도움을 줄 것으로 기대했다.[66]

4. 부산의 투자 유치 전략과 정책 제언

1) 투자 유치 전략 및 시사점

중국의 OFDI 규모는 크지만, 한국의 FDI 유치 정책과는 공통점을 찾기 어렵다. 먼저 중국의 OFDI 목적은 자원확보와 선진기술 습득에 집중되어 있다. 이는 상하이자동차의 쌍용자동차 인수나 BOE의 하이디스 투자에서도 잘 드러난 바 있다.

즉, 자원 확보를 위해서 아프리카나 중남미 지역에 대한 ODA(공적개발원조)와 인적 교류 등의 외교적 노력에 공을 들이거나, 국부펀드와 국유기업을 앞세워 선진 부품기업이나 차세대 성장기술 보유기업을 인수하고 있다. 이러한 중국의 OFDI 방향은 한국정부의

---

65) 뉴시스(2010.3.23), 연합뉴스(2010.3.23).

66) 기가솔라 홈페이지는 http://gigasolar.cn이다.

투자유치 정책 목표인 선진기술 확보, 산업구조 고도화와는 상충되는 측면이 있다.

중국의 OFDI 지역을 보면, 내륙과 인접해 있고 문화관습이 유사한 아시아 태평양지역 내 중화경제권이 주요 투자대상지역이다. 즉, 2010년 말 Stock 기준, 홍콩, 싱가포르, 마카오에 대한 투자가 총 투자액의 65.4%를 점유하고 있다. 또한 투자 유형을 보면 그린필드형 투자보다는 M&A형 투자가 절반이상을 차지하고 있다.

〈표 11〉 중국의 OFDI와 한국이 추구하는 투자유치 유형 비교

구분	중국의 OFDI 유형	한국이 추구하는 FDI 유형
투자 목적	자원 확보, 기술습득	고도 기술 확보, 선진 경영노하우 습득
투자 지역	화교 문화권	-
투자 업종	임대·비즈니스 서비스업, 금융, 도소매, 광산 등	고부가 서비스, 신성장동력 분야
투자 유형	M&A형	Greenfield형

자료: KOTRA(2010), 중국의 해외투자동향 및 중국투자유치 확대를 위한 정책과제, FDI Theme Report 10-007, 투자조사연구팀(2010.7.12), 28쪽

한국은 중국기업의 투자대상지로서의 선호도도 낮은 수준이다. 중국국가무역촉진위원회 제3차 '해외투자에 대한 중국기업의 현황 및 의식조사(2009.4)'에 따르면, 향후 3~5년간 해외투자대상국으로 중국기업들은 베트남(25%)을 가장 선호하고 있는 것으로 나타났으며, 이외에도 홍콩·마카오(21%), 미국(20%), 태국(15%), 호주(15%), 캐나다(13%), 싱가포르(12%), 독일(12%), 한국(10%) 수준으로 나타났다. 따라서 외국인 투자포럼, 국가HR, 산업별 투자설명회, 기술협력포럼 등 각종 투자 관련 행사를 통해 한중 기업 간 교류 기회와 활동을 제고하는 노력이 우선적으로 필요하다 할 것이다.

이대뢰·김성순(2011)은 한국에 진출한 200개 중국 제조기업을 대상으로 설문조사를 통하여 이들이 무슨 목적으로 한국에 투자를 했고, 그 성과는 어떠한지 분석한 바 있다. 이는 가장 최근에 한국 내 중국 OFDI기업을 대상으로 한 분석 결과이며, 의미 있는 시사점을 제공하고 있다. 연구결과에 따르면 국제화 경험과 우수한 인적자원 등 모기업 특유의 경쟁우위를 보유하고 있는 중국기업이 한국 내 투자에서 성과를 거둔 것으로 나타났고, 중국 내 모기업의 기술적 수준은 對한국 OFDI 성과와 관계가 없었다. 제조업 분야에서 한국은 중국에 비하여 여전히 기술적 비교우위를 가지고 있어서, 선진기술, R&D 등과 같은 경쟁우위가 낮은 중국기업은 기술과 노하우를 습득하고자 하는 합작투자 방식이 효과가 있었다. 또한 한국 내 현지법인의 마케팅 능력과 재무능력을 적극적으로 구축해야만 경영성과를 도출할 수 있는 것으로 조사되었다.

무안의 한중국제산업단지의 경우, 2007년 9월 말에 상무부로부터 '해외경제무역협력단지'로 지정되고 채 반년도 안 된 2008년 1월 말에 충칭시가 추진했던 100만 평에 대한 입주자 모집은 100% 완료된 바 있다. 이 시기에 인터뷰 한 중국기업의 동 '단지' 입주 목적을 보면, 부산시에 주는 시사점은 분명해진다.

먼저 중국기업들은 한국 내 R&D 센터 운용과 생산에 큰 관심을 가지고 있는 것으로 나타났다. 즉, 한국 내 완제품을 생산함으로써 '메이드 인 코리아' 효과를 노리고 있는 것이다. 중국기업은 이를 통해 제3국 시장으로 진출을 도모하고자 했다. 둘째는 운송비(물류비) 절감을 투자 요인으로 꼽았다. 즉, 한국 무안에서 미국 내 주요지역으로 항공 물류운송이 가능한 점을 큰 장점으로 여겼다. 셋째는 선진기술 습득, 선진적인 환경에서의 인력훈련 가능, 선진적 기업문화 습득 등을 들어 기존 중국기업의 OFDI 대상인 개발도상국에서 획득할 수 없는 요인들을 꼽았다. 넷째는 미래 성장시장 중 하나인 한국 내수시장 진출이 가능한 점을 들었으며, 한국을 주요 제품의 테스트 베드(Test Bed), 즉 시험 시장으로 활용이 가능한 점을 꼽았다.

이상과 같이 살펴본 여러 내용과 사례를 종합하면, 부산시의 중화권 투자 유치전략 수립에 다음과 같은 시사점을 도출할 수 있다.

첫째, 수출가공형 혹은 저부가가치형 제조업 유치는 성공할 수도 없고, 지속할 수도 없는 모델이다. 이는 앞서 살핀 바와 같이 진왕킹킹 사례에서도 나타나고 있다.

둘째, 현재 한중 간에는 FTA 협상이 진행 중인바, 국내 인건비를 감당할 수 있는 고부가가치 제조업 기업에 대해 한국을 통한 미·EU 우회수출이라는 FTA 효과를 적극 선전하여 유치하는 전략이 필요하다.

셋째, 부산시만의 성공사례가 필요하다. 제조업의 경우, 진왕킹킹은 유치 당시에는 분명 성공사례였다. 그러나 미국발 금융위기로 인해 사업 환경이 바뀌어 철수결정을 내린 것은 그 귀책사유가 부산시 투자환경에 있다고 보기 어렵다. 따라서 매년 중화권의 對부산 투자 성공사례를 발굴하여 중화권 투자 유치설명회 때 적극 홍보할 필요가 있다. 본고에서 소개한 펑타이 스테인리스 투자 건의 경우, 한국 내 기술 노하우(한국초전도)와 중국내 조업 경험(스테인리스)이 결합한 사례로 그 성공여부를 주목할 필요가 있다.

넷째, 중화권 투자 설명회에 부산시도 참여하여 투자유치를 적극적으로 홍보하는 노력이 요구된다. 우리 정부는 2008년 11월에 홍콩과 싱가포르에서 지식경제부, KOTRA, 중소·벤처기업(16개사), 벤처캐피탈 등으로 구성된 유치단을 꾸려 투자유치 설명회를 가진 바 있다. 또한 2009년 5월에도 홍콩, 싱가포르에서 투자환경 설명회를 개최하여 짜오상증권 등 3개사와 8억 달러 규모의 투자협력 양해 각서를 체결하였다.

가장 최근인 2011년 9월에는 싱가포르·홍콩에서 한국투자설명회를 개최하였는데 처음으로 한국의 지방자치단체가 참석하여 부품소재 전용공단 등에 대한 투자 설명을 했다. 특히 동 설명회에서 홍콩 Lai Sun 그룹은 엔터테인먼트 산업에, 싱가포르 Maple Tree사는 물류센터 건립 투자 MOU를 체결하기도 하였다.[67]

2) 정책 제언

첫째, 중화권 자본의 부동산 분야에 대한 투자 거리를 마련해야 한다. 그 대안으로 한중무역센터 설립을 통한 중화권 자본 유치를 제시하고자 한다. 현재 우리나라에는 인천경제자유구역청과 산둥성 칭다오시가 합의하여 2008년에 설립한 '한중물류센터'만 있을 뿐, 양국 각 도시에 상대국 도시 명을 내세운 Trade 센터, 즉 무역센터는 아직 전무하다. 부산시가 우호도시 협정을 체결한 상하이 혹은 선전시와 협력하여 부산에 '상하이 무역센터' 혹은 '선전무역센터'를 건설하고, 이의 건설과 분양에 중화권 자본을 유치하는 사업이 가능할 것이다. 이는 특히 한중 간 FTA 협상과 관련하여 보면 투자

---

67) 지식경제부 보도자료(2008.11.25), (2009.5.28), (2011.9.7).

유인효과가 클 전망이다.

이와 관련, 중국 저장성에 위치한 원저우시 정부는 2011년에 개인투자자의 해외직접투자를 허용하는 시범관리방안을 공포한 바 있다. 동 '방안'에 따르면 1인당 연간 2억 달러 규모까지 OFDI를 허용하고 있다. 실제로 전남 광주시는 2012년 3월에 원저우시를 방문하여 7,500만 달러 규모의 투자를 유치했다.[68]

둘째, 부산시가 가장 잘할 수 있는 분야, 즉 해양 분야에 대한 중화권 투자 유치도 고려해 볼 만하다. 부산항만공사(BPA)는 이미 2011년 12월에 싱가포르 글로벌 마리나 개발운영사인 SUTL그룹과 북항 재개발 마리나 사업계약을 체결한 바 있다. SUTL사는 북항 개개발지구(9.9만㎡)에 650억 원을 투자해 2014년까지 클럽하우스와 200척이 정박할 수 있는 계류시설, 요트아카데미 등이 어우러진 마리나를 건설하기로 했다. 또 세계 3대 요트레이스 가운데 하나인 볼보오션 레이스를 유치해 관광객 유치와 지역경제 활성화를 도모할 예정이다. 북항 마리나는 한국 마리나 사업 가운데 최초 외자유치로, 초기단계부터 참여해 마리나 사업을 활성화시킨 사례이다. 따라서 이를 성공모델로 삼아 기타 중화권으로부터 해양 분야에 대한 투자유치가 가능할 것이다. 우선 2008년 베이징올림픽 당시 요트경기를 개최하고, 또 市발전 중점산업에 해양산업을 지정하고 있는 산동성 칭다오시(올림픽 국제요트센터 보유)를 사업파트너로 고려할 수 있

---

68) 광주시는 원저우시의 광통신업체인 선어우 통신설비유한공사와 1500만 달러, LED업체인 저장징선웨이 과기유한공사와 1천만 달러 투자협약을 체결했다. 또 특수엔지니어링 플라스틱 전문업체인 AIE사와 5천만 달러 규모의 투자협약을 이끌어냈다. 광주 광산업 현황과 전망에 대해 설명하고 송정역복합환승센터와 송암문화산업클러스터에 대한 투자를 제안하기도 했다. 광주일보(2012.3.21).

을 것이다.

셋째, 현재 조성 중인 모라·사상 도시첨단산업단지 혹은 부산·진해자유구역청 내에 해외 교육단지를 조성하여 중화권 자본 유치를 추진할 수 있을 것이다. 중국정부가 현재 적극적으로 확대하고 있는 '공자학원'과 연계된 교육센터를 유치한다면 실현 가능성이 클 것으로 판단된다.

'공자학원(孔子學院)'은 중국어와 중국문화를 보급하려고 중국정부와 해당국 교육기관이 합작으로 세운 비영리성 교육기관이다. 중국정부는 '공자학원' 설립에 드는 비용을 대상국과 공동부담한다는 원칙을 세워놓고 있지만 정확한 부담 규정이 공개된 바 없다. 다만 최근에는 중국정부가 여러 형태로 매년 운영비 20~30%를 지원하는 것으로 알려졌다.[69] 지금은 322개로 늘어난 공자학원 중 제1호는 바로 한국 서울에 설립(2004년)되었다. 단순한 어학으로서의 중국어뿐만 아니라 중국문화, 중국어 학습법을 전 세계에 보급시키고자 착수한 것이 공자학원이며, 이는 일종의 국가차원의 문화보급센터인 셈이다. 공자학원보다 먼저 생겨 여러 나라에 퍼진 국가 차원의 대표적인 문화센터로는 영국문화원(British Council), 프랑스의 알리앙스 프랑세즈, 독일의 괴테 인스티튜트 등을 들 수 있다.

현재 우리나라에는 주요 대학을 중심으로 총 17개의 공자학원이 설치되어 있는데, 이를 지역별로 보면 서울(3), 경기·인천(2), 충북(1), 대전(2), 충남(2), 전남·광주(2), 강원(2), 부산(2), 대구(1) 등에 분포되어 있다. 부산에는 동아대와 동서대에 설치되어 있는데, 이와

---

69) 南方日報(2011.1.26), 김동하(2011), 263쪽.

연관되어 중국 교육센터를 유치하게 된다면, 중화권 투자와도 연결 될 수 있을 것이다.

참고문헌

김동하(2011), 『차이나 소프트파워』, 도서출판 무한

김미희(2012), 「중화자본의 대한직접투자와 전라북도의 대응」, 『이슈브리핑』, Vol.77, 전북발전연구원(2012.3.5)

김태식(2008), 「중국의 해외직접투자 진출 현황 분석」, 『한중사회과학연구』, 제6권 1호

리우루이·루펑치(2007), 「중국의 "저우추취" 전략 및 그 효과에 대한 분석」, 『한중사회과학연구』, 제5권 1호

박문서·김미정(2012), 「중국의 해외투자정책과 중국자본유치의 전제조건」, 『통상정보연구』, 제14권 1호(2012.3.27)

박장재(2007), 「최근 중국의 해외직접투자의 실태분석」, 『중국학연구』, 제41집

박월라·최의현(2011), 「중국기업의 해외직접투자 현황과 시사점(연구자료 11-22)」, KIEP

백권호·조정일·우진훈(2009), 「중국기업의 해외 M&A 현황과 평가」, 『현대중국연구』, 제10집 2호

안종석·최홍석(2002), 「체제전환기 중국의 대외투자」, 『국제지역연구』, 제6권 1호, 2002년 6월

이대뢰·김성순(2011), 「중국기업의 대한국 FDI 진입전략 및 성과인식에 관한 연구」, 『경영사학』, 제26집 제4호

정환우(2007), 「중국기업의 대한국 투자 감소 원인과 시사점」(2007.5) 한국무역협회

정환우(2008), 「중국기업의 해외진출전략 변화: 해외경제협력단지 확대」 (2008.2) 한국무역협회

조상필(2008), 「무안기업도시 활성화 방안」, 전남발전연구원 『리전인포』, 제118호 (2008.2.18)

조상필·나강열·정철(2009), 「무안기업도시 한중 산단 투자활성화 방안」, 전남발전연구원 『리전인포』, 제181호(2009.9.23)

진병진(2008), 「중국의 해외투자정책 추진전략에 관한 연구-대한국 투자동향과 시사점을 중심으로」, 『서석사회과학논총』, 제1집 제1호(2008.2)

최의현·손상범(2007), 「중국식 해외직접투자의 특성에 관한 연구」, 『중국학연구』, 제41집

KOTRA(2010), 「중국의 해외투자동향 및 중국투자유치 확대를 위한 정책과제」, FDI Theme Report 10-007, 투자조사연구팀(2010.7.12)

林武郎 臧程遠(1998), 「中國大陸企業在海外投資之分析」, 『中國大陸研究』, 第41卷第9期, 國立政治大學國際關係研究中心, 1998年 9月

陈荣辉, 我国企业跨国经营的主要动因, 上海经济研究, 1996年 Z1期

张甡平(2011), 「我国对外直接投资及其立法建议」, 『西安邮电学院学报』, 第16卷第6期, 2011年 11月

王玉梁(2005), 『中國:走出去』, 中國財政經濟出版社, 2005年 6月

商務部(2012.5.15), 「商务部确定"十二五"对外投资主要任务和重点工作」

商務部(2004), 「对外投资国别产业导向目录」

商務部(2011), 「境外经济贸易合作区目录」

商務部(2009), 「2008年度中國對外直接投資統計公報」

商務部(2010), 「2009年度中國對外直接投資統計公報」

商務部(2011), 「2010年度中國對外直接投資統計公報」

UNCTAD(2011), World Investment Report 2011

5장 부산항과 중국 주요 항만 간의 협력 방안

김형근(金亨根)

요 약

중국은 자국 물류산업의 발전이 경제 성장의 핵심이라고 인식하고 있다. 그 배경에는 중국 정부가 주요 항만 기능을 더욱 강화시켜 물류산업에서의 경쟁우위 확보를 통해 주변국을 포함한 세계시장에서 더 큰 영향력을 발휘하고자 함이다. 이러한 상황 속에서 중국의 주요 항만과 여러 이해관계에 얽혀 있는 부산은 기회와 위기에 동시적으로 직면하고 있다고 할 수 있다.

따라서 우리나라 물류산업의 중심도시인 부산이 중국과의 물류협력의 중요성을 재인식하고 보다 빠른 대응방안 수립이 필요한 때이다. 이에 대한 부산의 대안으로는 ▲**중국 주요 항만 및 도시와의 항만 대 항만 또는 도시 대 도시로서의 전략적 제휴 유지 및 관계 강화 ▲한중 공동 물류시장 구축 ▲해공(Sea & Air)복합운송 방안 검토 ▲부산과 중국 간의 공항ㆍ항만 연결 노선 재정비** 등을 들 수 있다. 이를 통해 부산이 동북아 지역 중추 물류 도시로 거듭날 수 있을 것이다.

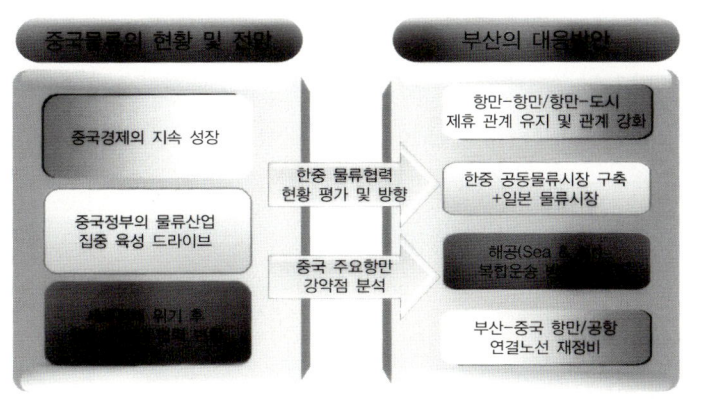

1. 세계 경제 위기 이후 한·중국 간 물류부문의 변화와 대책

한국과 중국 간의 물류분야에 대한 변화와 대책을 논의하는 데 있어, 가장 우선적으로 짚고 넘어가야 할 것은 바로 동북아 경제권역 (North-eastern Economic Zone)에 대한 내용이다. 동북아 경제권역에 대한 이해는 우리나라와 중국 그리고 일본을 기반으로 하는 지리적 경제 권역이라는 가장 작은 단위의 개념으로부터 접근해 볼 수 있다.

동북아 경제권은 지난 20여 년간 세계 경제보다 2배 이상 빠르게 경제성장을 이룩한 지역으로서 세계 경제성장의 견인차가 되고 있다. 2020년까지 아시아의 GDP는 전 세계 GDP의 30%(동북아는 20%)까지 성장할 것으로 전망되는데, 이는 미국과 EU 수준에 이르는 것으로 아시아가 장차 세계경제 성장의 엔진 역할을 담당하게 될 것이라고 예측할 수 있다.

2007년 미국발 금융위기 이후 유럽 및 각 지역으로 확산된 세계 경제위기로 인해, 지금까지 전 세계 경제성장이 눈에 띄게 둔화되었으며 더불어 전 세계 무역량도 상당 폭 감소했다. 그 결과 2009년에는 실물경기 둔화가 지속되어 -1.3% 성장을 나타내는 등 선진국 경제는 세계 2차 대전 이후 처음으로 마이너스 성장을 기록하였다. 이후 조금씩 회복되던 세계경제는 2012년 현재, 그리스 재정악화로 인한 전체 유로존(Euro-Zone)의 붕괴가 전망되는 등 다시금 악화일로를 걷고 있다.

이처럼 세계경제의 침체가 지속되고 어려운 가운데서도 동북아 경제권은 한국, 중국을 필두로 괄목할 만한 경제성장 추세를 보이고 있으며, 세계 주요 경제기관들은 한국, 중국을 대표적인 외국인 투자대상지로 선정하고 있다. 중국의 WTO 가입 이후의 지속적인 시장개방 가속화, 중국에 대한 주요국의 직접투자 확대, 중국과의 경제협력 증대 등으로 인해 중국은 '세계의 공장'에서 '세계의 시장'으로 부상하고 있다. 또한 중국 국내 경제 환경 역시 무역·투자 환경 개선, 규제완화에 따른 자원배분의 효율성 증대 및 산업경쟁력 강화 등으로 역내·외 무역량이 늘어나고 있어 동북아 지역의 물동량을 지속적으로 증대시킬 것으로 보인다.

1) 중국의 경제 발전과 세계 해운 물동량 변동 추이

중국은 2001년 12월 세계무역기구(WTO)에 가입함으로써 세계경제의 중심으로 자리 잡게 되었다. 풍부하고 싼 노동력, 해외직접투자의 대거 유입, 무역장벽의 철폐 등은 중국의 제조업을 폭발적으로 발전시켰다. 중국은 국내총생산(GDP)이 1992년 2조 6,638억 위안(元)에서 2003년 11조 6,694억 위안으로 4.5배 증가했다. 수출과 수입이 모두 크게 증가하면서, 대외교역액이 1992년 1,656억 달러에서 2003년 8,512억 달러로 약 5배 증가하면서 무역수지흑자가 크게 증가했다.

이와 같이 중국경제는 1978년 개혁 개방 이후 현재까지 무서운 속도로 성장을 거듭하고 있다. 2000년대 들어서는 세계 어느 국가도 달성하지 못한 고속 성장을 통해 2010년 세계 2위 경제 대국으로 성장하였으며, 2011년 기준 GDP 47조 1,564위안을 기록하였고, 외환보유고 3조 3,000억 달러로 세계 1위 외환보유국이 되었다. 향후 2030년에는 세계 1위의 경제대국으로 성장할 것이라는 전망까지 나

오고 있는 실정으로 이와 같은 급속한 성장률의 추이는 <그림 1>
과 같이 나타나고 있다.

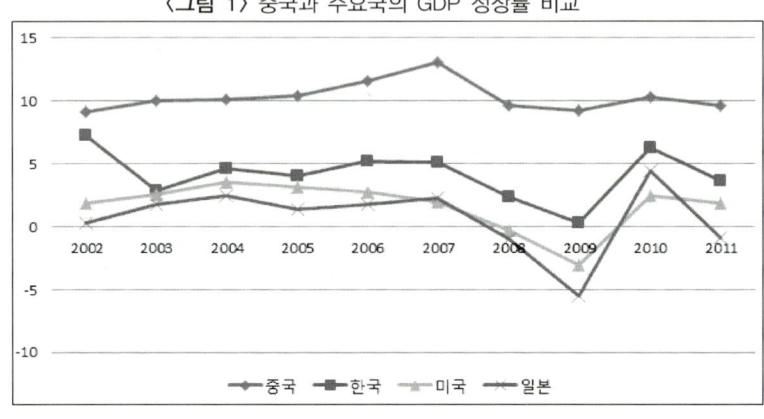

〈그림 1〉 중국과 주요국의 GDP 성장률 비교

자료: 삼성경제연구소(2012.4), 중국 국가 통계국 자료, 저자 수정

　　중국의 지속적인 성장은 대규모 물동량을 처리하는 해운산업의
발전을 견인하였다. 특히 세계 컨테이너 화물의 약 60%를 처리하는
글로벌 터미널 운영기업(Global Terminal Operator, GTO)의 2008년
성과는 괄목할 만하다. 미국에 기반을 둔 SSA Marine을 제외한 주요
GTO들의 컨테이너 처리 실적은 모두 2007년 수준을 상회하였으며,
2008년 하반기 이후의 경기 침체에도 불구하고 주요 GTO들은 뛰어
난 재무성과를 달성하였다(양현종, 2012).

　　그러나 세계 해운선사들의 성과는 2009년부터 상당한 어려움에
봉착하여 전문연구기관인 Drewry에 따르면, 2009년 세계 컨테이너
해상물동량은 전년 대비 평균 10.3% 감소하였으며 이와 같은 어려
움이 지속될 것으로 전망된다.

또한 미국의 신용평가기관인 무디스(Moody's Investors Service)는 세계 해상화물운송과 항만 수익성이 2010년까지 지속적으로 악화된 것으로 보고, 항만 산업에 대한 평가를 '안정적(stable)'에서 '부정적(negative)'으로 하향조정했다. 장기적으로는 항만산업이 상승 기조를 회복할 것으로 평가되었으나, 특정 항로에서의 경쟁 심화 및 선사들의 하역요율 인하 압력 등으로 수익 회복은 쉽지 않을 것으로 예상했다.

2) 글로벌 경기침체 따른 물동량 변화와 해운 · 항만의 대응

동북아 지역이 세계 물동량의 상당 부분을 차지하게 된 이유는 동북아 지역 주요 국가들이 지속적인 공업화와 산업화 과정에서 미국과 유럽에 이은 세계 3대 교역 대상지역으로 부상함으로써 세계 공급처로서의 역할을 수행해왔기 때문이다. 이러한 결과로 세계 운송 물동량 중 동북아 지역이 차지하는 비중은 1998년 27.0%에서 2000년에는 28.1%이였고, 2006년에는 30.1%로 증가하는 등 급속한 발전을 거듭해 왔다.

그러나 2007년 미국발 금융위기의 직격탄을 맞은 이후, 미국의 회복세에도 불구하고 유럽이라는 거대 시장은 지속적인 경제침체와 유로-존으로 확산된 경제위기로 인해 물동량이 가장 많이 감소하게 되었다. 유럽 시장의 물동량 감소는 동북아 물동량 감소에도 커다란 영향을 미치고 있다.

최근 유럽 내 해운경제 및 물류 관련 전문연구기관인 해켓(Hackett Associates)과 브레멘(Bremen Institute)의 보고서에 따르면, 유럽은

2007년에서 2009년 사이 글로벌 경제 침체의 가장 깊은 늪에 빠졌으며 느리게 회복되던 중, 2011년부터 다시 새로운 침체기를 맞게 되었다고 기술하였다. 또한 이러한 보고를 뒷받침하는 각종 지표들도 제시되었다. 이 중 2011년 11월부터 2012년 2월까지 Danske Bank의 화물포워딩지수는 4개월 연속 50 미만의 지수를 나타냄으로써 산업 내 수요가 감소하고 있는 것으로 보이는 등 2012년 하반기 역시 유럽 내 내수시장은 미국과 달리 상당한 어려움을 겪을 것으로 전망되고 있다고 할 수 있다.

이러한 전망은 동북아 지역에 영업망을 갖고 있는 주요 해운선사들의 경쟁전략에 영향을 미칠 수밖에 없는데 그 결과 나타나는 것 중 하나로, 세계 주요 항만 간 정기항로가 바뀌고 있는 실정이다. 물론 이러한 변화가 세계 해운 물동량의 변동뿐만 아니라 2010년 이후 지속적으로 오르고 있는 고유가와 함께 컨테이너 선박을 중심으로 한 화물 운송 선박의 대형화에 기인하고 있다는 점은 부인할 수 없는 사실이다.

정기선 해운시장의 장기침체에 대응하기 위해 선사들은 컨테이너선의 대형화를 통한 규모의 경제를 추구함으로써 운항비용의 절감에 힘쓰고 있다. 글로벌기업들의 공급사슬관리전략에 부응하고 지속적인 원가절감을 추구하기 위한 선사 간 인수합병 및 전략적 제휴의 증가로 세계 정기선 시장에 있어서 대형 선사로의 집중화가 나타나고 있다. 또한 항만 이용자들의 교섭력 증대에 대응하기 위해 각국 항만들의 대응전략도 다양하게 전개되고 있다. 항만개발측면에서 터미널의 자동화 및 고속화를 통한 차세대형 터미널의 개발과 항만배후 물류단지의 건설, 다양한 배후수송망의 확보 등이 그것이다.

현재 싱가포르, 홍콩, 상하이, 부산, 선전 등 세계 5대 항만이 모두 아시아에 위치하고 있고, 아시아 각국은 자국을 국제 비즈니스 중심지로 육성하려는 노력을 활발하게 추진 중에 있다. 또한 싱가포르, 홍콩, 중국, 대만 등은 자국을 지식 기반 산업 중심지, 비즈니스 동북아 거점으로 육성하기 위한 계획을 마련하여 적극 추진 중에 있다.

동북아 주요 항만은 항만을 종합물류거점화 하는 전략을 구사하여 항만에서 처리된 화물이 배후부지에서 가공, 조립, 전시, 판매될 수 있는 자유무역지대를 설치하려는 경쟁이 심화되고 있다. 즉, 항만을 단순히 수출입화물을 처리하는 기능에 머무는 곳이 아닌 국제전시장, 국제무역센터, 하역 · 보관 · 전시 · 유통 등의 종합적인 물류 서비스를 제공할 수 있는 공간으로 탈바꿈시키고 있다. 그리고 또한 국제물류거점화를 통한 부가가치 창출, 투자환경의 개선을 통한 외국기업의 유치를 적극적으로 도모하기 위하여 자유무역지대(FTZ) 및 경제특구 지정을 통한 국제물류센터 개발전략을 적극 추진하고 있다.

항만운영과 관리측면에서는 우선 터미널 운영업체들이 글로벌 항만네트워크를 구축하고 있다. 이는 터미널 운영업체들이 세계적인 항만민영화 추세를 배경으로 성장잠재력이 높은 지역의 항만운영에 적극 진출하여 독자적인 항만네트워크를 구축함으로써 선사들과의 일괄계약을 통해 자사의 항만네트워크를 제공하려는 경영전략에 따른 것이다. 이에 따라 터미널운영업체들 간 인수합병도 활발히 진행되고 있다.

한편, 우리나라의 경우 대부분의 터미널 운영업체들이 해외사업장 없이 국내 컨테이너 물동량에만 의존하고 있어 수익원이 매우 단조로운 상황이다. 더구나 국내 물동량 증가율이 낮아지고 있기 때문에 운영기업들이 안정적인 수익원을 확보하는 것은 쉽지 않을 것으로 예측된다. 이러한 상황에서 한국의 터미널 운영기업은 중단기적인 불황 극복을 위해 비용 절감 등 경영 차원에서의 노력을 기울일 뿐만 아니라, 장기적으로 지속가능한 성장을 위해 양질의 글로벌 네트워크 구축에 꾸준한 관심을 기울이며 해외 진출 기회를 모색하고 있는 것으로 알려져 있다.

전 세계 경기 침체는 우리나라 경제에도 커다란 악재로 작용하고 있다. 2012년 3월 현재 인천공항을 중심으로 전체 항공 수출 물동량의 경우 2011년 동월 대비 14%가 감소한 상태이다. 특히 우리나라 전체 수출입 물량의 98% 이상을 담당하고 있는 해운 물류산업의 경우도 항공물동량에 비해 심하지는 않으나 일정 정도 영향을 받았다. 해운산업의 경우는 우리나라 국민 총생산의 절반 이상인 수출에서 이뤄지고 있는 주요 운송수단이라는 점에서 우리 경제에 미치는 영향도가 크다고 할 수 있다.

더불어 유럽의 재정위기와 함께 해운물류산업을 압박하고 있는 고유가 및 선박과잉 공급으로 인한 운임의 하락과 유동성 부족이 심화되고 있으며, 이는 우리나라 경쟁력 하락으로 연계될 수 있는 중요사항으로 여겨지고 있다.

〈표 1〉 우리나라 해운업 운임 및 유동성 변화

항목 \ 연도	2010	2011	2012(4월 말)
해운 운임	10.8%	8.0%	7.2%
유동성	19.1%	11.2%	6.8%

자료: 인천항만공사(2012), 저자 발췌 재구성

이와 같은 상황은 우리나라의 수출 물동량에 영향을 줄 수밖에 없다. 특히 유럽으로의 수출 물동량 감소는 중국과 우리나라의 항만 활동에 커다란 영향을 미칠 수밖에 없다. 더욱이 부산항에 환적되어 유럽으로 수출되는 중국 제품 물량 중 상당부분이 장기적으로 감소할 수 있다. 그리고 환적물량 감소로 인해 업체 간 가격 경쟁이 심화되어 부산에 위치한 물류기업 및 선사들의 수익 구조에 악영향을 끼치는 중요 경쟁변수로 작용하기 쉽다.

우리나라와 더불어 동북아의 물동량 변동에 가장 큰 영향을 주고 있는 것이 바로 중국이다. 중국은 앞서 밝힌 바와 같이 미국의 금융위기 속에서도 고성장을 누려 왔다. 그러나 2011년부터 부각된 유럽의 경제위기가 2012년 들어 유로-존(Euro-zone) 전역으로 확산되고 이로 인해 위축된 세계 국제 해운시장의 영향을 받아 물류산업에 상당한 어려움을 겪을 것을 전망되고 있다.

중국의 주요 수출입 국가는 미국, 한국, 독일, 네덜란드 그리고 영국 순이며 최근 들어 세계 경제 둔화로 인한 감소폭을 대부분 만회한 것으로 나타나고 있다. 그러나 특이한 사항으로 2009년 경제 위기 당시 한국으로의 수출 물동량 감소가 가장 두드러지게 나타나고 있는 것을 볼 수 있다. 이를 통해 경제 위기가 한중 간 물동량의 변화에 커다란 영향을 미치는 변수로 작용함을 알 수 있다.

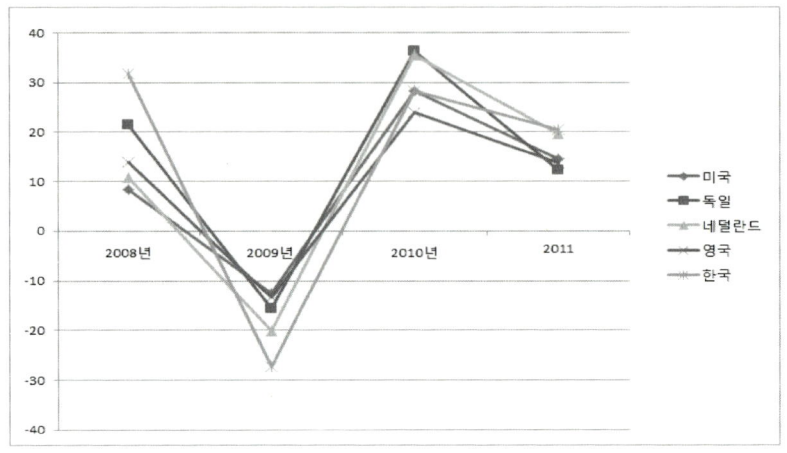

자료: 대한무역투자진흥공사(2012), 국가별 수출입 현황자료, 저자 재구성

  중국의 주요 수입 대상국은 일본, 한국, 대만, 미국, 독일 등으로
한국의 경우 미국과 독일을 합한 금액보다 더 큰 액수를 수입하는
주요 수입국이다. 중국은 2011년부터 수입확대 필요성을 강조해 왔
으며, 2012년 양회를 통해 구체적인 정책화 움직임을 보이고 있다.
2011년 11월 원자바오(溫家宝) 총리는 향후 5년 수입규모 8조 달러
를 돌파할 것으로 전망하고, 천더밍(陈德铭) 상무부장은 양회 직후
기자회견에서 향후 지속적인 수입확대 계획을 밝혔다.

〈그림 3〉 중국의 주요국별 수입 변동 추이

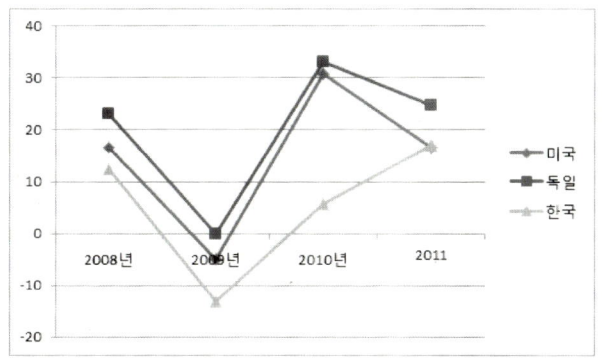

자료: 대한무역투자진흥공사(2012), 국가별 수출입 현황자료, 저자 재구성

  중국은 현재 3高(인건비 급등, 고물가, 원자재 가격 인상)현상으로 기업의 기계설비 자동화 수요가 확대되고 있다. 또한 기계설비 수입 비용의 인하로 인해 기계류 수입을 확대할 경우 생산단가 인하효과를 볼 수 있어 수출 가격 인하 효과로 이어질 수 있는 것으로 평가, 분석되고 있다. 이에 따른 구체적인 수입 확대 조치로는 수입소비재 관세율 인하, 중소기업의 수입 신용대출 확대, 중국내 생산이 불가능한 중요 설비 부품 및 선진기술의 수입 장려 범위 확대 등이 있다.

  이러한 수입 확대 조치를 통해 중국은 자국의 항만을 통한 세계시장으로의 수출물량을 증대시키고 더불어 자국 내 소비시장을 확대함으로써 경제성장을 이끌어 내고자 할 것이다. 따라서 한국과 중국 간의 해운 물동량에 새로운 변화가 나타날 것으로 판단된다.

2. 물류협력 3대 부문별 진행현황과 평가

중국과의 물류협력 방안을 모색하기 위해서는 앞선 연구에서 진행된 것과 같이 한·중·일 물류장관회의 8개 조항에 근거한 중국과 우리나라의 부문별 진행 상황을 살펴보아야 한다.

이에 물류협력의 3대 목표별 12개 실천과제에 대한 진행현황과 평가를 통해 그 간의 성과를 파악하고 향후 추진 방향을 분석함으로써 이에 근거한 우리나라의 물류협력방안 도출을 시도할 것이다. 또 부산항의 대응방안에 대한 토대를 제시할 수 있을 것으로 판단된다.

1) 한·중·일 물류장관회의와 진행과 평가

2005년 한일, 한중 장관회담 당시 우리가 제안하여 합의한 한중일 물류장관회의에서 한국·중국·일본 3국은 물류에 관한 정보를 교환하고 상호협력 및 교류를 통한 물류 현안 해소 및 동북아 물류산업 발전 기여를 위해 공동성명을 발표하였다. 정부와 민간이 함께 추진할 3대 목표와 12개 실천 정책 협력사항을 다음과 같이 채택하였다.

〈표 2〉 한중일 물류장관회의의 3대 목표와 12개 정책 협력

3대 목표	12개 정책협력사항
막힘 없는 물류체계 실현	불합리한 물류관련 제도와 시스템, 해외 진출 시 문제점 개선
	동북아의 막힘 없는 물류체계 실현을 위한 여건 조성
	3국 물류 정보 네트워크 구축
	동북아 해상운송 및 물류정보 교환
	상호교류·협력 및 공동연구 추진
	ASEAN과 협력 가능성 모색
	동북아 항만국장회의 등 협력채널 논의사항 공유
환경친화적 물류구축	효율적이고 환경 부하 적은 물류체계 구축
	3PL 사업 촉진 여건 조성
	항만 간 밀접한 협력관계 추진
물류보안과 효율화의 조화	물류보안 확보와 물류 효율화 조화 방안 모색
	물류장비 표준화 추진

자료: 국토해양부(2006), 저자 재구성

이러한 3대 목표 및 12개 실천과제를 수행하기 위하여, 2008년 이후 3개국은 항만의 공동 관심사에 대한 의견교환 및 항만 정책 변화 등 정보 교류를 위해 항만국장급 회의를 정례적으로 개최하고 있다. 동 회의는 항만분야 협력을 통한 동북아 물류수송망 발전을 도모하고, 항만 건설 분야 기술 교류 확대를 위한 공동 연구를 선정하여 수행하는 등 넓은 범위의 물류 협력을 구상 중에 있다.

또한 항만설계기준의 국제 표준화 연구, 동북아지역 항만투자촉진 등에 대한 연구, 그리고 한중일 해상 유닛로드(unit load) 네트워크 구축을 위한 실천적 연구 등을 수행하여 오고 있다.

특히 한·중·일 3국은 2011년 12월부터 우리나라의 해운항만물류정보센터(SP-IDC), 중국의 물류정보시스템(LOGINK), 일본의 컨테이너 물류정보시스템(COLONS)을 상호 연계하는 선박입출항 스

케줄 정보서비스 시스템을 조기 정착시켰다. 2012년에는 컨테이너 이동 정보 서비스를 제공하는 등의 협력방안을 이행하고 있다.

〈표 3〉 한중일 항만 정보 서비스의 변화

서비스지역	이 전	향 후
한국	부산항(1개)	부산항, 인천항, 광양항(3개)
중국	닝보(宁波)항, 저우산(舟山)항(2개)	닝보(宁波), 저우산(舟山), 상하이(上海洋山港), 광저우(广州), 칭다오(青岛), 톈진(天津)항(6개)
일본	요코하마, 도쿄항(2개)	요코하마, 도쿄, 고베, 하카다, 시모노세키항(5개)

자료: 국토해양부(2010), 저자 재구성

이와 별도로 한국과 중국 간의 물류 협력을 강화하기 위한 방안으로는 중국 롄윈강(连云港) 항만 투자 사업과 한중 항만 제휴(port alliance) 사업 등이 있다. 특히 중국 장쑤성에 위치한 롄윈강(连云港)시는 중국 정부의 적극적인 지원하에 경제 개발구와 항만개발을 추진하고 있다. 롄윈강(连云港)시는 중국 TCR(중국횡단철도, Trans China Railway)의 출발점으로서 우리나라의 대한통운과 항만 기술단으로 구성된 LKGT(Lianyaungang Korea Global Terminal) 컨소시엄을 구성하였다. 이로써 중국 롄윈강(连云港)항 항구집단과 합작법인을 2007년 수립하여 협력을 강화하고 있다. LKGT(Lianyaungang Korea Global Terminal) 컨소시엄은 우리나라의 광양항과 중국 타이창(太仓)항 간 컨테이너 항로 개설을 2008년 수립하여 한·중 간 항만제휴 사업을 지속하고 있다.

2) 중국과 한국 간의 물류협력 실천 사항

앞서 한중일 간의 물류협력 실천사항들 중 한국과 중국의 항만을 중심으로 협력사항을 살펴보았다. 구체적인 실천사항으로 장비 및 기기 운영 협력, 항만 물류체계 등 6개 영역을 중심으로 다음과 같이 분석하였다.

(1) 장비 및 기기 운영 협력

한국과 중국이 각국 항만에서 사용하는 하역 기기와 이송 장비는 대체로 유사하게 나타나는데, 이에 대한 물류 장비 및 기기 운영에 대한 한국과 중국 간의 비교는 다음과 같다.

〈표 4〉 장비 및 기기 운영에 대한 비교

구 분	한 국	중 국
안벽 크레인	겐트리 크레인 모바일 크레인(일반부두)	겐트리 크레인 모바일 크레인(일반부두)
화객선 하역장비	포크리프트, 트랙터, 섀시	포크리프트
트랙터와 섀시	ISO 규격 운송 섀시 JR 규격 운송 섀시	ISO 규격 운송 섀시 JR 규격 운송 섀시
컨테이너 용기와 하역기기간 경합선	겐트리 크레인 모바일 크레인(일반부두)	겐트리 크레인 모바일 크레인(일반부두)
트럭운송 중량 제한	포크리프트, 트랙터, 섀시	포크리프트
철도 화차	ISO 규격 운송 섀시 JR 규격 운송 섀시	ISO 규격 운송 섀시 JR 규격 운송 섀시

자료: 여수지방해양항만청 공보(2008-2010), 저자 발췌 재구성

우리나라와 중국 간의 물류 장비와 기기 운영 분야에서의 협력은 주로 민간 부문에서 활발히 이뤄지고 있다. 민간 기업 간에는 컨테

이너 용기와 섀시에 대한 공동 이용 방안을 모색하고 있는 데 반해, 양국 정부 차원에서는 이들에 대한 효율적 사용과 공동 이용 방안을 지원하는 것에 대한 논의나 방안 모색이 부족한 상황이다.

양국 물류 산업의 발전을 이끌어 내기 위해서는 보다 실효성 있는 방안 모색과 신속한 정책 결정을 통해 양국 기업을 지원하는 것이 필요하다. 이를 위해서는 앞서 설명한 바와 같이 우리나라와 중국의 중앙 정부에만 맡기기보다는 부산시가 핵심 타깃으로 삼고 있는 중국의 톈진, 칭다오시 등과의 도시 간 또는 지방 단체 간 협력을 통해 양 도시 간 물류 협력 방안을 모색하는 것도 좋은 시도가 될 것이다.

(2) 항만 물류체계와 컨테이너 처리 시설 협력

한중 간의 대표적인 항만인 부산항과 톈진항의 경우, 철도와 연안 운송의 연계운송 물류체계를 유사하게 운영하고 있는 것으로 나타났는데 트럭 운송을 중심으로 한 것이었다. 부두 밖 컨테이너 장치장(ODCY)과 같이 한국과 중국에서 공 컨테이너 조달과 보관·재배치, 통관 기능, 컨테이너 화물 조작장(CFS) 기능 등을 활발히 하는 것으로 파악되는데, 중국에서는 톈진항, 칭다오(青島)항 등과 같은 현대적인 항만 등도 부두 밖 컨테이너 장을 운영하는 것이 일반적이다. 이는 중국의 경우, 항만 하역-연계-내륙 운송-통관 등을 종합적으로 서비스하는 물류 업계의 역할이 미미하여 항만과 내륙지 간 물류 연계를 부두 밖 컨테이너 장치장에서 주로 수행하고 있기 때문인 것으로 판단된다.

<표 5> 항만 물류체계와 처리시설 대한 비교

구 분	한국(부산항)	중국(톈진항)
연계운송현황	트럭운송(91.7%) 철도운송(6.4%) 연안운송(1.0%)	트럭운송(95.2%) 철도운송(1.2%) 연안운송(3.5%)
ODCY 유무	있음(활발)	있음(활발)
해상운송수단	컨테이너선 화객선(한중 간)	컨테이너선 화객선(한중 간)
이용 컨테이너 등	ISO 규격: 20ft, 40ft 형 JR 규격: 6ft, 12ft	ISO 규격: 20ft, 40ft 형 JR 규격: 6ft, 12ft
보조 하역기기	Multi 컨테이너 섀시	섀시

자료: 고봉호(2007), 「한중항로에서 컨테이너 정기선사간 전략적 제휴방안에 관한 연구」, 한국외국어대학교, 석사
학위논문, 저자 수정

한국과 중국 양국 간 컨테이너 해상 운송에서는 컨테이너 전용선 투입이 일반적이며, 화객선이 일부 항로에 취항하여 컨테이너 전용 항로를 보완하는 기능을 담당하고 있다. 물류 체계에서 연계 화물에 대한 한국과 중국 간 협력은 ① 국제 복합운송을 통한 수출입 국가의 물류 기업 간 협력과 ② 연계 운송에 대한 외자 기업의 투자협력으로 구분할 수 있다.

전자는 국제복합운송을 할 경우 일반적으로 발생되며, 후자의 경우는 중국에 대한 한국 물류기업의 철도 운송 투자와 중국 내 트럭 운송에 대한 합작투자 등으로 나타난다. 이는 연계 물류 부문에서 한·중·일 3국 체계의 협력이 중국을 중심으로 이루어지고 있기 때문인 것으로 파악된다.

(3) 물류기술의 협력

중국은 세계적 물류 기업들의 투자를 유치하여 신기술을 물류 현

장에 신속히 적용하고 있으나, 전 분야에 걸쳐 원천 기술의 개발과
축적은 상당히 더딘 실정이다. 이에 중국은 각국과 기술 협력을 통
해 원천 기술의 획득과 개발을 위한 노력을 경주하고 있다. 이를 위
한 민간과 정부 간 협력체계의 구축과 물류 신기술 개발에 대한 지
원 체계를 지속적으로 개선하고 있는 상황이다.

　국가적 차원에서 한중간 물류 기술 개발에 대한 협력은 ISO와
IEC를 통해 기술표준 정보와 환경 표준을 중심으로 다자 간 논의가
이뤄지고 있으며 매년 개최되는 한중 무역 실무회담에서 물류와 유
통 분야의 협력방안이 지속적으로 논의되고 있는 상황이다.

(4) 물류 거점 조성 및 관리 운영에 관한 협력

　한국의 경우 물류 거점의 관리운영에 있어서 시장의 개방과 민간
기업의 자율성을 강조하고 있는 반면, 중국에서는 항만 하역과 화물
터미널 및 철도 운송 기업 운영에 정부의 허가와 비준이 필요한 것
으로 되어 있다.

〈표 6〉 물류 거점 조성 및 관리 운영에 대한 비교

구　분	한　국	중　국
외자기업의 항만관리 운영에 대한 투자제한	관리운영에 투자제한 없음 외자기업 참여 활발	외자기업의 독자적 투자 보장
항만투자제약요소	항운노조의 노무공급권	항무국이 실질적 관리 운영 공산당과 공회 등 전국적 조직에 의한 정책과 사업에 대한 조정

자료: 여수지방해양항만청 공보(2008~2010), 저자 발췌 재구성

중국의 경우 운송 능력의 부족, 항만과 장치장 간 연계 정보망 부재, 컨테이너 하역기기의 부족, 정교한 하역 기술 미비 등 운송 관련 문제가 존재하고 있다. 한국과 중국 정부 및 민간 차원에서의 물류거점 조성 관리 운영에 대한 협력은 일부에 국한되어 있다. 그러나 지자체별로 물류거점 조성 노력은 지속적으로 경주하고 있다. 특히 부산시의 경우는 항만배후단지에 중국기업을 유치하려는 노력을 기울이고 있다.

그러나 항만, 내륙 ICD, 화물터미널 건설, 관리와 운영 등에 중국기업의 참여가 실질적으로 이루어지지 않고 있다. 또한 중국이 항만, 철도 화물역, 내륙 컨테이너 기지 등의 조성과 관리 및 운영에 화교계 외국 기업들의 참여는 적극 유도하는 데 비해 한국기업의 참여에 대해서는 매우 제한적으로 허용하고 있다. 이로 인해 우리 기업이 중국에 진출하여 중국물류거점에 대한 협력 사업을 진행하고자 하더라도 여러모로 쉽지가 않은 상황이다.

(5) 물류정보망 구축 협력

한국의 경우 발달된 정보 기술 네트워크를 기반으로 국토해양부 등 관련 기관과 민간이 참여하여 수출입 물류정보망을 구성, 운영하고 있다. 이에 반해 중국은 물류 정보망이 항만별, 지방자치단체별, 기관별로 분산되어 있으며 이들 관련 기관들 간의 정보망 연계도 미비하여 물류정보화에 대한 표준이 부족한 상태였다. 그러나 최근 들어 각급 기관별 정보망 연계와 표준 통일을 이루어 냄으로써 통합 물류정보망 구축에 속도를 내고 있다.

〈표 7〉 물류정보망 운영 비교

구 분	한 국	중 국
주요 정보망	PORT_MIS(해운항만) CAMIS(통관) KROIS(철도화물) 등 통합연계망	톈진항: 항만 EDI를 통해 종합 물류정보망 추진 항만별 운영
검역·검사 정보망	운영 중 통관정보망과 연계됨 (EDI, 인터넷)	운영 중 통합정보망과 연계 미흡
물류정보망 연계	비교적 원활	항만별, 지역별 연계
선하증권 서식 표준화(EDI)	표준화	미흡
통관정보망과 검사·검역 정보망 연계	양호	미흡

자료: 왕려효(2011), 「중국항만개발에 따른 한국 항만의 대응전략」, 계명대학교 대학원 무역학과, 석사학위논문,
저자 재구성

한국과 중국 간 물류 정보망 연계 및 공동 정보망의 구성은 양국
물류 분야의 효율성 제고를 가져올 것으로 판단된다. 하지만 이를
구성하는 실제적인 사업 협력은 민간 기업에서만 제한적으로 이루
어지고 있는 실정이다.

따라서 기업 간의 종합물류정보망 구축을 위한 협의 사항은 기업들
간 이해관계에 의해 조정될 가능성이 존재하기 때문에 정보망 구성을
위한 난제들을 해결하는 데 시간이 필요할 것으로 분석되고 있다.

(6) 통관 및 검역 부문에 대한 협력

한중 양국 모두 일반적으로 수입화물에 대해서는 관세를 부과한
다. 수출 화물에 대해서는 한국은 무관세 정책을, 중국은 수출 화물
중 밤, 새우, 양모, 실크 등 일부 특정 품목에 대해서만 관세를 부과
하는 정책을 시행하고 있다. 수출입 물품에 대한 검역 및 검사 제도

는 한국의 경우 검역기관에 의해 통관 절차를 확인하는 데 반해 중국은 출입국 검사와 별도로(혹은 동시에) 검역기구별로 검역·검사 활동을 수행하고 있다.

〈표 8〉 통관 및 검역 부문 간 비교

구 분	한 국	중 국
수출화물의 관세여부	부과하지 않음	일부품목 부과
검역·검사제도	통관요건 확인 절차	출입국검사검역기구의 검역검사
보세구역제도	지정보세구역(지정장치장, 세관장치장) 특허보세구역(보세창고, 보세공장, 보세전시장, 보세건설장) 종합보세구역	기능별 보세구역 사실상 운영
관세유보지역	자유무역지역 경제자유구역	보세구 수출가공구
물류기업의 통관업제한	운송업보관업 등에 한정	국제화물운수대리업도 가능

자료: 양현종(2012), 「한중 양국 간 무역과 투자 특성에 따른 FTA 가능성 고찰」, 전북대학교 대학원 무역학과, 석사학위논문, 저자 재구성

한국의 통관 부문은 비교적 선진적 체계를 구축하고 있으나, 통관 부문 외의 검사와 검역 부문에서는 인편을 통한 서류 제출을 요구하는 등의 불편함이 아직 남아 있다. 중국의 경우는 세관별로 상이한 통관 관행이 아직까지 일부 적용되고 있으며, 특정 품목의 경우 세관 관할로 보세 운송을 불허하는 등의 불편성이 존재한다.

이에 우리나라와 중국은 통관 업무 중 관세 분야에 대해 세계무역기구(WTO), 세계관세기구(WCC)나, 세관상호지원 협정 등을 통해 행정 부문과의 교류와 협력을 활발히 진행하고 있다. 중국과 정부 간 세관양허지원협정을 체결하여 이를 적극 활용할 수 있도록 하고 있다.

검역 부문에서는 검역 기관과 검역 정보의 공유, 교역 상대국 검

역 기관 품질 인증 서류에 대한 인정 등 제한적으로 협력을 수행하고 있다.

이와 같이 지금까지 물류장관회의를 토대로 시행된 내용들을 종합해 보면 국가 단위의 한중간 물류협력 프로그램은 그 진행 속도가 굉장히 느리고 범위가 포괄적으로 지정되어 있어, 도시 간 협력으로 활용하기에는 부족하다는 지적이 있어 왔다. 이에 따라 부산항과 중국 주요 항구 간 협력은 물류 제도 및 인프라 구축과 시범사업을 기반으로 추진되고, 특히 복합 화물 운송에 관한 협력과 물류전문인력 양성을 위한 협력 프로그램 운영 및 기업 지원 서비스 제공 활동을 중심으로 이루어져야 한다는 주장이 학계와 업계에서 나오고 있다. 또한 전문가들은 좀 더 확대된 협력 방안으로 부산항과 중국 주요 항만 간 복합 운송 활성화 촉진 방안을 모색하고, 부산항과 중국 간의 교차 투자방식의 사업 수행을 통한 도시 간 자유무역지역 내 도시-존(city-zone)의 활성화와 공동물류센터의 건립 등을 방안으로 제시하고 있다.

3. 부산과 중국 간 항만 물동량 변화와 주요 항만에 대한 평가

부산항은 태평양과 아시아 대륙을 연결하는 지리적 요충지에 자리 잡고 있다. 물동량 처리 기준으로 세계 5위의 항만으로 성장하였고 국내 수출입화물의 40%, 컨테이너 화물의 약 73%를 처리하며, 2011년을 기준으로 1,618만TEU를 처리하였는바, 동북아지역뿐 아니라 전 세계적으로도 매우 중요한 항만으로 평가받고 있다.

1) 부산과 중국 간 항만 물동량 변화

중국정부는 자국 내 항만을 동북아 지역의 주요 항만으로 성장시키기 위해 해운 산업 지원 정책 개발에 적극적이다. 그 결과 2012년 1월 칭다오(青島)항의 경우 전체 물동량이 2011년 동월에 비해 16%, 컨테이너 물동량은 10% 증가하는 결과를 가져왔다. 그러나 이는 해외로의 수출입 활동보다는 중국의 연말 집적효과와 내륙과의 협력에 의한 물동량 증가로 여겨진다. 전반적으로 수출을 중심으로 한 해운 물동량의 확보는 과거 경제위기 이전에 비해 어려움을 겪고 있는 것으로 보인다. 이와 같은 중국 내 물동량을 대표하는 주요 항구와 부산항의 컨테이너 물동량 변동을 살펴보면 <표 9>와 같다.

〈표 9〉2011 중국의 주요 항과 부산의 컨테이너 물동량 처리 실적

(단위: 만 TEU, %)

순위	항만	컨테이너 물동량	증가율
5(5)	부산(대한민국)	1,618	14.0
1(1)	상하이(上海)	3,170	9.1
3(3)	홍콩(香港)	2,440	3.0
4(4)	선전(深圳)	2,257	0.3
6(6)	닝보(宁波)	1,469	11.8
7(7)	광저우(广州)	1,440	14.7
8(8)	칭다오(青島)	1,302	8.4
11(11)	톈진(天津)	1,150	14.1
17(19)	샤먼(厦门)	646	11.0
18(21)	다롄(大连)	640	22.1
중국 합계	-	14,514	평균 8.44

주: ( ) 안은 2010년 순위
자료: 근정물류망(錦程物流網), 2012.3. 저자 재구성

<표 11>에서 보는 바와 같은 1위인 상하이항에 비해 부산항은 절반 정도에 해당하는 컨테이너 물동량을 취급하고 있어 5위에 해당되지만, 전년 대비 증가율에 있어서는 20위권 내 중국 주요 항만들 평균 증가율인 8.4%보다 높은 14%의 증가율을 나타내고 있다. 이로써 동북아 지역에서 부산항의 위상이 상당히 높은 것을 보여준다. 또한 부산항이 규모 측면에서 빠르게 성장하고 있음을 알 수 있다.

부산항과 중국의 동해(우리의 서해안) 지역에 위치하고 있는 주요 항만은 치열한 경쟁 관계에 놓여 있다. 부산항은 2010년 기준으로 총 3,856천 TEU와 3,974천 TEU의 화물을 처리하였으며, 이 중 수출은 對중국이 737천 TEU(19.1%)로 가장 많았으며, 미국은 516천 TEU(13.4%), 일본이 506천 TEU(13.1%) 등으로 나타났다. 수입의 경우에는 중국이 753천 TEU(18.9%), 일본은 700천 TEU(17.6%) 그리고 미국 620천 TEU(15.6%) 순으로 나타났다.

부산항의 주요 수출 지역인 유럽 및 북미 지역에 있어서 세계 경제위기 이전과 그 이후의 수출 화물 물동량 변화를 살펴보면 북미 지역의 경우 경제 위기로부터 빠른 속도로 회복되고는 있으나 물동량 증가는 두드러지지 않고 있다. 또한 유럽 지역의 물동량 수요도 아직까지 완전히 회복되지 않고 있다.[70]

그러나 특이한 것은 유럽발 경기 침체의 악재에도 불구하고 부산항의 수출 및 수입 환적 화물의 증가는 빠르게 늘어나고 있다는 점이다.[71] 이는 중국으로부터 수입된 화물이 환적 작업을 통해 유럽과 북미 지역으로 수출되고 있기 때문이다. 이를 통해 부산항과 중국

---

70) 수출입물류통계연보, 관세청, 2011년.
71) 항만·공항 물류 통계집, 국토해양부, 2011년.

주요 항만들이 매우 밀접한 상호 교류 협력을 하고 있음을 짐작할 수 있다. 부산항과 중국 주요 항만과의 컨테이너 교역 특징을 분석한 자료를 살펴보면 부산항을 기점으로 한 수출 및 수입 환적 중 수출 환적 컨테이너는 중국 동해(우리의 서해) 연안 항만을 출발하여 부산항에서 환적 되어 미주, 유럽으로 수출되는 것으로 나타나고 있다. 이와 반대로 수입 환적 화물은 미주와 유럽으로부터 수입되어 부산항을 통해 중국의 주요 동해지역의 항구로 향하는 것으로 나타났다.

또 부산항의 **對**중국 물동량 처리비중의 변화를 살펴보면, 수출 화물의 경우 2005년 이후 2009년까지 지속적으로 감소하다 2010년에는 다소 회복되었으나, 수입화물의 경우는 2010년까지 지속적으로 감소하고 있다. 환적 화물의 경우 부산항의 점유율이 역대 가장 높은 95.1%를 차지함으로써 부산항이 중국의 주요 환적처리 항구로서 역할을 하고 있음을 알 수 있다.

한편 부산이 안고 있는 문제점도 간과할 수 없다. 부산 신항의 개발로 인한 전체 부산항의 물동량 처리 능력은 큰 폭으로 증가한 반면 물동량의 증가는 정작 둔화되는 조짐을 보이고 있다. 각 지방 단체가 경쟁적으로 개발하고 있는 중소형 항만으로 수출입 물량의 상당부분이 분산됨에 따라 향후 부산항은 물동량이 감소되어 어려움에 봉착할 수도 있을 것이다. 따라서 부산항의 활로는 국내에서 찾을 것이 아니라 해외에서 찾아야 한다. 특히 세계 최대의 시장과 공장을 구비하고 있는 인접 국가 중국과의 협력이 절실히 요구된다.

한편, 부산항의 주요 경쟁 항만인 북중국 항만, 즉 상하이(**上海**), 닝보(**寧波**), 칭다오(**青島**), 톈진(**天津**), 다롄(**大連**) 등 도시들은 대대적인 항만 개발에 박차를 가하고 있다. 이들 항만에 직기항하는 선박의 수도 늘어나고, 이들 항만에서 환적하는 중국발 화물이 증가함에 따라 앞으로 부산항의 환적 물량도 감소되리라는 우려도 커지고 있는 실정이다. 이에 따라 부산항의 시름은 깊어지고 있다.

2) 대중국 주요 항만 평가

부산항이 컨테이너 항만으로서 중국의 주요 컨테이너 항만과의 경쟁 또는 협력을 어떻게 수행해야 할 것인가에 대한 해답은 중국의 주요 항만 상황에 대한 분석을 바탕으로 찾아보아야 한다. 이미 부산발전연구원에서는 '부산-중국 간 주요 분야 협력 방안(2011)' 연구를 통해 부산시와 중국 주요 항만과의 협력을 위한 타깃 항만(지역)을 선정한 바 있다. 중국 14개 항만의 매력도를 평가하였는데 부산항과 중국 지역 주요 항만 간의 기종점(O/D) 분석과 물동량 특성 및 추세 분석을 집계하여, 이 중 현재의 물동량, 향후 성장가능성, 물동량 변동률, 환적 비중, 무역 추세, 공 컨테이너 비중 및 선사 처리량 등을 항목으로 선정하고 각각의 항목을 수치화하여 점수를 매겼다. 평가에서 높은 점수를 받은 항만을 핵심 마케팅 대상 항만으로 선정하였다. 핵심 마케팅 대상 항만으로 뽑힌 곳은 현재 물동량이 많고, 높은 성장률, 낮은 변동성 등의 특징을 보이고 있는 다롄(大连)항, 칭다오(青岛)항, 톈진(天津)항 등이다. 물동량 변동폭이 작고, 환적, 수출입 교역추세, 선사별 처리량 등에서 큰 변화가 없어 비교적 안정적으로 운영이 되고 있는 롄윈강(连云港)항, 샤먼(厦门)항, 옌타이(烟台)항, 장지아(张家)항, 황푸(黄埔)항, 닝보(宁波)항, 상하이(上海)항

등은 지속적인 관심대상으로 분류하였다. 그 결과는 아래의 <표 10>과 같다.

〈표 10〉 항만 마케팅 대상 항만 선정 결과 변화

구분	대상항만
핵심 마케팅 대상	다롄(大連)항, 칭다오(靑島)항, 톈진(天津)항
지속적 마케팅 대상	롄윈강(連云港)항, 샤먼(厦门)항, 옌타이(烟台)항, 장지아강(张家)항, 황푸(黃埔)항, 닝보(宁波)항, 상하이(上海)항

자료: 부산발전연구원(2011.5), 「부산-중국 간 주요 분야 협력 방안」, 저자 수정

본 연구에서는 위의 연구 결과를 토대로 중국 주요 항만의 강약점에 대한 분석을 추가로 실시하여 물류 분야 협력에 도움을 주는 보다 체계적이고 객관적인 지표를 제시하고자 노력하였다. 취합된 자료는 국내외에서 발표된 연구 자료와 각급 관련 기관에서 배포한 공개자료 중 중국 항만 관련 자료를 취합하여 분류 정리하였다.

먼저 상하이(上海)항의 경우 강점으로는 천혜의 지리적 입지와 푸동(埔东) 경제특구로 인한 풍부한 물동량 확보, 배후 도시들의 높은 성장률을 들 수 있다. 약점으로는 낮은 수심과 전반적인 배후 인프라 부족, 물류 관련 정보 서비스 미비, 물류기업의 낮은 경쟁력을 들 수 있다.

닝보(宁波)항의 경우 강점으로는 높은 물동량 증가와 지속적인 컨테이너 터미널의 증설, 향후 저장(浙江) 지역 물류 중심지로서의 도약 가능성 등을 들 수 있으며, 약점으로는 양산(洋山)항과의 물동량 확보 경쟁 심화와 중국 내 타 물류 시스템과의 연계 어려움, 화물 운송 선사들 간의 마찰 등을 들 수 있다.

칭다오(青岛)항의 경우 풍부한 해외 기업 유치 경험이 가장 큰 메리트이다. 특히 우리나라 기업들이 대거 동 지역에 진출해 있다. 또한 안정적인 항만 거래선이 확보되어 있으며 상대적으로 유리한 입지 여건, 전용부두의 EDI를 통한 정보처리능력, 다양한 화물과 전세계 정기항로 확보 등을 강점으로 꼽을 수 있다. 반면 약점으로는 양산(洋山)항과의 경쟁이 격화될 수 있는 지리적 위치에 놓여 있으며, 낮은 배후 처리 시설, 특히 창고 물량 부족의 문제점을 안고 있다. 또 칭다오항은 내륙 항만사와 외국 항만사 간의 무질서한 경쟁이 존재하고 있으며 항만에 대한 중복 투자 등의 문제가 있다.

톈진(天津)항의 경우 중국 정부의 지역균형발전전략 지역으로 지정되어 향후 안정적인 성장이 예상되는 지역이다. 또 정부의 대규모 컨테이너 물류센터 건설 계획과 항만 가공업과 현대 정보항만에 대한 지원 계획이 확정되어 있다는 장점이 있다. 반면 약점으로는 낮은 수심과 수역이 좁은 불리한 입지 조건과 선박의 긴 입출항 대기시간, 항만정보시스템 운영 능력의 미비 등이 있다.

샤먼(廈門)항의 경우 강점으로는 대형 모선이 직접 출항 가능한 항로를 확보하고 있는 점과 중국 정부의 서남 지역 개발로 인한 성장 잠재력을 보유하고 있다는 점을 들 수 있다. 약점은 대만의 가오슝(高雄)과 직접적인 경쟁 항만이라는 점과 심수부두 개발에 대한 어려움이 존재하고 있다는 것이다.

다롄(大连)항은 중국 동북진흥계획의 중심항으로서 중앙 정부의 전폭적인 지원을 받는다는 것과 배후 연계 수송망이 발달되어 있으며 복합 수송에 적합한 입지 조건을 갖고 있다는 강점이 있다. 약점으로는 정보시스템 미흡과 운영의 비효율성을 들 수 있으며 항만 시설의 부족과 배후 지역의 경제적 낙후성 등이 있다.

렌윈강(连云港)의 강점은 중국의 동서남북을 잇는 교통의 요충지로서 넓은 배후지를 바탕으로 지속적으로 항만 시설을 확충하고 있다는 점과 값싼 임금의 풍부한 노동력을 보유하고 있다는 것이다. 약점은 항만정부시스템이 취약하여 신속한 통관이 이루어지기 어렵고 운영 노하우의 부족으로 운영의 비효율성이 존재한다는 것이다.

옌타이(烟台)항의 경우 강점은 산동 지역의 지리적 이점과 정부의 개발 혜택에 대한 잠재성이 존재하고 있다는 것이다. 약점으로는 지방정부의 항만 발전 방향에 대한 인식이 모호하며 항만 운영의 비효율성으로 인해 중국 내 타 항만에 비해 상대적으로 낮은 경쟁력을 보이고 있다는 것을 들 수 있다.

황푸(黄埔)항의 경우 인프라 구축을 통한 잠재성을 보유하고 있다는 것과 복합 운송 시 새로운 시장 개발 가능성이 존재한다는 강점이 있으나 반면 낮은 효율성과 나쁜 입지 조건 등의 약점도 갖고 있다.

〈표 11〉 부산항 관련 주요 항만들에 대한 강약점 분석

주요 대상 항만	강 점	약 점
상하이 (上海)	지리적 입지 푸동의 경제특구로 인한 풍부한 물동량 배후도시의 높은 성장률	낮은 수심 전반적인 배후 인프라 부족 물류관련 정보 인프라의 부족 관련 물류기업의 낮은 경쟁력
닝보 (宁波)	높은 물동량 증가 지속적인 컨테이너 터미널의 증설 향후 저장성 지역 물류중심지로서의 역할	양산항과의 물동량 경쟁 격화 중국내 타 물류시스템과의 연계에 대한 어려움 화물 운송 선사와의 마찰

칭다오 (靑島)	풍부한 해외기업의 유치 (특히 한국기업) 안정적인 항만 국제 거래선 확보 상대적으로 유리한 입지 전용 부두 EDI를 통한 정보처리능력 다양한 화물과 전 세계 정기항로 확보	양산(洋山)항과의 경쟁 격화 낮은 배후 처리 시설(창고물량 부족) 내륙 항만사와 외국 항만사 간의 무 질서한 경쟁 저급 수준의 항만에 대한 중복투자
톈진 (天津)	중국 정부의 지역균형발전전략 지정 향후 잠재력이 가장 높은 지역 대규모 컨테이너 물류센터의 건설 항만가공업과 현대 정보항만 지원	불리한 입지 (낮은 수심과 좁은 수역) 긴 선박의 입출항 대기 시간 항만정보시스템 운영 능력의 미미
샤먼 (廈門)	대형모선이 직접 출항 가능한 항로 확보 중국 정부의 지역균형발전전략 지정 서남지역 개발로 인한 성장 잠재력	대만의 가오슝(高雄)과의 직접적인 경쟁 심수부두 개발에 대한 어려움
다롄 (大連)	중국의 동북진흥계획의 중심항 발달된 배후 연계 수송망 복합 수송에 적합함	정보시스템 미흡 및 운영의 비효율 항만 시설 부족 배후지역 경제의 낙후
장지아강 (張家港)	높은 경제수준의 3개 도시 우수한 내륙 연계 교통망 컨테이너, 벌크용 전문 부두 유치 세계적인 항만 네트워크(140여 개와 연계)	항로 수심의 부족으로 인한 성장의 한계 낮은 해안선 이용률 응급 상황에 대한 대처 능력 부족
롄윈강 (連云港)	중국 동서남북 지역을 잇는 교통 요충지 지속적으로 개발 중인 항만시설 넓은 배후지 풍부한 노동력(값싼 임금)	항만 정보시스템의 취약성 노하우의 부족으로 인한 운영의 비 효율성
옌타이 (烟台)	산둥지역의 지리적 이점 정부의 개발 혜택에 대한 잠재성	발전 방향에 대한 인식이 모호 낮은 효율성 중국내 타 항만에 비해 상대적으로 낮은 경쟁력
황푸 (黃埔)	인프라를 통한 잠재가능성 복합 운송시 새로운 시장 개발 가능성	낮은 효율성 지리적 열세

자료: Lu Ji-Xiang(2011), 양현종(2012), 왕려호(2011), 고봉호(2007) 외, 저자 수정

이 같은 중국 내 항만들의 강약점들을 활용하여 다음 장에서는 부
산항과 중국 주요 항만과의 물류 협력 전략을 구축하고자 한다.

4. 부산항과 중국 주요 항만 간의 물류 협력 전략

현재 중국의 물류 산업 수준은 전반적으로 우리나라보다 다소 열세에 놓여 있는 것으로 평가되고 있다. 중국의 물류정책은 국무원과 산하 부처에 그 권한과 책임이 분산되어 있다. 중앙정부와 각 성시 (省市) 간의 정책 및 집행의 차이로 다양한 문제들이 발생하고 있다. 특히 일반적인 문제점으로는 거시적 측면에서 물류 관리 환경 및 기초 설비의 부족, 물류 시장 발전의 불균형과 유효 수요 부족, 물류표준화와 서비스 수준의 미흡, 물류 전문 인력 부족 등의 난제를 안고 있다.

물류 관리 환경 및 기초 설비 관련 문제점을 살펴보면, 우선 정책적으로 물류관리 체계의 분산 및 행정 분할 문제로 부문 간 교류와 협조가 부족하고 기존 정책이 제대로 시행되지 않는 점을 꼽을 수 있다. 또한 물류 산업 발전과정에서 발생하는 새로운 문제에 대한 적절한 정책적 조치가 원활하게 이루어지지 않고 있다. 또한 물류원가가 높고 물류 산업 총 원가 중 운임이 55%를 점유하는 등 운영 효율성이 낮으며, 제조업이 직접 물류 부문을 수행하는 사내 물류 위주의 산업 구성을 보이고 있다.

이와 함께 계속되는 물류 단지 및 물류 센터 개발의 공급과잉에 따라 물류 시장의 불균형과 유효 수요의 부족 현상이 발생하고 있으며, 공급체인 솔루션, 물류시스템 설계, 물류정보관리 등에 필요한 전문 물류 인력의 공급이 부족한 것으로 나타나고 있다. 물류 인력 양성 및 공급에 있어 현재 중국의 각 대학에서 물류학부 개설 및 물류 관련 과목을 신설하고는 있지만 이론과 실무를 겸한 전문가가 부족하고 특히 물류 표준화 분야의 인력이 크게 부족한 실정이다. 또한 중국 내 지역 간 물류 표준이 상이하고 각 부처 간 표준화된 운영 메커니즘이 미비하다. 이로 인해 창고 하역 및 운송 단계에서 통일적 규범이 없어 효과적인 연계성이 결여되어 물류 표준 보급에 장애가 되고 있다. 이 밖에도 시설 및 기술 부족, 급속한 도시화에 따른 도시와 농촌 지역의 물류 시설 차이, 교통 수요 불균형과 수송 수단간 연계 운송 시설 부족, 각종 정부의 규제 정책 등에 의해 중국 물류 시장의 문제점이 발생하고 있다.

그러나 앞서 분석한 결과와 마찬가지로 중국은 지속적인 경제 성장을 바탕으로 수출 강국으로서의 지위를 계속해서 유지하고자 할 것이며 나아가 자국 내 내수를 진작시킴으로써 거대 시장의 역할까지 수행하고자 할 것이다. 이를 위해서 중국은 자국 물류 산업 발전의 핵심이 되는 중국의 각 주요 항만들의 기능을 더욱 강화시켜 물류산업에서의 경쟁우위를 확보하고자 할 것이다. 이에 중국과 여러 가지 관계로 얽혀 있는 부산항은 기회와 위기에 동시적으로 직면하고 있다고 할 수 있다.

이러한 기회와 위기에 대한 부산항의 적절한 분석과 대응은 부산항뿐만 아니라 부산항을 기반으로 하는 부산 지역 전체의 생존과 직결되는 사안이라 할 수 있으며, 이에 적절한 전략적 접근을 바탕으로 중국 주요 항만과의 항만 대 항만 또는 도시 대 도시로서의 전략적 제휴를 적절하게 유지할 필요가 있다.

부산항과 중국 주요항만 간의 향후 경쟁 및 보완 관계에 대한 분석을 위해 <그림 4>를 살펴보자. 향후 물동량의 성장률 면에서는 부산항이 닝보(宁波)항, 칭다오(青島)항, 광저우(广州)항에 다소 뒤지만, 상하이(上海)항, 선전(深圳)항보다 앞서고 있는 것으로 나타났다.

〈그림 4〉 부산항과 주요 10대 항만 간의 Static 매트릭스 분석

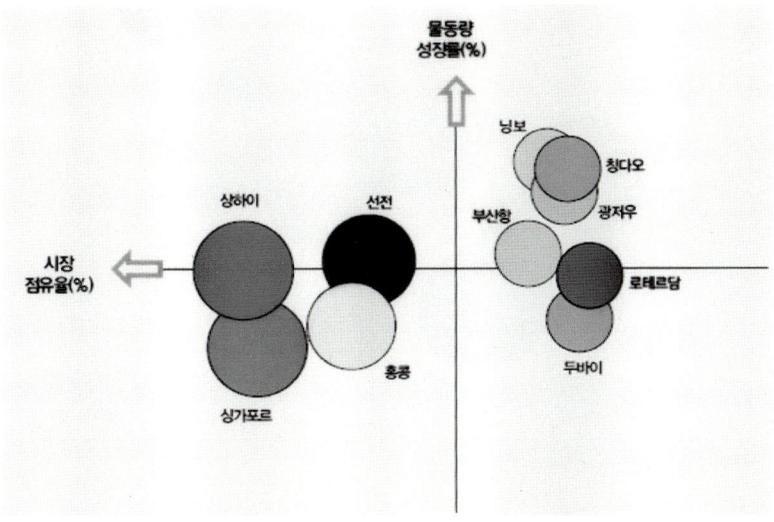

자료: 2011 항만·공항 물류통계집 자료를 활용하여 저자 작성

부산항을 중심으로 중국 주요 항만들 중 부산항과 성격이 다른 항 구들에 대한 경쟁성, 보완성, 성장성을 분석한 결과, 부산항에 비해 시장 점유율은 상항이 항이 1.96배 정도로 높은 데 비해, 다롄(大连) 과 샤먼(厦门)항은 부산항에 비해 40% 정도의 상대적으로 낮은 점유 율을 확보하고 있는 것으로 분석되었고, 닝보(宁波)항과 광저우(广州) 항은 비슷한 시장점유율과 성장성을 갖고 있는 것으로 분석되었다.

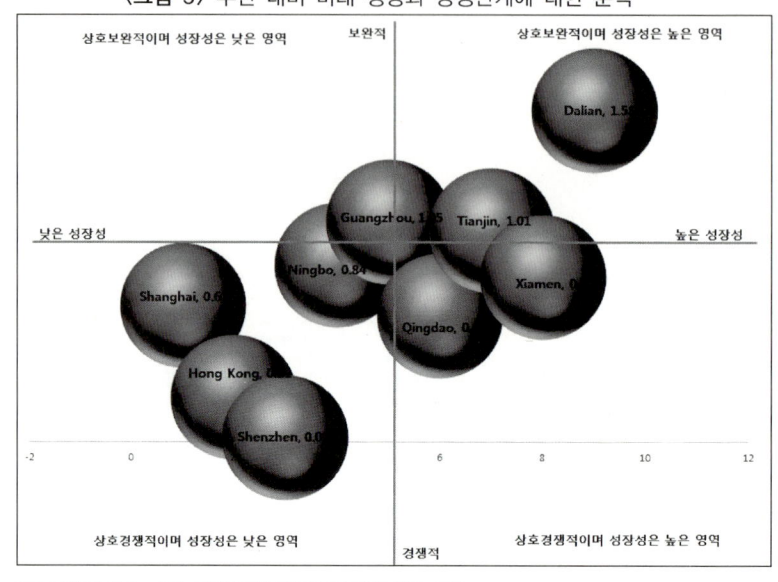

〈그림 5〉 부산 대비 미래 성장과 경쟁관계에 대한 분석

자료: 2011 항만·공항 물류통계집 자료를 활용하여 저자 작성

　다롄(大连)의 경우 성장 가능성은 부산과 비슷한 데 비해 경쟁관계보다는 보완관계(-값)로 나타났으며, 선전(深圳)항의 경우 향후 성장 가능성은 부산보다 크지만 경쟁관계보다는 보완관계로 발전할 수 있는 가능성이 높은 것으로 나타나고 있다.

　따라서 앞서 핵심 마케팅 대상으로 선정된 다롄(大连)항과 칭다오(青岛)항 그리고 톈진(天津)항과 지속적 교류 대상으로 삼았던 롄윈강(连云港), 샤먼(厦门)항, 옌타이(烟台)항, 장지아(张家)항, 황푸(黄埔)항, 닝보(宁波)항, 상하이(上海)항 등에 대해 다음과 같이 마케팅 전략 대상 분류표를 작성할 수 있다.

<표 12> 전략적 마케팅 대상 주요 항만 분류

구분	핵심마케팅 대상	관찰대상	지속적 마케팅 대상
경쟁대상	톈진(天津)항, 칭다오(青島)항	광저우(廣州)항	상하이(上海)항
주의대상			샤먼(厦門)항, 옌타이(烟台)항, 장지아강(張家)항, 황푸(黄埔)항, 닝보(宁波)항
보완대상	다롄(大連)항	선전(深圳)항	

자료: 항만·공항 물류통계집 자료를 활용하여 저자 작성

① 톈진(天津)항

톈진(天津)항은 핵심 마케팅 대상이며, 향후 부산의 주요 경쟁 대상이 될 가능성이 높은 항만으로 분류되었다. 톈진(天津)항은 2010년 컨테이너 처리 물동량이 1,150천 TEU로 전년대비 14.1%의 증가율을 보여 부산항의 14%와 유사한 성장세를 유지하고 있다. 현재 항만 규모는 세계 11위에 불과하나, 향후 중국 허베이(河北)지역 개발에 있어서는 가장 핵심이 되는 항만이다.

특히 톈진(天津)항이 향후 부산항의 주요 경쟁 대상이 될 수 있는 주요 이유는 중국의 최대 경제자유구역인 빈하이(濱海) 신구의 핵심 게이트 항구로서의 역할을 담당할 것이기 때문이다. 이 때문에 향후 부산진해 경제자유구역 활성화를 위한 부산 항만 발전에 커다란 걸림돌이 될 가능성이 매우 높은 것으로 분석된다.

톈진(天津)항이 갖고 있는 규모의 경제적 이점이나 산업기반을 토대로 한 물동량 확보 경쟁보다는 부산항은 부산항만이 가지고 있는 물류부문의 서비스 경쟁력을 활용하여 복합운송체제를 적극 활용하는 방안을 전략적으로 구사해야 할 것이다. 또한 부산의 소재 산업을 육성하여 빈하이(濱海) 신구와 부산진해 경제자유구역 간의 역할

을 분담함으로써 항만 간 경쟁보다는 협력을 유도하는 전략적 제휴 방안을 모색하는 것이 바람직할 것으로 예상된다.

② 칭다오(靑島)항

칭다오(靑島)항 역시 톈진(天津)항과 마찬가지로 핵심 마케팅 대상이며 향후 부산항의 주요 경쟁상대로 분류된 항만이다. 2010년 1,201만TEU를 처리하여 전년 대비 17.1% 성장률을 기록하였으며, 세계 8위의 항만 규모로 중국 항만들 중 부산항을 가장 위협하고 있는 곳으로 분석된다.

칭다오(靑島)항 역시 빈하이(濱海) 신구가 개발 완료될 경우 부산에 대한 직접적인 위협이 커질 수 있다. 이에 대응하기 위해 칭다오(靑島) 주변 기존 경제개발지역 내에 한국기업들이 많이 진출하여 있는 점을 충분히 활용할 필요가 있다. 특히 이들이 주로 전기, 전자 및 기계 산업들을 중심으로 하는 기업이라는 점에 착안하여 국내에 있는 전기, 전자 및 기계 기업들을 부산진해 경제자유구역에 적극적인 유치를 통한 전략을 구사하여 칭다오(靑島)와 물동량 확보 경쟁보다는 협력과 동반성장의 방향을 모색해야 할 것이다. 한편, 향후 빈하이(濱海) 신구에 대해 톈진(天津)항과 칭다오(靑島)항이 서로 경쟁하도록 조장하는 '이이제이(以夷制夷) 방안'을 전략적으로 모색해 볼 수 있다.

③ 광저우(广州)항

광저우(广州)항은 경제와 교통의 중심지 역할을 수행하는 주강(珠江) 삼각주 지역과 광동(广东)성 지역의 핵심 항만으로서 광동

(广东)성의 물류 허브 역할을 수행하고 있다. 분석 결과에 따르면 현재 중국 남부에서 가장 핵심적 역할을 수행하고 있으며 향후 물동량 변동에 따라 부산과는 기항지(O/D) 경쟁 관계에 놓일 가능성이 있는 것으로 판단된다.

특히, 유럽지역으로의 수출 물동량의 경우 부산이 처리하고 있는 대규모의 환적 물동량을 잠식할 가능성이 있는 항만으로서 마케팅 활동 대상보다는 주요 관찰 대상으로 선정하였다. 따라서 환적 화물 처리에 있어 부산이 갖고 있는 물류 거점 부문의 이점과 관리 운영 부문에서의 질 높은 서비스를 적극 활용한 차별화를 통해 환적 물동량을 적극 유치할 수 있도록 하는 전략의 수립이 필요하다.

④ 상하이(上海)항

상하이(上海)항은 중국을 대표하는 세계 1위의 항만으로서 중국의 지속적인 경제 성장을 이끌어가고 있는 중추 항만이라 할 수 있다. 원양 해운뿐만 아니라 중국의 연안 운송, 장강 운송, 해륙복합운송의 중심지로의 역할을 수행하고 있는 항만이다. 또한 중국 제1의 경제 특구인 상하이(上海)-푸동(埔东) 특구의 성공적인 성장을 통해 이미 부산의 경쟁 대상으로 보기에는 적합하지 않다.

특히, 물류 체계나 각종 물류 시설적인 면에서는 이미 부산의 수준을 뛰어넘은 것으로 분석된다. 다만 물류 거점 조성 및 관리 운영 부문에서의 효율성이 부산보다 다소 떨어지는 것으로 판단된다.

따라서 부산은 상하이(上海)항과의 지속적인 교류를 통해 그 장점들을 벤치마킹하고, 그와 더불어 상하이(上海)항이 놓치고 있는 틈새시장(niche market)과 틈새서비스를 파악하고 이를 파고들어 비즈니스화하는 전략이 필요하다.

⑤ 다롄(大连)항

다롄(大连)항의 경우 핵심 마케팅 대상으로 되어 있으며, 향후 부산과는 상호 보완관계를 형성할 수 있는 항으로 분석되었다. 특히 다롄(大连)항의 경우 동북지역에 위치하고 있으면서도 톈진(天津)항이나 칭다오(青岛)항에 비해 상대적으로 낙후된 항만이다. 이들 항만들과는 경쟁관계에 있기 때문에 외부의 지원이나 전략적 제휴가 필요한 상황으로 분석된다. 따라서 부산이 이를 적극적으로 활용하는 기회를 만들어 갈 수 있다.

즉, 다롄(大连)항은 물류 협력 부문 전반에서 모두 열세에 처해 있는 대표적인 항만이므로 부산은 적극적인 도시 간 교류를 통해, 적절한 제도와 물류 정보 및 관련 기술의 제공과 물류 분야 전문 인력의 활발한 교류와 같은 지원책을 펼 수 있다. 이를 통해 다롄(大连)항이 부산을 대신하여 톈진(天津), 칭다오(青岛)와의 적극적인 경쟁을 대행토록 하는 장기적인 전략적 제휴 관계를 구축하는 방안이 필요하다.

⑥ 선전(深圳)항

선전(深圳)항은 주강 삼각주 지역을 중심으로 선전 특구와 배후산업단지 및 보세 구역을 지원하고 있는 세계 4위의 컨테이너 항만이다. 현재 부산항과 물동량 측면에서 순위 경쟁관계인 것으로 나타난다. 그러나 이미 선전항은 중국 내 자동차, 전기, 전자를 중심으로 한 성장 항만으로 부상하였다. 따라서 부산은 지속적인 관찰을 통해 선전(深圳)항과 부산과의 상호 동반자 관계를 유지해 나갈 수 있는 핵심 연결고리를 찾는 노력을 수행함과 동시에 항만 및 배후부지 공동 개발 활동 등을 통해 지속적인 교류를 확대해 나가는 전략이 필요할 것으로 사료된다.

기타 마케팅의 지속적인 대상이 되고 있는 샤먼(厦门)항 외의 주요 중국 항만들에 대해서도 중국의 '꽌시(关系)'를 적극 활용할 수 있는 인간중심적 마케팅 활동들을 개발하고 지속함으로써 경쟁보다는 상호 보완성을 높일 수 있는 물류 협력 방안을 모색하는 것이 필요하다. 나아가 부산항을 중심으로 한중 간 물류 협력을 지속하기 위해서 기본적으로 전제되어야 할 것은 양국 상호 간 이해관계가 절충될 수 있는 충분한 물동량 확보, 즉 물류시장이 존재해야 하는 것이다. 이를 위해서 한중간 공동의 물류시장을 공동으로 개발하고 이를 일본까지 확대해 나갈 필요가 있다.

특히, 공항을 이용하는 항공 물류보다는 부산의 구항과 신항을 기반으로 하는 해운 물류가 부산 물류 활동의 주를 이루는 상황에서 최근 동북아 3국을 중심으로, 항공을 이용한 Express 시장이 급격히 성장하고 있는 것은 부산에 대한 잠재적 위협으로 작용할 수 있다. 따라서 이러한 현상을 단지 위협적인 요소로만 보지 말고 부산이 처리하는 화물에 대해서 해공(Sea & Air)의 복합 운송 방안과 함께 중국 주요 공항 및 항만과의 해공 복합 운송 방안에 대해서도 적극 모색할 필요가 있다.

부산과 중국 간 복합운송에 대한 향후 전망을 살펴보면, 현재 중국은 수출 화물을 자체적으로 처리할 수 있는 물류 시설이 양적으로나 질적으로 매우 부족한 상황이며, 운송경로 또한 다양하지 못하여 현재의 수출 물량도 원활하게 소화할 수 없는 상태이다. 중국 정부가 대규모 물류 시설 확충 사업을 추진하고 있기는 하지만 수출 물동량을 지원할 수 있는 인프라 시설의 증설 속도는 매우 느린 편이다. 이러한 상황에서 부산시가 중국 발 화물 운송 방안을 다양화하여 복합 운송 시장을 선점한다면 부산이 대중국 교역의 물류 거점 지역으로서 확고히 자리매김할 수 있을 것이다. 장기적인 차원에서 부산과 중국의 공항 및 항만을 잇는 항공 노선과 공항의 정비도 필요할 것으로 판단된다.

참고문헌

고봉호(2007), 「한중항로에서 컨테이너 정기선사간 전략적 제휴방안에 관한 연구」, 한국외국어대학교, 석사학위논문

관세청(2010), 『수출입물류통계연보』

대한무역투자진흥공사(2012), 『국가별 수출입 현황자료(저자 재구성)

부산발전연구원(2011), 『항만·공항 물류통계집』

부산발전연구원(2011), 『부산-중국 간 주요 분야 협력 방안』

부산항만공사홈페이지, http://www.busanpa.com/Service.do

삼성경제연구소(2012), 「해외주요국 경제 동향 보고서」

양현종(2012), 「한중 양국 간 무역과 투자 특성에 따른 FTA 투자 특성에 따른 FTA 가능성 고찰」, 전북대학교 대학원, 석사학위논문,

왕려효(2011), 「중국항만개발에 따른 한국 항만의 대응전략」, 계명대학교 대학원 무역학과, 석사학위논문

BDI FOCUS(2012.05), 『해외동향 보고서』

BJFEZ 홈페이지, http://www.bjfez.go.kr/program/publicboard

Lu Ji-Xiang(2011), "A comparative study on the competitiveness about the major port", *Journal of Maritime operation*

6장 중국의 해외투자 전략과 부산의 과제

강희정(姜熙丁)

요 약

부산이 중국기업(자본) 투자를 성공적으로 유치하고, 새로운 투자 거점지역으로 부상하려면 동아시아 및 대중국 해운, 물류분야의 지경학적 허브의 위상, 해양산업 발전 잠재력 등 강점을 적극 활용함으로써, 한중 FTA 체결이후 상호 보완적 발전을 위한 한중합작 필요성 및 중국기업 한국투자 증가 등의 기회를 최대한 활용하기 위한 적극적인 추진전략이 마련되어야 한다.

단계별 전략으로 첫째는 ▲적극적인 차이나 드라이브 정책의 실시와 전담조직의 신설과 ▲경쟁력 있는 투자유치 선도지역으로의 부상을 위한 차별화된 중국통상전략의 수립이 필요하다. 둘째는 ▲부산의 미래전략산업과 연계된 차이나 비즈니스 인프라 구축과 ▲통상전문가 중심의 중국사무소 운영을 통한 성과 극대화와 홍보 및 기업지원 역량 강화이다. 셋째는 ▲장기적 차원에서 종합적 성격의 랜드마크형 차이나 비즈니스 특화단지 조성 ▲'중국수출투자박람회' 육성과 상징적인 대표기업 유치를 통한 확산효과 기대 등 중국 투자유치 선도지역으로 부상하기 위한 지속적인 정책적 모색이 필요하다.

부산의 중국투자 유치 전략: SO(maxi-maxi)전략

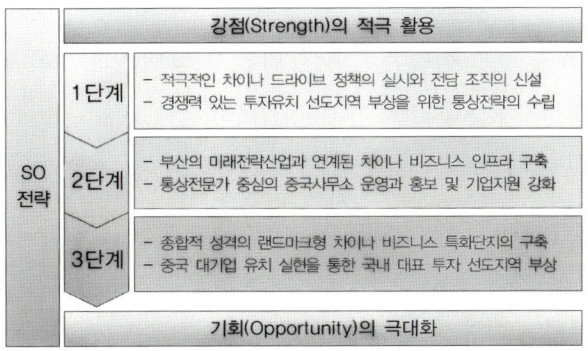

1. 중국 해외투자 정책의 전환과 발전 추세

1) 중국의 해외투자 경과

중국의 첫 번째 해외투자는 1979년 11월, 베이징에 소재한 우의 상업복무총공사(友誼商業服務總公司)가 일본의 도쿄마루이찌상사(東京丸一商社)와 함께 일본 도쿄에 경화주식회사(京和株式有限公司)라는 합작법인을 설립하면서 시작되었다.

물론 1979년 이전에도 중국은 해외투자를 시행한 적이 있으나, 이 시기의 투자는 주로 대외무역수준의 유지나 정치적 목적 달성을 위한 유상 및 무상원조 형식으로 이루어진 것이다. 따라서 통상적인 해외직접투자(OFDI) 혹은 외국인직접투자(FDI)로 분류되는 해외투자로 보기에는 무리가 있다.

즉, 중국은 1950년대부터 아프리카 등 제3세계 국가의 독립과 경제·기술지원을 위해 정부차원에서 원조를 통한 해외투자를 실시한 바 있다. 이때 사용된 원조방식은 주로 프로젝트 원조가 대부분을 차지했으며, 종종 일반원조, 기술원조, 물자원조 방식이 사용되기도 했다. 이러한 원조방식은 일반적인 의미의 FDI와 거리가 있지만, 이를 통해 중국정부는 OFDI를 경험했다는 데 의의를 가진다고 볼 수 있을 것이다.

(1) 개혁·개방 초기(1979~1990년)

상술한 의미에서 본 중국의 OFDI를 규정한 첫 번째 중국정부의 정책은 1979년 8월 13일, 국무원이 공포한 경제개혁조치 15개 항목

중 제13항에서 '해외투자기업 설립을 허용한다(**出国开办企业**)'라고 명시한 것이 그 효시이다.

이후 해외투자기업 설립에 근거가 될 법률·법규가 공포되었는데, 주요 법제도를 보면 다음과 같다. 먼저 1981년에 <해외합영기업설립에 관한 잠정규정>, <비무역업종 해외기업설립에 관한 잠정규정>을 대외경제무역부에서 공포한 바 있다.

1984년에는 <비무역성기업 해외투자설립에 관한 잠정규정>, <해외와 홍콩·마카오에서 비무역업종 합자기업설립 인가권한과 원칙에 관한 통지(1984.5)>를 공포하였다. 또한 1985년 7월에는 <해외비무역업종기업설립 심사절차와 관리방법에 관한 시행규정>을 공포하여, OFDI에 필요한 법률적 토대를 마련하였다.

이 시기에 이러한 법제도가 마련됨으로써, 이전에 개별항목 건별로 OFDI를 심의하던 인허가 방식(**个案审批**)에서 일정한 법제도와 가이드라인을 기준으로 두고 일괄적으로 심의를 하는 규범성 심의(**规范性审批**) 인허가 방식으로 바뀌게 되었다. 이와 같은 법제도 마련에도 불구하고 당시 중국은 개혁개방 정책을 시작한 지 얼마 되지 않아, 해외투자를 위한 자본축적이 거의 이루어지지 않았고 해외투자에 나서고자 하는 국유기업도 많지 않았다. 이 시기 투자 규모는 연간 2,500만 달러였으며, 주로 음식업, 건설 프로젝트 도급, 컨설팅, 무역 등에 집중되어 있었고, 가공·제조업에 대한 투자는 많지 않았다. 또한 OFDI 대상지역도 주로 개발도상국이나 홍콩, 마카오에 편중되어 있었다.

(2) '사회주의 시장경제' 도입기(1991~1996년)

1989년 천안문 사태와 이후 수년간 이어진 경기 침체는 중국의 해외투자에도 영향을 미쳤다. 1991년 국무원은 '해외투자항목의 관리강화 의견에 관한 통지'를 공포하여 기업들의 맹목적인 OFDI에 대한 심사를 엄격히 하였다. 물론 그 배경에는 OFDI 억제를 통해 외환수지 균형을 맞추려는 의도도 있었다. 이 시기에는 홍콩, 마카오, 동구, 소련 지역에 대한 투자만 허용되었다. 이러한 OFDI 제한 정책으로 1992년에는 355개 OFDI만 승인되었으며, 1996년에는 103건으로 대폭 축소되었다.

1992년부터는 개혁개방정책의 재시동을 천명한 덩샤오핑의 남순강화(南巡講話) 영향으로 FDI가 적극적으로 늘어나게 된다. 1992~1994년 동안 중국정부가 승인한 비무역 관련 해외투자기업은 629개로 연평균 232개에 달하였으며, 중국 측 파트너의 투자액이 3.14억 달러로 연평균 1.05억 달러에 건당 평균투자 금액은 45만 달러를 기록하였다.

그리고 1996년 말까지 중국이 해외에 설립한 기업은 총 5,044개로 중국 측 투자액이 59.28억 달러에 달하였으며, 그중 무역 관련기업이 3059개, 공업 및 농업생산과 자원개발 등 비무역기업이 1985개에 이르렀다.

(3) 투자 확대기(1997~2003년)

'사회주의 시장경제' 이론은 1992년 10월 중국 공산당 제14차 대표대회에서 처음 제기되었다. 이때 제시된 <정치보고>에서는 '중국기업의 대외투자와 다국적 경영을 적극적으로 확대한다'라는 FDI

에 대한 원칙이 제시되었으며, 이는 중국 공산당 중앙위원회 차원에서 중국기업의 해외투자를 '장려'한다고 명시한 첫 번째 사례로 기록된다. 이후 중국 공산당은 14기 3중전회(1993.11.14)에서 '사회주의 시장경제체제 수립의 약간 문제에 관한 중공중앙의 결정'을 통과시켜, '사회주의 시장경제'의 착수를 선언하게 된다.

1996년 3월, 제8차 전인대 4차회의에서 통과된 <국민경제사회발전 9·5계획과 2010년목표강요>에서는 '대외원조방식을 개혁하여 중국 우수기업이 개발도상국에서 합자경영 등 여러 방식의 경제합작을 하도록 장려하며, 정부우대대출 등을 통해 개발도상국 간 협력(南南合作)을 강화한다.'라고 명시했다. 즉, 이 시기 중국정부의 OFDI 가이드라인은 '중국의 우수한 대형국유기업이 개발도상국에 나가서 투자하는 것'으로 제시된 셈이다.

중국의 해외투자는 우리 언론에도 '저우추취(走出去)'라는 용어로 잘 알려져 있다. '저우추취' 개념이 처음으로 제시된 것은 1997년 12월 24일, 장쩌민 총서기가 전국외자업무회의에서 한 연설문에 기인한다. 그는 동 회의에서 그동안 중국이 주력했던 외자유치 정책인 '인진라이(引進來)'도 중요하지만, 개발도상국에 나가 해외투자를 확대하는 '저우추취'에도 같은 비중으로 정책중점을 두어야 한다고 역설한 바 있다.

2002년 공산당 제16차 전국대표대회에서 <정책보고>로 '저우추취(OFDI)'와 '인진라이(FDI유치)'를 상호결합하여 중국의 대외개방수준을 제고할 것을 결의하면서, 이후 중국의 OFDI는 본격적으로 확대되게 된다. 특히 2001년 3월, 전인대에서 통과된 10·5계획에는 '저우추취' 지원 전략을 포함하였는데, 보험, 외환, 재정과 세무, 인력, 법률정보서비스, 출입국관리 등 중국기업의 해외진출 전략에 필요한 각종 서비스 시스템을 수립하고, 해외투자의 관리감독을 규범화하는 내용을 담고 있다.

이 시기에 제정된 대표적인 OFDI 관련 법제도로는 1999년 2월에 3개 부처(대외경제무역부, 재정부, 국가경무위)에서 공포된 <기업의 해외대료가공업무 장려에 대한 의견>을 들 수 있다. 이는 1999년 아시아 금융위기의 영향으로부터 벗어나기 위한 일환으로 가공무역 업체의 해외진출을 확대한 것에 배경을 두고 있다.

(4) 투자 장려기(2004~현재)

국무원은 2004년 7월에 '투자체제 개혁에 관한 결정'을 공포하면서 먼저 국내투자 부문에 대한 복잡한 절차를 간소화한다. 즉 정부 부문 투자를 제외한 프로젝트는 심사비준 제도를 실시하지 않고, 상황에 따라 확인허가(核准) 제도 혹은 등록(備案)제도를 실시하기로 한 것이다.

같은 해에 OFDI 역시 국내투자에 준하는 개혁 조치에 착수하게 된다. 먼저 2004년 10월 1일자로, 상무부는 <해외투자기업 설립 인가사항에 관한 규정>을 공포하였고, 같은 10월 9일, 국가발전개혁위원회는 <해외투자 프로젝트 인가 잠정관리방법>을 공포하였다.

이는 해외투자 역시 이전의 심사비준(審批) 제도에서 확인허가(核准) 제도로 전환되었음을 의미한다. 즉, 국가가 정해 놓은 관련규정에만 부합하면 해당기업은 OFDI를 집행해도 되는 대원칙을 정해 놓은 것을 의미한다. 국가는 OFDI 가이드라인에 투자가 적합한지만을 확인해서 허가해 준다. 이는 이전처럼 개별 건에 대한 심의를 거쳐 허가를 해주는 심사비준제도와 비교된다.

그 결과, 2004년 중국의 OFDI는 55억 달러에 불과하였으나, 2005년에는 전년비 123%나 증가한 122.6억 달러로 급증하게 된다. 이후 5년 동안 중국의 OFDI는 매년 두 자리 이상 증가폭을 기록하였으며, 2010년에는 688.1억 달러를 기록하여, 2004년부터 2010년간 연평균 52.4% 증가율을 기록하게 된다.

〈표 1〉 중국정부의 기업 해외진출 장려정책(2002~2006년)

조 치	시 기	내 용
해외직접투자 통계집계 시작(상무부)	2002~	-
동부 6개 성·시 OFDI외환관리 개혁시범지역 지정(외환관리국)	2002.10	- 기업의 OFDI와 관련된 외환관리를 기업친화적인 방식으로 개편 - 저장, 장쑤, 상하이, 산둥, 광둥, 푸젠
해외진출 합작기업경영자격심의에 관한 긴급통지(상무부)	2003	- 중국기업의 해외건설 수주 장려 - 노무합작관리 강화
해외투자기업 프로젝트 심사에 관한 통지	2004.10	- 해외직접투자에 관한 심사기관 중복으로 복잡했던 인허가 절차를 대폭 간소화 ・ OFDI제한업종을 종래 10개에서 5개로 축소 ・ 투자허가가 필요한 투자대상국가(지역)를 종래 30개에서 9개로 축소
국가개발은행과 중국수출신용보험공사 전면적 협력 협정체결	2006.2	- 양대 대외투자정책 금융기관이 체결한 최초 협의 - 양 기관이 자원 공유와 업무채널 확대 - 중장기 수출신용보험, 해외투자보험 등에서 협력 강화
해외경제무역협력단지 설치 시작	2006	- 해외경제무역협력단지 설치 허가 장려

자료: 정환우(2008), 『중국기업의 해외진출 전략변화』, 5쪽

2) 저우추취(走出去) 전략과 중국의 국제화 경영

(1) 저우추취(走出去) 전략 추진과 해외투자 촉진

해외투자를 통한 중국의 국제화 경영은 1990년대 이후 정책 전환과 경제구조 재편을 통해 기반을 넓혀왔다. 국제화는 1993년 이후 국유기업의 개혁과 민영화의 확대를 통한 기업의 국제경쟁력 강화와 함께 지속적으로 확대되어 왔다.

해외투자는 2000년대 이후 저우추취(走出去) 전략의 추진과 2001년 WTO 가입에 따른 중국의 국제경제·무역 체제로의 편입을 계기로 러시를 이뤘다.

(2) 'Global China' 시대의 개막과 중국의 국제화 경영

2000년 이후 10여 년간 실시돼 온 저우추취(走出去) 전략은 중국기업의 해외투자 및 국제화 경영을 촉진해 중국기업의 세계시장 위상 강화와 'Global China' 시대로의 전환에 중요한 계기가 됐다.

2010년 누적통계 기준으로 중국의 시기별 해외투자 비중을 보면 1990년 이전 전체의 4%, 1990년대 8%에 불과했던 중국의 해외투자가 2001년 이후에는 88%에 달하고 있다.

〈표 2〉 중국의 시기별 해외투자 비중(2010)

(단위: %)

시 기	~1985	1986 ~ 1990	1991 ~ 1995	1996 ~ 2000	2001 ~ 2005	2006~	누적총계 (2010)
비 중	2	2	2	6	19	69	100

자료: 중국국제무역촉진위원회(2011)

2. 중국 해외투자의 주요 목적 및 현황

1) 중국 해외투자의 주요 목적

중국의 **走出去** 전략은 국내외 자원과 시장의 효율적 활용을 목적으로 하고 있다. 이는 해외 주요 국가들과의 FTA 체결과 현지 투자를 통해 점차 확산되고 있다.

중국정부의 중국기업 해외투자 장려 방향은 이렇다. 경제발전 문제를 해결할 수 있는 해외 자원에 대한 투자와, 중국 내 산업구조 고도화에 도움이 되고 제품, 설비, 기술, 노동력 수출을 견인하는 해외 생산시설 및 인프라 투자와 중국기업의 글로벌 경영수준을 제고할 수 있는 투자 등을 장려하고 있다.

또한 세계 선진기술, 관리경험을 배울 수 있는 해외 R&D센터 등에 대한 투자 확대를 통해 중국기업의 혁신능력을 키우면서 중국의 경쟁력 있는 기업이 해외 무역, 은행, 전자정보, 물류 · 해상 · 운송 등에 참여토록 해 서비스업의 국제 경쟁력을 강화하고자 한다. 이러한 전략적 방향은 다음의 몇 가지 대외전략 추진을 통해 구체화하고 있다.

첫째, 시장다변화 전략이다. 미국과 유럽시장에 편중된 수출과 과도한 흑자에 따른 무역불균형을 시정하려는 통상압력이 날로 증가하면서 동남아, 남미, 호주, 아프리카 등 신흥시장을 중심으로 시장을 확대하고 있다.

둘째, 해외 선진기술 확보전략이다. 외국기업에 시장을 개방하고, 선진기술 및 경험을 전수받고자 하는 것이 중국의 전략이었다. 그러나 중국 내 외국기업들에 대한 중간기술 습득 및 확산에는 어느 정도 기여했지만 핵심기술에의 접근은 어려운 실정이었다. 이에 따라 직접 해외로 진출해 선진기술 보유기업의 M&A 및 기술인력 스카우트를 확대하고 있다.

셋째, 에너지·자원 확보 전략이다. '세계의 공장'으로 불리는 중국 연해지역을 중심으로 원자재 및 자원 소모가 급증하면서 북한, 남미, 호주, 아프리카 등에 대한 자원개발 참여 및 지분확보를 확대하고 있다.

2) 중국의 해외투자 현황

중국의 해외직접투자는 글로벌 경제위기에도 불구하고 지속적으로 증가하고 있다. 2008년에는 전년도의 두 배가 넘는 559억 1,000만 달러에 달했으며, 누계 기준으로는 2010년 3,172억 1,000만 달러로 2002년에 비해 열 배 이상 증가했다.

〈표 3〉 중국의 해외 직접투자 추이

(단위: 억 달러)

구분	2002	2003	2004	2005	2006	2007	2008	2009	2010
연간	27.0	28.5	55.0	122.6	211.7	265.1	559.1	565.3	688.1
누계	303.5	332.0	448.0	572.6	906.3	1,179.1	1,839.7	2,457.5	3,172.1

자료: 중국대외직접투자통계공보(2011), 박월라·최의현(2011)

중국기업의 해외투자 규모는 500만 달러 이하가 68%를 차지하는 비교적 소규모 형태로 이뤄지고 있으며, 1억 달러 이상 대규모 투자는 8%에 불과하다.

그러나 2010년 중국의 외국투자 기업 중에서 100만 달러 이하의 소규모 투자의 비중이 32%로 2008년의 41%, 2009년의 61%에 비해 감소하고 있다. 1억 달러 이상 대규모 투자는 2008년 6%, 2009년 1%에 비해 2010년에는 8%로 증가하고 있어 투자 규모가 증가 추세인 것을 알 수 있다.

〈표 4〉 중국의 투자규모별 해외투자 비중(2010)

(단위: %)

투자규모	100만 달러 이하	100만~500만 달러	500만~1,000만 달러	1,000만~1억 달러	1억 달러 이상
비 중	32	36	14	10	8

자료: 중국국제무역촉진위원회(2011)

중국의 해외직접투자 총액은 2010년 688억 달러를 초과했다. 그 중 65.3%는 아시아지역, 특히 홍콩에 대한 투자가 대부분인데, 사실상 중국에 편입된 홍콩(56%)과 조세피난처(14%) 투자 70%를 제외하면 기타 지역 및 국가의 비중은 크게 축소될 수 있다. 중국기업의 홍콩투자는 홍콩의 글로벌 투자환경에 대한 메리트와 함께 유통 및 부동산 투자, 본국으로의 재투자 효과, 본국에 유입된 국제 핫머니 및 홍콩자본의 자금회수 등 다양한 형태로 활용되고 있다.

중국의 조세피난처 투자자금은 거의 본국에 재투자되는 것으로 추정되는데, 이는 외자기업에 제공되는 본국의 각종 정책적 혜택을 목적으로 하고 있다.

〈표 5〉 중국의 지역별·국가별 해외투자 비중(2010)

(단위: 만 달러, %)

지역 및 국가	2007		2008		2009		2010	
	금액	비중	금액	비중	금액	비중	금액	비중
아시아	1,659,315	62.6	4,354,750	77.9	4,040,759	71.4	4,489,046	65.3
홍콩	1,373,275	51.8	3,864,030	69.1	3,560,057	63.0	3,850,521	56.0
일본	3,903	0.1	5,862	0.1	8,410	0.1	33,799	0.5
한국	5,667	0.2	9,691	0.2	26,512	0.5	-72,168	-
유럽	154,043	5.8	87,579	1.6	335,272	5.9	676,019	9.8
북미	112,571	4.2	36,421	0.7	152,193	2.7	262,144	3.8
남미	490,241	18.5	367,725	6.6	732,790	13.0	1,053,827	15.3
아프리카	157,431	5.9	549,055	9.8	143,887	2.6	211,199	3.1
대양주	77,008	2.9	195,187	3.5	247,998	4.4	188,896	2.7
합 계	2,650,609	100.0	5,590,717	100.0	5,652,899	100.0	6,881,131	100.0

자료: 중국대외직접투자통계공보(2011), 박월라·최의현(2011)

중국기업의 해외투자를 업종별로 보면 <표 6>과 같다. 가장 많이 투자한 산업은 제조업이며, 농림어업, 도소매, 채광업 순이다. 제조업 중에서는 기계공업, 방직업 등 중국이 비교적 우세를 보이는 업종에 대한 투자 비중이 높다.

최근 3년간 추이로 보면 제조업의 비중은 점차 감소하고 있으며, 농업, 채광업, 에너지업의 비중이 커지고 있다. 이는 해외 원자재 도입 및 자원개발 추진이 중국 해외투자의 주요 목적의 하나라고 볼 때, 이 분야의 중요성이 점차 커지는 것을 보여준다.

<表 6> 중국기업의 업종별 해외투자 비중(2010)

(단위: %)

업종	농림어업	채광	에너지	제조	건축	교통물류	도소매	부동산	정보통신	호텔식당	임대상업서비스
비중	17	13	5	33	4	2	17	2	3	2	2

자료: 중국국제무역촉진위원회(2011)

3. 중국기업의 한국투자 현황 및 동기

1) 중국기업의 對한국 투자 현황

외국인 직접투자 통계를 최초로 작성하기 시작한 2005년 이후 지식경제부 통계에 의하면(<표 7> 참조), 2011년 중국기업의 한국투자 신고건수는 405건이며, 신고금액은 6억 5,085만 3천 달러를 기록하고 있다.

2005~2011년 중국기업의 對한국 누적 투자는 건수기준으로 3,314건, 금액으로 20억 5,067만 달러를 기록하고 있다. 건당 평균 투자규모는 약 62만 달러이다.

중국기업의 한국투자는 신고금액으로 보면 글로벌 경제위기 이후 잠시 위축됐다가 최근 큰 폭으로 증가하고 있다. 2011년에는 신고건수는 감소했으나, 신고금액은 증가했다. 건당 평균 투자금액이 160만 달러를 상회해 전년도 평균(약 67만 달러)에 비해 건당 투자규모가 크게 확대됐다. 또한 2011년 대만은 29건 1,090만 8천 달러, 홍콩은 112건 5억 7,240만 5천 달러, 싱가포르는 146건 6억 1,130만 6천 달러를 기록했다.

2005~2011년 누적 실적 기준으로는 대만은 221건 4억 2,282만 8천 달러, 홍콩은 620건 27억 9,767만 7천 달러, 싱가포르는 746건 41억 9,606만 4천 달러를 기록하고 있다.

중국을 비롯해 대만, 홍콩, 싱가포르 등 중화자본 누적 합계는 총 4,901건 약 95억 달러이다. 홍콩과 싱가포르의 對한국 누적 투자실적은 중국보다 건수는 상대적으로 작지만 투자금액은 중국을 상회하고 있다. 건당 평균 투자규모도 홍콩 451만 달러, 싱가포르 562만 달러에 달하고 있다.

〈표 7〉 중국기업의 對한국 투자 추이

(단위: 건, 만 달러)

연 도	신고건수	신고금액
2005	672	6,841.4
2006	332	3,788.7
2007	363	38,413.1
2008	389	33,560.1
2009	537	15,960.7
2010	616	41,417.8
2011	405	65,085.3
총 계	3,314	205,067.2

자료: 지식경제부 외국인투자 통계. 각 연도

<표 8>은 중국기업의 업종별 한국투자 현황이다. 투자금액 비중으로는, 제조업(58.7), 서비스업(40.7%) 순으로, 투자건수 비중으로는 서비스업(87.9%), 제조업(10.2%) 순으로 나타나 제조업과 서비스업의 건당 투자규모가 큰 차이를 보이고 있다.

<표 8> 중국기업의 업종별 對한국 투자 현황(1989~2010)

(단위: 건, 만 달러, %)

구 분	신고건수		신고금액		건당 투자규모
	건 수	비 중	건 수	비 중	
전 체	7,127	100.0	308,579.0	100	43.3
농·수·축·광업	64	0.8	902.2	0.3	14.1
제조업	725	10.2	181,206.6	58.7	249.9
서비스업	6,268	87.9	125,628.2	40.7	20.0
전기·가스·수도·건설	70	1.0	843	0.3	12.0

자료: 지식경제부 외국인투자 통계, 각연도

2) 중국기업의 한국투자 주요 동기 및 유형

(1) 중국기업의 한국투자 주요 동기

'중국기업 대외투자 현황 및 의향조사(2010.12~2011.3), 중국국제무역촉진위원회'에 따르면 향후 해외투자를 할 경우 주요 목적을 묻는 설문에 ① 주재국의 투자우대정책 ② 중국 국내시장 수요의 한계 및 경쟁회피(신시장 개척) ③ 선진기술 및 관리경험 획득 ④ 해외거래처 및 합작파트너 구축 ⑤ 에너지, 원자재 및 천연자원 확보 등의 순으로 응답했다.

중국의 해외투자에서 對선진국 투자는 주로 기술 및 관리경험 획득을 목적으로 전개되고 있다. 對후진국 투자는 에너지, 원자재 및 천연자원 확보 등의 목적으로 추진되고 있다.

해외거래처 다변화와 신시장 개척은 선후진국 공히 나타나고 있는 유형으로 미국, EU에 편중된 무역거래로 인한 통상분쟁을 회피하면서 신흥국 시장을 중심으로 품질대비 가격경쟁력을 갖춘 자국산 제품의 유통 네트워크 구축을 적극 모색하는 것이다.

중국기업의 한국투자 및 진출도 이러한 연장선상에서 추진되고 있다. 중국의 선진 경제지대인 연해지구와 마주하는 지리적 근접성과 산업 전반에 걸친 교역량 증가 추세, 한국 보유의 IT 및 녹색기술 등에 대한 메리트가 복합적으로 작용한 것으로 보인다.

박월라 · 최의현의 주한대사관 상무처 자료를 기준으로 한 설문조사(2010.7~9, 총 79개 기업 중 40여 개 유효응답) 분석 결과에 따르면, 중국기업의 對한국 투자의 주요 동기는 무역업의 경우 ① 제3국 수출 확대(21.4%)② 한국기업과의 협력 필요성(21.4%) ③ 상호 간 보완적 산업구조(14.3%) ④ 전 세계 무역 네트워크 육성(14.3%)의 순으로 나타나고 있다.

도 · 소매업의 경우 ① 한국의 적극적인 해외유치 정책(35.7%) ② 제3국 수출 확대(14.3%), ③ 기업 금융 활동(14.3%) ④ 한국과의 협력 유리(14.3%)의 순으로 나타났다.

사무소 설치에 대해서는 ① 상호보완적 산업구조(22.2%), ② 한국기업과의 협력 유리(16.7%) ③ 중국정부의 전략적 지원(11.1%) ④ 전 세계 무역 네트워크 육성(11.1%) ⑤ 본사제품의 한국판매(11.1%) 등이 주요 동기로 응답됐다.

중국기업이 해외투자에서 고려하는 촉진 · 장애요인의 중요도 및 미래 해외투자 방식에 대한 중국국제무역촉진위원회의 설문조사 결과(2010.12~2011.3, 총 1,024개 중국기업 조사)를 살펴보면 중국기업의 투자 동기 및 기업유치를 위한 투자환경의 개선 방향 등을 유추할 수 있다.

중국기업의 해외투자에 가장 영향을 미치는 촉진 요인으로는 <표 8>과 같이 ① 중국의 해외투자 촉진정책(92%) ② 투자대상국의 시장잠

재력(86%) ③ 공급 가능한 투자자금 여력(80%) ④ 투자대상국의 특혜
정책(70%) ⑤ 무역장벽의 회피 목적(66%) 등의 순으로 나타났다.

또한 중국기업의 해외투자에 가장 영향을 미치는 장애 요인으로
는 <표 9>와 같이 ① 투자대상국의 법률체계 및 시장리스크 이해
부족(65%) ② 국제경영 및 관리 인재의 부족(65%) ③ 자금 융자의
곤란(64%) ④ 투자대상국 소비자의 중국브랜드 이해 부족 (54%) ⑤
중국상품의 품질에 대한 우려(52%) 및 문화적 차이(52%) 등의 순으
로 나타났다.

〈표 9〉 중국 해외투자의 촉진요인 및 중요도

(단위 : %)

촉진 요인	결정적 요인	중요 요인	합 계
走出去 정책 및 관련 특혜조건	25	67	92
투자대상국의 시장잠재력	37	49	86
공급가능한 투자자금 여력	17	63	80
투자대상국의 특혜정책	15	55	70
무역장벽의 회피 목적	9	57	66
해외투자를 통한 물류비용 절감	12	48	60
국내시장의 불경기	7	50	57
국내의 노동비용 상승	7	44	51
투자대상국의 선진기술	11	37	48
투자대상국의 저렴한 노동력	8	37	45
투자대상국 양질의 노동력	4	40	44
해외 유명 브랜드의 획득 및 활용	10	28	38
투자대상국의 자연자원	21	7	28

주: 합계는 항목별 전체 비중을 100으로 보았을 때 각 항목당 중요도의 비중을 나타냄
자료: 중국국제무역촉진위원회

〈표 10〉 중국 해외투자의 장애요인 및 중요도

(단위: %)

장애요인	결정적 요인	중요한 요인	합계
투자대상국의 법률체계 및 시장리스크 이해 부족	6	59	65
중국회사의 국제경영 및 관리 인재의 부족	11	54	65
자금 융자의 곤란	11	53	64
투자대상국 소비자의 중국브랜드 이해 부족	11	43	54
투자대상국 소비자의 중국상품의 품질에 대한 우려	8	44	52
상호 문화적 차이	8	44	52
제품 및 기술의 경쟁력 취약	11	40	51

주: 합계는 항목별 전체 비중을 100으로 보았을 때 항목당 중요도의 비중을 나타냄
자료: 중국국제무역촉진위원회(2011)

(2) 한국투자 중국기업의 유형

중국의 해외투자 동기를 살펴볼 때 선진국의 경우 신시장 개척, 선진기술 확보 및 R&D개발 등이 대부분이다. 개발도상국의 경우 신시장 개척, 자원 및 에너지의 확보 등이 주된 동기이다.

중국기업의 해외투자 선호지역은 북미, 서유럽, 남미, 동남아 등 순이다. 한국 및 일본은 상대적으로 낮은 편이나, 최근 글로벌 경제위기 이후 對 한국 투자금액이 급증하고 있다.

한국의 경우 시장개척 및 네트워크 거점확보형 투자가 대부분이다. 선진국형 기술 확보 및 실용화 기술의 R&D 투자는 아직 활성화되지 못하고 있다. 개도국형 천연자원 투자는 취약한 광물자원보다는 청정 수산물 포장 및 가공 등 녹색·건강·웰빙상품 위주의 1차 상품이 메리트가 있지만 비중은 크지 않은 것으로 나타나고 있다.

중국국제무역촉진위원회의 설문조사 결과(2011)에 따르면 중국기업의 향후 해외투자 경영방식에 대한 선호도는 마케팅사무소 설립, 대표처 설립, 대리인 운영 등의 순으로 나타나 본격적인 해외투자보

다는 우선 현지시장 이해를 위한 네트워크 구축형 투자형태를 선호하는 것으로 나타났다.

<표 11>과 같이 보다 현지밀착형 투자형태라 할 수 있는 영업점 개설, 생산설비 배치 등은 對선진국투자(16%) 보다는 對개발도상국 투자(26%)에서 적극 고려되고 있다.

<표 11> 중국기업의 향후 해외투자 경영방식

해외투자 경영방식	對선진국 투자	對개발도상국 투자
마케팅 사무소 설립	34%	29%
대표처 설립	32%	25%
대리인 운영	14%	15%
영업점 개설	10%	12%
생산설비 배치	6%	14%
구매센터 설립	4%	5%

자료: 중국국제무역촉진위원회(2011)

중국의 대외투자에서 큰 비중을 차지하는 인수·합병(M&A형) 및 제조업 투자 진출(그린필드형)은 한국의 경우 그 사례가 많지 않다. 주로 자국산 제품의 수출을 위한 연관 투자 내지 한국 내 다양한 서비스 시장에 진출하는 사례가 많았다.

수출을 통한 시장개척 목적의 투자는 ① 원자재의 한국 수출을 목적으로 진출한 중국 대형 국유 제조기업 ② 자사 브랜드 제품의 한국수출 및 마케팅 네트워크 구축 목적으로 진출한 민간대기업 등의 투자가 있다. 또한 ③ 서비스산업 분야 시장개척과 글로벌 경영 네트워크 형성 차원에서 지사를 설립한 경우(금융, 물류, 해운, 항공, 여행사, 무역업, 지자체 사무소 등) ④ 개인기업 위주의 소규모 서비스산업 투자형태로 도·소매업, 무역업, 음식·숙박업 등으로 서울, 경기지역 수도권에 집중되어 있고, 주로 중국교포에 의해 운영되고 있으며, 한국인과의 합작운영 형태도 있다.

중국기업의 한국투자에서 서비스산업의 비중은 점차 증가하고 있으며, 이전의 도소매업 위주에서 점차 관광, 레저, 부동산 등으로 확대 추세이다.

특히 최근 특정 지역을 중심으로 한 부동산 투자가 급증하고 있다. 외국투자자가 제주도, 강원도 등의 지정구역에 있는 휴양 거주시설(아파트 및 별장)을 매입 시, 투자만료 5년 후부터 한국 영구거류증 신청이 가능해짐에 따라 2011년부터 관광 및 부동산 등이 중국기업 또는 민간자본에 의한 한국투자의 주요 영역으로 확대되고 있다.

4. 부산의 중국기업 투자유치 촉진을 위한 과제

1) 외국인 직접투자 유치의 필요성 및 효과

전 세계 외국인 직접투자는 글로벌 시장 통합이 심화하면서 1980년대 후반부터 급격히 증가하고 있다. 각국 정부는 외국인 투자의 긍정적인 경제적 효과를 활용하고자 제반 투자 장벽들을 완화·철폐하는 동시에 외국인 투자기업에 각종 인센티브를 제공하고, 국영기업 민영화에 외국기업의 참여를 허용하는 등 투자유치 노력을 하고 있다.

2011년 우리나라에 대한 전체 외국인 직접투자는 2,707건 137억 달러이며, 2005년 이후 전 세계 FDI의 증가 추세에도 불구하고, 최근까지 100억~130억 달러대에서 답보상태를 보이고 있다.

이는 한국의 글로벌 경영환경이 경쟁국가에 비해 상대적으로 취약해 투자확대의 장애요인으로 작용하기 때문이다. 또한 직접투자 및 현지화 과정에서 직면하는 금융, 외환, 세무, 노사 등 각종 정책 및 규제에서 경쟁국에 비해 저조한 평가를 받고 있고, 노사분규 및 일부 반(反) 외자 정서가 한국시장의 대외 이미지에 부정적 영향을 미쳤기 때문이다.

따라서 다양한 경제적 효과를 주는 외국인 직접투자를 적극 유치하기 위한 정책적 노력과 경제체질 개선 및 인식 전환이 요구된다. 또한 다른 나라와 비교해 차별화되고 경쟁우위를 지닌 유치전략 수립과 투자환경 개선이 시급하다.

일반적으로 외국인 직접투자는 경제성장 효과, 후생증대 효과, 국제수지 효과, 고용증대 효과, 기술이전 효과를 비롯해 산업구조 고도화, 기업 구조조정 촉진, 국제경쟁력 제고 등의 다양한 경제적 효과를 주는 것으로 이해되고 있다.

또한 서비스산업 직접투자 유치는 타 산업으로의 생산성 파급효과를 가져와 국민경제에 중요한 영향을 미친다. 따라서 직접투자가 집중될 수 있는 핵심 서비스분야에 대한 개방수준을 국제적 수준으로 끌어올리는 노력이 필요하다.

외국인 직접투자의 중요성에 비춰 서울 및 수도권에 비해 글로벌 투자환경 및 비즈니스 인프라가 상대적으로 취약한 지방에서 최근 여러 가지 투자유인제도의 마련, 투자환경 개선, 적극적 홍보 등을 통해 외국인 투자를 적극 유치하려는 노력을 하고 있다. 일부 투자 유치 선도지역을 중심으로 국내적 경쟁이 치열하다.

특히 적극적인 해외투자 정책을 추진하고 있는 중국은 이러한 유치전략의 주요 대상 국가로 부상하고 있다. 중국의 對한국 투자도 최근 증가세이다. 지리적 인접성, 한중 경제의 상호의존도 심화, 한 중 FTA 체결에 따른 경제·통상환경 변화에 대한 기대감 및 대응 차원, 중국 내 한류 확산을 통한 對한국 이미지 제고 등 상호 투자 촉진을 위한 다양한 요인이 복합 작용하고 있다.

부산도 서울·인천·경기권에 비해 상대적으로 취약한 투자유치 제도 및 인프라 정비, 중장기적 투자유치 전략이 필요하다. 특히 부 산의 전략산업·특화산업·기반산업 중심의 제조업 투자환경 개선 과 해양·레포츠·서비스산업 투자촉진을 위한 전담기구의 설치를 통한 지속적인 노력이 뒷받침된다면 중국기업 투자유치의 선도지역 으로 부상할 수 있을 것이다.

2) 부산지역의 중국기업 투자 현황

한국에 투자한 중국기업은 한국과 중국의 통계 차이, 신고만 하고 실제 투자하지 않은 기업과 이미 철수한 기업 등이 포함되어 있고, 신고를 하지 않거나 집계에서 누락된 소규모 형태의 기업 등으로 인 해 정확한 집계가 어렵다.

<표 12>는 지식경제부 통계와 무역협회 중국통상실에서 취합한 중국기업 리스트 등을 크로스 체크해 분석한 것으로, 일부 기업의 수치에 오차가 있을 수 있지만 대략적인 분석 범위를 크게 벗어나지 는 않을 것이다.

이에 따르면 현재 한국에서 활동 중인 중화권 기업은 총 2,762개 로 중국기업이 1,836개로 가장 많은 비중(66.5%)을 차지하고 있다.

다음으로 홍콩기업이 387개(14.0%), 싱가포르기업이 382개(13.8%),
대만기업이 157개(5.7%) 등이다.

중화권 기업의 주요 지역별 분포는 중국기업의 비중과 크게 다르
지 않은 가운데, 서울이 절반 이상인 53.7%를 차지하며, 경기
21.0%, 인천 9.8%, 부산 3.2% 등의 순이다.

권역별로는 서울·경기·인천 등 수도권이 84.5%로 대부분이다.
다음으로 부산·울산·대구·경남북 권역이 7.6%, 광주·전남북 권
역이 3.4%, 대전·충남북 권역이 3% 등이다.

부산지역의 중국기업을 포함한 중화권 기업은 88개로 서울, 경기,
인천에 이어 4위이다. 부산은 수도권을 제외하고는 최대 투자지역이
지만, 투자기업 비중은 전체의 3.2%에 불과한 실정이다. 부산에 투
자진출한 중국기업은 47개로 전체의 2.6%이다.

업종별로는 도·소매 등 유통업이 대부분이다. 중국기업의 제조
업 투자는 거의 없으며, 음식·숙박업, 운수·창고 등 물류업, 문화·
오락업 등 서비스 업종에 대부분이 분포한다.

〈표 12〉한국투자 중화권 기업의 지역적 분포 현황

(단위: 개, %)

지역	중국업체	홍콩업체	싱가포르 업체	대만업체	지역별 합계(비중)
서울	883(48.1)	264(68.0)	249(65.0)	86(55.0)	1,482(53.7)
경기	418(22.8)	53(14.0)	65(17.0)	45(29.0)	581(21.0)
인천	236(12.9)	18(5.0)	13(3.4)	4(2.5)	271(9.8)
부산	47(2.6)	19(5.0)	17(4.4)	5(2.5)	88(3.2)
경남	34(1.9)	4(1.0)	11(2.9)	1(0.6)	50(1.8)

울산	6(0.3)	3(1.0)	5(1.3)	1(0.6)	15(0.5)
대구	33(1.8)	4	0	1	38(1.4)
경북	14(0.8)	1	2	2	19(0.7)
대전	14(0.8)	1	1	1	17(0.6)
충남	25(1.4)	2	8	6	41(1.5)
충북	21(1.1)	2	1	2	26(0.9)
광주	13(0.7)	1	2	0	16(0.6)
전남	36(2.0)	8	4	0	48(1.7)
전북	24(1.3)	3	2	0	29(1.1)
강원	14(0.8)	2	0	0	16(0.6)
제주	18(1.0)	2	2	3	25(0.9)
국가별 합계(비중)	1,836(100)	387(100)	382(100)	157(100)	2,762(100)

자료: 지식경제부 통계 및 무역협회 수집 자료 취합

〈표 13〉 부산지역 중국기업의 업종별 분포 현황

(단위: 개)

업 종	도·소매 (유통)	음식 숙박	운수·창고 (물류)	문화 오락	전기 전자	기계 장비	기타 제조	부동산 임대
기업 수	34	4	3	2	1	1	1	1

자료: 지식경제부 통계 및 무역협회 수집 자료 취합

3) 중국기업의 부산투자 확대를 위한 시사점 및 과제

(1) 부산지역 투자유치 확대를 위한 시사점

지금까지 여러 조사를 종합하면 중국기업의 한국투자는 시장개척 및 네트워크 거점 확보형 투자가 대부분이다. 주로 자국산 제품의 수출을 위한 연관 투자 내지는 한국 내 다양한 서비스 시장에 진출하는 사례가 많았다.

중국기업의 한국투자 주요 동기는 對한국 수출을 위한 유통 네트워크 구축, 한국 내 현지 서비스 시장 개척을 위한 투자진출, 한국의 적극적인 해외 유치정책, 상호보완적 산업구조 및 한국기업과의 협력 필요성 등을 들 수 있다.

그러나 중국기업의 한국시장 및 경영환경에 대한 이해 부족, 자사 경쟁우위 제품의 한국 소비자에 대한 포지셔닝 부족 등 마케팅 전략의 취약점이 한국투자의 장애요인으로 지적되고 있다.

따라서 한국투자를 희망하는 중국기업에 대한 접근을 강화해 한국의 시장환경에 대한 투자 가이드를 제공함으로써 정보의 비대칭성으로 인한 갭을 적극적으로 줄여나가기 위한 홍보 전략이 요구된다.

또한 한국투자 외국기업에 대한 글로벌 경영환경의 구축이 경쟁국가에 비해 상대적으로 취약해 투자확대의 장애요인으로 작용하고 있다. 따라서 적극적인 투자유치 촉진정책의 개발과 이를 뒷받침하는 세무, 노사, 외환, 금융 등 제반 경영환경의 규제를 발전적으로 완화시키는 노력이 수반되어야 한다.

외국기업 및 자본의 투자유치 확대를 통해 지역경제 활성화를 모색하려는 각 지방자치단체의 경쟁이 일부 투자유치 선도지역을 중심으로 치열하게 전개되고 있는 시점에서, 중국기업의 부산투자 촉진을 위해서는 경쟁우위 특화산업·전략산업을 중심으로 차별화된 투자유치 정책을 개발하고 다각적인 홍보를 통한 적극적인 노력이 필요하다.

중화권(중국)기업의 한국 내 투자의 지역적 비중으로 볼 때 부산은 지자체 중 4위이지만, 서울(53.7%), 경기(21.0%), 인천(9.8%)에 이어 3.2%를 차지해 상대적으로 저조하다.

수도권에 전체 투자의 84.5%가 집중되어 있어 지역 편중이 심하게 나타나고 있으며, 부산·울산을 포함한 경남권 비중이 5.5%, 대구 · 경북까지 포함한 영남권 전체 비중이 7.6%에 불과해 3위 인천에 비해서도 낮은 실정이다.

따라서 부산을 포함한 경남권 및 영남권 차원에서 투자유치 전략의 전환이 필요하며, 연대 및 독자 추진전략의 병행을 통해 부산을 새로운 투자유치 선도지역으로 전환시켜 나가는 전략 개발이 시급하다.

(2) 투자유치 선도지역 전환을 위한 방향 모색

현재 외국(중국)기업 투자유치를 위한 각 지자체의 정책 등을 보면 크게 다음과 같이 지역별 차원 및 문제가 상이하다.

첫째, 상대적으로 투자 메리트가 높고, 실제 투자비중이 높은 지역(High Invest Area)으로서 투자 촉진을 위한 정책 개발과 인프라 투자가 집중되고 있는 투자유치 선도지역(서울 · 경기 · 인천 등 수도권지역)이다.

둘째, 낮은 투자유치 비중을 보이는 지역(Low Invest Area)이지만 비교적 투자유치 메리트가 존재하고, 지자체 차원에서 적극적인 투자유치 확대를 모색하고 있는 가운데 최근 상승세이거나 투자유치 증가가 예상돼 투자유치 선도지역으로 부상할 가능성이 있는 지역(제주 · 충남 · 강원지역 등)이다.

셋째, 낮은 투자유치 비중을 보이는 지역(Low Invest Area)으로서 비교적 투자유치 메리트가 있고, 지자체 차원에서 적극적인 투자유치 확대를 모색하고 있지만 구조적인 제약으로 인해 투자유치 전망이 불투명한 지역(전북 · 대전지역 등)이다.

제주도는 중국을 포함한 적극적인 대외 수출드라이브 정책 및 투자유치를 위한 과감한 부동산 정책 등의 추진, 강원은 동계올림픽 수요를 겨냥한 레포츠 개발 및 외국인 투자유치를 위한 부동산 정책 추진, 충남은 충남도청 이전과 북부해안 공단의 활성화를 통한 중국 투자 촉진 및 성공적인 중국사무소의 현지화를 통한 네트워크 확대 구축 등이 긍정적 요인으로 작용하고 있다.

이들 지역은 상대적으로 투자유치 전망이 양호한 것으로 전망되며, 최근 추세로 볼 때 투자유치 증가 가능성이 있어 투자유치 선도지역으로 새로 부상할 가능성이 있는 지역으로 평가되고 있다.

반면 전북은 새만금 배후지를 확보하고 있고, 대전지역은 대덕 연구개발특구를 보유하고 있으나, 유효한 대외 투자유치 전략 부재와 중국사무소의 통상 성과 취약으로 인한 중국 현지 통상 네트워크 재구축 및 운영전략 개선의 필요성이 심각하게 제기되고 있다.

또한 전북은 산업자원의 대전·광주 등 양방향 광역시로의 흡수효과로 인한 구조적 문제와 제조업 비중이 낮은 산업구조 등이 투자유치 확대에 제약요인이 되고 있다. 대전은 외국인 투자유치를 위한 토지 등 절대 공간이 부족한 한계를 보이고 있다.

부산은 서울·경기·인천 등 투자유치 선도지역에 비해 차순위 투자비중을 보이면서도 낮은 투자유치 비중을 나타내는 지역(Low Invest Area)이지만, 국내 2위 도시로서 공항, 항만, 철도 등 각종 인프라가 잘 구비돼 전략산업을 중심으로 한 해양경제 및 관광·레포츠·부동산 산업의 활성화를 통한 투자유치 메리트가 풍부한 지역이라 할 수 있다.

따라서 부산이 투자유치 선도지역으로 전환하기 위해서는 국내지자체 사례연구뿐만 아니라 글로벌 사례에 대한 과감한 벤치마킹이 필요하다. 그런 점에서 세계적인 투자유치 선진국인 중국 연해지구의 성공 사례를 연구, 분석함으로써 부산의 투자유치 정책에 과감하게 접목할 필요가 있다.

경쟁지역과 차별화되고 부산의 특성에 적합한 투자유치 모델의 탐색과 구축을 통해 부산이 역동적인 투자유치 선도지역(Dynamic Invest Area)으로 부상하기 위해서는 당면 전략 과제를 해결하기 위한 지속적인 노력이 요구된다.

(3) 부산지역 투자유치 촉진을 위한 전략적 과제

부산으로의 중국기업 투자유치 촉진을 위해서는 몇 가지 문제에 대한 근본적인 접근을 통해 부산에 적합한 투자유치 전략을 새로운 차원에서 모색할 필요가 있다.

첫째, 중국기업(자본)을 부산지역의 어떤 산업, 업종, 항목, 지역에 투자하도록 정책적으로 유도하는 것이 부산경제 발전에 중장기적으로 유리할 것인가? (중국의 주요 선도지역 투자유치 항목에는 구체적인 산업 및 프로젝트명, 규모, 합작대상 기업, 조건 등이 상세하게 제시되어 있음)

둘째, 중국기업(자본)의 투자유치 방향과 부산의 전략산업 내지는 특화산업을 어떻게 연관시켜 투자를 홍보하고 유치할 것인가? (제주도의 투자유치 전략은 물산업, 한방 · 바이오산업, 녹색하이테크 등 전략산업 육성 및 부가가치 제고와 밀접하게 관련되어 있음)

셋째, 중국기업(자본)의 투자유치에 부응해 부산은 어떤 메리트를 제공할 준비를 할 것인가? (메리트 있는 토지, 기업, 기술, 인재, 정책, 교육여건 및 시장 등은 어떤 것이 있고, 다른 지역과 어떤 차별성이 있으며, 명확한 리스트로 제공 가능한가?)

넷째, 중국기업(자본)의 투자는 부산경제에 얼마나 절실하며, 어느 수준까지 노력할 수 있는가? 이를 위한 재원은 어떤 방법으로 얼마만큼 동원할 수 있는가? (지자체장 및 정책 개발·추진 실무자들의 투자유치 의지는 얼마나 강하며, 민간기업 및 지역민들의 중국자본 유입에 대한 인식은 얼마나 긍정적인가?)

이와 같은 전략적 과제에 대한 고민을 통해 명확한 추진 방향과 수준, 세부 추진목표의 설정과 단계별 실행 방안이 도출될 수 있다.

해외자본의 투자유치는 단순한 수출입과는 달리, 시간 및 절차 등 업무의 성격상 중장기적이며, 복합적인 성격을 지니고 있으며, 유치 자본의 투자수익을 고려할 만한 단계까지는 여러 단계를 거칠 수밖에 없다.

투자자본이 실제로 지역 내에서 사업이 개시되기까지는 대외홍보 및 유치단계, 지역 내 사업장 및 공장의 신설과 가동단계, 생산 또는 사업의 활성화 및 수익단계 등을 거치며, 투자자본의 입장에서 보면 여러 단계의 해외 리스크에 직면하기 때문에 투자유치 과정에서 지역사업 환경에 대한 안정적 로드맵과 일관성 있는 지원체계 등을 제시할 수 있는 대응전략의 수립이 중요하다.

4) 중국기업의 부산투자 확대 전략

국내외 다양한 사례를 토대로 살펴보면, 부산지역이 중국기업(자본) 투자를 성공적으로 유치하고, 새로운 투자 거점지역으로 부상하려면 중국기업들이 선호하는 기업경영환경을 조성하기 위한 정책적 노력과 적극적인 홍보 전략이 필요하다. 이를 위하여 다음과 같은 몇 단계의 전략적 접근의 모색이 필요하다.

부산이 보유하고 있는 동아시아 및 대중국 해운, 물류분야의 지경학적 허브의 위상, 해양산업 발전 잠재력 등 강점을 적극 활용함으로써, 한중 FTA 체결 이후 상호 보완적 발전을 위한 한중합작 필요성 및 중국기업 한국투자 증가 등의 기회를 최대한 활용하기 위한 적극적인 추진전략이 마련되어야 한다.

이를 위하여 적극적인 차이나 드라이브 정책의 실시와 전담조직의 신설이 요구되며, 경쟁력 있는 투자유치 선도지역으로의 부상을 위한 차별화된 중국통상전략의 수립 등이 단기전략으로 모색되어야 한다.

또한 중기전략으로 부산의 미래전략산업과 연계된 차이나 비즈니스 인프라 구축이 필요하며, 통상전문가 중심의 중국사무소 운영을 통한 성과 극대화와 현지 홍보 및 기업지원 역량을 강화해 나가야 한다.

장기적 차원에서 종합적 성격의 랜드마크형 차이나 비즈니스 특화단지 조성과 중국의 대표기업 유치를 통하여 부산이 명실상부한 국내의 대표적인 중국 투자유치 선도지역으로 부상할 수 있을 것이다(<그림 1>, <그림 2> 참조).

〈그림 1〉 부산의 중국투자 환경 분석: SWOT Matrix

Strength	Weakness
− 최대 광역시로서의 도시인프라 및 사업환경 구축 − 국내 최대 항구도시로서의 해양산업 잠재력 보유 − 동아시아 및 대중국 해운 물류의 지정학적 허브 − 중국 총영사관 소재지로시의 차이나 게이트 구축 − 전략산업 잠재력, 배후입지 및 글로벌 인재 구비	− 수도권 지역에 비하여 중국기업 투자유치 취약 − 경제성장 파급효과가 큰 제조업 투자유치 부족 − 대중국 전략 부재에 따른 투자유치 로드맵 결여 − 기능 통합형 중국통상 전담 기구의 설립 필요 − 중국 투자자본 확대에 따른 지역 내 인식의 결여
Opportunity	**Threat**
− 중국기업 한국투자 증가에 따른 외부환경 조성 − 한중 FTA 체결에 따른 한중 합작 필요성의 증가 − 차이나 드라이브를 통한 대중국 통상정책 강화 − 사업환경 제고를 통한 투자유치 선도지역 부상 − 역내 중국통상전문인력의 증가와 통상역량 강화	− 중국기업의 대한국 시장 및 소비자 이해의 부족 − 한국경제 성장의 둔화에 따른 투자 메리트 감소 − 노사분규 등 반 외자정서에 따른 부정적 이미지 − 투자유치 선도지역에 비해 정책적 경쟁력 취약 − 중국기업 투자유치를 위한 지자체 간 경쟁 격화

〈그림 2〉 투자유치 촉진을 위한 단계별 추진전략 및 실행방안

단계	기간	추진전략	실행방안
1 단계	단기	적극적인 차이나 드라이브 정책의 실시와 전담 조직의 신설	'중국통상진흥전략'; 부산의 향후 핵심 정책 과제 중 하나로 설정
			전담조직으로서 기능통합형 '차이나 컨트롤 타워' 구축 및 가동
		경쟁력 있는 투자유치 선도지역 부상을 위한 통상전략의 수립	국내 및 부산지역의 중국통상 전문가 인재 풀의 구축과 적극 활용
			부산특성에 적합한 차별화되고 경쟁력 있는 중국통상전략의 수립
2 단계	중기	부산의 미래전략산업과 연계된 차이나 비즈니스 인프라 구축	부산의 전략산업별 한중 합작 추진과 역내 비즈니스 인프라 구축
			중국 전략산업(녹색산업) 분야의 투자합작 추진 및 시장 공동진출
		통산전문가 중심의 중국사무소 운영과 홍보 및 기업지원 강화	전문가 채용을 통한 중국사무소의 적극 활용과 현지 네트워크 확대
			기업수요 정보의 발굴, 분석과 파트너 매칭 및 상담 지원 체계 구축
3 단계	장기	종합적 성격의 랜드마크형 차이나 비즈니스 특화단지 구축	'차이나 비즈니스 클러스터' 형태의 중국기업 특화생태환경 조성
			'다양한 차이나 잡'의 활성화 및 중국통상 실무 지원인력의 양성
		중국 대기업 유치 실현을 통한 국내 대표 투자 선도지역 부상	중국 주요도시와 연계하여 부산의 고위급, 한류스타 등 지명도 있는 인사가 참여하는 통상사절단의 지속적 교류 추진과 성과 극대화
			부산 '중국수출투자박람회' 신설을 통해 한국 대표박람회로 육성

(1) 'China Drive' 정책 추진과 차별화된 통상전략의 수립

중국이라는 변수를 어떻게 잘 활용하는가에 따라서 기업과 지역의 성장에 큰 격차가 생길 수 있으며, 부산이 중국기업(자본) 투자유치의 새로운 선도지역으로 부상하려면 이러한 목표가 부산시정의 중장기적인 핵심 정책과제로 자리 잡아야 하며, 이의 적극 추진을 위한 정책적 의지가 전제되어야만 한다.

최근 수출드라이브 정책을 적극 추진하고 있는 제주도의 사례를 벤치마킹하여 부산에 적합한 형태의 차이나 정책 개발을 통하여 대중국 통상기회를 극대화할 수 있는 방안의 모색이 필요하다.

對중국 수출입, 중국관광객 유치, 중국기업 투자유치 등 중국관련 기능을 통합한 차이나 컨트롤타워를 가동해 중국관련 업무의 전문성 및 추진력을 제고할 필요가 있다. 이를 위한 상설기구로 지자체장 직속의 '중국통상사업본부'(가칭)를 신설해 경쟁력을 제고하면서 부산의 특성에 적합한 사업추진을 도모해야 한다.

종합적인 중국통상전략의 수립과 조정, 세부과제의 효율적인 추진을 위한 전담기구의 설립을 통하여 개별기업들이 구축하기 힘든 중국 내 네트워크 구축 지원이 시급하며, 한중합작 및 투자유치 가능성이 높은 유망 업종 및 기업 간 비즈니스 교류를 촉진할 수 있는 창구(gate) 역할의 강화가 필요하다.

한중 수교 20주년이 지난 시점에서 한국의 대중국 경제의존도는 점차 심화되고 있으며, 향후 한중 FTA 체결 이후 양국 경제관계는 더욱 긴밀해질 전망이다. 대중국 비즈니스 환경은 실로 광범위한 분야에서 급격한 변화를 보이고 있기 때문에 중국과의 국제합작을 도모하는 지역기업에 신속하고 정확한 정보의 제공과 효율적인 지원을 위해서는 고도의 전문성이 요구된다.

따라서 차이나 비즈니스의 특성을 잘 이해하고 있는 국내 및 부산 지역의 중국통상 전문가 인재풀의 구축과 이의 적극 활용을 통하여 글로벌 통상역량을 강화하는 것이 무엇보다 중요하다고 할 수 있다.

중국과의 협력과 경쟁은 시대적 과제이며, 산업간 상호 보완적 경제구조를 활용하는 동시에 부산의 잠재력과 특성, 발전방향과 부합되는 특성화된 대중국 통상전략의 수립을 통하여 상생 발전할 수 있는 지혜가 요구된다.

또한 이러한 정책 방향에 대한 민간기업 및 지역민들의 인식과 이해관계의 공감대 형성이 무엇보다 중요하며, 지역의 선도적인 혁신 주체들을 중심으로 한 관산학·산학연 지역 네트워크를 최대한 활용함으로써 지역 잠재역량의 극대화를 모색한다.

(2) 전략산업 연계 인프라 구축과 중국 현지네트워크 확대

부산의 미래전략산업과 연계된 차이나 비즈니스 인프라 구축이 요구되며, 부산-중국 기업 간 합작을 통하여 한국의 기술 및 부품경쟁력을 기반으로 한 핵심 생산기반 구축 또는 글로벌 R&D기지화를 구현함으로써 한국, 중국 및 제3국 시장개척의 거점으로 활용하는 등 한중 간 국제분업의 잠재력을 최대화할 수 있다.

또한 신재생에너지, 전기자동차 등 세계적 수준에 도달한 중국 녹색산업의 글로벌 합작기지로 전환하기 위한 새로운 전략산업의 탐색도 적극 검토할 필요가 있으며, 한중 녹색합작을 통하여 급속하게 확대되고 있는 중국 및 세계 녹색시장의 공동 진출을 모색한다.

한편 부산과 보완적 사업환경에 있는 선진도시 및 항구도시와의 연대를 확대하고, 연해지역의 대표적인 첨단공업지대 및 특화클러스터(쑤저우 공업원구, 상하이 푸둥신구, 칭다오 보세항구, 톈진 빈하이신구, 탕산 초페이덴신구 등)와의 교류 강화를 통하여 글로벌 기업의 전방위적인 차이나 인프라 확대를 위한 일관된 지원체계가 요구된다.

이를 위하여 부산 중국사무소의 적극적인 활용이 필요하며, 현지 유학 경험이 있는 석박사급 중국통상전문가를 대폭 충원해 통상기능을 강화하면서 현지 네트워크를 지속적으로 확대해야 한다. 부산 중국사무소를 '중국통상사업본부'의 전초기지와 투자유치 홍보기지로 활용해 중국 내 주요 지역별 프로젝트 매니저를 활성화하고, 중국 내 핵심 글로벌 클러스터 등 거점지역 주요 기관들과의 파트너십을 강화해야 한다.

국내 지자체 대부분의 중국사무소 운영이 취약한 것으로 평가되고 있어 지자체별 현지사무소 운영실태 및 통상사업 성과를 비교분석하여 벤치마킹할 필요가 있다.

A지역 중국사무소의 경우 사용예산에 비해 사업성과가 없어 지역의회의 질책이 심하여 가시화된 수출실적이 금년 내에 도출되지 않으면 퇴출 위기에 처해 있다. B지역 중국사무소의 경우 현지 이해가 부족하고 통상실무를 잘 모르는 행정공무원을 파견함으로써 통상기능보다는 행정적 차원의 단순교류 역할만 수행해 오다 최근에 조직이 전면 개편된 사례가 있다.

반면에 C지역 중국사무소의 경우 중국 연수경험이 있는 책임자가 파견되어 현지에서 적극적으로 활동한 결과, 매년 꾸준히 관내 기업의 수출 및 투자유치 실적이 증가하여 최근에는 중국 내륙 거점도시 및 서부시장 개척을 위하여 중국내륙에 지사를 설립하는 등 조직을 확대해 나가고 있다. 따라서 현지 전문가의 적극 활용과 통상기능 강화로 중국사무소를 활성화함으로써 중국통상 성과를 극대화해야 한다.

(3) 차이나 비즈니스 특화단지 건설과 전문 박람회 육성

부산지역 내 최적 지역을 발굴해 '차이나 비즈니스 클러스터' 형태의 특화단지를 건설해 중국투자 유치 촉진을 위한 기업생태환경을 조성할 필요가 있다.

생산, 비즈니스, 법률·금융 등 각종 서비스, 주거·교육·문화·레포츠 공간 등이 유기적으로 연계되고 활성화될 수 있는 기능통합형 차이나 비즈니스 특화단지가 조성되면 투자유치에 우위를 확보할 수 있는 중요한 인프라로 작용할 수 있다.

이를 통하여 다양한 중국 관련 업무에 종사할 수 있는 '차이나 잡'이 활성화 되어 고용창출의 기회가 확대될 수 있으며, 또한 일정 수준을 구비한 중국통상 실무 지원인력을 지속적으로 양성함으로써 향후 부산과 중국을 모두 잘 아는 전문인력의 증가를 통해 부산의 차이나 비즈니스 역량을 제고시켜 나갈 수 있다.

또한 중국 내 주요 도시와 연계 네트워크를 구축하여 부산의 고위급 인사 및 한류스타 등 지명도 있는 인사가 참여하는 통상사절단의 지속적 교류 추진과 함께, 국내에서 대표적으로 성장할 수 있는 '중국수출투자박람회'를 기획하여 '부산국제영화제' 등과 연계하는 등 정기박람회로 육성하는 전략이 필요하다.

이를 통하여 중국의 상징적인 대표기업 유치에 주력한다면 투자

확산효과도 기대할 수 있으며, 부산지역이 중국투자유치의 핵심지역
으로 부각되는 데 기여할 수 있을 것이다.

참고문헌

강희정, 제주특별자치도 중장기 수출진흥전략, 제주발전연구원, 2012.2.
강희정, 한중 벤처기업 협력에 관한 모델 탐색, 대덕연구개발특구 중국포럼,
    2011. 8.
강희정, 한중 산학연 녹색협력 강화와 중국 녹색시장 진출전략, 중소기업청·
    (사)한국산학 연협회 전략과제, 2012.9.
대한무역진흥공사, 2011 주요 국가 해외투자 편람, 2011.1.
대한무역진흥공사, 2010년 해외 주요국 투자 동향, 2011.6.
무역협회 중국통상실, 한국투자 중국기업 리스트(수집자료), 2012.6.
박월라·최의현, 중국기업의 해외직접투자 현황과 시사점, 2011.11.
삼성경제연구원, 중국기업의 해외투자 동향, 2010.3.
지식경제부, 외국인 투자통계, 각년도.
中国国际贸易促进委员会, 中国企业对外投资现状及意向调查报告(2008-2010), 2011.4.

III부 상호협력으로 열어가는 미래

7장 혁신과 협력을 통한 부산의 발전

서이명(徐二明, 中國人)

요 약

　최근 세계 경제의 급격한 변화, 자원의 고갈, 주변도시의 성장 등으로 인해 많은 도시들이 새로운 전환기를 맞이하고 있다. 2002 년 아시안게임을 성공적으로 치루면서, 부산은 변화무쌍한 발전으로 주목을 받았으나 잠시 정체된 모습이다.

　지금까지 중국의 빠른 경제성장 요인은 '천시(天時)', '지리(地利)', '인화(人和)'로 요약된다. 중국 항구도시들은 발전에는 **정부차원의 강력한 지원, 항구도시들의 자구적 노력, 항구에 대한 시민들의 중요성 인식**이 있었다. 부산의 경쟁력 향상을 위해는 ▲**신성장 동력의 발굴** ▲**항만 물류시설의 재정비와 확충** ▲**내부역량 강화**를 해야 한다. 세부 대안으로는 ▲**첨단산업에 투자와 경쟁우위 확보** ▲**지리적 장점을 활용한 산업구조 조정** ▲**중국 항구도시와 협력강화** 등을 들 수 있다.

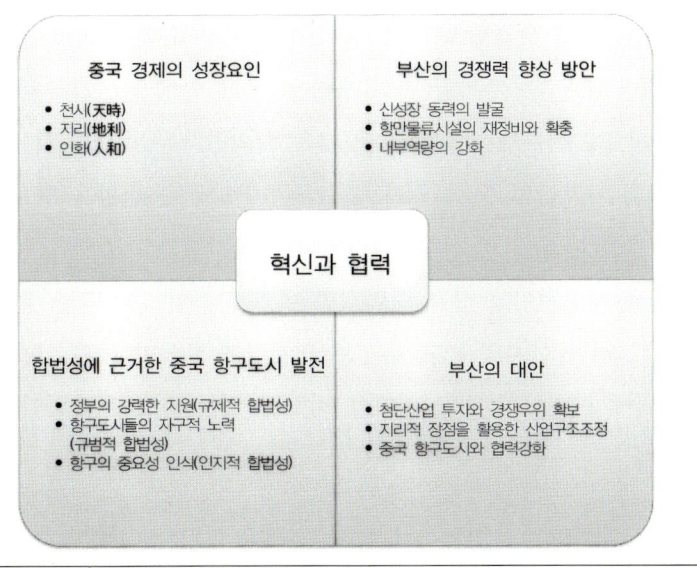

1. 서론

부산은 2002년 부산아시안게임 개최 전까지만 대부분의 중국인에게 낯선 도시였다. 한국 동남부에 위치한 연안 소도시로만 알려졌다. 하지만 부산아시안게임 개최를 통해 부산의 가치와 매력이 알려지면서 상황이 달라졌다. 현재 부산은 아시아 · 러시아 · 일본 및 태평양 국가들로 통하는 관문이자, 세계 5대 컨테이너 항만도시로 인식되고 있다. 뿐만 아니라 한국의 제 2도시이며 해양산업이 발달하고 그 발전 속도가 눈부실 정도로 빠른 점은 중국의 여러 도시들로 하여금 부산에 주목하게 했다. 그러나 지금의 부산은 다른 대도시들과 마찬가지로 세계 경제의 급격한 변화, 자원의 고갈, 주변도시의 성장 등으로 인해 많은 도전을 받고 있으며 새로운 전환기에 처해 있다.

2012년 5월 한중일(韓中日) 정상은 베이징(北京)에서 회담을 열었다. 회담 내용 중 주목할 만한 사실은, 올해 안에 3국 간 자유무역협정(이하 FTA)에 협상에 돌입할 것을 합의한다는 것이다. 관련 소식은 전체 아시아의 정치, 경제 및 언론 매체에 큰 반향을 일으키기에 충분했다. 이것은 중국이 WTO에 가입한지 11년 만에, 동북아시아에 더욱 개방적이고 상호 협력적인 무역 환경이 조성되는 것을 의미한다. 그러나 한중일 FTA 문제는 세계경제 추이가 불확실한 상황에서 3국에 미치는 부정적 영향을 피하기 위한 가장 효과적인 수단인 동시에 또한 생각지 못한 불협화음의 마찰을 불러올 수도 있다.

그렇다면 이러한 상황에서 도시는 어떻게 새로운 에너지를 끊임없이 생산해낼 것인가? 답을 찾기 위해서는 단계별 접근이 필요하다. 우선 거시적 분석을 통한 현황 파악과 향후 추세에 대한 유추가 필요하고, 다음으로 이해득실에 대한 분석이 뒤따라야 한다. 이때 외부로부터 주어지는 기회나 도전, 그리고 원래 갖고 있던 장, 단점 등을 종합적으로 고려해야 함은 물론이다. 마지막으로 이를 통해 우수한 대응 시스템을 구축함으로써 시시각각 빠르게 변화하는 주변 세계보다 선제적으로 한발 앞서 나가는 것이 답이 될 수 있다.

사실, 부산에 살고 있지 않으면서 부산의 문제를 직시하고 논한다는 것은 매우 부담스러운 일이다. 겁 없이 덤볐다가 자칫 잘못하면 '장님 코끼리 만지는 격'이 될 수도 있을 것이다. 그리고 중국인으로서 문제 제기한 것이 얼마나 많은 공감대를 형성할 수 있을지도 큰 걱정거리다. 그러나 사물에서 한 걸음 물러설수록 윤곽은 또렷해지는 법이고, 현지인은 늘 습관적으로 부딪쳐 온 일이라 문제의식을 느끼지 못하고 넘긴 부분도 이방인의 눈에는 더 잘 보일 수 있다. 나는 바로 이런 희망을 갖고 조심스럽게 부산에 대해 접근하려 한다.

2. 구동존이(求同存異)와 불안정(動荡)

1) 구동존이(求同存異)[72]

지난 20세기 90년대의 유명한 경영학자 마이클 포터는 자신의 저서 『국가 경쟁우위(The Competitive Advantage of Nations)』에서, "개

---

72) 구동존이란 같은 점은 취하고 다른 점은 존중하고 남겨 둔다는 뜻이다. 각 국가나 도시의 고유한 차이점이 존재하며 이러한 차이는 결코 독립된 존재가 아니라, 주변의 여타 국가나 도시와 서로 우위를 상호 보완할 수 있는 구조이며, 서로가 협조를 통해 발전을 이룰 수 있다.

방형 경제의 배경에서는 한 국가의 산업 구조는 끊임없이 변화하고 있으므로 각국의 산업발전은 강한 역동성과 선택의 문제를 지니고 있다"라고 전제하였다. 나아가 원래 지니고 있는 비교우위가 결코 국제 경쟁력 강화의 장애가 되어서는 안 된다고 주장하고 있다. 그는 한 도시의 발전은 "네 가지 결정요소, 두개의 외부 역량73)"으로부터 영향을 받는데, 국가적(또는 도시) 측면에서 다음과 같은 시사점을 찾을 수 있다고 한다. 첫째, "구동(求同, 공통의 목표 추구)"이다. 각 국가나 도시의 고유한 차이점으로 인해, 국가 혹은 도시간의 비교우위에도 차이점이 존재한다. 그리고 이러한 비교우위의 차이는 결코 독립된 존재가 아니라, 주변의 다른 국가 혹은 도시와 비교를 통해 서로 보완할 수 있는 구조를 형성해 나갈 수 있으며, 서로가 협조를 통해 발전을 이루어 나갈 수 있다. 둘째, "존이(存异, 서로 다른 것을 남겨둠)"이다. 즉, 더욱 많은 경쟁우위를 유지하기 위해, 한 국가나 도시는 그 산업 구조 및 그 도시가 원래 지니고 있는 특성들을 서로 조정하는 것이 필요하다. 이를 통해 자기만의 새로운 독특한 모델을 발전시켜 나갈 수 있다. "구동"과 "존이"는 경제적 세계화라는 거시적인 배경 하에서 결코 상호 배타적인 전략 명제가 아니라, 모든 국가나 지역에서 반드시 필요한 주요 평가 지표이다.

그렇다면 도시 발전의 측면에서 고려할 때 어떻게 이 "구동"과 "존이"라는 두 명제를 최적화할 수 있는가? 저명한 중국계 경영학자 펑웨이강(彭维刚, Mike Peng)에 따르면 모든 세계화 배경의 전략적 문제들은 자원 기초의 시각, 산업 조직의 시각, 제도에 기초한 시각

---

73) 네 가지의 결정요소란 생산요소, 요구상황, 관련 산업, 기업조직 및 전략과 경쟁정도이며, 두개의 외부역량은 기회와 정부의 역할을 가리킨다.

을 통해 분석이 가능하다고 주장하였다. **자원 이론 측면에서 볼 때,** 혁신은 도시가 현재 지니고 있는 자원과 능력을 기초로 하여야 하며, 협력은 도시 간의 자원과 능력을 서로 보완하는 것으로 실현될 수 있다. 왜냐하면 자원 분포의 불균형과 자원이 본래 지니고 있는 특성의 차이점, 각각의 도시들이 지닌 자원 종류와 자원 생산 능력의 차이 때문이다. **산업 조직 측면에서는,** 도시가 선택한 업종 간 조합이 도시의 발전을 결정한다는 것이다. 그래서 지속 가능한 발전을 하기 위해서는 반드시 그 도시에 유리한 업종이나 비교적 효율성이 높은 업종을 선택해야 한다. 이 가설에 의하면, 도시 발전의 경계선은 업종 조합의 변화에 따라 같이 변화한다. 그리고 혁신은 기술과 업종을 결부시키는 것에서 시작되고, 협력은 교역 비용의 감소와 계약의 성사가 가능케 한다. 제도 이론에서 혁신과 협력은 하나의 도시가 전체 아시아, 나아가 세계의 발전 환경에 흡수되는 구조 동일화의 과정이다. 또한 제도 환경 내에서 규제되고 규범화되거나, 혹은 타인의 결과를 모방하는 것이다. 설사 혁신과 협력이 단기적으로 부분적인 효율의 감소를 가져온다 하더라도, 장기적으로 볼 때 도시의 지속가능한 발전에는 매우 유리하다.

이와 같이 어떤 이론의 시각에서 보더라도 도시 정책의 결정권자는 각 분야의 요구에 대해 균형 잡힌 조율을 할 수 있어야 한다. 따라서 혁신과 협력을 동시에 진행해야만, 비로소 "구동존이"를 실현할 수 있으며, 도시의 장기적인 발전을 이룩해 나갈 수 있다. 그리고 이는 부산 발전 방향에도 시사하는 바가 크다.

2) 세계경제의 불안정

오늘날의 세계경제 형세를 진단한다면 "동탕(动荡, 불안정)"이라는 단어가 가장 적절할 듯싶다. 미국발 서프라임사태, 유럽발 재정위기를 겪으면서 세계경제는 한층 더 불안정해졌고, 대부분의 도시들은 발전 방향을 잃고 표류하고 있다. 반면에 이런 와중에도 꿋꿋이 고유의 특기와 장점을 발휘하여 문제를 해결하고 위기를 기회로 삼는 도시들이 있다. 이러한 도시들은 문제에 신속히 반응하는 일련의 시스템이 구축되어 있는데, 이는 바로 도시가 처한 환경에 대한 전면적이고 합리적인 스캐닝과 분석을 할 수 있다는 것이다. 그리고 분석을 통해 지금의 환경이 향후 전개될 상황을 예측함으로써, 돌발상황에 대해 보다 더 효율적으로 대응하도록 한다. 여기서 전면적인 분석이란 거시·미시적 측면에서 도시의 경쟁자·협력자뿐만 아니라 제3의 이익 관련자들까지 그 대상에 포함함을 의미한다.

부산시는 오랜 역사를 지닌 도시로, 그동안 축적된 문화는 부산시로 하여금 독특한 정취를 지니게 했다. 동북아 교통의 중추로서, 부산시가 과거 빠른 시간 동안 이룩해 낸 일련의 발전은 세계인에게 깊은 인상을 남겼다. 그러나 새로운 경제 구조는 새로운 도전을 요구하고 있으며, 단순한 과거의 경험만을 가지고는 이러한 도전을 해결하는 데 부족했다. 즉, 중국의 격언 "역수행주, 부진즉퇴(逆水行舟 不进则退, 물을 거슬러 배를 몰 때, 앞으로 나아가지 못하면 뒤로 밀리게 됨)"와 같은 것이다. 그러므로 반드시 시대와 같이 나아가야만, 비로소 세계 발전의 선두에 설 수 있다는 점을 상기해야 한다.

3) 부산의 SWOT 분석

오늘날 세계 각 국가들은 국제화라는 시대적 요구에 따라 끊임없이 변화하는 환경에 놓이며 동시에 개방이라는 거센 도전에 직면하게 되었다. SWOT 분석 방법으로 부산이 처한 환경과 정세를 분석하면, <표 1>과 같다. 부산이라는 도시 고유의 강점과 약점 그리고 기회와 위협을 서로 잘 조합한다면, 어떤 상황 아래서도 현명한 대응으로 효과적인 결과를 얻을 수 있다. 그렇다면 어떻게 하면 새롭게 변하는 경제 환경에 신속하고도 유리하게 대응할 수 있을까? SWOT 분석으로부터 볼 수 있듯이, 부산 발전의 기본 주제는 혁신과 협력이며 이것이 곧 최종결론이기도 하다.

〈표 1〉 부산 발전의 SWOT분석

	기회 : ① 한중일 FTA는 경제 세계화의 진행과정	위협 : ① 한중일 FTA 협상 과정에는 많은 장애가 존재 ② 다른 항구도시들의 추격과 FTA에 대한 국민들의 회의적 시각
강점 : ① 이미 동북아의 중추적 지위를 확립 ② 우수한 항구와 선진 기술을 확보	① 교통의 강점을 확대 ② 혁신을 강화 ③ 첨단 기술제품의 수출	① 협력 강화 ② 동아시아 무역과 동북아 무역 자원의 합리적 분배 및 투입 ③ 현재의 합법적 외부 효과를 이용한 새로운 중추적 합법성을 확립
약점 : ① 한정된 자연 자원 ② 비교적 작은 내수시장 ③ 비교적 단순한 경제구조 ④ 농업·경공업의 퇴보	① 경쟁우위 산업에 집중 투자 ② 협력을 강화 ③ 약한 산업 분야의 수입 경로 다변화로 위험 분산	① 시장 내 업종 조정의 가속화 ② 창조적 혁신 추구 ③ 수입 의존성 낮춤

3. 중국 경제성장의 배경과 시사점

1) 중국 경제성장의 배경

중국의 항구도시는 중국 경제의 빠른 성장에 힘입어, 지난 수십 년 동안 빠른 속도로 발전할 수 있었다. 그리고 중국 경제의 빠른 성장 요인은 "천시(天時, 좋은 기회), 지리(地利, 지리적 우세), 인화(人和, 화합)"[74]라는 세 단어로 요약해볼 수 있다.

중국의 경제성장 배경을 살펴보면 첫째, 개혁개방은 경제의 활력을 자극했고, 사회의 생산력 문제를 해결하는 중요한 전환점이 되었다. 1978년 말 중국공산당 11차 3중전회의 결정을 통해, 행정 명령으로 경제체제의 개혁을 이행하고, 대외 개방을 실행하였다. 이것은 중국 경제로 하여금 고속 성장을 하는 데 있어 가장 주요한 요인이며, 가장 거대한 동력이기도 하다. 중국이 변함없이 개혁 개방을 추진하고, 사회주의 시장 경제 체제를 부단히 개선하며, 개혁·발전·안정 사이의 관계를 정확히 처리한다면, 중국은 반드시 정치적 안정과 경제의 고속 성장을 유지할 수 있을 것으로 확신했다. 또한 지금과 같은 추세라면 2020년에는 기본적으로 공업화와 도시화를 실현할 수 있을 것이고, 전면적인 소강사회(小康社會)[75] 건설의 위대한 임무를 완성할 수 있을 것으로 예상된다.

둘째, 경제성장을 최우선으로 하는 전략적 실행과, 경제발전을 중

---

74) 천시지리인화삼자개구(天時地利人和皆俱); 시기상의 적절함과 지리상의 이로움 그리고 사람들의 화합에 이르기까지 세 가지를 모두 갖추었다.

75) 기본적 의식주 해결단계에서 한 단계 나아가 경제적으로 보다 여유로운 생활을 즐길 수 있는 수준.

국 부흥의 가장 중요한 과제로 삼은 것을 꼽을 수 있다. 1978년부터 중국 공산당과 정부의 관심은 사회주의 현대화 건설로 옮겨졌으며, 경제 성장의 전략적 지침을 실행했다. 덩샤오핑(鄧小平)은 선견지명으로, 중국 상황에 맞는 경제 3단계 전략 목표를 계획했다. 1단계는 의식주의 문제를 해결하는 것이며, 2단계는 20세기 말에 소강(小康)의 수준에 이르는 것이다. 3단계는 2050년대에 중등 국가의 발전 수준에 이르는 것이다. 3단계 중 이미 두 단계의 목표는 순조롭게 실현했고 3단계 완성을 위해 중국인 모두가 노력하고 있다.

셋째, 사회주의 체제에서의 중국의 시장경제 발전은 자유 방임식의 발전이 아니라, 정부가 관리하는 방식이다. 개혁 개방 이후 중국은 모두 6차례의 거시 경제에 대한 조정이 있었는데, 시간별로 나누어 보면, 1979년부터 1981년의 제1차, 1985년부터 1986년까지의 제2차, 1989년부터 1990년까지의 제3차, 1994년부터 1996년까지의 제4차, 1997년부터 2001년까지의 제5차, 2003년부터 오늘날까지의 제6차이다. 이러한 거시 경제의 조정은 목표가 명확했고 그 효과가 분명했기 때문에 손실을 최소화했고 중국 경제발전의 빠른 성장을 보장해주었다. 정부의 조절과 관리는 주로 다음의 세 가지 분야에서 구체화된다. 먼저, 거시적 측면의 통제 방법으로 경제의 안정을 유지하는 것이다. 다음으로 시장에 대한 감독을 강화하고, 공정한 경쟁을 촉진시켜 미시 경제의 효율을 증진한다. 여기서는 자원과 생태 환경을 보호하고, 생산의 안정성으로 공급의 안전까지 보호한다. 마지막으로 재정 세수(稅收) 등으로 수입을 분배하고 사회적 공정성을 유지·발전시켜 나간다. 이와 같은 관리방식은 개혁 개방 이후 모두 비교적 좋은 성적을 거두었고, 계속해서 개선되어가고 있는 중이기도 하다.

넷째, 중국은 세계에서 가장 풍부한 노동력을 보유하고 있다. 중국인은 근면성실의 우수한 전통을 지니고 있으며, 여기에 공산당의 개혁 개방과 공산당의 정책 조정은 모두에게 적극적인 능동성을 부여했으며, 이는 사회 생산력을 향상시키는 거대한 힘이 되었다. 중국 노동시장의 가용 인력은 매우 풍부하고, 9년의 의무 교육을 통하여 청소년은 일반적으로 중졸 이상의 학력 수준을 지니고 있다. 게다가 임금 수준은 비교적 낮고, 특수한 경우가 아니면 강력한 노동조합 활동으로 기업을 곤란에 빠트리지 않는다. 이로 인해 오랜 시간 낮은 생산단가로 중국의 수출품은 세계무대에서 강력한 경쟁력을 확보하였다.

다섯째, 중국은 계속해서 확대되는 거대 소비시장을 지니고 있으며, 다방면의 투자를 끌어들일 수 있는 매력을 가지고 있다. 비록 중국은 장기간의 빈곤과 낙후로 인하여, 기초 설비 분야에 있어 매우 큰 결함을 지니고 있었지만, 이는 매우 많은 투자 기회와 빠른 경제성장을 기대할 수 있는 장점이기도 했다. 국민 소득의 빠른 상승, 국내 소비의 확대 속에, 산업구조의 조정과 도시 간 경쟁이 가속화 되었으며, 이것은 다시 중국시장의 확대와 사회적 생산력을 발전시키는 촉매제가 되었다.

여섯 번째, 중국은 높은 저축율과 투자율을 유지하고 있다. 중국인은 근면할 뿐만 아니라 검소하기 때문에 저축률이 높고 장기저축 비율이 30% 이상이다. 통계에 의하면, 1978년부터 2002년까지, 중국의 저축률은 32.5%에서 42.2% 사이를 유지했는데, 이러한 높은 저축률은 재투자를 확대하는 밑거름이 되었다. 중국의 자본 형성률 또한 매우 높았다. 1978년부터 2003년까지, 중국 자본의 연평균 성장률은 9.9%이며, 경제 성장에 대한 공헌도는 6.3%에 이르렀다. 2003년 이후 중국 경제가 두 자릿수의 고속 성장을 할 수 있었던 것은 이러한 배경이 있었기 때문이다.

일곱 번째, 시기적으로 중국에 유리한 국제 환경이 조성되었다. 1970년대 이후, 평화적 국제 환경은 중국이 사회주의 현대화 건설 사업에 집중할 수 있는 매우 유리한 환경이 되었다. 평화 발전 협력은 이미 현대사회의 거스를 수 없는 조류이다. 비록 주요 선진국들이 경제위기로부터 벗어나지는 못했지만, 20세기 30년대와 같은 전 세계 경제에 심각한 경제 위기 현상들은 나타나지 않고 있다. 여기에 경제발전의 국제화와 급격한 산업 발전은 후발 주자인 중국에게 유리한 상황이다.

2) 부산의 위기와 기회에 대한 접근

지금부터는 시야를 세계적 관점에서 아시아의 무대로 옮겨 보자! 세계의 불안정이 아시아 무대에 가져온 것은 무엇인가? 바로 시장의 변화이며, 이러한 변화는 더욱 많은 기회와 도전이 가까이에 있다는 의미이기도 하다. 오늘날의 세계경제 구조는 최근 몇 번의 금융위기를 겪으며 많은 변화를 가져왔으며 더 이상 과거의 단순한 남북이나 동서의 구분에 놓여있지 않다. 다시 말해 이미 국가와 국가 간, 도시와 도시 간의 단순한 경쟁 혹은 협력의 관계를 초월하였으며, 하나의 복잡한 네트워크 속에서 서로 유기적인 영향력을 행사하고 있다. 따라서 시장의 변화 요인을 외부에서만 찾을 것이 아니라, 지금 직면하고 있는 현실과 인접 도시 · 국가에서도 찾아보아야 한다. 그중 하나가 한중일 FTA 체결을 위한 진도가 조금씩 진척되어 나아가고 있다는 사실이다. 지금 직면한 기회와 도전(한중일 FTA)에 대해, 부산시는 스스로에게 유리한 대책을 찾아야 하며, 이를 위해 다음의 네 가지 측면에서 접근할 수 있다.

첫째, 정치적 시각에서의 접근이다. 한 도시의 발전은 정치적 요소와 법률 환경의 통제를 받는다. 정치 요소는 조직경영 활동에 행사되는 실제적 · 내재적인 정치 역량과 관련 법률 및 법규 등의 요소를 가리킨다. 정치 제도와 체제 및 정부의 조직 경영 업무에 대한 태도 변화가 발생할 때, 도시의 경영 전략은 반드시 이에 맞춰 조정된다. 뿐만 아니라 정부가 기업 경영에 대해 구속력 있는 법률과 법규를 발표할 때도 마찬가지이다. 법률 환경은 정부가 제정한, 기업경영에 대해 구속력을 지닌 법률과 법규를 주로 의미한다. 즉, 공정거래에 관한 법률, 세법, 환경 보호법, 대외 무역에 관한 법규 등 정치 · 법률 환경은 실제적으로 경제 환경과 결코 분리될 수 없는 하나의 요소이다. 오늘날 아시아의 정세는 거시적 측면으로 볼 때, 다른 대륙에 비해 상대적으로 안정적이다. 그러나 내부로 들어갈수록 충돌과 불신이 끊이지 않고 있다. 그래서 한중일 3국 간의 정치 상황에 따라 국가 간 교역과 소비심리는 직접적인 영향을 받고 있다. 그럼에도 FTA 문제는 쉽게 합의가 되지 않고 자국의 주장과 고집을 꺾지 않는다. 다행인 것은 3국이 자유무역지대를 건립하는 것이 서로의 발전에 가장 유리하다는 공감대를 형성하고 있다는 것이다.

부산시가 이렇게 많은 모순이 공존하는 환경 속에서 발전을 추구하고자 한다면, 반드시 '이성적인 손익 분석', '더욱 활발한 소통과

적으로 작으며, 게다가 공통의 문화가 누적되어 있다. 이러한 공통 문화는 아시아 경제권의 건립에 유리한 조건이 된다. 문화 고도 (古都) 부산은 아시아에서 가장 오랜 문명의 우수성을 계승했으며, 교통의 중심지로서 아시아 국가들을 연결하는데 있어 매우 강한 장점을 지니고 있다. 자연 환경은 기업과 관련된 시장의 지리, 기후, 자원, 생태 등의 환경을 가리키는데 각각의 다른 지역 기업들은 그 기업이 처한 자연 환경의 차이 때문에, 도시 발전 전략 수립·수행에 많은 영향을 받을 수 있다. 부산은 범태평양 물류의 중심이고, 동북아 경제권의 중심이다. 또한 부산은 동남쪽의 대한해협, 마주보고 있는 일본의 대마도, 서쪽의 낙동강, 서북쪽의 높은 산, 남쪽의 많은 섬들을 지니고 있는 한반도 남부의 대문이다. 그리고 도시 속에 온천이 고르게 분포되어 있고, 산들로 둘러싸인 아름다운 해안은 큰 자랑거리이다. 뿐만 아니라 세계 주요 도시와 연결된 직항이 있고, 세계 유명 항구로 향하는 여객선이 있다. 부산의 아름다운 경치와 포용적인 문화 그리고 편리한 교통 인프라는 부산이 아시아 경제의 중심 역할을 하기에 충분하다.

넷째, 기술적 시각에서의 접근이다. 기술 요소는 혁신적 변화를 일으킨 발명뿐만 아니라, 기업 생산과 관련된 신기술, 신재료의 출현 및 응용가능성을 포함한다. 지난 반 세기 동안, 과학 기술 영역은 가장 급격한 변화를 이루었으며, 이러한 선진 기술을 지닌 지역은 반드시 고성장의 업적과 성과를 만들어냈다. 신발, 방직, 타이어, 기계, 화학, 식품, 목재 가공, 수산업 가공, 조선기자재, 자동차 등을 보유한 부산의 공업은 한국 제일일 뿐만 아니라 세계시장을 주도하고 있다. 앞의 수치 통계 분석을 통해 알 수 있듯이, 이러한 산업은 한중 수출입 무역 중에서도 비교적 큰 비중을 차지하고 있다. 여기에 최근 10년 동안 전 세계의 화학, 에너지 대체 산업, 기계분야는 끊임 없는 혁신을 만들어 내고 있다. 과학 기술을 선도하고 있는 부산도 이러한 과학 기술의 열풍에 편승하여, 빠른 발전을 이룩해왔다. 부산 인근으로 범위를 확대시켜 보면 기술 산업 시너지 효과는 더욱 증대된다. 한국의 28개 '국가 중요 산업단지' 중 8개가 부산과 인근 지역권역에 설립되어 있기 때문이다. 3개 '시', 2개 '도'(三市兩道-부산, 대구, 울산, 경상남도, 경상북도)의 수출입 교역 규모는 한국 전체의 37% 정도를 차지하고 있으며, 그중 수출은 40%, 수입은 30%를 넘고 있다. 이들 산업단지는 대량의 기술 인재와 기술 자금을 흡수하고 있으며, 우대 정책을 통해 하이테크 산업이 더욱 발전하고 있다. 따라서 부산이 세계 무역의 중추 역할을 하는 데 아무런 의심이 없지만, 거대한 시너지 파급 효과를 위해서는 인근 지역과의 상호협력이 필요하다.

3) 합법성에 근거한 항구도시 발전 전략

중국의 항구도시는 동부해안선을 따라 분포하고 있으며, 이들 항구도시는 통상 중국 정부가 정한 "동부과월(東部跨越[76]), 중국 동부 연안의 산업 발전 지역)" 전략 지역과도 일치한다. 동부는 중국에서 경제가 가장 발달한 지역으로 전체 중국 인구의 36%가 이곳에 집중되어 있다. 중국 전체 생산총액의 56%를 비롯하여, 2차 산업 부가가

---

76) 중국 동부(東部) 연안의 산업 발전 지역으로 인구의 36%가 거주하고, 국가 총생산량의 57%를 차지한다. 이러한 경제적 급성장이 중국 평균을 크게 초월(跨越)하고 있다.

치의 58%, 3차 산업 부가가치의 57%를 창조했다. 내륙 산악지형에 비해 교통이 편리한 구릉지대에 위치하여 일찍부터 외부 문물의 유입이 자연스럽게 이루어졌다. 그리고 훌륭한 자연 환경과 풍부한 자원으로 인해 인구가 집중하게 되었고 이는 곧 기술의 향상으로 이어졌다. 동부지역이 오늘의 중국을 건설하는 데 활력소가 되었다는 점은 누구나 부인할 수 없는 사실이다.

최근 CI-ONLINE 통계에 의하면, 세계 화물 물동량 상위 10대 항구에서 8개가 중국의 항구이다. 중국의 해운업은 다른 산업에 비해 비교적 이른 시기에 개방했고, 개방의 정도도 상대적으로 높다. 오늘날 거의 모든 다국적 선박 관련회사(선박의 항해 · 수리 · 건조 등과 관련된 업무에 종사)는 중국에 지사를 설립했다. 그리고 항구나 항구시설 역시 대형 글로벌 기업의 투자가 중점적으로 이루어지고 있으며, 중국의 WTO 가입 후 국제 해운시장의 관심이 더욱 고조되었다. 일례로 55억 위안에 달하는 심수항(深水港)[77] 합자 투자의 선전(深圳) 염전항구 3기 공정, 광저우(廣州) 항구와 싱가포르 항무그룹의 합작 프로젝트 등이 대표적이다. 세계 유수의 종합 물류 회사들은 중국 항운 · 도로 운수 · 내륙물류 및 운반 하역 · 화물창고 등 기타 운수와 관련된 보조 서비스의 연결성에 집중하고 있다. 이에 따라서 원래 거래하던 협력회사에 투자를 확대하거나 독자적인 투자 행보를 모색하고 있다. 예를 들어, UPS, TNT 등 국제적인 대형 물류 기업들 모두가 중국에 투자하고 있다. 내륙 물류와 해외 무역

---

77) 수심이 낮아 항만은 대형 컨테이너 물동량을 처리할 수 없다. 대형 컨테이너선이 접안하려면 최소 12m 이상의 깊은 수심이 유지되어야 하는데, 이를 위해 준설작업을 통해 수심을 높이기 위한 항만 건설 프로젝트를 말한다.

간의 거대하고, 융합적인 네트워크가 이미 형성되었으며, 이는 중국 항구도시의 수송 능력을 끊임없이 발전시키고 있다.

항구도시는 중국의 대내외 우수 기업들이 신속하게 무역을 할 수 있게 함으로써, 경제적 부가가치를 실현하는 데 큰 기여를 하고 있다. <표 3>에 나타난 것처럼, 중국의 지역 구분을 통해 대형 항구도시는 곧 중국의 중요 경제권의 중심 도시임을 알 수 있다. 예를 들어, 상하이항·닝보-저우산항은 장강삼각주(Yangtze River Delta)경제권에 속하고, 부산과 왕래가 잦은 칭다오(青島)·다롄(大蓮)·톈진(天津) 등의 항구는 환(環)발해 경제개발구(Annular Bohai Bay)에 속한다. 이러한 항구도시들은 각자가 속한 경제구에서 금융, 무역의 중심이며, 물류 기능의 중추적 역할을 하고 있다. 또한 같은 권역 안에서 상호 간의 협력으로 유기적인 보완 역할을 함으로써 공급과 수요의 평형을 유지하고 효율성을 높이는 효과도 나타나고 있다.

<표 3> 중국의 주요 경제구 및 중심 도시

경제구	중심도시	연관도시	키워드
장강삼각주 (长江三 角洲)	상하이 (上海)	쑤저우(苏州), 항저우(杭州), 우시(无锡), **닝보 (宁波)**, 난징(南京), 샤오싱(绍兴), 난퉁(南通), 창저우(常州), 지아싱(嘉兴), 전장(镇江), 양저우(扬州), 타이저우(泰州), 후저우(湖州), **저우 산(舟山), 롄윈강(连云港)** 등 22개 도시	장강(长江)유역, 자본 밀집형기업, 항구도시, 금융중심, 무역중심, 관광지
주강삼각주 (珠三 角洲)	광저우 (广州), **선전(深圳)**	**주하이(珠海)**, 푸산(佛山), 장먼(江门), 동관(东莞), 중산(中山), 후이저우(惠州), 자오칭(肇庆)	주강(珠江) 유역, 노동 밀집형 기업, OEM주문자 생산방식)
환발해 경제개발구 (环渤海经 济开发区)	베이징 (北京), **톈진(天津)**	탕산(唐山), 친황다오(秦皇岛), 선양(沈阳), 다롄(大连), 타이위안(太原), 지난(济南), **칭다오(青岛)**, 바오딩(保定), 스자좡(石家庄) 등	새로운 에너지(전력) 사업, 엔진, 무역 항구

주: 굵은 글씨 표기는 중점도시
자료: 중국투자 가이드(中国投资指南) 재구성

중국의 항구도시 발전을 '합법성'에 근거하여 설명할 수도 있다. 1995년, 유명한 제도 이론 학자 Scott은 자신의 저서에서, 제도에는 세 가지 핵심 요소가 있고, 합법성은 이 세 가지 각도에서 분석을 할 수 있다고 주장했다. 즉, 규제적 합법성(規制性合法性), 규범적(規範性) 합법성 그리고 인지적(認知性) 합법성이다.

규제적 합법성의 각도에서 보자면, 중국 항구도시의 발전은 장기간 지속된 중국 정부의 전략 계획과 정책 그리고 법률적 지지에 부합한다. "동부과월(東部跨越)", "서부 대개발(西部大開發)", "중부굴기(中部崛起)" 등과 같은 지역적 전략의 사례를 보더라도 중국정부의 법률적 지지가 얼마나 큰 영향을 주는지 알 수 있다. 특히 중국의 사회주의 현실에서는 정부가 지지하면 곧 강력한 추진력을 얻게 되며 이는 바로 절반의 성공을 의미한다. 중국의 "5개년 계획(五年規劃)"처럼 주기적 전략도 좋은 사례이다. 이와 같이 중국 항구도시가 발전하게 된 데에는 모두 분명한 지향점을 가지고 수립한 전략들이 그 원동력으로 존재한다. 이로 인해 중국 항구도시들은 더욱 원활하게 발전과 연관된 핵심 자원들을 확보할 수 있었다. 이 밖에도 중국 정부는 적극적인 관세 개입과 이자율 조정을 통해 내수 확대를 촉진하였다.

규범적 합법성의 측면에서 이야기하자면, 중국은 WTO 가입 즉시 중국 내 항구도시를 세계적 항구의 수준으로 도약시키기 위해 노력하였다. 즉, 항구의 물동 능력, 정박 수량, 화물의 용량을 표시할 수 있는 부두의 길이 등 모든 것을 세계 표준에 맞추었고, 세계의 모든 항로가 연결되고 집중되도록 했다(<그림 2>~<그림 4> 참고).

인지적 합법성 측면으로 볼 때, 중국인들은 이들 항구에 대해 매우 높은 긍정적 인식을 지니고 있다. 이들 도시는 거의 대부분 고도로 발전된 지역이어서, 전국의 소비와 생산을 주도하고 있다. 중국 항구도시의 발전은 이미 중국 발전의 풍향계이며, 중국이 진행하고 있는 세계화의 상징이 되고 있다.

〈그림 2〉 2001~2010 중국 연해 주요 항구 화물 물동량
(단위: 만 톤)

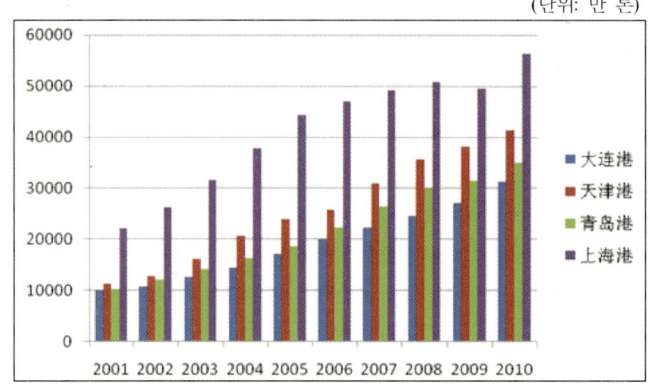

자료: 중국 통계국 자료 재정리

〈그림 3〉 2001~2010 중국 연해 주요 항구 생산용 부두의 길이
(단위: 미터)

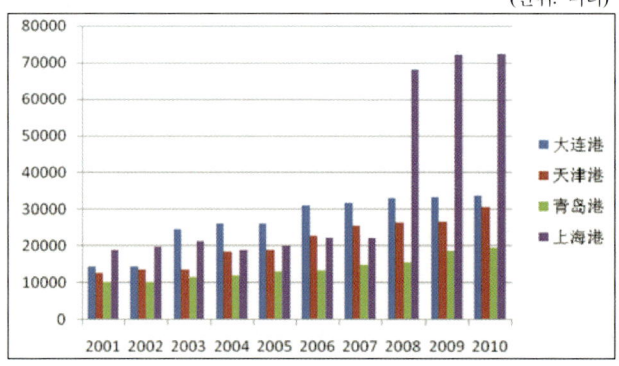

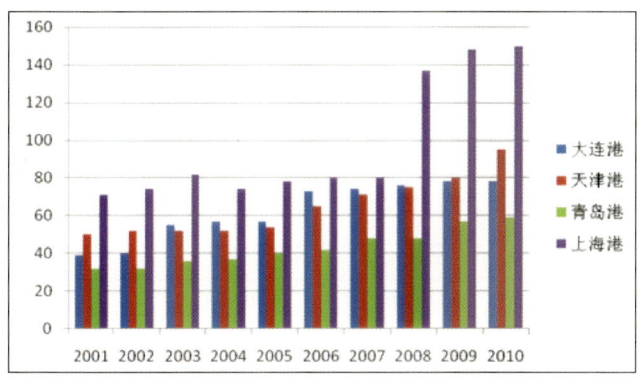

자료: 중국 통계국 자료 재정리

　　중국의 항구와 비교하면, 부산 역시 더욱 발전하기 위해서는 합법
성을 충분히 갖추는 것이 필요하다. 그 다음 비로소 발전해나가는
데에 있어 핵심이 되는 자원을 획득할 수 있을 것이다. <표 4>를
보면, 세계 10대 컨테이너 항구의 최근 몇 년간의 순위 중, 한국의
부산은 이미 몇 년간 제5위에 머물러 있다. 상위 4개의 2천만~3천
만 TEU의 물동량을 처리하는 거대 항구들과 비교했을 때, 열세라는
사실이 확연히 드러난다. 부산은 그동안 세계적인 항구도시라는 자
부심에 너무 안주한 것은 아닌가 싶고, 경쟁력 확보를 위한 투자와
실행이 더디게 진행된 것 같다. 현재 가장 시급한 일은 뒤에서 집요
하게 쫓아오는 닝보-저우산항, 광저우항, 칭다오항 등에게 제5위의
자리를 뺏기지 않는 일이다. 특히 닝보-저우산항은 바로 턱 밑까지
따라 온 상황이어서 더욱 위기감을 갖게 한다. 소식에 따르면 부산
은 신항을 건설하여 세계적 항구로 재도약할 준비를 갖추었다고 하
는데, 상당히 고무적인 일이 아닐 수 없다.

<표 4> 2008~2011년 세계 10대 컨테이너항의 순위

항구	국가	2011년 물동량 (만 TEU)	2011년 전년도 동기대비 성장률(%)	순위			
				2008	2009	2010	2011
상하이	중국	3213~3254	10.6~12.0	2	2	1	1
싱가포르	싱가포르	2934~2988	3.2~5.0	1	1	2	2
홍콩	중국 홍콩	2438~2484	2.9~4.8	3	3	3	3
선전	중국	2321~2366	3.1~5.1	4	4	4	4
부산	한국	1615~1641	13.9~15.7	5	5	5	5
닝보-저우산	중국	1497~1520	14.6~16.4	7	8	6	6
칭다오	중국	1374~1396	14.4~16.2	10	9	8	7
광저우	중국	1332~1356	7.2~9.1	8	6	7	8
두바이	UAE	1186~1205	3.1~4.8	6	7	9	9
로테르담 (외로포르트)	네덜란드	1180~1201	5.8~7.7	9	10	10	10

자료: 중항망(中港網)

사실 부산항의 성적은 그리 나쁜 것은 아니다. 중항망(中港網) 자료에 따르면, 2010년 부산항의 컨테이너 물동량은 18.4%가 증가했고, 2011년 다시 13.7%가 증가했는데 이는 대단히 좋은 성적이다. 그러나 "중국 군단"의 맹렬한 추격과 급성장 때문에 주목을 받지 못하는 형국이다. 즉, 2010년 닝보-저우산항은 순위가 2단계 상승해서, 전 세계적으로 8위에서 6위가 되었는데, 다음 목표는 부산이기 때문이다. 각 항구도시들의 2011년 실적을 보면, 부산항은 닝보-저우산항에 불과 백여만 TEU 차이로 추격당하고 있다. 2012년 부산항은 1750만 TEU의 컨테이너 물동량을 목표로 설정하고 있으나, 이러한 목표는 닝보-저우산항도 같다. 만약 닝보-저우산항이 이 목표치를 넘는다면, 2012년 컨테이너 물동량은 2011년과 비교하여 18.9% 증가한 것이 되는데, 현실적으로 쉽지 않은 것도 사실이다. 하지만 지리적 위치의 중요성으로 인하여 닝보-저우산항에 세계 물동량이 계속 집중되고 있는 현실을 감안하면 여전히 위협적일 수밖에 없다.

4. 부산의 과제와 제언

1) 부산의 경쟁력 향상 방안

(1) 신성장 동력의 발굴

지금까지 한국은 대중(對中) 교역에서 자동차, 전자 기기, 기계, 철강, 화학제품 분야에서 두각을 나타냈다. 특히나 반도체와 같은 첨단 기술 산업은 한국의 대중국 무역수지 흑자의 주요 원인이고, 중국은 이러한 산업 분야에 있어 국제적 경쟁력이 부족하다. 그리고 중국은 서비스무역 자유화, 투자 자유화 및 지적 재산권 보호 등의 방면에서 한국의 요구에 수동적일 수밖에 없다. 그렇지만 한국이 비록 중화학 공업과 첨단 기술 산업에 있어 중국보다 강한 국제 경쟁력을 지니고 있으나, 방직 공업을 비롯한 노동집약형 산업에서는 국제 경쟁력이 하락하고 있다. 여기에다가 중국의 기술력이 비약적으로 발전함에 따라 한국은 자동차, 전자기기, 기계 등 첨단 기술 산업 방면에서도 경쟁우위가 상대적으로 감소하고 있다.

이미 한국의 노동집약적 산업들은 중국에서 경쟁력을 잃었으며 파산하는 기업을 어렵지 않게 목격한다. 뿐만 아니라 캐논, 아디다스, 제너럴일렉트릭(GE) 등 세계적 기업들까지 경쟁력 저하로 중국에서 철수하고 있는 현실이다. 결국 부산의 주력 산업들은 끊임없이 혁신을 해야만 경쟁력 우위의 지킬 수 있으며, 동시에 신성장산업을 발굴하여 경쟁력을 길러야 하는 과제를 안고 있다.

(2) 항만 물류 시설의 재정비와 확충

중국경제의 고속 성장은 물동량 증가와 대형 항구도시들의 출현을 가져왔다. 중국 항구도시들이 활황과 성장을 이어가면서 부산항과의 격차도 줄어들게 되었고 역전현상도 나타나고 있다. 과거 부산항이 동북아의 중추적인 국제항구로서 역할을 하고 있을 때, 중국의 항구들은 상대적으로 소규모의 미개발 항구에 지나지 않았다. 그러나 중국이 유럽 및 미국과의 해상운송에서 직항노선을 지속적으로 확장·개통함에 따라 부산항을 경유할 필요성이 없어졌다. 지금은 중국의 대형항구들이 부산항과 견주어 손색이 없을 정도로 선진적 시스템을 완비하고 있으며, 세계의 물동량을 흡수하고 있다. 또한 선박이 대형화됨으로써 항구 시설의 재정비와 확장이 불가피하게 되었다. 마침 한국정부는 상하이항(上海港)과 선전항(深圳港)의 도전에 대응하기 위해 2020년 전까지 617조 원(534억 달러)을 출자하여 부산을 동북아 해운 물류중심으로 재도약시킨다는 계획이다. 전문가들은 상하이의 대소양산공정(大小洋山工程)[78]의 시작과 닝보-저우산항·선전항의 시설 확충으로 부산항과의 경쟁은 더욱 치열해질 것으로 예상한다.

---

78) 중국 정부는 2002년 총 160억 달러를 투자해 대양산도와 소양산도에 신항만을 건설하는 '대소양산(大小洋山)' 프로젝트를 시작했다. 2002년 12월에는 섬을 매립하고 바다와 육지를 잇는 양산항 1단계 공정을 시작으로 2020년까지 총 9단계 공사가 이뤄지는데, 완공 후에는 세계 최대 컨테이너항만이 될 것으로 기대된다. 2004년에 이미 상하이 본토와 소양산도를 연결하는 왕복 6차선인 둥하이(東海) 대교(32.5km)가 완공됨으로써 양산항은 관광지로도 주목받고 있다.

(3) 내부역량의 강화

부산시가 단독으로 정책을 수립·집행하는 것은 한계가 있기 때문에 중앙정부의 정책적 지원을 통해 합법성을 확보해야 한다. 부산시는 중앙 정부와 긴밀한 공조를 통해 부산시 발전 계획과 그에 따르는 구체적인 정책 방안을 수립하여야 한다. 중앙정부의 지지를 받는 '합법성'은 정책 집행을 용이하게 만들고 국내외 우수한 자원이 더욱 쉽게 부산시로 유입되게 할 수 있다.

과학 기술은 부산 발전의 활력소이며, 과학 기술을 발달시키기 위해서는 우수한 인재 양성이 필수적인데, 교육과 연구개발에 대한 투자를 강화함으로써 요구에 부응하는 맞춤형 인재를 확보할 수 있다. 어느 국가·도시를 막론하고 미래 발전 여부는 인재에 달려 있다는 점을 상기해야 한다. 따라서 세계 선진도시들과의 교류협력을 통한 교육 및 연구개발 수준의 제고를 꾀해야 하며, 외국 인재의 중용도 전략적으로 필요하다. 이와 같은 노력들이 행해진다면 부산의 과학 기술 혁신의 효율성이 높아지고 풍부한 인재가 공급될 것이기 때문에 도시 발전은 순조롭게 진행될 수 있다.

부산시의 자원분포 및 산업 종류는 분명한 편향성을 지니고 있기 때문에, 자원을 분배하는데 신중해야 한다. 자원을 합리적으로 분배하면 장점은 증대되고, 약점은 감소된다. 따라서 경쟁우위에 있는 산업과 항목을 지원하여, 기업이 빠른 속도로 발전할 수 있게 해야 한다. 뿐만 아니라, 여분의 자원을 경쟁력이 약한 산업에 투입하여 의존성을 감소시키고 지역경제에 미칠 나쁜 영향력을 사전에 차단해야 한다.

조직의 가장 중요한 능력 중 하나가 '다이나믹(Dynamic)'이다. 역동성 때문에 전체 조직이 강력한 학습 능력과 빠른 흡수 능력을 갖는다. 급격히 변화하는 환경에 대한 정책입안자들의 가장 빠른 대응과 학습이 요구되고 있다. 이를 위해 부산시정부는 담당자들에게 외부세계의 변화에 감응하고 즉각적인 반응을 할 수 있는 동기부여를 제공해야 한다. 다른 도시들보다 한발 앞서 대응하고 움직여야 주도권을 확보할 수 있으며 경제적 실익을 증대시킬 수 있다.

2) 부산에 대한 제언

(1) 첨단산업에 집중투자로 경쟁우위를 지속적으로 확보해야 한다

이를 위해 부산시는 과학기술 자체에 대해 집중 투자함과 동시에 중앙정부와의 협력을 통해 자원우위를 확보해야 한다. 예를 들면, 부산의 조선산업은 이미 중국 다롄, 인도네시아로 이전하였고, LG는 톈진에 제조 기지를 건설하였다. 부산을 떠나 다른 국가로 이전하는 것은 현지의 낮은 생산단가가 가장 큰 원인이다. 지금의 한국 상황으로는 생산단가를 더 낮추기는 현실적으로 불가능하기 때문에, 부산시는 지역 내 과학기술단지에서 첨단기술을 개발하고 육성하는 전략을 구사해야 한다. 이는 지역 내 고부가가치 산업의 육성과 양질의 일자리 창출로 이어져 지역경제에 더 많은 이익과 활력을 불어넣을 것으로 기대된다.

(2) 지리적 장점을 활용하여 부산의 산업구조를 조정해야 한다

부산시는 국제공항, 항만이 있는 국제교통의 중심 도시로서 우수한 교통 인프라를 이미 갖추고 있다. 부산시는 한국경제의 수출입

창구 역할을 하고 있으며, 전 세계로부터 가장 신속하게 상품·원재료를 공급받을 수 있다. 이러한 장점을 활용할 수 있는 부산 고유의 지역산업 개발이 시급하다. 부산시는 뛰어난 풍광으로 중국에도 이미 잘 알려졌으며, 온천·해양관광은 지역경제 발전의 중심축이다. 따라서 이를 더욱 개발하고 관련 산업을 확대·홍보하는 노력을 계속해야 한다.

(3) 중국 항구도시와 협력을 강화하고 교류 범위를 확대해야 한다

부산시는 이전부터 다른 국가 항구와의 협력을 매우 중시 해왔는데, 앞으로도 지속되어야 한다. 다가오는 한중 FTA는 양국의 물동량을 더욱 증가시킬 것이며, 중국 서부 내륙시장은 급성장하고 있다. 현재 부산시는 칭다오, 톈진, 상하이와 협력하고 있는데 선전, 광저우로까지 확대할 필요가 있다. 선전, 광저우 항구는 중국 서부시장으로 연결시키는 중추적 역할을 하고 있을 뿐만 아니라 인접한 홍콩항과 연계하여 원양무역의 중심축으로 성장할 것이 확실시 되고 있다. 부산은 비슷한 환경에 있거나 상호 보완관계로 시너지 효과를 발휘할 수 있는 중국 도시들과 교류협력을 계속해서 확대시켜 나가야 한다.

각 지역의 경영자들과 공조하면, 비교적 쉽게 상대 도시에 접근하여 경제적 협력을 도모할 수 있다. 기업가와 경제 단체들은 상호 간의 교류협력을 확대하기 위해, 쌍방의 경제 연구 기관을 중심으로 일반 시민이 참여하는 포럼·세미나를 개최할 수 있다. 그리고 정기적으로 투자상담회를 개최하고 지역 간 상품 전시회를 열어서 투자협조와 아이디어를 공유할 수 있다. 뿐만 아니라 비정기적 할인 판매장을 설치하여 상대 협력도시의 물건을 저렴하게 구입하는 기회를 제공하는 것은 지역 산업에도 큰 도움이 된다. 경제협력이 무르익으면, 쌍방이 지혜를 모아 상호 보완적 산업의 최적화 발전 방안을 공동으로 연구하고, 국제 무역 박람회에도 공동으로 참가하여, 바이어에 대한 대책도 함께 연구할 수 있다. 국제화 시대의 도래로 경제 분야에서는 이미 국경이 사라진 지 오래고, 공동의 이익을 위해 이질적 기업이 전략적 제휴를 하는 모습은 더 이상 낯설지 않다. 부산은 비슷한 환경에 놓여 있는 칭다오와 연계하여 수산물 유통 및 가공 산업 육성과 물류비용 절감 방안에 대해 공동으로 연구하는 것을 고려할 만하다. 또한 해양관광도시라는 공통점도 있기 때문에 상징적 의미가 있는 공동 사업을 추진하는 것도 좋은 대안이 될 수 있다. 구체적 실천 방안으로는 관광 유람선 운영, 양 지역이 비교우위를 확보하고 있는 업종을 중심으로 한 합작기업 설립을 추천한다.

부산은 아시아뿐만 아니라 범태평양 지역에서 경제발전을 선도하고 있으며 중요한 지위를 차지하고 있다. 무역에 있어 중추적 역할을 담당하고 있으며 도시가 갖고 있는 잠재력은 실로 거대하다. 한중일 FTA 협상을 놓고 동아시아 경제권에서 부산의 역할이 매우 중요하게 부각되고 있다. 가장 가까운 곳에 일본이 있고, 직선거리에 중국 최대의 항구 상하이항이 있다. 그러나 후발 주자들의 추격은 매우 위협적이며 부산시에 더욱 빠른 변화와 움직임을 요구하고 있다. 자칫 방심하면, 지금까지 이루어놓은 모든 지위를 빼앗길 수도 있는 상황이며, 단 한 번의 역전 허용으로 회복 불가 수준에 빠져들 수도 있다. 그래서 이를 슬기롭게 대처하기 위해서는 부산은 인근 도시들에 대한 더욱 깊이 있는 이해와 시시각각 변하는 주변 상황에 대한 빠른 대응이 필요하다. 따라서 다가오는 미래 20년을 준비하기 위한 첫 걸음을 "혁신과 협력"에서 시작하기를 바란다.

참고문헌

Ming-Jer Chen & Danny Miller(2011), "The Relational Perspective as a Business Mindset: Managerial Implications for East and West", *Academy of Management Perspectives*, August, 2011

Michael E. Porter(1990), "The competitive advantage of nations.[M]." *Harvard Business Review*, March-April, 1990

Paul J. DiMaggio and Walter W. Powell, "The Iron Cage Revisited: Institutional Isomorphism and Collective Rationality in Organizational Fields", [J]. *American Sociological Review*, 1983.Volume 48, Issue 2(Apr. ,1983), pp.147-160

W. Richard Scott(1995), *Institution and Organizations*, [M]. Sage Publications

펑웨이강(彭维刚)(2007), 『全球企业战略』, 北京人民邮电出版社, 2007年7月

韩国联合通讯社, 『韩中FTA谈判是下届政府的课题』, 日本每日新闻, 2007年5月25日

驻韩国代表处, 『韩国对中韩FTA谈判的态度与立场』, 山东国际商务网, 2012年4月9日

8장 부산-중국 산업 간 교류 · 협력 활성화 방안

김종욱(金鍾旭)

요 약

우리나라와 중국은 수교한 지 올해로 20주년을 맞이했다. 양국 교역액은 수교 당시의 약 35배로 증가하여 경제적 교류 규모가 급증하였다. 국내외 많은 전문가들은 2020년을 전후하여 중국의 경제규모는 세계 제일로 발돋움할 것으로 전망하고 있다. 올해부터 한-중 FTA 체결을 위한 협상이 시작되었다. 양국 간 FTA가 체결되면 양국의 경제교류 규모는 비약적으로 확대될 것이 분명하다. 앞으로 부산은 비상하는 중국과 어떤 협력관계를 유지할 것인가가 미래를 결정지을 수도 있을 것이다.

글로벌 시대에 부산은 세계 여러 나라와 긴밀히 연결되어 있다. 그중에서도 특히 중국은 경쟁자이면서 동반자로서 부산과의 연계 정도가 다른 나라에 비해 가장 깊다고 할 수 있다. 여기서는 부산-중국 산업 및 교역에 있어서 교류·협력을 활성화하기 위해 통인(通人), 통장(通場), 통감(通感) 등 「삼통(三通)」 전략을 제안하고자 한다.

〈부산-중국 산업 간 교류 활성화를 위한 「삼통(三通)」 전략〉

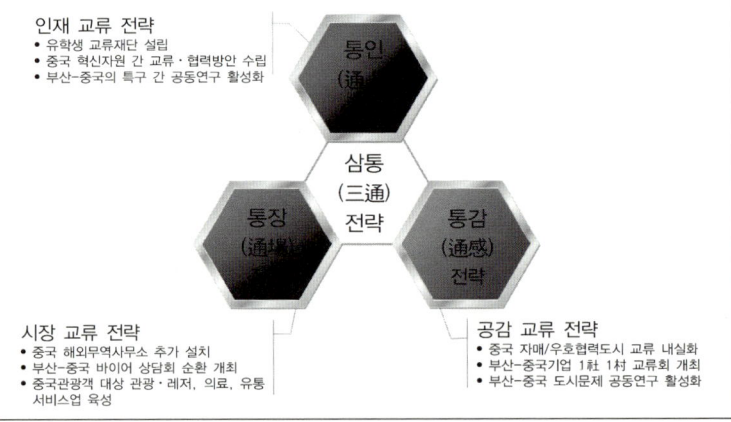

인재 교류 전략
- 유학생 교류재단 설립
- 중국 혁신자원 간 교류 · 협력방안 수립
- 부산-중국의 특구 간 공동연구 활성화

통인(通人)

삼통
(三通)
전략

통장(通場)

통감(通感)
전략

시장 교류 전략
- 중국 해외무역사무소 추가 설치
- 부산-중국 바이어 상담회 순환 개최
- 중국관광객 대상 관광·레저, 의료, 유통 서비스업 육성

공감 교류 전략
- 중국 자매/우호협력도시 교류 내실화
- 부산-중국기업 1社 1村 교류회 개최
- 부산-중국 도시문제 공동연구 활성화

1. 중국의 부상과 부산의 기회

세계의 경제지형이 아시아를 중심으로 빠르게 재편되고 있다. 그 중심에는 중국이 있다. 현재 세계 1위의 수출국, 세계 제일의 외환보유국[79]인 중국은 정치·외교·경제적으로 미국과 함께 G2에 분류되고 있다. 중국은 2009년 현재 세계시장 점유율 1위인 제품의 품목 수가 1,239개로 1위를 차지하고 있고, 수출액 규모면에서도 8,074억 달러로 역시 1위이다. 수출액 규모면에서 중국은 2위인 독일(5,029억 달러)의 약 1.6배, 7위인 우리나라(1,005억 달러)의 약 8배 이상 높은 수준으로 세계시장에서 중국의 위상을 짐작할 수 있다.

〈그림 1〉 2009년 국가별 세계 1위 품목 수/순위

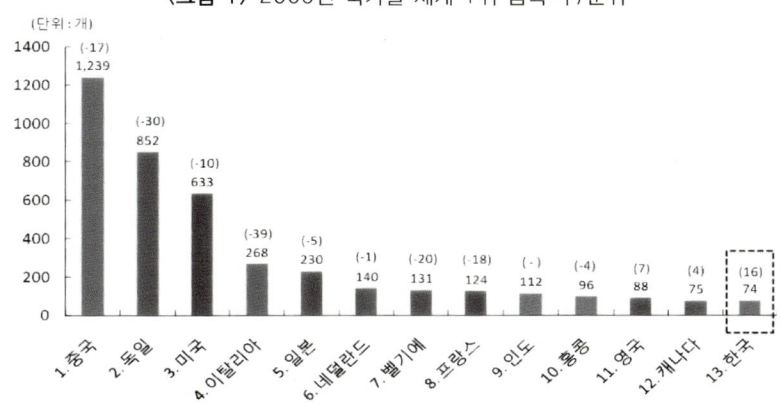

주: 국가별 세계 1위 품목 보유순. (　)는 선년 대비 품목 증감 수
자료: UN Comtrade, 강석기·강윤구(2011)에서 재인용

---

79) 중국의 외환보유액은 3조 3,050억 달러(2012년 3월 말 기준)로 2위인 일본(1조 2,777억 달러, 2012년 5월 말 기준)의 약 2.6배, 7위인 우리나라(3,109억 달러, 2012년 5월 말 기준)의 약 10.6배가 넘는 수준이다(한국은행 국제국).

중국은 세계에서 가장 많은 미국 국채를 매입하여 미국 최대의 채권국[80]으로서의 지위를 갖고 있어 미국경제를 좌지우지할 정도의 영향력을 가지고 있다. 특히 유럽 재정위기로 유로 국가들은 중국이 유로존 국가들의 국채매입을 강력히 희망하고 있다. 이렇게 중국은 막강한 자금력을 바탕으로 각국 채권은 물론 기업, 부동산, 원자재, 자원 등 세계 곳곳의 자산을 사들이는 등 세계 금융시장, 자원시장의 세계 최대 큰손[81]으로 부상되면서 경제분야에서 중국의 대국굴기(大國崛起, 큰 나라로 우뚝 선다)가 점차 현실화되고 있다.

많은 전문가들은 20세기 팍스 아메리카나에서 21세기는 팍스 시니카(Pax Sinica, 중국 경제 중심의 세계질서)를 예고하고 있다. 중국은 미국을 제치고 세계 제1의 경제대국이 될 것은 시간문제일 뿐 이를 부정하는 이는 거의 없다. 금융위기 이전의 예측에서는 2040년경에 중국이 미국을 추월할 것이라는 전망이 우세했다. 하지만 금융위기 이후 그 추월시점이 대부분 2020년 전후로 크게 앞당겨지고 있어 세계경제에서 중국은 독보적인 위상을 갖게 될 것이 분명하다.[82]

우리나라와 중국은 수교한 지 올해로 20주년을 맞이했다. 수교 당시 약 64억 달러이던 양국 교역액은 지난해 2206억 달러로 약 35배 증가하여 급격하게 경제적 교류 규모가 증가하였다. 중국은 우리나라 세계 1위 품목 74개 중에서 72개를 수입하고 있으며 그 수입규모는 약 284억 달러(금액 기준 28.2%)로 한국과의 긴밀한 교역관계

---

80) 미국 상무부 통계(2012년 3월 현재)에 따르면 중국의 미국 채권보유규모는 1조 1,699억 달러로 최대채권국을 유지했다[뉴스토마토(2012. 5. 16)].

81) 톰슨로이터에 따르면 기업 인수합병(M&A)시장에서 중국은 2009년 현재 전 세계의 7.5%를 차지하여 미국, 프랑스에 이어 3위를 차지하였다[이데일리(2011. 5. 2)].

82) 머니투데이(2012. 2. 5), 이데일리(2011. 5. 2)

를 보여주고 있다. 우리나라의 대중국 수출은 부품이나 부분품, 자본재 위주의 가공수출 비중이 높게 나타나고 있다. 하지만 1990년대 50%를 넘던 대중국 가공수출이 2011년 말 현재 26.9%로 크게 감소하고 있어 중국과의 분업구조가 점차 약화되고 있는 실정이며, 이러한 현상은 금융위기 이후 점차 가속화되고 있다.

중국은 지금까지 값싼 노동력을 앞세워 일명 '세계의 공장'으로 불렸다. 그러나 중국 내 임금수준의 상승, 중국 자체 기술수준의 향상 등으로 인하여 생산기지로서의 매력은 점차 떨어지고 있다. 하지만 중국의 경제발전으로 인하여 자국민의 소득수준이 향상되면서 매력적인 소비시장으로 탈바꿈하고 있다. 국제부흥개발은행(IBRD, 세계은행이라고도 함)은 2020년에 대만을 포함한 중국이 미국·중국의 GDP를 앞지르고 세계 최대 경제대국이 될 것으로 예상하였고, 스위스 투자은행인 크레디트 스위스에 따르면 중국이 2020년에 세계소비의 21.4%를 차지하여 미국(20.7%)을 제치고 세계 최대 소비시장으로 부상할 것으로 전망했다. 한편 국제통화기금(IMF)도 2016년이면 중국의 실질 경제규모가 미국을 추월할 것으로 관측하고 있어 앞으로 부산은 중국 소비시장(내수시장)에 대하여 적극 공략하는 것이 필요하다.

2. 중국의 산업 및 과학기술 육성 동향

1) 제12차 5개년 경제사회발전규획

중국은 1978년 개혁·개방 이래 놀라운 경제성장을 기록하였다. 개혁·개방 초기인 1980~1990년대에는 주로 고도성장정책을 구사하였다. 그러나 이러한 초기 양적 성장위주 정책에서 초래된 자원낭비, 환경파괴, 산업의 저부가가치, 빈부격차 등의 부작용을 해소하기 위해 이후 출범한 후진타오 지도부는 '질적인 경제발전'에 정책의 초점을 맞추어 나갔다.

중국은 개혁·개방 초기인 1980년에는 ≪중외합작(中外合作)전략≫을 구사하였다. 그러나 중국기업들이 혁신역량이 부족하고, 인프라가 미비할 뿐만 아니라 외국기업들이 기술이전에 극히 소극적이라 외국기업에 자국시장만 내어준 결과를 초래하게 되면서 1990년대에 ≪시장환기술(市場換技術)전략≫으로 방향전환을 시도한다. 이는 '시장과 기술을 바꾼다', 즉 '기술이전을 조건으로 중국시장의 진출을 허용'하는 전략이다. 하지만 외국기업이 중국에 대거 진출하기는 했지만 기술도입효과는 기대수준 이하였고, 기술의 대외의존이 더욱 심해지게 된다.

2006년부터 11·5규획(제11차 5개년 경제사회발전규획, 2006~2010)[83] 이 추진되면서 "과학적 발전관"이란 개념을 토대로 중국정부는 자국의 기술역량을 높이기 위해 연구개발투자를 GDP 대비 1.2%에서 2020년에는 2.5% 이상 확대하고 중국독자 기술 표준을 지향하는 ≪자주창신(自主創新)전략≫을 본격 추진하게 된다.

이는 2011년부터 시작되는 「12·5규획(제12차 5개년 경제사회발전규획, 2011~2015)」으로 계속해서 이어지고 있는데 11 · 5규획은 국부(國富)를 강조했다면 「12 · 5규획」에서는 '포용적 성장(包容性增長)'[84]을 통해 민부(民富, 민간소득의 향상)에 초점을 맞추고 있다

---

83) '계획(計劃)'이 강제성이 내포된 양적 성장개념이 있다고 인식하여 11·5 규획부터는 '계획' 대신에 규획이란 표현을 사용함. '규획'은 '질적 발전'을 위한 방향성을 제시하는 성격이 강함(최명해, 2010)

는 점이 가장 큰 특징이다.

「12·5규획」에서 산업 육성 전략을 보면 제조업의 구조를 고도화
하고, 전략적 신성장산업을 육성하며, 서비스산업의 발전을 가속화
하고, 에너지산업, 물류, 정보산업, 해양산업, 문화산업 등을 육성하
여 중국 산업의 경쟁력을 높일 계획을 갖고 있다.

〈표 1〉 중국 '12·5 규획'의 주요 내용

정책방향	주요 내용
경제발전방식의 전환	경제구조의 전략적 조정, 과학기술 진보와 혁신역량 강화, 민생보장과 개선, 자원절약형 친환경 사회건설, 개혁개방 추진
내수확대	거시경제 조정능력 강화, 소비수요 확대를 위한 시스템 구축, 투자구조의 최적화 및 조정
사회주의 신농촌 건설	농업현대화 발전 가속화, 농촌 기초인프라 건설 및 공공서비스 강화, 농민의 소득증대 경로 확대, 농촌발전 시스템 개선
산업경쟁력 제고	제조업 개조 및 고도화, **전략적 신흥 산업 육성 발전**, 서비스산업 발전 가속화, 에너지산업 강화 및 종합 운수시스템 건설, 정보화 수준 제고, 해양경제 발전
조화로운 지역발전	지역발전을 위한 총체적 전략 실시, 주체 기능구 전략 실시, 도시화 가속화 및 관리 강화
자원절약형 친환경 사회 건설	기후변화에 적극적 대응, 순환경제 발전, 자원절약 및 관리 강화, 환경보호 강화
혁신형 국가건설	과학기술 혁신능력 강화 및 시스템 개선, 교육개혁 가속화
사회건설 강화 및 공공서비스 시스템 건설	취업 촉진 및 조화로운 노사관계 구축, 소득분배의 합리적 조정, 사회보장 시스템 완비, 의료개혁 가속화
문화산업 발전	문화사업 및 문화산업 발전, 문화혁신 추진
사회주의 시장경제 시스템 완비	기본적 경제제도 완비, 행정시스템 개혁 추진, 세제개혁 가속화, 금융 시스템 개혁
호혜상생의 대외개방	대외무역구조 최적화, 외자유치 증대, 저우추취(走出去, 걸어나가다 즉, 해외진출)전략 가속화, 국제경제협력 및 지역통합에 적극 참여

자료: 이봉걸(2010), p.4 인용

---

84) 포용적 성장(inclusive growth)은 경제발전의 과실이 국가내 모든 지역, 인민에 고루
   미치도록 소외계층을 보호, 민생을 보장하고 개선을 추구하여 균형있고 조화로운
   경제사회 발전을 도모한다는 전략(이봉걸, 2010)

2) 전략적 신흥산업 발전계획

2009년 2월 3일 중국 국무원 원자바오 총리는 '과학기술로 중국의 지속가능한 발전을 선도해야 한다'라고 발표하면서 「전략적 신흥산업 발전계획」의 공식 실행을 선언한 바 있다. 2010년도 정부 업무보고에서 중국의 '전략적 신흥산업'을 신에너지, 신재료, 에너지 절약 및 환경보호, 생물의약, 정보 네트워크, 신에너지 자동차, 첨단 제조업 등 7대 산업의 집합체로 정의하고 있다.

2009년 말에 중국 장시성(江西省) 정부가 성급 정부로는 최초로 「전략적 신흥산업 발전계획」을 제정하였으며 그 뒤를 이어 후난, 산둥, 후베이, 하이난, 랴오닝, 광둥 등 성급 지역정부들도 지역의 전략적 신흥산업 발전계획을 추진하고 있어 중국 전체로 전략적 신흥산업에 대한 육성 분위기가 고조되고 있다.

「12·5 규획」, 「전략적 신흥산업 발전계획」을 통해 중국은 가공형 전통산업 위주의 산업구조를 첨단산업구조로 개편을 꾀하고 있다.

〈표 2〉 7대 전략적 신흥산업의 주요 육성 방안

산업분야	주요 육성 방안
에너지 절약 및 환경보호	• 고효율 에너지 절약 기술장비와 제품 개발, 보급 • 자원순환 이용 핵심기술 연구화 상업화 추진, 자원의 재활용 강화 • 선진 친환경 기술장비 및 제품 보급을 통한 오염방지 강화 • 에너지 절약 및 환경보호 서비스 시스템 구축 • 폐제품 회수 시스템 구축 및 해수의 담수화 추진
차세대 정보기술	• 체세대 이동통신망과 인터넷 핵심장비 및 스마트 장비의 연구 및 상업화 • 3망(TV, 통신, 인터넷) 통합 및 사물인터넷, 클라우딩 컴퓨터 응용기술 추진 • 직접회로, 신형디스플레이, 하이엔드 서버 핵심기초산업 육성 • SW서비스, 인터넷부가서비스 등 IT서비스 능력 향상

바이오	• 신약개발을 적극 추진하여 바이오 제약 수준 제고 • 선진의료설비, 의학소재 등 바이오 제품의 연구 및 상업화 추진 • 바이오 육종산업 육성, 바이오 농업 발전 추진 • 바이오 제조업의 핵심기술의 개발과 해양생물기술의 연구개발
신재생에너지	• 원자력 기술과 원자력 상업화, 태양에너지 이용기술 보급과 응용 • 풍력에너지 기술과 장비 향상, 풍력발전 규모 확대 • 신재생 에너지 발전에 적합한 스마트 그리드 구축 • 현지에 적합한 바이오 에너지 개발
신에너지 자동차	• 2차전지, 전기차 구동제어 핵심기술 돌파구 마련 • 하이브리드차, 전기차 보급, 연료전지 자동차 관련 연구개발
첨단장비 제조	• 항공기 제조에 필요한 장비 제조업 육성하여 항공산업 경쟁력 강화 • 스페이스 인프라 구축과 위성 기술 및 응용산업 발전 추진 • 교통운송망과 도시경전철망을 구축, 보완하여 교통설비산업 육성 • 해양자원개발에 대비하여 해양공정 장비산업 육성
신소재	• 희토류, 고성능 막소재, 특수유리 등 신형기능성 소재 적극개발 • 특수강, 신형합금재료, 특수 플라스틱 등 고급 소재산업 육성 • 탄소섬유, 고분자섬유 등 고급섬유와 복합재료 기술 향상 • 나노기술, 초전도기술, 지능형 기초 소재기술의 연구 진행

자료: 이봉걸(2010), p.19 인용

중국은 전략적 신흥산업을 중심으로 2020년까지 전략적 신흥산업의 부가가치가 GDP에서 차지하는 비중이 15%에 도달시키는 것을 목표로 중점적으로 육성할 계획이다. 2011~2015년까지 실시되는 국가 12·5 규획에서부터 시작한 전략적 신흥산업 육성계획은 2016~2020년까지 실시되는 국가 13·5 규획에서도 중점 추진하여 산업 및 경제 구조의 고도화를 도모할 것으로 전망된다. 중국은 2030년까지 전략적 신흥산업의 전반적인 혁신역량과 산업 수준을 선진국 수준까지 발전시키기 위해 막대한 지원을 제공할 계획이다.

중국 정부의 '국가 전략적 신흥산업 발전의 12차 5개년 계획'에 따르면 2011년부터 2030년까지 7대 전략적 신흥산업의 발전목표는 1단계인 2011~2015년까지는 GDP 대비 7대 전략적 신흥산업의 부가가치 비중을 8%까지 도달시키는 것을 목표로 하고 있고, 2단계인 2016~2020년까지는 그 비중을 15%까지 끌어 올리는 것이 목표다. 2021~2030년까지 3단계에서는 전략적 신흥산업의 전반적인 혁신 역량과 산업발전 수준을 세계 선진국 수준에 도달하는 것을 목표로 하고 있다.

〈표 3〉 7대 전략적 신흥산업의 발전 목표

단계	시기	목표
1단계	2011~2015년	• 전략적 신흥산업의 안정적, 효율적 발전 토대 형성 • 산업혁신 역량 강화, 창업혁신환경 구축, 국제협력에서의 위상 향상 • GDP 대비 7대 전략적 신흥산업 부문의 부가가치 비중: ('10년 4% → '15년 8%)
2단계	2016~2020년	• 에너지절약/환경보호, 차세대 정보기술, 바이오, 하이엔드 장비 제조업을 국가 기간산업으로 육성 • 신에너지, 신소재, 신에너지 자동차산업을 국가 선도산업으로 육성 • GDP 대비 7대 전략적 신흥산업 부문의 부가가치 비중: ('15년 8% → '20년 15%)
3단계	2021~2030년	• 전략적 신흥산업의 전반적 혁신역량과 산업발전수준을 세계 선진국 수준에 도달

자료: 앙용남(2011), pp.541-542에서 재정리

현재 중국은 국가발전개혁위원회, 공업정보화부 등 관련 부처는 세부 전문 프로젝트의 계획을 수립하고, 전략적 신흥산업의 육성을 위한 가이드라인과 로드맵을 작성하여 정책적 조치를 구체화해 나가고 있다. 공업정보화부가 전자정보제조업, 태양광전지산업, 집적 회로산업 등 3개 산업에 대한 12차 5개년 발전계획을 발표하는 등 전략적 신흥산업 발전계획을 추진하고 있다.

또한 중국정부는 전략적 신흥산업의 육성은 개별 산업뿐 아니라 전국 각지로 확산시켜 나가고 있다. 이미 22개 지방정부(성, 자치구,

직할시)가 전략적 신흥산업의 발전을 촉진하기 위한 지도의견을 발표했거나 곧 발표할 계획이며, 26개 지방정부는 전략적 신흥산업의 12·5규획을 발표했거나 발표할 예정이다. 특히 중국 내 20여 지방정부는 전략적 신흥산업의 육성 프로젝트의 자금을 조성하여 이를 적극적으로 지원하고 있다. 광둥성 정부의 경우 12차 5개년 기간 동안 전략적 신흥산업의 전문 프로젝트들에 자금을 집중 배정하여 연구개발 및 창업투자에 전폭적으로 지원하고 있다.

중국의 지역별 전략적 신흥산업 발전 상황을 살펴보면, 중국 동부지역은 최초의 중국 시장경제를 주도했던 지역으로 여타 지역에 비해 우월적인 공업인프라를 갖추고 있기 때문에 중부나 서부에 비해 동부지역이 전략적 신흥산업의 발전에 주도적인 역할을 수행할 것으로 보인다.

〈표 4〉 중국 주요 성(省), 직할시(直轄市)의 전략적 신흥산업 확정 분야

지역	성, 직할시	확정 분야
동부 지역	베이징(北京)	신에너지, 정보, 바이오의약, 에너지 절약 및 환경보호, 순수 전지자동차, 신재료, 항공항천(航空航天)
	광둥(廣東)	선진신형전자정보, 신에너지 자동차 및 반도체 조명
	상하이(上海)	차세대 정보기술산업, 선진 설비제조업, 바이오산업, 신에너지 산업, 신재료 산업
	장쑤(江蘇)	신에너지, 신재료, 바이오 기술 및 신의약, 에너지 절약 및 환경보호, 소프트웨어 및 서비스 아웃소싱, 사물인터넷
	산둥(山東)	풍력발전, 태양에너지, 신에너지 자동차, 사물 인터넷(Internet of Things), 바이오, 신재료 및 선진제조, 해수 담수화
	저장(浙江)	바이오산업, 신에너지산업, 선진 설비제조업, 에너지 절약 및 환경보호, 해양 신흥산업, 신에너지 자동차, 사물 인터넷(Internet of Things) 산업, 신재료산업, 원자력 발전 관련 산업
	랴오닝(遼寧)	설비제조업, 신에너지, 신재료, 신의약, 정보산업, 에너지 절약 및 환경보호, 해양산업, 바이오 육종(育種) 및 첨단기술 서비스업

중부 지역	후베이(湖北)	신에너지, 에너지 절약 및 환경보호, 전기자동차, 신재료, 바이오 의약, 정보산업
	허난(河南)	신전자, 신에너지, 신재료, 신의약
	헤이룽장 (黑龍江)	신에너지, 신재료, 에너지 절약 및 환경보호, 바이오, 정보, 현대설비 제조업
	장시(江西)	태양광발전, 풍력에너지, 원자력, 신에너지 자동차 및 동력 배터리, 항공(航空) 제조, 반도체 조명, 금속 신재료, 비(非)금속 재료, 바이오, 녹색식품, 문화 및 창의(創意) 산업
	후난(湖南)	선진설비제조, 신재료, 문화창의, 바이오, 신에너지, 정보, 에너지 절약 및 환경보호
서부 지역	산시(陝西)	태양광 발전 산업, 환경보호 산업과 현대 서비스업, 신에너지, 바이오 육종(育種)
	충칭(重慶)	통신설비, 신에너지 자동차, 소프트웨어 및 정보 서비스, 풍력발전 설비, 스마트 기기 및 기판, 궤도 교통 설비, 바이오 의약, 신재료
	쓰촨(四川)	전자정보, 바이오 의약, 신에너지, 신재료, 에너지 절약 및 환경보호, 항공항천(航空航天)

자료: 양용남(2011), pp.29-30

3) 과학기술 및 인재 육성 정책

(1) 과학기술 육성 정책

중국의 과학기술계획은 국방과학기술공업국(우주항공, 원자력분야 담당), 공업정보화부(IT분야 담당), 국가자연과학기금위원회, 중국과학원, 중국공정원 등 다양한 과학기술관련 부처에서 수립되는데여러 부처가 공동으로 계획 수립이 필요한 경우 중국의 경제사회발전계획을 총괄하는 국가발전개혁위원회에서 수립한다.

중국의 과학기술계획시스템의 구성[85]은 다음 그림과 같다. 중국 과학기술계획의 핵심은 「국가과학기술기반계획」, 「국가첨단기술연구발

---

85) 한중과학기술협력센터(KOSTEC), "중국의 과학기술계획시스템(1)-973계획" 자료 재정리.

전계획(836계획)」, 「국가중점기초연구발전계획(973계획)」 등이 있다.
그 외에도 「과학기술산업화 여건조성계획」, 「연구개발 여건조성계획」
등 5개 계획(3+2 계획)이 근간이 되고 있다.

<그림 2> 중국의 국가과학기술계획시스템

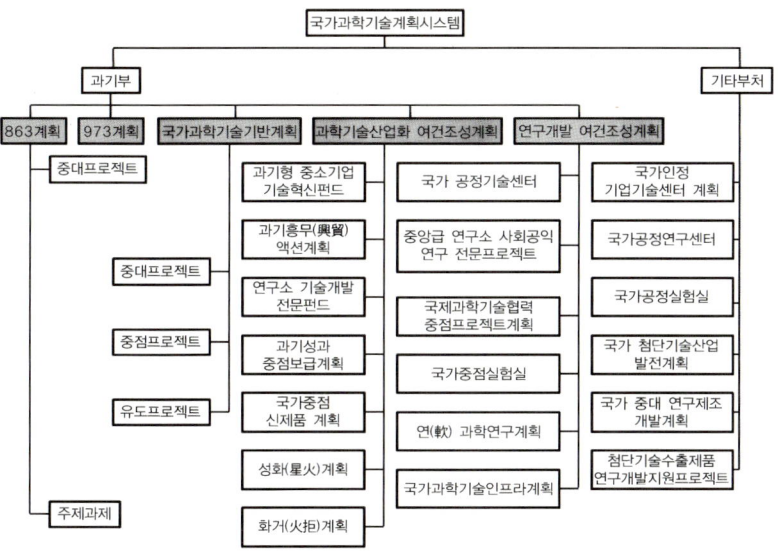

주: 화거계획(일명 횃불계획)은 1988년 하이테크 산업의 상품화, 산업화를 위한 계획이며, 성화계획(일명 불씨
계획)은 개발된 기술을 농촌의 향진기업에 보급·확산시키려는 계획임
자료: 한중과학기술협력센터(KOSTEC)

「국가과학기술기반계획」은 중국 최초의 국가과학기술계획으로
1950~70년대 구소련 전문가의 대거 철수, 문화대혁명 등으로 위축
된 과학기술의 동력을 회복하기 위해 전통공업기술의 개선과 의료
위생수준 향상에 초점을 둔 계획이다. 그리고 「836계획」의 경우
1986년 3월(863) IT, Bio, 신소재 등 첨단기술분야에서 선진국과의
격차를 줄이기 위해 수립되었고, 「973계획」은 1990년대 기초·원천

기술의 집중적인 지원을 위해 수립되었다.

위 3대 과학기술계획을 토대로 창출된 기술들의 산업화를 위한 기반조성 계획이 「과학기술산업화 여건조성계획」이다. 그리고 여러 기관에 분산된 과학설비 및 장비들을 통합관리하여 중복투자를 방지하기 위해 수립한 계획이 「연구개발 여건조성계획」이다.

2006년 중국정부는 「국가 중장기 과학기술발전계획(2006~2020년)」을 수립하여 세계 5위의 과학기술 강국으로 도약하기 위한 중국 과학기술발전 청사진을 제시하였다. 최근 2011년 7월 중국 과학기술부는 「중국 과학기술발전 제12차 5개년 계획(2011~2015)」에서 9개 전략[86]을 제시하였다. 2012년 3월 「국가경제와 사회발전 계획에 대한 보고(2012)」에서는 전략적 신흥산업의 육성을 위해 75억 위안을 투자하여 독자적인 혁신역량을 대폭 강화할 계획이다.

(2) 인재 육성정책

중국정부는 산업 및 과학기술의 발전을 뒷받침하기 위해 국가주도의 적극적인 지원정책을 추진하고 있다. 1994년 「백인계획(百人計劃)」, 1995년 「211공정」, 1998년 「985공정」, 2006년 「111공정」, 2008년 「천인계획(千人計劃)」, 2010년 「국가중장기교육개혁과 발전계획요강(2010-2020)」 등을 수립하여 우수 인재양성에 집중적인 투자를 지속적으로 추진하고 있다.

---

86) 9개 전략은 ① 중대 과학기술 전문 프로젝트 실시 가속화, ② 전략적 신흥산업 육성 및 발전, ③ 중점분야 핵심기술 발전을 통한 산업고도화, ④ 기초연구와 선도기술연구 우선 추진, ⑤ 과학기술 혁신기지 및 플랫폼 구축, ⑥ 혁신형 과학기술인재 양성, ⑦ 개방 및 국제협력 수준 제고, ⑧ 시스템 개혁 및 전면적 국가혁신시스템 구축, ⑨ 과학기술 정책 실천강화를 위한 혁신환경 최적화 등이다(한국과학기술기획평가원, 2012b).

「백인계획」은 1994년 중국과학원이 중심이 되어 중국에서 가장 일찍 가동한 우수 인재 지원계획이다.[87] 당초 해외에서 100명의 우수한 인재를 유치할 계획이었기 때문에 붙여진 이름이지만 시간이 지나면서 유치 인재 규모와 대상이 점차 확대, 조정되고 있다. 「211공정」은 21세기에 대비하여 100개 대학을 세계적인 대학으로 육성하기 위해 1995년 덩샤오핑(鄧小平)이 추진한 우수대학 집중 육성 프로젝트이다. 지금까지 112개 대학이 "211 공정대학"으로 지정[88]되어 지원을 받고 있다. 「985공정」은 1998년 5월 장쩌민(江澤民) 전 주석이 베이징대, 칭화대 등 11개교에 대학 지원 예산의 1/3을 집중 투자하여 세계적인 초일류 대학으로 육성하기 위한 프로그램이다. 2011년 현재 총 39개 대학이 지원대상으로 지정되어 있다. 「111공정」은 세계 100위권 대학에서 1000명의 인재를 초빙해 중국 100개 대학에서 연구토록 하는 프로젝트이다. 이러한 일련의 공정을 통해 중국 대학은 연구중심대학으로 거듭나고 있다.

중국정부는 2008년도에 「천인계획(千人計劃)」을 수립하여 해외 우수인재 유치활동을 범정부 차원에서 강력히 추진하고 있다. 백인계획이 괄목할 만한 성과를 거두자 유치대상 및 규모를 더욱 확대한 천인계획은 10년간 2,000명의 해외 인재를 유치하여 귀국 창업 및 연구활동을 전폭 지원하는 것으로 기존 수입을 보장해 줌은 물론 1인당 100만 위안을 일시 지급하고, 배우자 및 가족에게도 비자 혜택을 주며, 세금, 교육 및 보험 등의 지원도 하고 있다. 2011년 1월 현

---

87) 원출처는 이현국(2008)(네이버 지식백과 참조).
88) 지역별로는 베이징 26개, 장수성 11개, 상하이 9개 등 중국 동부지역에 많이 집중되어 있다.

재 혁신인재 880명(77%), 창업인재 263명(23%) 등 1,143명의 해외 인재를 영입한 성과를 거두었다. 이러한 해외 인재의 체계적인 유치를 위해 중국정부는 귀국창업위원회를 두고 있다.

한편 중국정부는 과학기술 경쟁력을 확보해 세계를 선도하겠다는 목표 아래 향후 10년간 중국교육의 방향을 제시한 「국가중장기교육 개혁과 발전계획요강(2010-2020)」을 수립한 바 있다.

4) 중국의 산업/과학기술 육성정책의 성과와 시사점

중국이 선진국을 빠르게 기술 추격할 수 있는 원동력은 이상에서 살펴보았던 중국정부의 산업 및 과학기술, 인재 육성정책에 있다고 해도 과언이 아니다. 여기서 중국정부의 정책성과를 보면 다음과 같다.

우선 외국인직접투자(FDI)의 유입규모를 보면 알 수 있다. 2010년 (잠정치) 중국의 FDI 유입액은 2,068억 달러로 전 세계의 20%를 넘는 수준이다. 이는 OECD 회원국의 전체 유입규모(5,660억 달러)의 36.5%, EU(2,819억 달러)의 73.4% 수준이다.[89)]

2011년 PCT[90)] 특허 출원 실적에서 중국은 16,406건(한국의 1.6 배)으로 미국, 일본, 독일에 이어 4위를 차지하였다.[91)] 2009년 현재 이공계 석·박사 졸업생 수는 17만 명(한국의 약 8.5배), 연구·개발 인력은 229만 명(한국의 약 7.4배), SCI(과학기술논문 인용색인)급 논문 수는 13만 건(한국의 약 3배)이고, 미국, 영국, 호주, 캐나다, 일

---

89) 한국과학기술기획평가원(2011), p.5 통계표 참조.

90) PCT는 "Patent Cooperation Treaty(특허협력조약)"의 약자.

91) 한국과학기술기획평가원(2012a), p.3 통계표 참조.

본 등 주요 국가에 있는 유학생 수에서 1위를 차지하고 있다.[92]

OECD(2010)에 따르면 2008년도에 중국은 이미 국제 협력연구의 5대 중심국가 중 하나로 부상하였고, 골드만삭스(2010)는 중국이 글로벌 혁신 허브가 될 것이라고 예견한 바 있다. 향후 중국은 세계 산업과 과학기술 분야의 중심국가로 발돋움할 것으로 전망된다.

이러한 중국 경제 산업에서의 성과들은 중국정부의 강력한 국가 리더십에 의한 결과라고 볼 수 있다. 한 국가의 산업발전에 있어서 정부의 강력한 의지가 중요함을 중국의 사례에서 발견할 수 있다.

또한 핵심기술은 돈으로도 살 수 없다는 것을 절실하게 느낀 중국은 2006년부터 ≪자주창신(自主創新)전략≫을 추진하여 자주적인 혁신역량 강화에 중점적인 투자를 아끼지 않았다. 지역의 산업발전도 이와 마찬가지로 자체 혁신역량을 강화하는 길만이 살아남는 것임을 알 수 있다.

과학과 교육으로 국가발전의 도모한다는 '과교흥국(科敎興國)'의 기치 아래 이제 중국은 인구대국에서 인재대국으로 발돋움하고 있다. 선진기술을 습득한 유학생, 해외인재들이 중국 본토로 대거 유입되면서 중국 경제와 산업의 부흥을 주도하고 있는 것이다. 따라서 지역의 산업을 육성하기 위해서는 "인재"의 중요성을 강조하지 않을 수 없다. 지역 내 인재의 유출 방지는 물론 외부로부터 우수한 인재의 유치를 통한 지역혁신역량 기틀을 마련할 필요가 있다.

중국 전략적 신흥산업 발전계획의 배치계획을 보면 동부지역에 우선적으로 배치하도록 되어 있다. 부산의 중국진출 기업 중에서 대부분이 상하이, 산둥성, 료우닝성 등 동부지역에 진출[93]하고 있어

---

92) 뉴시스(2012. 6. 14).

중국의 전략적 신흥산업과 동부지역에 진출한 부산지역기업들의 향후 상호 협력을 적극적으로 추진해야 한다.

3. 부산-중국 산업 및 교역구조 분석

1) 한국-중국 간 수출입 실적 매트릭스 분석

(1) 수출실적 매트릭스

한국(기준국)에서 중국(비기준국)으로의 2000년 수출액은 184억 55백만 달러던 것이 2011년에는 1342억 5백만 달러로 연평균 19.8% 증가율을 보였고, 중국(기준국)에서 한국(비기준국)으로의 2000년 수출액은 112억 93백만 달러이던 것이 2011년에는 829억 25백만 달러로 연평균 19.9% 증가율을 보였다.

〈표 5〉 한국-중국 간 수출실적 매트릭스

(단위: 백만 달러)

연도	기준국(↓)	한국	중국	미국	일본	기타	전세계
2000	한국	-	18,455	37,806	20,466	95,965	172,692
		-	10.7%	21.9%	11.9%	55.6%	100.0%
	중국	11,293	-	52,162	41,654	144,114	249,223
		4.5%	-	20.9%	16.7%	57.8%	100.0%
2011	한국	-	134,205	56,417	39,713	333,236	563,571
		-	23.8%	10.0%	7.0%	59.1%	100.0%
	중국	82,925	-	324,856	147,290	1,346,409	1,901,480
		4.4%	-	17.1%	7.7%	70.8%	100.0%

주: %는 기준국의 전세계 수출총액 대비 비기준국으로의 수출 비중임
자료: 한국무역협회(원자료는 IMF자료)

---

93) 장정재(2012).

(2) 수입실적 매트릭스

한국(기준국)에서 중국(비기준국)으로의 2000년 수입액은 127억 99
백만 달러이던 것이 2011년에는 864억 26백만 달러로 연평균 19%
증가율을 보였고, 중국(기준국)에서 한국(비기준국)으로의 2000년 수
입액은 864억 26백만 달러이던 것이 2011년에는 1,616억 73백만 달
러로 연평균 19.3% 증가율을 보였다.

〈표 6〉 한국-중국 간 수입실적 매트릭스

(단위: 백만 달러)

연도	기준국(↓)	한국	중국	미국	일본	기타	전 세계
2000	한국	-	12,799	29,286	31,828	86,569	160,482
		-	8.0%	18.2%	19.8%	53.9%	100.0%
	중국	23,208	-	22,376	41,520	138,071	225,175
		10.3%	-	9.9%	18.4%	61.3%	100.0%
2011	한국	-	86,426	44,816	68,302	324,892	524,436
		-	16.5%	8.5%	13.0%	62.0%	100.0%
	중국	161,673	-	119,164	194,410	1,266,203	1,741,450
		9.3%	-	6.8%	11.2%	72.7%	100.0%

주: %는 기준국의 전세계 수입총액 대비 비기준국으로부터의 수입 비중임
자료: 한국무역협회(원자료는 IMF자료)

2) 중국의 무역구조 분석

(1) 중국의 수출 현황

중국의 국가별 수출금액 및 비중추이를 보면 대한국 수출규모는
4위 수준이며, 2000~2011년 연평균 증가율이 19.9% 증가했으나 수
출비중은 2000년 4.5%에서 2011년 4.4%로 거의 변동이 없다. 중국
의 5대 시장의 비중은 계속 감소하고 있는 추세를 보이고 있다.

중국의 대한국 수출 10대 품목에서 새로 진입한 품목은 광학기기 · 사진용기기 · 영화용기기 · 측정기기 · 검사기기 · 정밀기기 · 의료용기기 · 부분품/부속품(90), 철강제품(73), 유기화학품(29), 선박과 수상구조물(89), 무기화학품 · 귀금속 · 희토류금속·방사성원소 · 동위원소의 유기 · 무기화합물(28) 등이며, 순위가 증가한 품목은 원자로 · 보일러와 기계류 · 이들의 부분품(84)이다. 순위가 감소한 품목은 광물성연료 · 광물유 · 이들의 증류물 · 역청물질 · 광물성왁스(27), 의류 · 부속품(메리야스/뜨게질편물 등 제외)(62) 등이고, 10대 품목에서 탈락한 품목은 곡물(10), 인조단섬유(55), 어류 · 갑각류 · 연체동물 · 기타 수생무척추동물(3) 등이다.

주로 순위가 증가하거나 새로 진입한 품목은 고부가가치 제품들이 주류를 차지하고 순위가 감소 또는 탈락한 품목은 1차 산품 내지는 저부가가치 제품들로 이루어져 있다.

〈표 7〉 중국의 대한국 수출 10대 품목 추이

순위	2000	진입여부	순위변동	2011
1	전기기기 · 부분품(85)	1위 진입	1→1	전기기기 · 부분품(85)
2	광물성연료 · 광물유 · 이들의 증류물 · 역청물질 · 광물성왁스(27)	7위 진입	6→2	원자로 · 보일러와 기계류 · 이들의 부분품(84)
3	철강(72)	3위 진입	3→3	철강(72)
4	의류 · 부속품(메리야스/뜨게질편물 등 제외)(62)	9위 진입	신규진입	광학기기 · 사진용 기기 · 영화용기기 · 측정기기 · 검사기기 · 정밀기기 · 의료용기기 · 부분품과 부속품(90)
5	곡물(10)	탈락	신규진입	철강제품(73)
6	원자로 · 보일러와 기계류 · 이들의 부분품(84)	2위 진입	신규진입	유기화학품(29)

7	인조단섬유(55)	탈락	2→7	광물성연료·광물유·이들의 증류물·역청물질·광물성왁스(27)
8	메리야스 및 뜨게질편물의 의류와 그 부품(61)	탈락	신규진입	선박과 수상구조물(89)
9	어류·갑각류·연체동물·기타 수생무척추동물(3)	탈락	4→9	의류·부속품(메리야스/뜨게질 편물 등 제외)(62)
10	철도용 기관차량·부품/철도 또는 궤도용의 장비품·부품(86)	탈락	신규진입	무기화학품·귀금속·희토류금속·방사성원소·동위원소의 유기·무기화합물(28)

주: 순위는 금액순임. ( )는 수출입품목분류체계(HS) 품목 코드 2단위임. "진입여부"는 2011년으로의 진입여부임
자료: 한국무역협회(http://www.kita.net/)

(2) 중국의 수입 현황

중국의 국가별 수입금액 및 비중추이를 보면 대한국 수입규모는 2011년 기준으로 일본에 이어 2위 수준이다. 2000~2011년 연평균 증가율이 19.3%로 증가하였으나 수출비중은 2000년 10.3%에서 2011년에는 9.6%로 약간 감소하였다. 중국의 5대 수입시장의 비중 역시 계속 감소세를 보이고 있다.

중국의 대한국 수입 10대 품목에서 새로 진입한 품목은 광학기기·사진용기기·영화용기기·측정기기·검사기기·정밀기기·의료용기기·부분품/부속품(90), 철도 또는 궤도용 이외의 차량/부분품/부속품(87), 동과 그 제품(74), 고무와 그 제품(40) 등이며, 순위가 증가한 품목은 원자로·보일러와 기계류·이들의 부분품(84)이다. 순위가 감소한 품목은 유기화학품(29), 광물성연료·광물유·이들의 증류물·역청물질·광물성왁스(27), 플라스틱 및 그 제품(39), 철강(72) 등이고, 10대 품목에서 탈락한 품목은 인조장섬유(54), 인조단섬유(55), 원피(모피제외)와 가죽(41), 지/판지·제지용펄프·지/판지

의 제품(48) 등이다.

주로 순위가 증가하거나 새로 진입한 품목은 고부가가치 제품 혹은 비금속/고무제품 등이 주류를 이루고, 순위가 감소 또는 탈락한 품목은 섬유, 가죽, 판지 등 저부가가치 제품들이 대부분이다.

〈표 8〉 중국의 대한국 수입 10대 품목 추이

순위	2000	진입여부	순위변동	2011
1	전기기기 · 부분품(85)	1위 진입	1→1	전기기기 · 부분품(85)
2	플라스틱 및 그 제품(39)	6위 진입	신규진입	광학기기 · 사진용 기기 · 영화용기기 · 측정기기 · 검사기기 · 정밀기기 · 의료용기기 · 부분품과 부속품(90)
3	유기화학품(29)	4위 진입	5→3	원자로 · 보일러와 기계류 · 이들의 부분품(84)
4	광물성연료 · 광물유 · 이들의 증류물 · 역청물질 · 광물성왁스(27)	5위 진입	3→4	유기화학품(29)
5	원자로 · 보일러와 기계류 · 이들의 부분품(84)	3위 진입	4→5	광물성연료 · 광물유 · 이들의 증류물 · 역청물질 · 광물성왁스(27)
6	철강(72)	8위 진입	2→6	플라스틱 및 그 제품(39)
7	인조장섬유(54)	탈락	신규진입	철도/궤도용 이외의 차량/부분품/부속품(87)
8	원피(모피제외)와 가죽(41)	탈락	신규진입	철강(72)
9	지/판지 · 제지용펄프 · 지/판지의 제품(48)	탈락	신규진입	동과 그 제품(74)
10	인조단섬유(55)	탈락	신규진입	고무와 그 제품(40)

주: 순위는 금액순임. ( )는 수출입품목분류체계(HS) 품목 코드 2단위임. "진입여부"는 2011년으로의 진입여부임
자료: 한국무역협회(http://www.kita.net/)

3) 부산의 무역구조 분석

(1) 부산의 수출입 현황

2011년 현재 부산의 아시아대륙 수출비중은 50.6%, 수입비중은

62.3%로 가장 높은 비중을 차지하고 있다. 부산의 대중국 수출 비중
은 19%, 수입은 약 31%를 차지하여 중국은 부산의 최대 수출국이
면서 수입국이다.

<표 9> 부산의 국가별 수출/수입금액 추이

(단위: 천 달러, %)

부산의 5대 수출 국가								
순위	2000			2005			2011		
	국가명	금액	비중	국가명	금액	비중	국가명	금액	비중
1	일본	928,956	27.2	중국	1,247,576	18.4	중국	2,771,743	19.0
2	중국	723,461	21.2	일본	1,055,292	15.6	일본	1,519,275	10.4
3	미국	628,333	18.4	미국	829,923	12.3	미국	1,118,032	7.7
4	독일	307,315	9.0	독일	516,262	7.6	베트남	556,114	3.8
5	인도네시아	261,631	7.7	베트남	307,881	4.6	마샬군도	527,521	3.6
5대 수출시장 비중 합계			83.5	5대 수출시장 비중 합계		58.5	5대 수출시장 비중 합계		44.5

부산의 5대 수입 국가								
순위	2000			2005			2011		
	국가명	금액	비중	국가명	금액	비중	국가명	금액	비중
1	일본	927,981	23.3	중국	2,165,848	29.1	중국	4,526,628	30.8
2	중국	728,053	18.3	일본	1,549,286	20.8	일본	3,028,410	20.6
3	미국	612,759	15.4	미국	789,230	10.6	미국	1,422,570	9.7
4	러시아 연방	211,835	5.3	러시아 연방	327,011	4.4	독일	592,482	4.0
5	독일	182,954	4.6	독일	301,907	4.1	프랑스	484,188	3.3
5대 수입시장 비중 합계			66.9	5대 수입시장 비중 합계		68.9	5대 수입시장 비중 합계		68.4

주: 순위는 금액순임.
자료: 한국무역협회(http://www.kita.net/)

(2) 부산의 대중국 수출입 비중 추이

부산지역의 대중 수출비중을 전국과 비교해 보면 2011년 현재 전국(24.2%)보다는 낮은 19%를 차지하고 있다. 부산의 대중 수입비중은 전국(16.5%)에 비해 약 2배 가까이 높은 30.8%를 나타내고 있다.

〈그림 3〉대중국 수출 및 수입 비중 추이(부산-전국 비교)

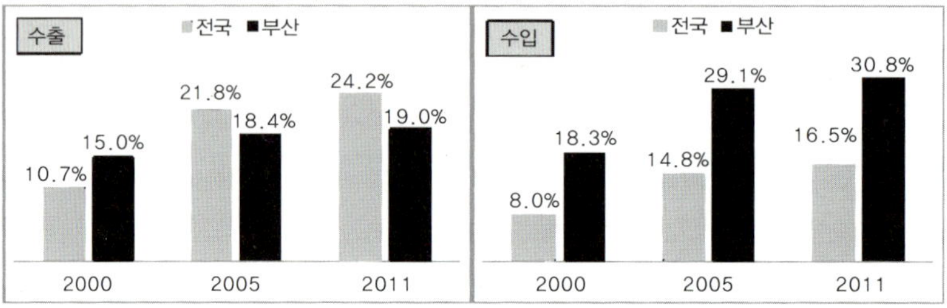

자료: 한국무역협회(http://www.kita.net/)

부산-전국간 대중국 무역수지를 비교해 보면 2011년 현재 전국의 대중국 무역수지 규모는 약 447억 5천만 달러 흑자인 반면 부산의 경우 17억 5천만 달러 적자를 보이고 있다. 부산의 대중국 무역수지 적자 폭은 계속 확대되고 있다.

〈표 10〉대중국 무역수지 추이(부산-전국 비교)

(단위: 천 달러, %)

연도	전 국			부 산		
	무역수지 총액	대중국 무역수지	연평균 증감율	무역수지 총액	대중국 무역수지	연평균 증감율
2000	11,786,492	5,655,812	-	850,041	- 4,592	-
2005	23,180,479	23,266,740	26.3	-683,694	-918,272	188.5
2011	30,800,566	47,752,771	28.2	-140,558	-1,754,885	11.4

자료: 한국무역협회(http://www.kita.net/)

(3) 부산의 대중국 수출 품목 현황

부산의 주요 대중국 수출 상위 10대 품목을 보면 2011년 현재 수송기계(N.A→8위→1위), 철강제품(8위→1위→2위), 수산물(9위→10위→3위), 기계요소공구 및 금형(N.A→9위→4위), 정밀화학제품(4위→6위→5위) 등의 순으로 나타나 점차 저부가가치제품 위주의 수출에서 고부가가치제품 위주로 수출되고 있다. 2011년 현재 수송기계(29.4%), 철강제품(12.3%), 수산물(9.2%) 등 세 개 품목의 수출비중이 50.8%로 절반 이상을 차지한다.

부산의 주요 대중국 수입 상위 10대 품목을 보면 2011년 현재 철강제품(2위→1위→1위), 수산물(1위→2위→2위), 농산물(4위→4위→3위), 신변잡화(3위→3위→4위), 정밀화학제품(5위→6위→5위) 등의 순으로 나타났으며 2011년 현재 철강제품(41.7%), 수산물(10.1%) 두 품목의 수입비중이 절반이 넘는 51.8%를 차지하고 있다.

〈표 11〉 부산의 대중국 수출입 상위 10대 품목 추이

부산의 대중국 10대 수출 품목							
순위	2000		2005		2011		
	코드	품목명	코드	품목명	코드	품목명	
1	43	직물	61	철강제품	74	수송기계	
2	51	신변잡화	51	신변잡화	61	철강제품	
3	33	가죽 및 모피제품	43	직물	04	수산물	
4	22	정밀화학제품	83	전자부품	75	기계요소공구 및 금형	
5	13	광물성연료	72	산업기계	22	정밀화학제품	
6	21	석유화학제품	22	정밀화학제품	71	기초산업기계	
7	72	산업기계	33	가죽 및 모피제품	51	신변잡화	
8	61	철강제품	74	수송기계	43	직물	
9	04	수산물	75	기계요소공구 및 금형	72	산업기계	
10	83	전자부품	04	수산물	84	중전(heavy electric) 기기	

부산의 대중국 10대 수입 품목						
순위	2000		2005		2011	
	코드	품목명	코드	품목명	코드	품목명
1	04	수산물	61	철강제품	61	철강제품
2	61	철강제품	04	수산물	04	수산물
3	51	신변잡화	51	신변잡화	01	농산물
4	01	농산물	01	농산물	51	신변잡화
5	22	정밀화학제품	44	섬유제품	22	정밀화학제품
6	44	섬유제품	22	정밀화학제품	74	수송기계
7	43	직물	74	수송기계	85	전선
8	12	비금속광물	24	요업제품	75	기계요소공구 및 금형
9	13	광물성연료	42	섬유사	44	섬유제품
10	42	섬유사	75	기계요소공구 및 금형	81	산업용전자제품

주: 코드는 수출입품목분류체계(MTI) 2단위임. 순위는 금액순임
자료: 한국무역협회(http://www.kita.net/)

4) 부산-중국 수출경쟁력 분석

여기서는 부산의 주력 수출상품[94]에 대한 부산과 중국의 무역특화지수(TSI)[95]를 통하여 수출경쟁력을 살펴보면, 부산의 경우 SITC 034(수산물), 679(철강 튜브/파이프), 699(기타 비금속제품)를 제외하고는 수출특화 품목으로 나타났다. 특히 SITC 713, 728, 781은 TSI(2006년, 2010년)가 0.5 이상으로 비교우위 정도가 매우 높게 나타났다.

중국의 수입특화품목(TSI<0)인 SITC 713, 728, 781의 경우 부산에서는 수출특화품목(TSI>0)으로 나타났으며, 반대로 부산의 수입

---

94) 부산의 주력 수출상품은 2009~2011년 3년 평균 수출금액 기준으로 상위 10개 품목을 선정함.

95) 무역특화지수(Trade Specialization Index: TSI)는 해당상품의 순수출액을 총무역액(수출+수입)으로 나누어 계산할 수 있다. 0<TSI≤1이면 수출특화 품목, -1≤TSI<0이면 수입특화 품목으로 해석할 수 있다.

특화품목인 SITC 034, 679, 699 등은 중국의 수출특화품목으로 나타났다.

<그림 4> 부산-중국의 무역특화지수 비교 분석

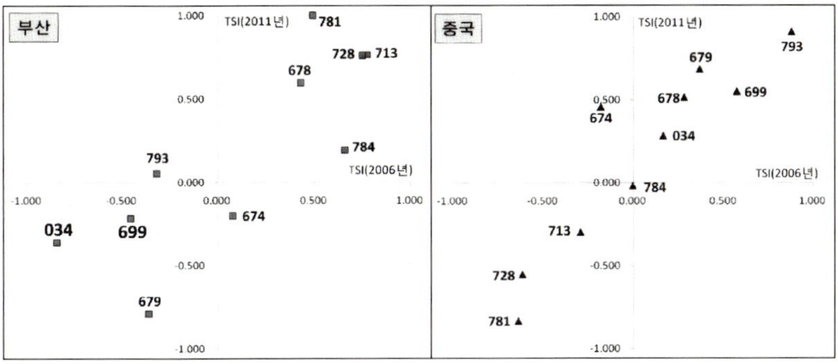

주: 부산의 2009~2011년 평균수출 금액기준으로 상위 10개 품목에 대한 무역특화지수를 산출함
   무역특화지수(TSI)는 SITC 3단위 기준으로 계산. SITC 코드별 품목명은 아래와 같음
   034 물고기, 신선(산 것 포함), 냉장 또는 냉동한 것
   674 철 또는 비합금강의 평판압연제품(클래드, 도금 또는 도포한 것)
   678 철강선
   679 철강의 튜브, 파이프 및 중공프로파일과 튜브
   699 달리 명시되지 않은 비금속제의 제품
   713 달리 명시되지 않은 내연 피스톤기관 및 동 부분품
   728 특수산업용 기타 기계기구 및 달리 명시되지 않은 동 부분품
   781 승용자동차 및 기타의 차량
   784 722(트랙터), 781(승용차), 782(화물/특수목적차량) 및 783(그외 도로주행차량)항 차량의 부분품/부속품
   793 선박, 보트 및 부유구조물
자료: 한국무역협회(http://www.kita.net/)

부산의 주력 수출상품에 대한 부산과 중국의 무역특화지수(TSI)와 현시비교우위지수(RCA)[96]를 통하여 수출경쟁력을 보면, 부산의 경우 경쟁우위에 있는 품목은 SITC 674, 678이며, 경쟁열위에 있는 품

---

96) 현시비교우위지수(Revealed Comparative Advantage Index: RCA)는 특정 국가의 품목별 수출비중을 세계시장에서의 품목별 수출비중으로 나눈 값으로, 국별 시장점유율과 품목별 시장점유율을 동시에 감안함으로써 경제규모가 다른 국가 간에도 경쟁력 비교가 가능한 지표이다. RCA>1이면 비교우위 산업을, RCA<1이면 비교열위 산업을 의미한다.

목은 SITC 034, 679, 699, 793 등으로 나타났다. 부산의 SITC 034, 678, 699, 781 등은 경쟁력이 향상되었고, SITC 673, 679, 793 등은 경쟁력이 떨어지고 있다.

중국의 경쟁우위 품목은 SITC 034, 678, 699, 793 등이며, 경쟁열위 품목은 713, 728, 781 등이다. SITC 674의 경우 경쟁열위 품목에서 경쟁우위 품목으로 경쟁력이 크게 향상된 품목이다. 반면 SITC 781은 경쟁력이 더 떨어졌다.

〈그림 5〉 부산-중국의 산업 경쟁력 비교

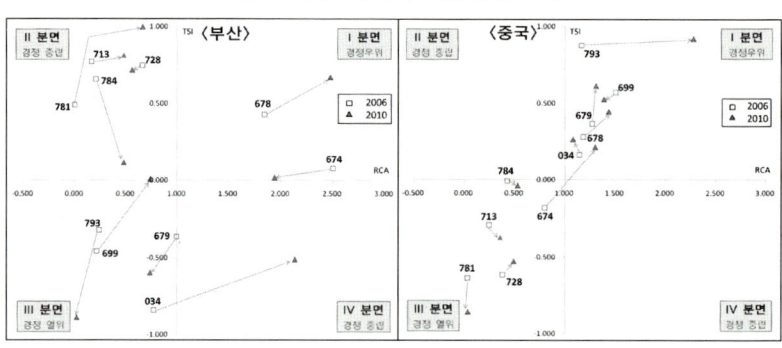

주: 부산의 2009~2011년 평균수출 금액기준으로 상위 10개 품목에 대한 현시비교우위지수(RCA)를 산출함
　　현시비교우위지수(RCA)는 SITC 3단위 기준으로 계산. SITC 코드별 품목명은 아래와 같음
　　034 물고기, 신선(산 것 포함), 냉장 또는 냉동한 것
　　674 철 또는 비합금강의 평판압연제품(클래드, 도금 또는 도포한 것)
　　678 철강선
　　679 철강의 튜브, 파이프 및 중공프로파일과 튜브
　　699 달리 명시되지 않은 비금속제의 제품
　　713 달리 명시되지 않은 내연 피스톤기관 및 동 부분품
　　728 특수산업용 기타 기계기구 및 달리 명시되지 않은 동 부분품
　　781 승용자동차 및 기타의 차량
　　784 722(트랙터), 781(승용차), 782(화물/특수목적차량) 및 783(그외 도로주행차량)항 차량의 부분품/부속품
　　793 선박, 보트 및 부유구조물
자료: UN Comtrade database; 한국무역협회(http://www.kita.net/)

5) 구조적 특징 및 시사점

중국의 무역구조적 특징은 동아시아 국가들(일본, 한국, 대만)과 삼각무역의 구조를 가지고 있다는 것이다. 즉, 일본으로부터 원료/핵심부품을, 한국과 대만으로부터는 부품/반제품을 수입하여 중국본토에서 완제품으로 조립하여 수출하는 가공무역이 주류를 이루고 있다.[97]

하지만 한국은행 부산본부(2012)에 따르면 부산과 중국 간에는 중간재를 서로 공급해 주는 상호보완적 무역구조를 가지고 있다는 것이 특징인데 이는 한국-중국 간 삼각 무역구조와는 약간 차이가 난다. 부산의 대중국 수출품목의 구성은 점차 저부가가치 최종재(직물, 신변잡화 등)에서 고부가가치의 중간재(수송기계, 철강 등)로 변모하고 있는데 부산의 대중국 수출의 중간재 비중은 약 60%로 추정되고 있다.

부산의 대중국 수출, 수입함수를 추정한 결과[98] 중국의 대외수출이 1,000달러 증가하면 다른 변수가 일정하다고 했을 때, 부산의 대중국 수출금액은 약 351달러 증가하는 것으로 추정되었다. 이는 전국의 대중국 수출 증가금액(242달러)보다 약 1.45배 높은 수준이다. 한편 중국 국내소비 수준이 1000달러 증가했을 때 부산의 대중국 수출은 733달러 증가하여 전국(869달러)의 84% 수준으로 약간 낮게 나타났다. 여기서 부산은 중국의 국내소비 증가에 따른 대중국 수출 증가 규모가 중국의 해외수출 증가에 따른 그것과 비교해 더 큰 것에 주목할 필요가 있다. 즉, 부산은 중국의 소득수준 증가에 따른 소

---

97) 배기환(2011).
98) 한국은행 부산본부(2012).

비증가의 기회를 활용하여 부산지역에서 생산되는 최종 소비재의 중국시장 진출을 적극적으로 지원하는 노력이 필요하다.

한편 부산의 제조업 생산이 1000달러 증가할 경우 부산의 대중국 수입은 1,636달러 증가하는 것으로 추정되었다. 이는 전국의 대중국 수입 증가액 569달러보다 2.9배 높은 수준으로 부산이 전국에 비해 제조업 생산에 있어서 중국의 원재료, 부품 등 중간재의 의존도가 더 높은 것을 나타낸다. 따라서 부산은 대중국 중간재 의존도를 낮추기 위한 노력이 필요할 것으로 판단된다.

〈표 12〉 중국의 수출, 소비 및 부산(전국)의 제조업 생산이
부산과 전국에 미치는 영향 비교

구분	부산에 미치는 효과 (2006~2011)		전국에 미치는 효과 (2006~2011)	
	대중국 수출	대중국 수입	대중국 수출	대중국 수입
중국의 해외수출 $1,000 증가	$351 증가	-	$242 증가	-
중국의 국내소비 $1,000 증가	$733 증가	-	$869 증가	-
제조업 생산 $1,000 증가	-	$1,636 증가		$569 증가

자료: 한국은행 부산본부(2012)의 부산·전국의 수출 및 수입함수 추정결과(2006~2011) 정리

무역특화지수의 분석결과, 부산과 중국 간의 상호 보완적인 교역 관계를 파악할 수 있었다. 특히 무역특화지수와 현시비교우위지수를 통해 2006~2011년 동안 본 부산의 경우 최종재인 자동차, 엔진·부품 등의 중간재의 산업경쟁력이 크게 향상되어 중국의 소비시장(예: 자동차)에 대한 진출방안을 모색하는 것이 필요하며 동시에 고부가가치 중간재의 수출을 확대할 수 있도록 전략을 수립해야 할 것으로 보인다. 최근 세계 금융위기로 부산지역 조선업이 주춤하는 사이에

중국의 철강 및 조선산업이 약진하고 있어 당해 산업의 경쟁력을 다시 회복하는 것이 필요하다.

4. 부산-중국 산업 간 교류·협력 활성화 방안

글로벌 시대에 부산은 세계 여러 나라와 긴밀히 연결되어 있다. 그중에서도 특히 중국은 경쟁자이면서 동반자로서 부산과의 연계 정도가 다른 나라에 비해 가장 깊다고 할 수 있다. 중국과의 수교 20주년을 맞이하는 이때 중국의 부상이 가져올 기회와 위기에 대해 생각하면서 앞으로 부산과 중국 간의 관계를 어떻게 좀 더 성숙한 관계로 나아갈 수 있을지 다양한 전문가들의 진단과 대책을 실은 본서는 충분한 의미를 지닌다. 여기서는 부산-중국 산업간 교류·협력 활성화를 위해 통인(通人), 통장(通場), 통감(通感) 등 「삼통(三通)」 전략을 제안하고자 한다.

1) 「통인(通人)」 전략: 인재 교류 전략

중국의 급속한 경제성장의 핵심은 사람에 있다고 해도 과언이 아니다. 앞서 살펴봐서 알 수 있듯이 중국정부는 사람을 키우거나, 외부의 우수한 인적 자원을 데려오는 데 지원을 아끼지 않았기 때문에 탁월한 혁신환경을 빨리 조성할 수 있었다. 세계 최대의 인재대국, 글로벌 혁신 허브로 부상하고 있는 중국에 대응하여 부산은 「통인(通人)」 전략이 필요하며, 이를 위한 세부적인 정책 방안은 다음과 같다.

첫째, 유학생의 교류를 통한 인재교류 활성화를 위한 "유학생 교류재단의 설립"이 필요하다. 여기서 유학생은 중국 내 부산 지역 출신 유학생, 부산지역 내 중국인 유학생을 모두 포괄한다. 전자의 경우 아직 지역 내에서도 그 실체를 제대로 파악하지 못하고 있는 실정이라 좀 더 관심을 가질 필요가 있는데, 이들은 부산지역 기업들의 대중국 진출을 위한 전문가로 활용될 수 있기 때문이다. 후자인 부산 지역 내 중국인 유학생은 2010년 현재 4,224명으로 전국 대비 7.3%의 비중[99]을 차지하고 있는데, 이들은 지한파(知韓派) 혹은 지부파(知釜派)의 자원으로 활용할 수 있을 것이다. 대학생 및 대학원생들의 양국 간 교류가 활발하게 이루어질 수 있도록 구심적 역할을 담당할 기구(예: 부산-중국 유학생 교류재단)의 설립 혹은 부산국제교류재단에 대중국 유학생관련 지원 기능을 확대하는 등의 방안도 검토해 볼 수 있다.

둘째, "중국의 글로벌 혁신자원과의 교류·협력방안의 수립"이 필요하다. 앞서 지적했듯이 중국은 앞으로 막대한 자금력을 바탕으로 혁신연구의 글로벌 거점이 될 것이 분명하다. 중국정부가 이러한 혁신생태계를 토대로 '전략적 신흥산업'의 육성을 토대로 전세계 산업의 중심으로 부상하고 있다. 부산지역은 인근에 세계적인 혁신자원이 가까이 위치하고 있는 이점을 적극 활용할 필요가 있다. 최근 중요성이 부각되고 있는 혁신 트렌드는 외부의 자원을 적극 활용하는 개방형 혁신(오픈 이노베이션)체제이므로, 지역과 지역기업의 혁신

---

99) 교육과학기술부 자료에 따르면 2007~2010년 중국인 유학생 연평균증가율은 부산은 16.7%, 전국은 16.1%로 부산이 전국보다는 약간 높게 나타났다(한국은행 부산본부, 2012).

성과를 극대화하기 위해 중국의 풍부한 혁신자원과의 연계성을 높이는 것은 무엇보다 중요하다.

셋째, "부산-중국의 특구 간 공동연구 활성화"가 필요하다. 중국의 경제성장의 발판은 인재유치에 있다고 볼 수 있다. 중국은 막대한 지원을 통해 우수한 자국 및 외국 인재들을 적극적으로 유치함으로써 국가발전의 원동력으로 삼아왔다. 특히 부산 강서지역에 조성될 연구개발특구는 중국 혁신자원간의 공동 협력 연구를 활성화하고, 중국 내 우수인재 및 부산지역 출신의 우수 인재들을 적극적으로 유치할 수 있는 발판이 될 것으로 기대된다. 특구를 중심으로 중국 혁신거점들과 공동연구 및 인적 교류가 활성화될 수 있도록 최대한 활용해야 할 것이다.

2) 「통장(通場)」 전략: 시장 교류 전략

중국정부는 지속 성장을 위하여 수출위주 성장전략에서 내수주도의 성장전략으로 전환을 모색하면서 중국은 '세계의 공장'에서 '세계의 시장'으로 부상하고 있다. Global Insight(2011)에 따르면 2016년 중국은 미국을 제치고 세계 최대의 소비시장으로 부상할 것으로 전망하고 있고, 최근 들어 한 · 중 FTA의 협상이 개시되어 중국시장에 대한 적극적인 진출방안의 수립이 필요하다. 이를 위한 세부 정책방안은 다음과 같다.

첫째, 중국 내수시장 진출을 활성화하기 위한 "중국 해외무역사무소 추가 설치"가 필요하다. 이를 위해 부산시가 현재 운영 중인 중국내 상하이 해외무역사무소[100] 외에 추가적인 개설을 신중하게 검토하거나 부산, 울산, 경남, 대구, 경북 등 영남권 지자체간 중국 내 해외무역사무소[101]의 공동 이용하는 방안도 함께 검토할 필요가 있다. 지자체의 해외무역사무소 개설 실효성[102]에 대한 회의적인 시각도 있기 때문에 현재의 있는 광역권 지자체들의 자원을 최대한 활용하고, 실효성을 높일 수 있는 활성화 대책도 함께 고민해야 할 것이다.

둘째, "부산-중국 바이어 상담회 순환 개최"가 필요하다. 부산-중국 간에는 중간재를 상호 제공하는 보완적 무역관계를 갖고 있어서 중간재를 제공하는 업체에 대한 상호 정보교환을 활성화하여 상호 거래비용을 절감하는 것이 서로에게 이득이 될 수 있다. 따라서 서로 필요한 거래업체를 손쉽게 찾을 수 있도록 바이어 상담회를 연계할 수 있도록 정기적으로 순환 개최하는 것이 필요하다. 이를 위해 장기적으로는 부산-중국 간 바이어를 연계해 줄 수 있도록 업계 DB와 연동된 중개시스템을 구축하는 것도 검토해 볼 수 있을 것이다.

셋째, 중국관광객을 대상으로 하는 "관광·레저, 의료, 유통 등 지역 서비스업 육성대책"을 마련해야 한다. 최근 부산지역을 방문한

---

100) 부산시는 현재 중국 상하이를 비롯하여 미국 마이애미, 일본 오사카, 베트남 호치민 등 4개의 해외무역사무소를 운영하고 있다. 부산시는 최근 수출관련 정보 제공 수준에 그치던 해외무역사무소의 기능을 바이어초청상담회, 해외 산업전시회 참여지원, 유력 바이어 발굴 및 알선, 신시장 개척 등 지역기업의 수출증대 현지 종합창구 역할을 담당하도록 그 기능을 강화하기 위한 계획을 제시한 바 있다(국제신문, 2012. 7. 8).

101) 경남은 일본 시모노세키, 중국 산동, 상하이, 베트남 호치민, 인도네시아 자카르타 등에 무역사무소를 두고 있고, 경북은 미국 뉴욕과 LA 중국 상하이, 일본 도쿄와 오사카, 인도 첸나이 등 6곳을 운영하고 있다. 울산과 대구는 해외무역사무소를 운영하고 있지 않다.

102) 최근 경기도에서도 중국시장의 중요성을 인식하고 중국의 상하이와 선양 이외에도 서부대개발의 거점지역인 충칭과 남부 광둥성의 광저우 지역에 경기비즈니스센터(GBC)의 추가 설치를 검토하고 있다(신종호, 2012). 경기도는 현재, 중국 상하이와 선양외에도 인도 뭄바이, 러시아 모스크바, 말레이시아 쿠알라룸푸르, 브라질 상파울루, 미국 LA에 해외무역사무소를 두고 있다(신종호 외, 2011).

중국관광객이 2011년 현재 47만 6천 명으로 2000년에 비해 3.2배로 급증하고 있는 것에서 부산지역 다. 이는 부산의 외국인관광객 전체 대비 20%를 넘는 수준으로 일본에 이어 2위를 차지하고 있다. 중국 정부의 내수시장 활성화 조치와 중국 소비자의 소득 수준 향상으로 최종소비재 및 서비스에 대한 소비 욕구가 높아질 뿐만 아니라 다양화되면서 관광·레저, 의료, 유통 등 지식기반서비스에 대한 소비 욕구가 높아질 것으로 예상된다. 따라서 부산지역을 방문하는 중국관광객을 대상으로 하는 질 높은 지식서비스의 제공을 위해 관련 서비스업의 경쟁력을 높일 수 있는 육성방안을 마련해야 한다.

3) 「통감(通感)」 전략: 공감 교류 전략

양국간의 상호 협력과 교류의 활성화를 위해서는 상호 공감대 형성이 무엇보다 중요하다. 중국시장은 부산의 미래 먹거리 시장으로 그 중요성은 아무리 강조해도 지나치지 않는다. 하지만 그 중요성에 비해 중국시장에 대한 부산지역의 이해수준은 그리 깊지 않은 실정이다. 중국시장은 매우 넓어 지역마다 다른 문화, 관습, 기질의 차이가 있기 때문에 획일적인 시장 진출은 실패를 초래할 수밖에 없을 것이다. 따라서 부산과 중국간의 상호 이해를 증진하는 것이 교류활성화에 매우 중요하며 이를 위해 세부 정책방안은 다음과 같다.

첫째, "중국 자매/우호협력도시 간 교류 내실화"가 필요하다. 현재 부산시는 2012년 8월 현재 상하이와 자매도시를, 톈진, 선전, 충칭과는 우호협력도시로 지정되어 있다. 그동안 자매/우호협력도시의 실효성에 대한 지적들이 있지만 한중 수교 20주년을 맞아 중국 내 자매/우호협력도시 간의 민관의 교류를 활성화하는 계기로 삼는 것이 필요하다. 이를 위해 '무역대표단 정기적인 교환 방문', '자매도시 (혹은 우호협력도시)의 날 지정', '양 도시 간 지역현안 논의를 위한 핫라인 개설' 등을 고려해 볼 수 있을 것이다.

둘째, "부산-중국기업 1사 1촌 교류회 개최"를 통하여 양 도시 간의 이해도를 높일 수 있는 방안도 마련할 필요가 있다. 이는 부산상공회의소를 비롯하여 부산지역 경제관련 단체들이 중심이 되어 부산지역기업과 중국 자매/우호협력도시를 포함한 주요 도시 인근의 농촌과의 교류회를 개최함으로써 양 도시 간의 우호 협력의 분위기를 조성하자는 것이다. 부산-중국기업정기 개최하여 부산지역 기업인과 중국기업인과의 협력 분위기를 조성할 필요가 있다. 단순한 교류의 차원을 넘어 사업 아이디어 공유를 위한 각종 세미나 개최, 기술개발의 애로사항 해결을 위한 기술이전 협상, 공동사업 진출 모색 등 상호 이해 및 관심사에 대한 심층적인 활동이 될 수 있도록 다양한 활성화 대책을 수립할 필요가 있다. 이를 위해 중국기업 전용 기업전시회를 개최하는 것도 검토해 볼 만하다.

마지막으로 "부산-중국 도시문제 전반에 대한 공동 연구 활성화"가 필요하다. 중국은 우리처럼 경제가 급속하게 발전하면서 도시화도 급속히 진행되고 있다. 급속한 도시화는 실업과 빈곤 등 경제적인 문제를 비롯해서 주택, 교통, 환경, 복지 등 많은 도시문제들을 야기하고 있다. 앞서 이러한 도시문제에 대한 문제해결을 위해 서로의 경험을 공유하고 공동 연구를 활성화하는 것이 매우 중요하다. 이를 위해 부산발전연구원을 비롯한 관련 정책 연구기관과 중국 주요 도시의 도시문제연구소들 간의 실질적인 '도시문제 포럼' 등을 정기적으로 순환 개최하는 것도 큰 의미가 있을 것이다.

참고문헌

강석기·강윤구(2011), 『2009년 우리나라 세계 수출시장 점유율 1위 품목 조사』,
    한국무역협회 국제무역연구원
김익수(2007), 『비단장수 왕서방의 기업가정신』, 삼성경제연구소
류지성(2011), "두뇌공장 중국, 한국을 추월하다", 『CEO Information』제810호,
    삼성경제연구소
배기환(2011), "중국 무역수지의 구조적 특징과 향후 전망", 『국제경제정보』
    제2011-22호, 한국은행
신종호(2012), "차이나파워, 경기도의 대응방안", 『GRI 정책제안』(2012. 2. 16),
    경기개발연구원
신종호 외(2011), 『경기도의 對중국 교류협력 강화방안』, 경기개발연구원
양용남(2012), 『중국의 전략적 신흥산업 발전 및 기술 동향』, 한국과학기술정
    보연구원
이봉걸(2010), 『중국 12차 5개년(2011~2015) 규획의 주요 내용과 우리기업에
    미치는 영향』, 한국무역협회 국제무역연구원
이봉걸(2012), 『한·중수교 20주년 대중국 수출의 성과와 과제』, 한국무역협회
    국제무역연구원
이장규 외(2009), 『한·중 경제협력의 중장기전략 개발 협동연구: 중국의 부상
    에 따른 한국의 국가전략 연구2』, 대외경제정책연구원
이현국(2008), 『중국시사문화사전(2008-2009)』, 인포차이나
장정재(2012), "중국 진출 부산기업의 최근 동향과 대응방안", 『BDI 포커스』
    제160호, 부산발전연구원
제현정 외(2012), 『한국 무역의 향후 10년: A-SIA, 세계시장의 변화에 주목하라!』,
    한국무역협회 국제무역연구원
최명해(2010), "중국 '12·5 규획'의 주요 내용과 시사점", 『CEO Information』 제
    314호, 삼성경제연구소
한국과학기술기획평가원(2011), "주요국의 외국인직접투자(FDI) 현황 분석",
    『KISTEP 통계브리프』 2011-15호

한국과학기술기획평가원(2012a), "PCT 특허 출원 성과 분석", 『KISTEP 통계브리프』 2012-11호

한국과학기술기획평가원(2012b), "글로벌 연구개발 투자 동향 및 시사점: 미국, 일본, 유럽, 중국, 러시아를 중심으로", 『동향브리프』 2012-06호

한국은행 부산본부(2012), "부산·중국간 경제적 연관관계의 진전 및 시사점"

"[신흥국 교육개혁 열풍] 중국, 인구대국 넘어 인재대국으로", 『아시아투데이』, 2010. 12. 23

"[WSF 2011]④中의 거대한 용틀임… '팍스 시니카' 성큼", 『이데일리』, 2011. 5. 2

"2020년 미국 제친 중국 '팍스 시니카' 도래", 『머니투데이』, 2012. 2. 5

"中, 美국채보유량 2개월 연속 '증가'… 최대 채권국 유지", 『뉴스토마토』, 2012. 5. 16

"中, 인류강국 넘어 인재강국… 유학생 인재관리 절실", 『뉴시스』, 2012. 6. 14

"해외무역사무소 수출 촉진 전초기지화: 부산시, 기능 대폭 활성화… 현지 지역기업 종합창구로", 『국제신문』, 2012. 7. 8

Gilman, D.(2010), *The new geograhpy of global innovation*, Global Market Institute, Goldman Sachs

OECD(2010), *OECD Science, Technology and Industry Outlook 2010*

UN Comtrade database

한국무역협회 무역통계 http://www.kita.net

한중과학기술협력센터(KOSTEC) http://www.kostec.re.kr

9장 한중 FTA와 경쟁력 강화를 위한 부산의 과제

장정재(張正在)

요 약

한중 FTA에 관한 연구는 그동안 다양한 방면에서 많은 연구가 이루어져 왔으나 여전히 서로 다른 시각과 쟁점이 존재하고 있다. 우리나라 전체 수출의 25%를 차지하는 중국과의 무역교역량을 감안할 때, **일부 피해가 예견되더라도 한중 FTA는 반드시 필요하다는 의견이 설득력을 얻고 있다.**

한중 FTA 협상은 정부가 협상의 주체이고 아직까지 구체적인 윤곽도 없기 때문에, 부산시가 대응방안을 찾는 것 자체가 현실적으로 매우 어렵다. 그러나 한편으로는 협상단계이기 때문에 부산의 의견을 건의·반영하도록 해서 경제적 이익 창출에 최선을 다할 필요성이 있다. 이를 위해서는 ▲**국내 U턴 기업에 대한 준비 ▲서비스 분야로의 역량 확대 ▲비관세장벽 완화 건의 ▲한미·한EU FTA와 연계한 한중 FTA의 효과 극대화 ▲주변 지자체와 상호협력 및 공동대응** 등이 필요하다.

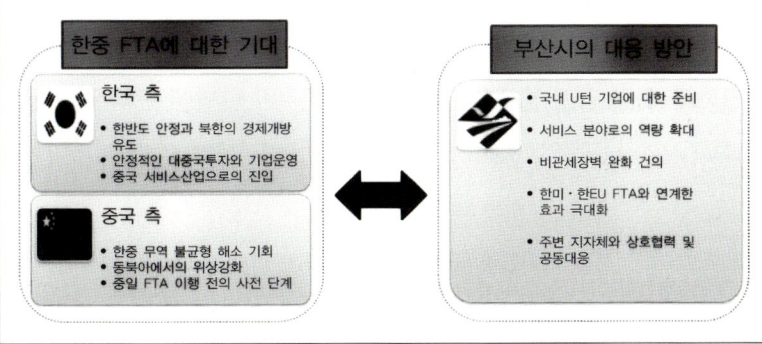

1. 서론

자유무역협정(Free Trade Agreement, 이하 FTA로 칭함)을 체결하는 가장 큰 이유는 기본적으로 협정당사국 간의 무역장벽을 철폐하거나 완화하기 위함이다. 무역 장벽의 철폐·완화는 국가 간 비교우위에 따른 상품·서비스특화가 실현되고, 이에 따라 국내의 자원이 보다 효율적으로 사용됨으로써, 생산자·소비자들의 이익이 증대될 수 있다. 또한 특정 국가와의 FTA 체결을 통해 주변국가로의 시장 확대를 유도할 수 있으며 재화 및 서비스의 다양성이 증가되면서 경쟁 촉진 효과도 가져오는 장점이 있다. 따라서 수출로 먹고사는 우리나라는 FTA가 경제 영토를 확대할 수 있기 때문에 리스크를 감수하면서까지 적극적으로 나서고 있다.

한국은 2002년 칠레를 시작으로 이미 8개 국가(또는 지역들)와 FTA를 발효했고 2개 국가와 협상 타결했으며, 7개 국가(또는 지역들)와 협상 중에 있다. 그 밖에 일본을 비롯한 10개 국가들과 FTA를 추진하기 위한 공동연구를 진행하고 있다.[103] 반면에 중국은 지금까지 10건의 자유무역협정을 체결하였으며[104], 세계 2위 경제대국으

---

103) 우리나라는 칠레(2002년 10월), 싱가포르(2006년 3월), EFTA(2006년 9월), 인도(2010년 1월), 아세안(2010년 1월 상품협정) EU(2011년 7월), 페루(2011년 8월), 미국(2012년 3월)과 FTA를 발효하였다. 또한 터키·콜롬비아와는 협상타결을, 중국·캐나다·멕시코·호주·뉴질랜드·인도네시아·GCC(걸프협력회의)와는 협상 중에 있다.

104) 중국은 아세안, 싱가포르, 파키스탄, 뉴질랜드, 칠레, 페루, 코스타리카, 홍콩, 마카오, 대만과 자유무역협정을 체결하였으며 걸프협력회의(Gulf Cooperation Council, GCC), 호주, 노르웨이, 스위스, 아이슬란드와 FTA 협상을 진행하고 있다. 한편 인도, 한국과는 FTA 공동연구가 완료되었으며 한중일 FTA 산관학 공동 연구가 진행되고 있다.

로 성장하면서 세계경제에서의 주도적 역할과 위상 확보를 위해 FTA 체결에 박차를 가하는 모습이다.

한중 FTA에 관한 연구는 그동안 다양한 방면에서 많은 연구가 이루어져 왔으나 여전히 서로 다른 시각과 쟁점이 존재하고 있다. 특히 지역경제 측면에서 볼 때 한중 FTA에 대한 논의는 거시적·포괄적 측면의 상품교역·서비스무역에 집중되어 있기 때문에 지자체 차원의 전략수립과 대응방안 마련에 어려움이 있다. 여기에다가 한중 FTA가 한반도 정세에 비춰 정치적인 측면에서의 해석이 더해지면서 더욱 복잡해지는 형국이다. 한국이 중국과의 경제협력이 확대될수록 북한은 적대적 행위를 함부로 할 수 없게 되며, 결과적으로 한중 FTA는 한반도 안정화에 기여할 수 있다는 논리이다.

최근 부산발전연구원에서는 한중 FTA 체결에 따른 영향 인지도를 설문한 적이 있다. 응답결과 "안다" 31.1%(구체적인 내용까지 잘 알고 있다 3.3% + 대략적인 내용 정도는 알고 있다 27.9%), "모른다" 68.9%(들어본 적은 있으나 내용은 잘 모르겠다 62.3% + 전혀 몰랐다 6.6%)로 내용에 대한 인지 정도가 낮게 나타났다.[105] 그만큼 한중 FTA에 대한 사회적 이슈가 높고 다양한 경로의 연구가 이루어지고 있으나 실제 기업들의 인식 수준은 상당한 차이를 보이고 있다. 그렇기 때문에 기업들 입장에서는 한중 FTA 체결에 따른 향후 대응방안을 수립하고 준비하기란 현실적으로 더욱 어렵다는 반증이기도 하다.

지금까지 협상결과를 보면 한중 양국은 초민감 품목, 민감 품목

---

105) 부산발전연구원에서는 2012년 5월에 중국 진출 부산기업을 대상으로 설문을 진행하였으며, 63개 기업이 유효 응답을 하였다.

및 일반 품목으로 분류한 후 품목별로 협상을 해 나간다는 계획이다. 여기에는 한국의 경우 농수산업에서, 중국은 제조업에서 양국의 입장 차이가 확연히 다르다는 것을 확인했기 때문이다. 일부에서는 양국의 입장차이가 너무 크고 설령 체결된다고 하더라도 낮은 수준의 제한적 내용이 될 수밖에 없기 때문에 시기상조라는 주장도 나오고 있다. 특히 한국은 농수산물 분야에서 기존 FTA 체결국과는 달리 중국이 지리적으로 가깝고 농수산업 생산구조가 유사한 반면 가격 경쟁력이 크게 떨어지기 때문에 반대의 목소리가 매우 높다. 그럼에도 불구하고 한중 FTA는 국가 발전을 위해 반드시 체결해야 한다는 주장이 설득력을 얻고 있으며, 결국 협상 내용과 시간만을 남겨놓고 있다.

한중 FTA 협상이 지금도 한창 진행되고 있기 때문에 구체적인 내용을 예측하고 대응방안을 찾는 것 자체가 현실적으로 매우 어렵다. 그러나 한편으로는 협상단계이기 때문에 부산의 의견을 건의·반영하도록 해서 경제적 이익 창출에 최선을 다 할 필요성이 있다. 또한 한중 FTA 협정 체결은 기정사실로 받아들여지고 있기 때문에 발효 이후를 대비하여 취약산업에 대한 지원 및 지역경제 경쟁력 극대화 방안을 위한 종합적 대책 마련과 시행이 시급한 상황이다.

2. 한중 FTA 동향과 중국 FTA의 특징

1) 한중 FTA 진행 현황

세계 금융위기 이후 세계 각국은 경제성장 방식의 전환이 필요했고, 지역 간 경제통합에 대해 관심이 고조되는 과정에서 '자유무역'

은 그 핵심 장치로 인식되고 있다. WTO 통계에 따르면 2010년 1월까지 지역 간 자유무역 협정 체결은 180여 개에 이르고 있으며, 이 중 절반 정도가 최근 10년 내에 체결된 것이다.

2003년 7월 노무현 前 대통령의 중국 방문을 계기로 한중 FTA 논의가 본격적으로 시작되었다. 당시 한국정부의 '동북아경제중심 구축' 발상은 중국의 적극적인 지지를 이끌어냄과 동시에 한중 관계를 '전면적 협력동반자'로 격상시킴으로써 향후 한중 경제 협력에 대한 전망을 밝게 하였다. 그리고 이듬해 한중 양국은 FTA에 대한 공동연구 개시를 합의하고 민간 공동연구를 진행하였으며 2007년부터는 산관학 공동연구로 범위를 확대하기에 이르렀다.

한국은 한중 FTA를 통해 안정적인 투자와 기업운영은 물론 최근 주목받는 녹색산업에 대한 양국 간 긴밀한 협력과 동반성장을 기대하고 있다. 2만여 개의 기업이 중국에 진출해 있는 상황에서 기업들은 관세뿐만 아니라 투자운용 및 투자자금 회수 등 분야에서 보다 포괄적이며 적극적인 지원책을 세부적으로 기대하고 있다. 또한 한국은 중국의 시장규모가 크지만 상대적으로 개방수준이 낮은 서비스 산업 분야에서 최대한의 양허를 받아내기를 희망하고 있다. 이와는 별도로 정치·외교적 측면에서 한중 FTA가 한반도 안정과 평화 분위기 조성은 물론 주변 국가들로 하여금 한반도 평화통일의 당위성과 지지를 받을 수 있다고 예측하고 있다. 과거 서독의 사례에서 보듯이, 독일 통일에서 서독이 EC(유럽공동체)[106] 가입을 통해 경제

---

106) EC(European Community)는 1967년 7월, 프랑스·서독·이탈리아·벨기에·네덜란드·룩셈부르크 등 유럽 6개국을 시작으로 영국·덴마크·아일랜드·그리스·스페인·포르투갈 등 총 15개국이 참여하는 유럽공동체이다. EC는 1993년 5월 유럽자유무역연합(EFTA)과 통합, 유럽경제지역(EEA)을 결성, 1994년 1월 1일부터는 거

협력에 선도적 역할을 함으로써 호전적 이미지를 탈피하고 주변 국가들로부터 통일의 지지를 받아내기에 이른다. 또한 개성공단과 같이 '역외가공지역' 지정으로 북한을 한중 FTA 범위 안에 포함시켜 북한 내 다른 지역까지 개방을 유도·확대함으로써 북한 개혁개방의 촉매제 역할을 기대하고 있다.

<표 1> 한중 FTA 추진 과정

날짜	내용
2004.9	양국 민간공동연구 추진 합의(ASEAN+3경제장관회의)
2005	국무원발전연구중심(DRC)과 대외경제정책연구원(KIEP) 공동연구 개시
2006	민간공동연구 2년차 연구수행 후 11월 연구종료
2006.11.17	산관학 공동연구를 2007년부터 개시키로 합의(APEC 각료회의)
2007.3.22~23	한중 FTA 산관학 공동연구 제1차 회의 개최(베이징)
2007.7.3~4	한중 산관학 공동연구 제2차 회의 개최(서울)
2007.10.23~25	한중 FTA 산관학 공동연구 제3차 회의 개최(웨이하이)
2008.2.18~20	한중 FTA 산관학 공동연구 제4차 회의 개최(제주)
2008.6.11~13	한중 FTA 산관학 공동연구 제5차 회의 개최(베이징)
2010.2	한중 FTA 산관학 공동연구 수석대표 간 협의(베이징)
2010.5.23	한중 통상장관 회담 시 산관학 공동연구 종료 방안 논의(서울)
2010.5.28	산관학 공동연구 종료관련 양해각서 서명(서울)
2010.9.28~29	한중 FTA 정부 간 사전협의 제1차 회의 개최(베이징)
2011.4.11	한중 통상장관회담(베이징)
2012.2.24	한중 FTA 공청회
2012.3.1~2	한중 FTA 추진 관련 사전 실무협의 개최(서울)
3.22~23, 4.5	한중 FTA 추진 관련 사전 실무협의 개최(베이징)
2012.5.2	한중 FTA 협상개시 선언(베이징)
2012.5.14	제1차 협상 개최(베이징)
2012.6.27	제2차 협상 개최(제주)

자료: 외교통상부 FTA

대한 유럽단일시장을 발족하기에 이르렀으며 1993년 11월 1일 마스트리히트 조약이 발효됨에 따라 1994년 1월 1일부터 유럽연합(EU)으로 공식명칭을 바꾸었다.

중국은 대외개방을 가속화하고 효과를 증진시키기 위해 10·5(十五) 계획[107] 기간에 "다양한 무역체계에 적극 참여하고 국제적 경제 합작 추진"을 중요 목표로 확정했다. 중국은 WTO 가입 후 과도기가 지나면서 경제성장과 국제적 위상이 증대되고 시장이 성숙함으로써 FTA에 대한 환경이 조성되었다는 판단이 있기도 했다. 2007년 10월에 열린 중국공산당 제17차 전국대표대회에서는 "자유무역 전략"을 국가전략으로 채택하기에 이르렀다.

중국은 그동안 한중 무역 불균형에 대한 불합리성을 지적해 왔으며, 이번 FTA를 통해서 무역 균형을 유도하는 계기로 삼고자 한다. 중국 측이 분석하는 무역 적자 원인은 수출상품의 비교우위, 대중 직접투자로 인한 중국의 한국상품 수입 증가, 한국정부의 이중적 무역정책 영향 때문이라는 설명이다. 구체적으로는 중국은 원자재·농산물·광산품·섬유의류를, 한국은 화공제품·전자통신설비·전기전자제품을 수출함으로써 가격 차이에서 오는 적자폭이 발생한다는 점이다. 다음으로 한국기업의 대중 직접투자가 늘어나고 규모가 커짐에 따라 자본재의 중국수출이 급격히 늘어나게 됨으로써 적자 규모 또한 커진다는 설명이다. 특히, 중국은 한국정부가 해외수출을 장려하는 반면에 '특별보호조항'·'특별긴급관세'·'반덤핑 조사' 등의 방법으로 수입을 제한하고 있으며 중국의 농산물에 대해서는 유독 진입장벽을 매우 높게 하고 있는 점에 불만을 갖고 있다. 따라

---

107) 중국식 경제개발계획으로 10·5계획은 2001~2005년에 진행되었는데 각 행정부처는 경제개발계획의 주요원칙에 따라 세부실시계획을 수립·진행하며 지방정부는 정책 실행의 지침으로 동 계획을 이용한다. 중국은 1953년부터 5년 단위로 경제개발계획을 시작하였으나 중간에 내부문제·기간조정의 원인으로 규칙적으로 진행되지는 않았다. 최근 11·5계획(2006~2010년)이 완료되었으며, 12·5계획(2011~2015년)이 진행되고 있다.

서 중국은 FTA를 한중 무역 불균형 해소를 위한 전기로 삼기 위해, 양국정부의 협력과 조정 강화, 중국의 수출상품 품목 확대 및 고부가가치 상품으로의 전환 정책, 상호 투자 촉진 정책 실시 필요성에 대해 강조하고 있다.

계속되는 경제위기 속에 강대국을 중심으로 경제공동체가 재편되고 주도권 쟁탈이 전개되는 상황에서 중국은 미국의 나프타(북미자유무역협정, NAFTA)[108], TPP(환태평양전략적경제동반자협정)[109]를 경계하고 있다. 동아시아지역이 세계에서 가장 역동적으로 성장하는 지역임에도 중국은 FTA에 있어서는 다른 지역보다 뒤처져 있다는 인식이 바탕에 깔려 있다. 거대경제권인 EU·미국의 목소리가 커지는 상황에서 세계경제 위기는 이들 국가의 역내 위상을 예전 같지 않은 상황으로 빠뜨렸고, 중국은 이것을 기회로 생각하고 있다. 중국은 주도권 확보를 위해 동아시아에서 중국 중심의 자유무역협정을 조속히 체결하는 것이 필요하고 이를 위해서는 핵심국가 중 하나인 한국과의 FTA 체결이 가장 중요하고 시급한 과제로 인식하게 되었다. 왜냐하면, 중국은 경제적 측면에서 볼 때 일본과의 격차가 너

---

108) NAFTA(North American Free Trade Agreement)는 미국·캐나다·멕시코의 자유무역 협정으로, 1994년 1월부터 발효되었으며 미국의 자본과 기술, 캐나다의 자원, 멕시코의 노동력이 결합되어 지역경제를 발전시키는 것을 목표로 하고 있다.

109) TPP(Trans-Pacific Partnership or Trans-Pacific Strategic Economic Partnership)는 아시아·태평양 지역의 경제 통합 목적을 위해 2005년 6월 뉴질랜드, 싱가포르, 칠레, 브루나이 4개국 체제로 출범한 다자 간 자유무역협정으로, 2006년 1월까지 회원국 간 관세의 90%를 철폐하고, 2015년까지 모든 무역 장벽을 철폐하는 것을 목표로 하고 있다. 2008년 2월 미국이 이 협정에 참여하기 위한 협상을 시작한 이래 호주, 베트남, 페루, 말레이시아를 비롯하여 캐나다, 일본, 필리핀, 대만, 한국 등이 협정 참여에 관심을 표명하고 있다. 미국이 적극적으로 협정 가입을 추진하고, 아시아 국가들의 동참을 유도하고 있는 것은 눈부신 성장을 이루고 있는 중국을 견제하려는 의도가 크게 작용한 때문이라고 알려져 있다.

무 크다는 것을 인식하고 한국과 우선적으로 체결하려는 전략이다. 한국과의 FTA 발효를 통해 경험 기술을 축적한 다음 일본과의 FTA 를 논의하는 것이 효과적이라는 계산이 깔려 있는 것이다.

2) 중국 FTA 특징

중국의 FTA 허브 구상은 동서남북 광범위하게 확장시켜 나가는 것이다. 동쪽으로는 한중 FTA · 한중일 FTA를, 서쪽으로 중국-중앙 아시아 FTA를 계획하고 있다. 남쪽으로는 중-아세안(동남아시아 국 가연합) FTA가 이미 발효되었으며 북쪽으로는 러시아와의 협력을 고려하고 있다. 중국은 선진국보다는 개발도상국 또는 자국과 경제 발전 정도가 비슷하며 자국산업과 충돌이 비교적 적은 국가를 FTA 파트너로 선호한다. <표 2>를 참고하면, 중국이 지금까지 FTA를 체결한 국가들을 살펴보면 파키스탄을 제외한 나머지 국가들과의 FTA에서 90% 이상의 품목에 대해 관세율을 철폐하고 있다. 이것을 한국과 비교하면, 한미 FTA의 경우 10년 이내 관세 철폐 품목 수가 한국은 98.3%, 미국은 99.2%에 이르기 때문에 약간 낮은 수치이다. 그러나 한 · 인도 FTA는 72%의 관세철폐, 한 · 유럽 FTA는 90% 이 상의 수준을 견지하고 있으므로 중국의 개방정도가 낮은 것은 아니다.

중국은 FTA 체결과정에서 파트너 국가의 특수상황과 경제발전 수준을 고려하여 양보를 하면서도, 자국산업의 보호를 위해 적극적 으로 방어하는 이중적 자세를 취하고 있다. 중국-아세안 FTA 체결 시 필리핀 · 싱가포르 · 인도네시아와는 2010년 1월 1일부로 무관세 를 적용하기로 합의하였다. 그리고 라오스 · 미얀마 · 캄보디아와는 무관세를 2015년까지 연장하는 유연한 자세로 해당 국가들이 사전에 준비하도록 했다. 그러나 뉴질랜드와의 FTA에서는 자국의 농목업이 피해가 예상되자 유제품·양모·모선(毛線)을 민감품목으로 지정하였다. 특히 대만(2010년)과의 양안경제협정(兩岸經濟合作框架協議, ECFA)을 비롯하여 뉴질랜드·칠레와 같이 에너지 자원 문제와 직접적으로 결부되는 국가들에 대해서는 매우 적극적인 협상 자세를 취했다. 중국은 대만과 양안경제협정을 체결하는 과정에서 일정부분 손해를 감수(甘受)하면서 속전속결 방식으로 협정을 주도하였다. 때문에 일부에서는 중국이 경제적 실익보다는 아시아 지역에서 경제·안보에 대한 주도권을 확보하는 데 목적이 있기 때문에 한국에게도 배려·양보할 가능성이 있다고 예측하기도 한다. 하지만 한중 FTA를 중국과 대만 간의 ECFA와 비교하는 것은 착각에 빠지는 것이다. 왜냐하면 중국은 그동안 '일국양제(一國兩制)[110]'를 주장하며 대만을 사실상 같은 중국으로 인식하기 때문에 FTA 협정에서의 양보는 충분히 가능한 일이기 때문이다.

---

110) 일국양제(一國兩制)는 한 나라에 두 가지 제도를 받아들인다는 뜻으로, 중국이 홍콩과 대만에 대해 경제적 독립성을 인정해준다는 의미이다. 중국은 홍콩이 반환되었음에도 영국식 자본주의에 찬성하며, 하나의 중국 원칙을 고수하고 대만 독립을 반대한다.

〈표 2〉 중국과 FTA 체결 국가의 교역품 관세인하 현황

(단위: %)

FTA 체결 국가		중국상품			
		일반품목	민감품목	초민감품목	양허예외품목
CEPA (중국 - 홍콩)	중국	100	-	-	-
	홍콩	100	-	-	-
CEPA (중국 - 마카오)	중국	100	-	-	-
	마카오	100	-	-	-
중국 - 아세안	중국	94.40	3.90	1.80	-
	브루나이	97.80	1.30	0.90	-
	캄보디아	90.40	6.70	2.90	-
	인도네시아	93.30	5.80	0.90	-
	라오스	97.80	1.70	0.60	-
	말레이시아	92.80	5.40	1.80	-
	미얀마	94.80	5.20	-	-
	필리핀	93.30	5.20	1.50	-
	싱가포르	100.00	-	-	-
	태국	93.30	4.80	1.90	-
	베트남	92.00	5.40	2.70	-
중국 - 칠레	중국	97	-	-	3
	칠레	98	-	-	2
중국 - 파키스탄	중국	35.5	34.5	15	15
	파키스탄	35.60	19.90	28.10	16.40
중국 - 뉴질랜드	중국	97.1	-	-	2.90
	뉴질랜드	100	-	-	-
중국 - 싱가포르	중국	94.40	3.90	1.80	-
	싱가포르	100	-	-	-
중국 - 페루	중국	94.56	-	-	5.44
	페루	91.95	-	-	8.05
중국 - 코스타리카	중국	96.70	-	-	3.30
	코스타리카	91	-	-	9

주: FTA 체결 후, 중국상품에 대한 각 국가들의 관세인하 비중을 나타냄
자료: 2010 중국자유무역구역발전보고(中國自由貿易區發展報告)

중국은 아세안과 FTA를 체결함으로써 무역액이 급속히 증가하였고 대외무역 전체 금액과 견주어도 6%이상의 성장률을 보였다. 2010년 1월 1일 아세안과 전면적인 개방으로, 중국은 선박·철강·섬유·의류의 수출 증가세(전년도 동기 대비 35% 증가)가 뚜렷하고 금속가공 제품·원료의 수입이 대폭 상승(전년도 동기 대비 49% 증가)하였다. 중국기업들은 협정의 특혜를 누리기 위해 '원산지증명' 신청이 폭주했으며, 전년도 동기 대비 80%가 늘어난 40만 건 이상이 발급되었다. 아세안과의 FTA는 상대적으로 침체된 중국 서남부 지역의 경제에 변화를 가져왔다. 베트남·라오스·미얀마는 중국의 광시성(廣西省)·윈난성(云南省)과 인접하여, 이 지역의 경제에 활력을 불어넣었다. 중국은 이들 지역에 대한 사회간접자본 투자를 집중시켜 투자환경을 개선토록 했으며, 최근에는 새로운 경제 중심지로 부각되고 있다.

중국의 FTA 체결국들에 대한 공업제품 수출입액은 비중은 높으나 전체적으로는 매년 조금씩 감소해 왔다. 2009년 중국의 FTA 체결국에 대한 공업제품 수출총액 비중은 92.83%이며, 전국 공업제품 수출총액(94.75%)보다 1.92% 낮다. 구체적으로는 칠레가 98.68%로 가장 높고, 페루·홍콩이 97.66%, 95.24% 순으로 나타났다. 공업제품 수입총액 비중은 69.49%로, 전국 수입총액(71.24%)보다 1.75% 낮다. 코스타리카로부터 수입 비중은 99.09%이고 다음으로 홍콩(87.39%), 파키스탄(84.86%)이 뒤를 잇고 있다. 중국은 칠레·페루와의 교역에서 공업제품 수출 지향적이고 페루·뉴질랜드로부터는 초급상품 수입 의존적이다.

<표 3> 2009년 중국의 FTA 체결국에 대한 수출입 구조 현황

(단위: %)

국가/지역	수출		수입	
	초급상품*	공업제품	초급상품	공업제품
아세안	10.94	89.06	28.55	71.45
중국 홍콩	4.76	95.24	12.61	87.39
중국 마카오	32.30	67.70	54.58	45.42
칠레	1.32	98.68	37.51	62.49
파키스탄	5.47	94.53	15.14	84.86
뉴질랜드	5.41	94.59	85.73	14.27
싱가포르	9.60	90.40	18.92	81.08
페루	2.34	97.66	90.37	9.63
코스타리카	4.82	95.18	0.91	99.09
합계	7.17	92.83	30.51	69.49
세계 전체	5.25	94.75	28.76	71.24

주: * 일차상품으로 아직 가공단계를 거치지 않은 원유·광물·농림목어업의 획득물 등이 해당
자료: 2010 중국자유무역구역발전보고(中國自由貿易區發展報告)

중국이 지금까지 체결한 FTA를 종합적으로 보면 다음과 같은 특징이 감지된다.

첫째, 중국은 FTA 협상에서 보면 '일괄타결 방식'[111]을 선호하는 모습이다. 중-아세안, 중-파키스탄, 중-칠레 FTA에서는 '점진적 방식' 모델을 선택하기도 했으나 FTA 효과가 크지 않기 때문에 지양하는 모습이다. 그래서 전체적으로 단기간 협상으로 FTA가 체결되던 것이 점차 장기전으로 변화되는 형국이다. 대만·칠레·파키스탄과의 FTA에서는 1년 만에 협상이 타결된 전례가 있으나 호주와는

---

111) 일괄타결 방식은 상품·서비스·투자 등 전 분야를 여러 분과에서 동시에 협상하는 방식으로 양국 간 이익균형 추구에 유리하고 개방효과가 극대화된다는 것이 장점이며, 중국은 뉴질랜드·페루·코스타리카 등과 FTA 체결에서 사례가 있다. 이와는 반대로 '점진적 방식'은 상품 등 일부 분야를 먼저 발효한 후 나중에 상품 품목을 확대하거나 서비스 산업으로까지 확장시켜 나간다.

2005년 협상 개시 후 아직도 진행 중 이다. 선진국과 협상에 임하면서 고도의 협상 기술이 필요하고, '일괄타결 방식'으로 진행되면서 협상기간이 장기화되고 있다.

둘째, FTA 목적에 정치적인 부분이 있는 경우, 어느 정도의 희생도 감수한다. 홍콩·마카오를 비롯하여 대만과의 FTA에서는 선심성 양보로 조기에 협상을 마무리하였다. 그러나 경제적 목적에 초점을 맞춘 FTA 협상에서는 철저히 자국의 이익을 추구함으로써 대조를 보이고 있다. 중국은 자국산업 보호를 위해 아세안과의 FTA에서는 초민감품목 100개를 인정했고, 뉴질랜드와의 FTA에서는 시장보호 전략을 추구한 전력도 있다.

셋째, 상품에 한정되었던 양허품목이 점차 확대되는 모습이다. 중국은 FTA 협상에서 적은 수의 상품 협정에 초점을 맞췄으나 중-뉴질랜드 FTA를 계기로 범위가 확대되었다. 특히 서비스산업에 대한 무역 개방이 점차 확대되고 있는 모습이다. 중국과 뉴질랜드·싱가포르·페루·코스타리카와 맺은 FTA 및 홍콩·마카오와의 CEPA, 대만과의 ECFA에서 서비스 무역은 중요한 부분을 차지하고 있다.

넷째, 원산지 규정이 세분화되고 있으며, 투자보호·투자촉진에 대해 긍정적이다. 중국은 원산지 규정을 '완전생산기준'과 '非완전생산기준'으로 구분하여 협상국에 따라 탄력적 범위와 적용을 했다. 그러나 최근 새롭게 협상되는 FTA에서는 범위별 가치성분 표준, 제조 절차 표준(특정 원산지 표준 포함) 등으로 분류를 구체화하고 있다. 즉, 원산지 규정에 대해 구체적이고, 좀 더 엄격해지는 추세이다. 대다수 투자 협의과정(또는 투자조항)에서 "내국인 대우 조항" 및 "최혜국 대우"를 핵심 조항으로 규정하고 있다. 양국 투자자의 무차

별적 대우를 보장하며 징수와 보상, 과실송금, 분쟁 해결, 투명도 등
에서 구체적 규정을 명시하였다.

3) 중국 FTA의 사례분석

중국은 현재까지 아세안(10개국, 2004년), 칠레(2005년), 파키스탄
(2006년), 싱가포르(2008년), 뉴질랜드(2008년), 페루(2010년), 코스
타리카(2010년) 및 홍콩(2003년), 마카오(2003년), 대만(경제협력기
본협정, ECFA, 2010년)과 FTA를 체결한 상황이다. 중국이 지금까지
체결한 FTA를 분석함으로써 향후 전개방향을 가늠해 보고자 한다.
그러나 대부분 개발도상국이거나 중국과 특수 관계에 있으며, 한국
과 유사한 시장상황을 갖춘 국가가 아니기 때문에 동일 선상에서 비
교하기란 쉽지 않다. 그럼에도 싱가포르, 뉴질랜드는 중국이 FTA를
체결한 국가 중에서 선진국이며, 상품무역·서비스무역에서 시사점
을 던져 준다.

(1) 중국·싱가포르 FTA

중국-싱가포르 무역 협정은 2008년 10월에 체결되었는데, 모두
14장과 115개의 조항으로 구성되어 있으며, 협정 본문 외에 7개 부
속문이 있다. 주요 내용으로는 화물 무역, 원산지 규정, 세관 절차,
무역 구제, 기술 무역장벽, 위생 및 식물 위생 대책, 서비스 무역, 인
력의 이동, 투자, 분쟁 해결 등의 내용을 담고 있다.

2009년 중국이 싱가포르에 대한 각각의 수출입 상위 10개 품목 중
8개 품목에서 중복되고 있다. 중국의 싱가포르에 대한 주요 수출품으

로는 HS 85, HS 84, HS 89, HS 27, HS 94이고, 수입품으로는 HS 85 및 HS 19, HS 38, HS 90 등이 주요품목이다. 중국의 싱가포르에 대한 반제품 수출이 이전과 다르게 증가하였는데, 특히 광물성연료 및 이들의 부산물, 원자로·보일러와 기계류 및 이들의 부분품에서 급성장하였다. 결과적으로 중국-싱가포르 FTA 체결은 양국 간에 무역안정과 세계 금융 위기의 영향력을 감소시키는 긍정적 효과를 가져왔다. 중국의 싱가포르에 대한 수출 감소폭이 중국 전체 수출 감소폭보다 낮으며 싱가포르로부터의 수입 감소율 폭은 중국 전체 수입 감소폭보다 높다. 중국의 싱가포르에 대한 2009년 수출액은 300.66억 달러, 수입액은 177.97억 달러이며 전년도에 비해 6.93%, 11.77% 하락하였다. 2009년 중국은 싱가포르로부터 '선박과 수상구조물(HS 89)'의 수입이 급격히 증가하여 2008년에 비해 900배 이상 증가하기도 했다.

서비스무역 내용을 살펴보면, 싱가포르 측에서는 ① 중국의 2개 중의대학(中醫大學) 학력을 인정 ② 싱가포르에 중의대학과 교육기관 설립을 허가 ③ 싱가포르에 중문 고등교육기관 설립 승인 ④ 싱가포르에 독립 중국병원 설립 허가 ⑤ 회계부분 개방에 대한 협상 진행에 동의했다. 중국 측에서는 ① 투자금액의 70%가 넘지 않는 범위의 외자병원 설립을 허가 ② 싱가포르의 2개 의과대학 학력을 인정했다. 따라서 양국은 WTO 협정당시와 비교하여 의료, 교육, 회계 등 서비스산업에서 더욱 많은 진전이 있었다.

중국과의 FTA 체결로 싱가포르의 대외무역은 발전기를 맞이하였다. 2000년 싱가포르-중국의 무역총액은 124.95억 달러에서 2009년 522.3억 달러로 연평균 17.23% 증가하였다. 중국-싱가포르 FTA 체결은 양국의 경제 협력을 더욱 가속화하는 계기가 되었으며 서비스

무역분야에서 깊은 논의를 통해 합의를 도출하였다. 특히 FTA를 계기로 싱가포르가 중국 경제 발전에 적극 참여하고 중국기업의 "대외투자(저우추취, 走出去)"를 촉진하는 계기가 되었다. 기 체결된 낮은 수준의 중국-아세안 FTA를 한 단계 높임으로써 중국정부의 협상전략도 전문화되고 경험을 축적하는 계기도 되었다.

(2) 중국·뉴질랜드 FTA

중국이 선진국과 처음 체결한 '중국-뉴질랜드 FTA'는 2008년 10월부터 정식 발효되었다. 양국은 전면적인 개방 원칙하에, 18장으로 구성된 총 214조항의 협정문을 채택하였다.

양국은 일반상품에 대하여 빠른 시일 안에 상대국의 수입 관세를 취소하기로 합의했다. 뉴질랜드는 2016년 1월 1일, 중국은 2019년 1월 1일 이전에 대부분의 관세를 취소한다는 계획이다. 양국은 농산품 분야를 민감품목으로 지정하고 중간 심사제도에 합의하였다. 2013년 관세 양허 실시 이후와 2014년 관세 양허 실시 이전의 중국 데이터를 종합하여 관세 양허를 재조정한다는 계획이다. 또한 중국은 매년 뉴질랜드로부터 수입한 상품이 협정 수량을 초과할 경우, 특수 보장 제도를 실시할 수 있다. 중국은 뉴질랜드에서 수입한 양모·차에 대해 관세할당[112]을 실행함으로써, 할당액 범위 내에서는 수입 제품의 무관세를 허가하지만 할당액을 초과하는 상품은 최혜국 적용 세율을 도입한다. 이것은 뉴질랜드의 농축산업이 중국에 비

---

112) 수입물량의 과도한 증가를 억제하기 위해 일정 기간 내에 수입되는 특정 물품에 대해 일정 할당량까지는 저세율(또는 무세)을 적용하고 그것을 초과하는 것에는 고세율을 적용하는 이중세율제도이다.

해 경쟁력이 높기 때문에 자국 산업을 보호하기 위한 수단이다.

중국의 뉴질랜드에 대한 주요 수출품은 전기기계·전기·음향설비 및 부품(HS 85), 원자로·보일러·기계기구 및 부품(HS 84) 등이고, 상위 10대 품목이 뉴질랜드 수출 총액의 66.7%를 차지한다. 뉴질랜드로부터 주요 수입품은 낙농품·조란·천연꿀·기타 식용의 동물성 생산품(HS 04), 목재와 그 제품 및 목탄(HS 44) 등이고 상위 10대 수입품이 수입 총액의 75.2%이다(<표 4>와 <표 5>를 참고).

〈표 4〉 2009년 중국의 뉴질랜드 10大 수출품목 및 수출 증가율

명칭(HS코드)	뉴질랜드 수출액	뉴질랜드 수출총액의 비중	전 세계 수출총액 중 비중	뉴질랜드 수출 증가율	세계 수출 증가율
전기기계, 전기, 음향설비 및 부품(85)	3.50	16.7	0.1	-14.00	-11.98
원자로, 보일러, 기계기구 및 부품(84)	3.04	14.5	0.1	-15.79	-12.16
메리야스 및 뜨개질편물의 의류와 그 부류(61)	1.93	9.2	0.4	-12.44	-11.69
의류와 그 부속품(메리야스 및 뜨개질편물의 것은 제외)(62)	1.30	6.2	0.3	-16.15	-10.99
가구, 침구, 조명, 바라크 등(94)	1.24	5.9	0.3	-12.10	-9.09
강철제품(73)	0.95	4.5	0.3	-42.11	-30.23
플라스틱 및 제품(39)	0.79	3.8	0.3	-10.13	-15.23
완구, 게임 또는 운동 용품 및 부품(95)	0.44	2.1	0.2	-15.91	-19.27
차량 및 부품, 철도 차량 제외(87)	0.43	2.1	0.2	-18.60	-28.88
유기 화학품(29)	0.36	1.7	0.1	-72.22	-16.72
합계	13.98	66.7			

자료: UNCTAD COMTRADE

〈표 5〉 2009년 중국의 뉴질랜드 10大 수입품목 및 수입 증가율

명칭(HS코드)	뉴질랜드 수입액	뉴질랜드 수입총액의 비중	중국 수입 총액 중 비중	뉴질랜드 수입 증가율	세계 수입 증가율
낙농품, 조란, 천연꿀, 기타 식용의 동물성 생산품(04)	5.86	23.6	56.00	82.49	19.89
목재와 그 제품 및 목탄(44)	5.51	22.2	7.59	65.69	-9.57
곡물, 곡물분, 전분, 밀크의 조제품, 베이커리제품(19)	2.14	8.6	21.17	72.65	40.07
목제 등 섬유소, 폐지 및 판지(47)	0.99	4.0	0.93	-24.25	-13.22
육류 및 식용 내장(02)	0.91	3.7	5.35	30.06	-26.66
어류 및 기타 수생 무척추동물(03)	0.75	3.0	2.08	3.05	-1.19
화석연료, 광유 및 상품, 아스팔트(27)	0.70	2.8	0.06	36.11	-26.75
유기 화학품(29)	0.68	2.7	0.19	84.02	-7.83
동식물 기름, 지방, 초, 식용 지방 정제(15)	0.63	2.5	0.81	-40.20	-28.36
구리 및 제품(74)	0.51	2.1	0.17	408.21	13.29
합계	18.68	75.2			

자료: 중국자유무역구역발전보고(中國自由貿易區發展報告)

서비스무역의 경우 뉴질랜드는 상무·건축·교육·환경 등 4大 부문의 16개 부문에서, 중국은 상무·환경·체육오락·운송 4大 부문의 15개 부문에서 WTO보다 높은 개방을 했다. 양국은 환경·건축·농림·프로젝트 공사·컴퓨터·여행 등 영역에서 상호 최혜국 대우를 보장했다. 일반상품 무역 개방과 비교해 볼 때, 서비스 무역의 개방은 보다 더 민감하며 복잡하다. 중국-뉴질랜드 FTA는 서비스산업 영역에서 특정 산업의 중점적 개방전략을 사용함으로써 서

비스업의 끊임없고 전면적인 개방을 추구하고 있다. 서비스산업의 개방 편의를 위해 양국은 인원의 이동, 상호 표준 인정 등 서비스 무역 확대와 관련된 문제도 협의했다.

　중국-뉴질랜드 FTA 협정은 양국 투자의 주요내용을 보장하고 상대국가에서의 투자 안전과 공평한 대우도 약속한다. 양국은 투자관리, 경영 등에서 상대국가에 본국의 투자보다 높은 대우를 하며 상대국에 대한 대우는 같은 조건하에 다른 제3국보다 높은 대우를 받는다. 중국이 선진국과 처음 체결한 중-뉴질랜드 FTA에서 선진국인 뉴질랜드가 중국의 성장성에 깊은 관심을 갖고 다방면의 논의가 이뤄졌다. 예를 들면 노동 문제, 환경문제 등에서 양국은 용역합작 및 환경 합작의 내용을 포함하고 있다. 중국-뉴질랜드 FTA 협정문은 선진국과 개도국과의 입장을 충분히 반영하여 실현한 것으로 양국 정부의 긍정적 평가를 받고 있다.

3. 부산과 중국의 교역현황과 FTA 영향

1) 부산과 중국의 교역현황

　한국이 대중국 교역에서는 흑자인데 반해 부산은 중국에 대한 교역에서 계속 적자 상태이고 적자폭도 매년 커지고 있다. 부산의 중국에 대한 수출은 2001년 7억 1천만 달러에서 2011년 27억 7천만 달러(전체의 19%)로 3.8배 증가하였으며 수입은 2001년 7억 9천만 달러에서 2011년 45억2천만 달러로 5.7배 증가하였다. 궁극적으로는 중국과의 무역수지가 2001년 8,154만 달러 적자에서 2011년 17

억 5천만 달러로 확대되었다. 이와 같은 추세 속에 한중 FTA가 발효되면 부산의 對중국 적자폭은 더욱 커질 것으로 예상된다.

<그림 1> 부산의 주요 국가에 대한 수출 현황

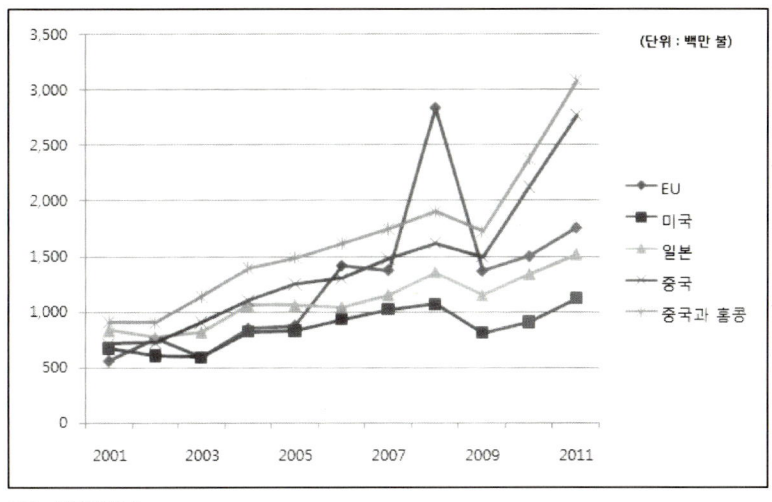

사료: 한국무역협회

지난 5년간 중국·일본·미국은 부산의 주요 수출국이자 전체 수출액의 35% 비중을 차지하고 있다. 최근에는 베트남이 부각되고 있으며 부산의 수출액을 상위 5개 국가로 확대하면 전체 45%에 달한다. 중국·일본·미국은 부산의 주요 수입국이기도 한데, 전체 수입액의 70%를 차지하고 있으며, 중국으로부터 수입액만 전체의 30%를 넘고 있다. 부산은 세계금융위기 영향으로 2009년 잠시 중국으로부터 수입액이 감소하였을 뿐 매년 증가하고 있으나 일본·미국은 감소 추세에 있다.

<표 6> 부산의 수출입 교역 상위 5개 국가

(단위: 백만 달러)

순위	수출					수입				
	2007	2008	2009	2010	2011	2007	2008	2009	2010	2011
1	중국	중국	중국	중국	중국	중국	중국	중국	중국	중국
	1,482	1,618	1,496	2,125	2,772	3,900	5,230	2,551	3,528	4,527
2	일본	일본	일본	일본	일본	일본	일본	일본	일본	일본
	1,152	1,355	1,146	1,339	1,519	2,485	3,027	2,173	2,849	3,028
3	미국	미국	미국	미국	미국	미국	미국	미국	미국	미국
	1,020	1,068	810	906	1,118	1,025	1,198	1,179	1,117	1,423
4	싱가포르	싱가포르	싱가포르	싱가포르	베트남	러시아	러시아	러시아	러시아	러시아
	549	942	612	706	556	514	952	544	538	592
5	베트남	독일	베트남	베트남	마샬군도	독일	독일	독일	독일	프랑스
	394	598	397	552	528	434	503	431	476	484
전체 총액	10,160	12,860	9,497	12,374	14,562	11,277	15,037	10,650	12,469	14,702

자료: 한국무역협회

부산의 전 세계 주요 수출 품목은 '철도 또는 궤도용 이외의 차량 및 그 부분품과 부속품(HS 87)', '원자로·보일러와 기계류 및 이들의 부분품(HS 84)', '철강(HS 72)', '철강의 제품(HS 73)', '선박과 수상구조물(HS 89)', '어류·갑각류·연체동물·기타 수생무척추동물(HS 03)' 등이다. 반면에 주요 수입 품목으로는 '철강(HS)', '원자로·보일러와 기계류 및 이들의 부분품(HS 84)', '어류·갑각류·연체동물·기타 수생무척추동물(HS 03)', '전기기기와 그 부분품(HS 85)', '철강의 제품(HS 73)'에 집중되고 있다. 2011년 부산은 수출입 상위 3대 품목이 전체 수출입금액의 49%(72억 달러), 43%(64억 달러)를 각각 차지하고 있다.

<표 7> 부산의 전 세계 수출입 품목 구조

(단위: 천 달러)

구분	수출			수입		
연도	2005	2008	2011	2005	2008	2011
순위/총액	6,762,626	12,859,729	14,561,601	7,446,320	15,037,424	14,702,159
1	84*	89	87	72	72	72
	888,283	2,302,769	3,015,689	1,735,657	4,843,696	2,819,888
2	72	87	84	03	84	84
	874,986	1,754,054	2,366,378	835,346	1,461,995	2,079,487
3	89	73	72	84	03	03
	713,784	1,699,254	1,828,551	689,902	1,039,630	1,484,032
4	73	84	73	85	73	85
	622,829	1,672,174	1,563,834	393,141	968,412	1,131,982
5	85	72	89	73	28	73
	520,796	1,581,070	1,071,942	344,433	826,131	944,689
6	03	03	03	28	85	87
	411,600	567,963	817,115	339,861	735,149	774,863
7	87	85	85	84	89	90
	305,364	465,441	572,298	261,327	599,924	401,893
8	64	64	39	90	87	44
	292,660	282,909	326,928	245,336	519,272	337,359
9	41	39	64	87	90	38
	189,479	223,220	271,622	243,498	381,365	252,334
10	60	56	32	89	44	39
	175,725	171,743	241,758	163,659	309,137	249,628

주: * HS 2단위 번호
자료: 한국무역협회

부산의 중국에 대한 주요 수출 품목으로는 '철도 또는 궤도용 이외의 차량 및 그 부분품과 부속품(HS 87)', '원자로·보일러와 기계류 및 이들의 부분품(HS 84)', '어류·갑각류·연체동물·기타 수생 무척추동물(HS 03)', '전기기기와 그 부분품(HS 85)', '철강의 제품(HS 73)' 등이 있다. 수입 품목으로는 '철강(HS 72)', '철강의 제품

(HS 73)', '어류·갑각류·연체동물·기타 수생무척추동물(HS 03)', '전기기기와 그 부분품(HS 85)', '원자로·보일러와 기계류 및 이들의 부분품(HS 84)' 등이 높은 비중을 차지한다. 부산은 대중국 교역에서 2011년의 경우 'HS 87(6억 7천만 달러, 전체 24%)', 'HS 72(14억 6천만 달러, 전체 32%)'에 수출입이 각각 편중되어 있다.

〈표 8〉 부산의 대중국 수출입 품목 구조

(단위: 천 달러)

구분 연도	수출			수입		
	2005	2008	2011	2005	2008	2011
순위/총액	1,247,576	1,617,690	2,771,743	2,165,848	5,229,668	4,526,628
1	84*	84	87	72	72	72
	184,463	288,133	671,921	755,047	2,542,118	1,464,071
2	85	73	84	03	73	73
	171,744	225,886	514,338	313,111	557,394	461,785
3	64	72	03	64	03	03
	154,197	198,333	249,992	154,241	363,295	426,489
4	72	64	85	73	84	85
	130,427	140,028	187,747	114,380	182,154	314,607
5	73	85	73	85	64	84
	62,934	133,887	185,267	68,660	160,402	273,985
6	41	03	72	84	85	64
	58,607	102,337	166,727	64,217	149,903	220,572
7	3	39	64	29	89	29
	55,688	57,766	120,624	46,502	143,688	97,852
8	60	87	39	62	62	87
	53,976	43,934	101,988	44,600	76,135	89,443
9	39	32	32	89	76	7
	51,780	42,318	54,141	39,994	67,790	82,601
10	87	40	60	07	29	62
	44,471	39,948	52,466	33,406	60,928	67,844

주: * HS 2단위 번호
자료: 한국무역협회

한국무역협회에 따르면, 2000년대 초기 부산의 중국에 대한 수출 품목으로는 생활용품·섬유류가 전체의 40%를 차지했으며, 2003년 부터 기계류의 비중이 매우 높아졌다. 세부적으로는 신발류 부분품 (HS 6406), 인쇄회로(HS 8534)가 상위 주력 수출품이었으나 차량 (HS 8703), 냉동어류(HS 0303)로 전환되었다. 이것은 중국의 경공업 이 자체경쟁력을 갖추게 됨으로써 대외 의존도가 하락하고, 자동차 와 같은 기계업종의 발전과 수요가 증가하는 현실을 반영한 것이다. 한편 2000년대 초기의 부산의 對중국 수입품목으로는 농림수산물이 전체의 40%를 차지했으나 2004년 이후부터는 철강금속제품이, 최 근에는 섬유류의 수입이 큰 비중을 차지하고 있다.

부산의 중국에 대한 수출 비교우위지수(MCA)를[113] 보면, 생활용 품·전기가전제품·화학공업제품·플라스틱고무 및 가죽제품·섬 유류 품목이 전체적으로 비교우위에 있다. 이를 다시 세분화하면[114], 화학공업제품에서는 석유화학제품·정밀화학제품이, 플라스틱고무 및 가죽제품에서는 플라스틱제품이, 섬유류에서는 직물이, 전기가전 제품에서는 전자부품이, 생활용품에서는 신변잡화가 더욱 경쟁력 있

---

113) 시장별 비교우위지수는 특정 산업의 수출이나 수입에서 다른 특정 국가(또는 지역)와의 교역이 한 국가의 총교역에서 차지하는 비중을 세계시장 교역과 비교분 석하는 것이다. 따라서 여기서는 부산의 특정 산업 수출이 중국과의 총교역에서 차지하는 비중을 세계시장 교역과 비교분석하였다.

$$MCA_{ijh} = \frac{X_{ijh}/X_{jh}}{X_{ijw}/X_{jw}}$$ X_{ijh} : j국가의 h국에 대한 i품목 수출액 ,

X_{jh} : j국가의 h에 대한 수출액 X_{ijw} : j국가의 세계 i품목 수출액 ,

X_{jw} : j국가의 세계 수출

114) 한국무역협회의 데이터를 기초로 수출입품목분류체계(MTI)코드 1단위 기준으로 품목을 구분하여 <표 6>과 같은 결과를 도출하였다. 그리고 동일조건에서 MTI 2단위 기준으로 품목을 세분화 하여 결과를 도출하였고 상세한 결과 값은 <표 6>과 같다.

게 나타나고 있다(<그림 2>와 <표 9> 참고). 그러나 이들 제품
역시 중국기업의 경쟁력에 압도될 가능성이 높기 때문에 안심할 수
없다.

〈그림 2〉 부산의 중국에 대한 수출 비교우위지수

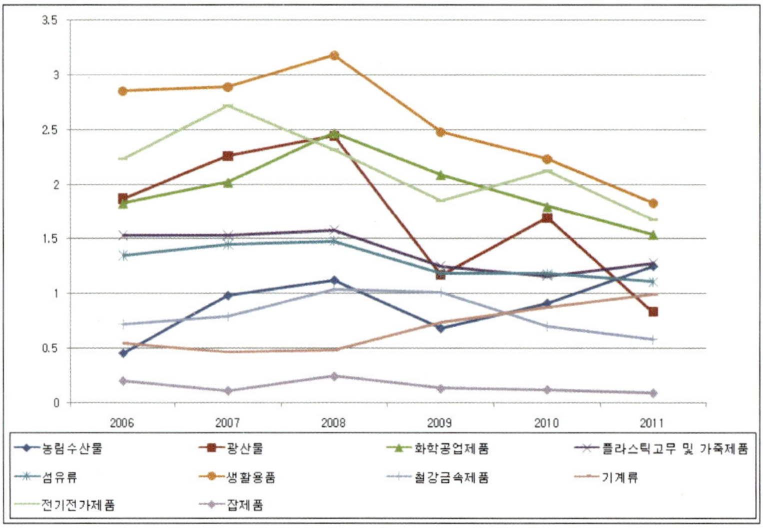

주: MTI 1단위
자료: 한국무역협회

<표 9> 부산의 중국에 대한 수출 비교우위지수

MTI 2분류	2005	2006	2007	2008	2009	2010	2011
석유화학제품	3.26	3.54	3.00	4.89	2.40	2.64	1.95
정밀화학제품	1.51	1.69	1.89	2.43	2.09	2.01	1.66
요업제품	0.31	0.52	0.38	0.67	0.88	0.95	0.48
제지원료 및 종이제품	1.35	1.48	1.66	1.21	0.95	0.49	0.49
석면 및 운모제품	0.16	0.35	0.00	0.10	0.67	0.00	0.60
마찰 및 연마제품	0.83	1.00	0.23	0.37	1.98	1.33	1.78
기타화학공업제품	1.25	1.16	1.28	2.16	2.07	1.91	1.67
플라스틱제품	1.26	1.52	1.29	1.31	1.24	1.40	1.61
고무제품	0.56	1.11	1.26	1.24	0.87	0.96	0.99
가죽 및 모피제품	1.68	1.75	1.95	2.12	1.58	1.03	1.10
섬유원료	2.03	1.47	1.53	1.23	1.19	1.08	0.37
섬유사	1.16	0.92	1.97	1.93	1.23	1.19	1.02
직물	1.67	2.11	2.21	2.33	1.84	1.76	1.55
섬유제품	0.31	0.39	0.49	0.42	0.35	0.32	0.37
신변잡화	2.83	3.50	3.52	3.85	2.99	2.72	2.28
가구	1.63	1.29	1.10	2.83	3.97	3.12	2.34
운동 및 취미오락기구	0.64	0.64	0.86	0.83	0.37	0.30	0.24
문구	1.54	0.77	0.66	0.98	0.53	0.09	0.11
완구	1.59	1.86	1.73	0.24	0.28	0.08	0.06
공예품	0.40	0.02	0.04	0.00	0.00	0.00	0.10
기타 생활용품	1.04	1.48	1.75	0.97	0.61	0.54	0.41
산업용 전자제품	1.50	2.71	1.71	3.81	1.88	2.13	1.67
가정용 전자제품	0.65	1.13	2.04	2.24	1.45	1.29	1.08
전자부품	2.07	2.38	3.37	1.85	2.05	2.67	2.56
중전기기	1.01	1.97	1.39	1.23	1.33	1.58	1.46
전선	3.77	4.42	4.39	5.62	3.67	3.90	2.65

주: MTI 2단위
자료: 한국무역협회

2) 한중 FTA가 부산에 미치는 영향

세계 최대 소비시장으로 성장한 중국과의 FTA 체결은 부산이 동아시아의 무역 허브로 재도약할 수 있는 계기가 된다. 중국 소비시장에 대한 접근성이 높아지기 때문에 자연스럽게 물동량도 증가할 것이고 부산은 항구도시로 최적의 조건을 갖추고 있다. 한중 FTA 내용 중 '역외(域外) 가공 지역'을 '한반도'로 합의하면서, 개성공단뿐만 아니라 북중 협력 사업이 진행 중인 나진·선봉, 황금평(黃金坪)경제특구 지역에 대한 관심이 고조되고 있다. 특히 부산 입장에서는 중국이 지난 2009년 8월에 발표한 '중국 두만강 구역 합작개발 규획요강-中国图们江区域合作开发规划纲要:以长吉图为开发开放先导区'(이하 '창지투규획')[115]과 연계하여 나진·선봉의 향후 발전 방향에 촉각을 세워야 한다. 이미 개통된 훈춘(중국)-자루비노항(러시아)-부산-니가타(일본)를 잇는 육해 복합 운송로는 부산까지 40시간이 소요돼, 부산의 컨테이너 화물량을 증가시키고 있다. 당장은 현실성이 떨어지지만 상하이까지 연결되는 해상 운송로가 확보된다면, 부산을 중국 동북아 허브 기지의 중심으로 더욱 부각시킬 수 있기 때문이다.

---

115) 중국정부는 '창지투규획'에서 '창지투 개발개방을 선도구로' 한다고 규정하고 지역발전을 위한 '핵심지역 발전 추진', '경제발전과 생태보호 동시추구', '지역협력 강화와 대외개방 심화'라는 3대 어젠다를 핵심 내용으로 설정하고 있다. 중국은 현재 창지투 지역 산업개발이 일차적이며, 이 지역 배후지에 주변국들의 참여를 이끌어 내어 두만강지역 국제협력체계를 구축하는 것이 궁극적 목표이다.

〈그림 3〉 부산 신선대항

　한중 FTA는 단기간에 타결되기보다는 장기적인 협상 국면으로 돌입할 것이라는 의견이 우세하다. 그러므로 아직도 긴 시간이 남아 있기 때문에 부산은 비교우위 체제에 대한 정확한 분석이 필요하다. 부산의 산업별 이해득실 특히 주요 교역품을 대상으로 정확한 분석이 필요하며 부산지역 중소기업에 미치는 영향도 미리 예측하고 준비해야 한다. 예를 들면, 부산의 대표적 업종인 신발업은 수출 중 90% 이상이 소재와 부품이다. 수출 지역으로는 중국·베트남 등이며, 대부분 현지 한국기업 공장에 공급되고 있다. 그런데 한미 FTA 이후 신발 수출은 관세 철폐로 인하여 가격 경쟁력이 높아져서 미국 수출이 급증하고 있다. 지금까지 한국 신발업은 세계 최고의 기술력에도 불구하고, 중국과 베트남 등지의 값싼 인건비에 밀려 고전하였으나 한미 FTA 발효 이후 상황이 역전되었다. 관세 철폐에 따라 상

대적으로 고가에 형성됐던 한국 생산 제품의 가격이 내려가는 효과를 얻은 동시에 최고의 기술경쟁력이 뒷받침되었기 때문이다. 한미 FTA 발효 즉시 2.7~10% 관세가 철폐되었고, 향후 품목에 따라 최대 37.5%까지 관세 인하가 예상된다. 이에 따라 미국시장에서 등산화 및 기능성 신발 등 고부가가치 완제품의 수요가 증가하고 있으며 바이어들의 부산 방문이 잦아졌다. 그러나 부산은 기존 생산 라인이 이미 중국에 이전 된 상태이다 보니 완제품 생산업체의 수가 적다. 바이어는 증가했으나 공급이 적시에 따라주지 못하는 안타까운 상황이다. 이처럼 FTA를 대비하는 준비 부족으로, 기회가 왔음에도 이를 활용하지 못하고 있다.

부산은 많은 제조업이 다른 지자체나 해외로 빠져나가면서 지역산업 공동화를 불러왔고, 부산지역 제조업에 대한 전망은 밝지 않다. 대안으로 서비스산업과 해양산업을 블루오션으로 보고, 이들 산업에 대한 연구와 개발·육성이 한창이다. 부산은 전통적으로 항만·조선기자재는 경쟁우위에 있지만 무역·금융·보험 산업은 상대적으로 열세인 것으로 평가받고 있다. 한국은 중국과의 FTA 협상에서 서비스산업의 개방·확대를 기대하며, 이들 산업의 성장성에 대해 낙관하고 있다. 중국은 그동안 '세계의 공장'으로 불리며 제조업 분야에서는 두각을 보이고 있으나 서비스업은 아직 경쟁력을 갖추지 못했다. 중국 또한 이러한 사실을 직시하여 서비스업 육성을 통한 내수시장 활성화로 정책 기조를 바꿨다. 여기에는 세계 금융위기와 유럽의 재정위기로 중국 경제 또한 직접 영향을 받는 경험에서 비롯되었다. 중국은 개혁·개방 이후 제조업 중심의 경제성장 전략을 금융·유통·교육·레저 등 서비스업에 대한 확충 전략과 동시에 해당 분야에 대한 외국인 투자를 적극 유도하고 있다. 그럼에도 국내 기업들은 대중국 투자에서, 서비스업 보다 제조업에 집중하는 모습이다. 부산기업들 역시 중국투자처로 신발·전자부품·조선기자재에 한정되어 있으며 최근에는 이마저도 주춤한 상태이다. 물론 여기에는 중국에 진출한 국내 기업들이 제조업 위주이고 서비스업 경쟁력이 낮다는 원인이 있다. 그러나 부산이 지역 경쟁력을 극대화시킬 수 있는 궁극적인 방안은 관광·무역·금융·의료 등의 서비스산업을 육성하는 것이며, 이것이 곧 중국의 경제성장 정책과 궤(軌)를 같이 하는 것이기 때문에 중장기적으로 로드맵 작성이 필요하다. 중국 서비스업 시장 진출을 위한 초기단계에서는 독자적 진출 보다 지분투자를 통한 중국기업과의 합자·합작116)으로 시작하는 것도 좋은 방법이 될 수 있다.

2008년부터 2011년 동안 중국 수산물 생산능력은 한국의 21배가 넘고, 가격경쟁력 또한 높다. 한중 FTA가 발효되면 수산업 분야의 피해는 불가피한 것으로 예상되기 때문에, 제주도의 경우는 한중 FTA 협상 시 제주산 갈치·양식광어·조기 등을 협상 제외 품목으로 지정해 줄 것을 정부에 요청하고 있다.117) 모든 수산업계 희망은

---

116) 중국에서는 외국인 투자기업 범위를 합자(合資)·합작(合作)·독자(獨資)로 구분하고 있다. 합자는 투자지분 비율에 근거하여 경영권리와 의무가 있고 지분율에 근거하여 이윤분배를 한다. 합작은 양측이 합의한 계약에 근거하여 경영권리와 의무를 실행하며 계약서에 근거하여 이윤분배를 한다. 독자는 자본금 전액을 부담하고 단독경영을 한다.

117) 지자체로는 유일하게 제주도가 한중 FTA에 따른 수산업의 영향을 분석했는데, 한중 FTA 발효 시 제주산 양식광어는 연 평균 415억 원, 갈치는 373억 원, 조기는 105억 원의 피해가 발생할 것으로 예상됐다. 이들 3개 어종은 지난해 제주 수산업 수입의 68%(8,599억 원) 정도를 차지했는데, 한중 FTA로 인해 수입이 자유화될 경우 제주지역 수산업 피해가 예상되며 부산 또한 다르지 않을 것으로 예상된다. 한중 양국은 같은 어장에서 같은 어종을 포획하는데, 중국이 포획은 7.8배, 양식은

정부가 수산물을 초민감품목으로 지정해 협상 제외품목으로 인정받는 것이지만 가능성이 희박하고, 설령 가능하더라도 언제까지 영원할 수는 없다. 그래서 개방이 불가피하다면 충격을 최소화할 방안을 모색함과 동시에 수출시장에 대한 공세적 자세도 필요하다. 중국산 농수산물이 가격경쟁력을 갖췄으나 가공기술이 부족하며, 이미 여러 차례 안전성에 문제점을 드러낸 점이 호재로 작용할 수 있다. 즉, 수입 농수산물의 안전성을 높이기 위해 농산물 수입위생기준을 대폭 강화할 필요가 있다.[118] 어업인의 피해를 최소화 할 수 있는 소비시장 확보와 어업비용 절감·가격경쟁력과 생산물의 부가가치 제고·품질경쟁력 강화에 대한 보다 구체적인 지원방안 마련도 시급하다. 한미 FTA로 미국산 쇠고기가 한우농가의 몰락을 가져 올 것으로 예상했으나 한우의 고품질 전략으로 선방하는 모습을 보면서 수산업에 대한 시사점을 갖게 한다. 중국산 수산물과 비교하여 한국 수산물은 품질의 안전성·가공기술이 뛰어나기 때문에 충분한 경쟁력이 있다. 중국에서 한국산 농수산품과 가공품은 맛과 안전성이 검증되었고 한류문화 전파에 힘입어 한식에 대한 인기도 높다. 때문에 신선한 수산물을 안정적으로 중국현지에 유통시키는 시스템 구축이 선결 과제이다.

30배 더 많다. 중국은 현재 한국에 3번째로 많은 양의 수산물을 수출하고 있다.

118) 중국·뉴질랜드 FTA에서는 우유와 크림, 분유, 버터, 치즈 등 낙농제품을 특별농산물 SG(세이프가드, safeguard)로 지정한 사례가 있다.

4. 부산의 전략

FTA가 체결되면 시장이 확대되는 장점이 있지만 국가 간 산업 경쟁은 불가피하고 피해 보는 산업은 생겨나기 마련이다. 그래서 FTA 체결은 협상 내용도 중요하지만 예상되는 피해 산업을 어떻게 최소화시킬 것이며 위기를 기회로 이용하는 지혜도 필요하다. 한국은 지금까지 FTA를 체결하면서 모든 국내산업으로 부터 전폭적인 지지를 받은 적이 없었다. 그럼에도 불구하고 계속해서 FTA 체결이 논의되는 것은 한국의 활로(活路)는 수출이며, 경쟁력 있는 시장 확보가 절실하기 때문이다. 따라서 한중 FTA는 경제협력관계의 비중과 중국의 잠재력을 고려할 때 향후 한국경제에 미치는 영향은 여타 FTA와 비교할 수 없을 만큼 큰 영향력을 갖고 있다. 결국 시장개방이 예정된 수순(手順)이라면 충격을 최소화할 방안을 모색함과 동시에 선제적이고 공격적으로 수출시장을 개척해나가야 한다는 결론에 도달하게 된다.

1) 국내 U턴 기업에 대한 준비

우리 기업이 중국으로 이전한 가장 큰 계기는 국내 인건비에 대한 부담 때문이었는데, 최근 중국의 최저임금 상승률이 22%로 인건비 부담 압박이 거세지고 있다. 뿐만 아니라 중국은 각 지방정부에 최저임금표준을 2년에 최소 1회 인상하도록 강제하고 있어 앞으로도 인건비 상승은 계속될 전망이다. 국내 인건비로는 수지 타산을 맞추기 어렵기 때문에 중국을 선택했던 한국기업들은 국내 U턴을 심각히 고려하는 상황이다. 임금이 더 낮은 동남아시아(베트남, 인도네시아)도 고려 대상이 될 수 있지만, 낙후된 인프라 구축 상황과 향후 이들 지역도 인건비 상승이 예견되기 때문에 좋은 대안이라고 할 수 없다.

중국에서 기업경영을 하면서 선진기술의 유출문제는 항상 불안 요인이었다. 지금까지 국내기업들은 중국 내수시장 진출을 원활히 하기 위해 중국기업들과 합자·합작의 방식을 이용하기도 했는데, 이 과정에서 기술유출 문제가 심심치 않게 대두되었다. 결국 중국기업과의 각종 불화로 소송을 진행하면서 중국사업에 실패하고 기술도 넘어간 사례를 볼 수 있다. 뿐만 아니라 낮은 노동 생산성, 이익금과 투자금 회수 시 국내 송금 제한, 고급 기술인력의 수급 불안정, 차별적 세금부과와 제재 조치 등은 중국에서 기업하는 데 있어 대표적인 장애 요소이다. 그럼에도 중국현지에 생산기지뿐만 아니라 연구개발(R&D)과 마케팅 인력까지 배치했던 것은 제품개발 단계부터 중국인을 겨냥한 '중국지향 정책'을 구사한다는 계획 때문이었다. 그러나 이와 같은 복안이 적어도 중소기업들에는 현실적으로 불가능한 게 사실이다.

한중 FTA가 발효되면 중국에 직접 투자하지 않고도 중국 내수시장을 효율적으로 공략할 수 있다. 국내에서 생산까지 전담하고 중국현지의 영업소를 중심으로 마케팅·판매 방식으로 전환하는 것이다. 중국 유통 조직을 직접 운영할 수도 있겠지만, 중국 바이어에게 영업운영권을 위탁함으로써 중국 내수시장에 더 효율적으로 접근할 수 있다. 국내 생산은 생산단가가 높을 수 있다는 우려의 시각도 있으나 불리하게 바뀐 중국 생산환경과 국내의 높은 노동 생산성을 고려하면 실보다는 득이 더 많다. 특히 기술 유출이 우려되는 업종일수록 국내생산이 가장 안전할 수밖에 없다. 그리고 적어도 지금부터는 중국기업을 소위 '짝퉁'과 해외기업의 주문자상표부착생산(OEM) 방식으로 제품을 공급하는 생산처로 인식해서는 안 된다. 중국기업들의 기술 수준은 이미 상당한 수준에 도달했으며 기술력 확보를 위해 부단히 노력하고 있다. 결과적으로 국내 생산은 기술유출에 대한 부담을 줄이고 높은 생산성이 확보되기 때문에 한중 FTA로 가격경쟁력까지 향상된다면, 중국투자를 계속해서 고수할 이유가 없다.

국내 U턴 기업들에 가장 필요한 것은 저렴한 산업입지 공간과 안정적인 인력수급이다. 중국과의 교역을 고려한 빠르고 편리한 물류처리가 이루어지는 부산항은 기업들에 최적의 지리적 조건으로 각인되기 충분하다. 낮은 가격으로 중소기업들에 전용단지를 조성해주고, 입주할 기업의 '지역경제 기여도'를 평가하여 더 많은 우대를 하는 정책수립이 필요하다. 인력수급에 관해서는 부산시가 기간제 근로자의 고용을 돕고 정규직으로 전환 시 일정부분의 세제혜택을 지원하는 방법을 고려할 수 있다. 정착 단계에 있는 U턴 기업들에 정규직을 통한 인력수급은 인건비 부담이 크기 때문에 '기간제 근로자' 활용으로 기업의 경영부담을 줄일 수 있다. 특히, 노동집약적 산업과 3D업종일수록 고용 수급에 어려움이 있기 때문에 외국인 근로자로 대체되도록 부산시가 적극적으로 나서야 한다. 이들 기업이 '외국인 근로자 고용허가제'의 권리를 부여받는 데 까다로운 절차를 통과할 수 있도록 적극적인 지원이 필요하다.

2) 서비스 분야로의 역량 확대

중국에 대한 외국인 직접투자(FDI) 가운데 제조업 비중은 2009년 49.7%에서 올해 1분기 중 44.9%로 크게 줄었다. 반면 같은 기간 서비스업 비중은 48.2%에서 52.8%로 증가했는데, 이는 이미 중국의 주력 투자 분야가 제조업에서 서비스업으로 전환되고 있는 것을 시사한다. 가공무역은 이미 한계에 부딪쳤고 수출선 다변화가 절대적으로 필요한 상황에서 중국은 산업구조의 고도화에 집중하고 있다. 한국경제 역시 그동안 중국의 고성장에 힘입어 성장해왔지만 한편으로는 높은 의존도 때문에 안정적 성장을 위협받는 상황에 놓여 있다. 한국의 대중국 수출 품목 중 70% 이상은 중국의 수출용 완제품에 필요한 중간재이기 때문에 중국경제가 위축될 경우 한국의 대중국 수출도 감소할 수밖에 없는 구조이기 때문이다. 금융위기 이전까지만 하더라도 중국은 한국기업의 생산기지 역할을 했으나, 계속되는 인건비 상승과 세계경기 불황으로 수출경쟁력이 상실됨으로써 예전 명성을 잃어가는 모습이다. 최근 중국이 수출지향에서 내수지향 정책으로 전환하고 있는데, 이를 반영한 듯 중국으로의 수출이 내수용 소비재와 투자재 분야에서 급격히 높아지고 있다. 따라서 지금과 같은 추세라면 의류·구두·화장품 등의 반내구소비재와 가구·전기용품 등 내구소비재의 소비가 증가하고 가공산업용 원부자재 및 전기전자 부품과 기계 부품은 감소할 것으로 예상된다.

중국은 과거에는 제조업 중심의 경제발전 전략으로 인하여 서비스산업의 투자와 발전이 상대적으로 취약했다. 중국정부는 서비스산업의 활성화를 위해 경쟁력 높은 글로벌 서비스기업과 중국 서비스

기업 간 합작투자를 장려하고 있다. 뿐만 아니라 외자기업의 투자를 유인하기 위해 규제완화를 진행하고 있으며 한중 FTA에서도 서비스 산업에 대한 개방이 주요 관심사이기 때문에 기대감이 고조되고 있다. 그래서 FTA 이후 중국과의 교역은 제조업보다는 서비스업에서 투자가 더 활발할 전망이며, 부산의 출구전략으로도 적극 활용해야 할 것이다. 지금까지 한국기업들은 제조업과 관련된 도·소매유통과 운송·물류에 대한 투자가 높은 편이며, 최근에는 교육·의료·문화콘텐츠 등 범위가 다양화되고 있다. 그러나 대기업 중심으로 일부에 지나지 않으며 서비스 경쟁력이 부족하고 중국의 폐쇄성 때문에 그 성과도 크지 않다. 따라서 서비스 경쟁력을 기르고 중국 현지 기업과의 합작으로 진입장벽을 넘어야 한다. 반드시 사전에 유망 서비스분야를 조사해야 하고 현지진출 업체 및 공공기관을 통해 정보제공을 받는다면 시행착오를 줄일 수 있다. 중국의 문화적 특수성을 쉽게 간과한 나머지 섣부른 단독투자로 실패를 경험한 기업들이 많다는 점도 상기해야 한다.

이와는 별도로 부산의 서비스 산업 재정비와 인프라(Infrastructure) 조성으로 중국인 투자자의 관심을 유발시켜야 한다. 서비스업은 시장 정보가 복잡하고 다양한 속성을 갖고 있기 때문에 범위가 넓고 이해관계도 복잡하다. 또한 지역적 성격, 제도에 따라 성장성에 영향을 미치므로 거시적 안목의 재정비가 필요하다. 지역 인프라는 도로·항만·통신시설의 산업기반뿐만 아니라 국제학교·병원 등 생활편의 시설로의 확충이다. 외국자본 유치는 '인프라의 완벽함과 담당자의 적극성이 성과를 창출할 수 있다'는 점도 간과해서는 안 된다. 인프라 조성으로 기업과 사람이 모여들 수 있는 환경이 조성되었다면 담당자들이 능동적이 되도록 동기부여를 해야 한다. 성과를 직원 평가의 주요 근간으로 삼고, 인센티브제를 병행함으로써 중국자본 유치에 공격적으로 나서야 한다.

부산은 상대적으로 강점을 갖고 있는 운송·물류 분야 외에, 의료 분야의 전략적 접근이 시급하다. 이미 중국관광객을 겨냥하여 의료관광 서비스를 추진하고 있으나 실제 효과는 기대에 못 미치는 상황이다. 우리나라 대부분의 지자체가 중국인 의료관광 유치에 공을 들이고 있는 상황으로 경쟁도 치열하고 부산만의 특색을 찾아보기도 어렵다. 중국인 역시 한국 의료기술을 선택한다면 수도 서울을 최우선으로 고려하기 때문에 부산만의 매력 개발이 시급하다. 부산은 이러한 한계 상황을 극복하고 중국인 의료서비스에 대해 다음과 같이 접근하기를 제안한다. 첫째, 특화된 의료서비스 관광 상품개발이 필요하다. 대만의 중국인 의료관광에 대한 관심은 우리나라를 뛰어넘고 있다. 대만은 작년부터 중국인 개인 자유관광을 허용했고 같은 언어권이라서 접근성이 뛰어나다. 중국인들이 많이 선호하는 성형미용 분야는 비용이 저렴하고 기술력도 높기 때문에 해마다 입국자가 증가하고 있다. 같은 시기 제주도는 중국관광객을 겨냥하여 해초류를 이용한 피부미용 상품을 개발했고, 톈진시와 공동으로 인천시는 척추관절과 치과 치료 협력사업을 진행하고 있다. 그렇다면 부산은 중국 의료관광객을 유치하기 위해 어떤 특화된 상품개발로 접근하고 있는가? 많은 사람들이 한류 영향으로 중국인들이 성형미용에 대한 관심을 갖고 한국을 찾을 것이라고 예상하지만 이에 대한 준비가 없으면 실속 없기는 마찬가지다. 가까운 대만과 견주어 돈 많은 중국 부자들을 유치하기 위해서는 특급 레저 시설에서 의료서비스가 이루어지도록 관광 상품 개발이 이루어져야 한다. 둘째, 중국 의료기관, 여행사와의 유기적 협력체계 구축이다. 중국 의료기관과 협력하여 상호 인적 교류를 통한 의료기술·의료행정 서비스 교환으로 신뢰감을 구축함으로써 중국의료 시장 진입을 쉽게 할 수 있다. 중국 여행사를 통해 의료관광 상품을 개발하고 안정적인 중국 환자를 소개받을 수 있다. 지금까지 중국인의 부산관광은 숙박형이 아닌 당일 체류형으로 지역경제에 관광 효익이 높지 않은 점이 문제로 제기되어 왔다. 체류형 의료관광 상품으로 지역경제 활성화를 유도하고 지역 관광업에도 활력을 불어 넣을 수 있다. 셋째, 의료관광 인프라구축의 조성이다. 대만정부는 2014년 완공 목표로, 타오위안(桃園) 국제공항 안에 의료단지를 조성하고 쇼핑센터와 숙박시설까지 갖추는 투자를 아끼지 않고 있다. 일본도 의료관광 특구 개발이 한창이고 의료환자의 체류기간을 3년으로 연장했다. 부산도 경쟁력 강화를 위해 특화된 첨단 의료기술의 확보뿐만 아니라 요양·휴식공간의 조성이 필요하다. 최근 동부산관광단지는 온천·건강·여가를 위한 테마파크와 휴양지 개발이 한창인데, 외국인 의료서비스를 고려하여 개발에 반영한다면 시너지 효과를 창출할 수 있다.

3) 비관세장벽 완화 건의

한국은 중국과의 FTA에서 상품·투자·서비스·지적재산권 분쟁 등 포괄적인 분야를 주요 의제로 다룬다는 입장이다. 많은 기업들이 상품교역에 대한 관심은 높으나 상대적으로 비관세장벽에 대한 관심과 준비는 부족한 상황이다. 비관세장벽 논의는 정부차원에서 논의될 문제로 한중 FTA 협상과정에서도 치열한 공방이 예상되며 대폭적인 조정이 있을 것으로 예상된다. 중국의 비관세장벽은 종류가 많고 정확한 분류 또한 쉽지 않기 때문에 모두 설명하기에는 한계가 있다. 그러므로 여기서는 부산의 주요 수출품과 관련해 현재 운용 중인 비관세장벽을 이해하는 수준에서 중국시장 진입을 위해 사전에 고려되어야 할 문제를 언급하고자 한다. 궁극적으로는 현재의 불합리한 조건을 정부에 건의함으로써 FTA 협상과정에서 논의·개선되는 것이 좋을 것이다.

첫째, 중국은 수입식품에 대해 '수출입식품라벨심사증서(進出口食品標签審核證書)'를 받도록 강제규정하고 있다. 중국에 유통시키기 위해서는 포장지에 기재된 모든 외국어를 중문으로 표기하도록 규정하고 있기 때문에 사전에 이에 대한 준비가 필요하다.[119] 둘째, '전자정보제품오염통제관리방법(電子信息産品汚染控制管理辦法)[120]'에 의거, 전기전자제품의 유해물질 사용을 규제하고 있다. 유해물질이 포함된 제품의 경우 포장지에 유독물질 정보를 명시해야 하지만, 구체적인 업계 기준이나 국가 기준이 명확하게 공표되어 있지 않은 상태라서 혼란을 일으키고 있다. 셋째, '에너지효율표기관리방법(能源效率標識管理辦法)'에 근거하여 가전제품은 에너지효율라벨을 부착해야 한다. 수입산 에어컨·세탁기·냉장고 등 가전제품은 에너지효율성 표기를 부착해야 하며 에너지 효율등급이 5급(또는

---

119) 우리나라를 포함한 미국, 일본 등 다른 국가의 경우 제품 포장상의 표기 내용에는 소비자 필수 인지사항인 제품명, 용량, 보관방법, 원재료, 수입업자 등만을 표기하도록 하고 있다.

120) EU에서 발표한 '특정 위험물질 사용제한 지침(RoHS, Restriction of Hazardous Substances)'과 유사한 것으로 납·수은·카드뮴 등 6가지 독성 화학물질 사용을 제한하고 있다.

3급)보다 낮을 경우 중국 내 생산·판매·수입이 금지된다. 에너지 소비 대국의 부담을 덜고, 에너지 공급난 해결을 위한 중국정부의 노력으로 2005년부터 시행되고 있다. 넷째, 목재포장재에 대한 규제를 '수입목재포장검역감독관리방법(進境貨物木質包裝檢疫監督管理辦法)'[121])에 의해 실시하고 있다. 솔잎혹파리 유입을 막기 위해 침엽수 재질의 나무 파레트 사용을 제한하거나 소독 증명서 첨부를 하는 것이 일반적이다. 그러나 중국은 활엽수 또는 받침목·나무 쐐기 등에 이르기까지 과도한 열처리 증명을 요구하고 있다. 다섯째, 중국정부와 국영기업들은 통신기기 및 소프트웨어 사용에 있어 자국산 부품 및 설비 사용을 장려하고 있다. 수입 장비에 관한 구체적인 규정은 없으나 자국 기업의 경쟁력 향상을 위해 암암리에 절차를 변경하는 사례가 있다. 이에 따라 중국 통신업체에서는 관행적으로 자국산 제품이 애용되며 외국기업들의 시장진입이 불리한 상황이다.

4) 한미·한EU FTA와 연계한 한중 FTA의 효과 극대화

지금까지 한국기업들은 미국·중국시장에서 대만기업과의 경쟁이 큰 부담이었다. 대만은 2010년에 이미 중국과 양안경제협정(ECFA)을 체결함으로써, 중국시장 진입 시 상대적으로 많은 관세혜택과 우대를 받을 수 있었다. 결과적으로 중국에서 보다 더 낮은 생산원가로 상품을 만들 수 있었고 미국시장에서 경쟁력 높은 가격으로 우위를 점할 수 있었다. 따라서 대만과 수출구조가 유사한 한국

---

121) 일반적으로 솔잎혹파리 피해 예방을 위해 포장자재로 침엽수를 사용한 경우 열처리 증명서를 의무적으로 요구하고 있으나, 중국에서는 검역대상물품에 기존 침엽수포장재 이외에 활엽수포장재까지 추가하고 있다.

기업들은 중국시장에서 불리한 경쟁을 할 수밖에 없었다. 그런데 한미 FTA를 계기로 미국시장에서 대만기업들의 약세가 나타나고 있다. 2011년 대만의 방직업과 플라스틱 제조업은 한국산에 밀려 2억 4,000만 달러, 3,000만 달러의 수출 감소가 있었다. 이러한 상황에서 한중 FTA는 한국기업들의 경쟁력을 한층 더 끌어올림과 동시에 외국자본의 국내유입이 증가 할 것으로 판단된다.

선진국 자본은 중국시장 진출을 위해서 한국을 교두보로 이용할 수 있으며, 미국·EU로 진출하려는 중국기업은 한국을 통해 우회진출할 수 있다. 생산원가가 낮은 중국은 매력적인 시장임에도 불구하고 선진국 자본들은 중국의 불완전한 제도 때문에 투자를 주저했다. 따라서 상대적으로 안전한 한국은 선진 자본들의 주요 투자처가 될 수 있고, 한국을 통해 미국·EU·중국 등 주요시장을 공략할 수 있다.

〈그림 4〉 부산 감만항

부산의 상황을 고려할 때 FTA를 가장 효과적으로 활용하는 것은 서비스 산업과 연구개발(R&D) 분야의 활성화이다. 한중 FTA 체결이 가장 정점이 되는 시기인데, 이를 대비하여 배후 물류단지의 조성, 물류집적화 구축, 서비스 산업의 구조화가 필요하다. 한중 FTA가 체결되면 선진국 제조업체들이 부산에서 가공하고 다시 중국·미국으로 수출하는 구조가 되도록 만들어야 한다. 여기에서는 고부가가치 산업과 연구개발이 집중 육성됨으로써 고급 일자리가 창출되고 지역 인재들에게 기회의 장이 될 수 있다. 그러나 부산은 항만 배후지가 부족하고 임대료가 높은 것이 단점이다. 그래서 항만 배후지를 확보하고 외국기업 입주 시 인센티브를 제공하는 방안을 강구해야 한다. 즉, 한국은 기체결된 미국·유럽 FTA는 물론이고 중국까지 연결하는 FTA 허브 중심지대로서 세계시장에서 경쟁우위를 누릴 수 있는 기회를 맞이했다. 여기에 부산은 국제적인 항만도시이자 손꼽히는 상항(commercial port, 商港)으로 더 많은 가능성에 놓여 있다.

5) 주변 지자체와 상호협력 및 공동대응

한중 FTA가 발효된다면 그 영향력은 기존의 FTA와 비교할 수 없을 만큼 매우 크다. 중국과 지리적으로 인접해 있고 양국 산업구조의 유사성은 많은 분야에서 경쟁이 불가피하다. 그리고 중국은 목표가 정해지면 중앙·지방정부 차원의 강력한 지원 아래 저돌적으로 진행되는 추진력도 갖고 있다. 그런 면에서 한국은 중국이 만만치 않은 상대이고, 지역 간 경쟁으로 갈수록 위기감이 커진다. 부산이 우리나라 제2의 도시로서 역량은 충분하지만 중국 도시들과의 경쟁을 하는 데 있어 다소 힘에 부치는 것도 사실이다. 나름대로의 문제의식을 갖고 책임감 있게 대응할 수 있겠지만 자원이 한정되어 있기 때문에 보다 효율적인 대응방안이 필요하다. 따라서 공동 번영과 상생발전을 위해서는 인근의 경상남도, 울산시와의 협력이 절대적으로 필요하다.

과거 부산시와 경상남도는 '부산신항 행정구역 문제'로 갈등을 빚었으나 상호 간의 공동 번영과 상생발전이라는 대전제를 포기하지 않고 해결한 사례가 있다. 당시의 양 도시는 양보와 타협 속에 상생의 길을 찾아 협력하였고, 다시 한번 이러한 협력이 필요한 시기이다. 오늘날 치열해진 국제통상 무대에서 보다 효과적인 대응방안은 지역 간 협력에서 시작된다. 일례로 천안시(충남)와 안성시(경기), 진천군(충북)은 농업기술 정보와 연구시설에 대한 공동협력으로 FTA에 공동 대응하고 있다. 경쟁력 있는 농산물 생산을 위해 신기술 개발과 공동 생산 시스템을 구축함으로써 FTA를 위기가 아닌 기회로 만들어 가고 있다. 부울경(부산·울산·경남)도 FTA에 대한 공동연구로 종합적 대응책을 강구하고 로드맵을 수립해서 산업분야별 대응방안 등 종합대책 수립이 필요하다. 여기에다 각 지역의 산학연도 공동 참여하여 전문성을 더한다면, 불투명한 FTA 대응전략이 보다 명쾌해지고, 도시 간 역할도 더욱 분명해질 것이다.

사실 한중 FTA 화두(話頭) 전부터 '중국인 관광객 유치', '중국자본 유치', '중국 유학생 유치' 등은 각 도시들의 공통 관심사로 많은 연구와 정책실행을 했지만 결과는 그리 만족스럽지 못하다. 그래서 지금부터라도 서로 간의 자원과 지혜를 모아서 실마리를 풀어야 한다. 볼거리가 많은 서울에 중국관광객이 집중되고 있는데, 부울경이 협력한다면 서울 이상의 관광루트가 개발되고 관광인프라가 구축될 수 있다. 또한 최근 해외진출기업의 국내 복귀와 관련하여 전국적으로 비슷한 우대방안 갖고 유치전이 이뤄지고 있다. 부울경은 지자체별로 개설되어 있는 해외무역사무소 간 교류협력을 통해 정보수집과 공유가 이뤄진다면 보다 체계적이고 효율적으로 접근할 수 있다.

5. 결론

우리나라 전체 수출의 25%를 차지하는 중국과의 무역교역량을 감안할 때 한중 FTA는 농수산업의 피해가 예상되더라도 반드시 필요하다는 의견이 지배적이다. 한중 FTA 체결 시 한국의 국내총생산(GDP) 증가율은 3.7% 정도로 예상되는데, 이것은 한미 FTA의 증가율(1.6%)과 비교할 때 2배 규모이다. 국제 컨설팅 기관인 옥스퍼드 애널리티카(Oxford Analytica)도 한중 FTA를 계기로, 한국 제품이 일본 제품보다 중국에서 우위를 점할 것으로 예상했다. 그래서 한국에 수출기지를 설립하는 일본 기업들이 늘어날 수 있으며, 최근에 일본 기업들의 부산투자 관심은 이를 반영한 것으로 보인다. 중국 역시 한국이 미국과 FTA를 발효했기 때문에 한국과의 FTA를 맺는다는 것은 중국에 있어 과거 동북아에서 확보하지 못했던 균형을 다시 찾는 의미가 있기 때문에 적극적으로 나서고 있는 것으로 분석된다. 그래서 한중 FTA는 한중 양국뿐만 아니라 미국·일본에서부터 북한에 이르기까지 주변국들의 주목을 받고 있다. 특히 미국은 한중 FTA가 미국이 주도하는 환태평양경제동반자협정(TPP)에 어떤 영향을 미칠지 예의 주시하고 있다. 이와 같이 한중 FTA 협정이 정치·

경제적 문제로 복잡한 데다가 최근에는 중국이 개방품목 수를 50%까지 낮출 수 있다는 비관론까지 대두되면서 한중 FTA '무용론(無用論)'도 제기되고 있다. 따라서 한중 FTA는 한치 앞도 내다볼 수 없는 안갯속에 갇혀 있는 형국이다.

이러한 상황에서 부산이 할 수 있는 행동이란 극히 제한적일 수밖에 없다. FTA는 정부가 협상·결정의 주체이기 때문에 지방정부가 개입하여 직접 영향력을 미치기에는 한계가 있기 때문이다. 그럼에도 지방정부는 FTA의 효과를 현재가 아닌 미래에 두는 자세로 접근하여, 지역사회에 미칠 영향에 대해 진지하게 고민해야 하는 책임이 있다. 특히 한중 FTA는 지금까지 체결된 FTA와는 비교할 수 없을 정도로 한국경제에 미치는 파급효과가 매우 크기 때문에 다각도의 접근이 필요하다.

우선 부산의 모든 이해관계자들이 참여하는 공청회를 통하여 지역민이 느끼는 불안감을 파악하고 영향력이 큰 산업을 어떻게 최소화할 것인가에 대한 공론화가 필요하다. 수산업의 경우만 보더라도 중국 어업생산량이 우리나라보다 21배가 넘고, 수입산의 30%가 중국산이기 때문에 한중 FTA 발효 즉시 수산업의 피해는 예정된 수순이다. 그러나 한편으로는 중국과의 교역이 불가피한 상황에서 한중 FTA는 위기인 동시에 부산에게 기회가 될 수 있다는 주장도 설득력을 얻고 있다. 중국 수산물이 저렴하기 때문에 FTA 발효 초기에는 어려움이 따르겠지만, 품질·가공기술은 현저히 떨어지므로 중국 수산물 소비시장에 오히려 경쟁력 있게 접근할 수 있다는 논리이다. 이와 같이 한중 FTA를 놓고 상반된 시각의 소모적 논쟁을 할 것이 아니라 지역사회 차원의 객관적인 조사·분석으로 지혜를 모아서 한목소리로 대응해야 한다.

다음으로 중국 서비스 산업이 개방되도록 정부에 적극적인 건의가 필요하다. 부산은 제조업의 성장이 한계에 도달했기 때문에 서비스산업으로 출구를 찾고 있다. 운송·물류·무역은 부산이 가진 경쟁력이지만 중국시장으로의 진입장벽은 매우 높기 때문에 큰 실효성을 거두지 못하고 있다. 중국도 서비스산업 육성을 위해 외국인 투자를 적극 유치하고 있는 만큼 한중 FTA 협상 시 서비스시장 개방 확대에 대한 논의를 적극적으로 하도록 건의해야 한다.

중국의 소득수준[122] 향상과 중산층의 증가는 순수한 관광뿐만 아니라 의료관광의 수요까지 더욱 증가할 것이고, 부산은 이들을 놓치지 말아야 한다. 지역 의료업계는 중국 의료기관과 협력하여 상호 인력 파견으로 우호관계를 유지함으로써 중국 의료시장 개방에 대비하고 보건의료 환자를 안정적으로 수급 받는 전략으로 접근할 수 있다.

마지막으로 중국에 편중된 무역의존도를 줄일 수 있는 신흥 개도국과 도시의 개발이 시급하다. 우리나라의 중국 수출의존도는 전체 수출에서 24%의 비중을 차지한다. 그래서 "중국경제가 기침하면 한국은 몸살을 앓는다"라는 말로 중국에 대한 의존도가 높은 것을 우려하기도 한다. 부산은 세계 도시 간 교류를 활성화해서 실질적인 비즈니스 기회를 창출함으로써 교역 상대를 다각화해야 한다. 한중 FTA 체결은 상품 교역뿐만 아니라 양국 간 인력 및 더 많은 세계인의 방문이 한층 더 자유롭게 이루어질 전망이다. 중국 도시들뿐만

---

122) 2011년 중국 도시주민 1인당 가처분소득은 21,800위안이며 상하이시 36,230위안, 베이징시 32,903위안, 저장성이 30,971위안 순으로 나타났다. 주목할 점은 이들 대도시의 주민 가처분소득 증가율은 전국 평균치보다 낮았으나 귀주·섬서·산서·사천 등 내륙 도시들은 전국 평균(14.1%)을 초과할 정도로 급성장하고 있다.

아니라 전 세계 도시들에게 경쟁력을 갖춘 부산의 투자환경을 소개하고, 새로운 투자처를 발굴하는 노력을 계속해야 한다.

참고문헌

정인교·이준엽·조정란(2007), 「한중FTA 체결과 경기도의 거시경제 및 산업별 파급효과 분석」, 경기개발연구원

송원근(2010), 「한중 교역의 산업별 경쟁력 비교와 FTA에 대한 시사점」, 한국경제연구원

이충배·노진호·서윤희(2011), 「한중 FTA의 경제적 효과와 양국의 FTA 추진전략 비교」, 『관세학회지』, 제12권 1호

박번순·김화년·권혁재·박찬수(2011), 「한중 FTA 의의와 주요 쟁점」, 삼성경제연구소

정환우(2012), 「한중 FTA 서비스분야 협상 시 쟁점과 시사점」, 국제무역연구원

최병일·송원근·최남석(2012), 「한중 FTA 협상, 정교하고 치밀하게 접근해야」, 한국경제연구원

崔兌旭(2006), 「韓國自由貿易協定(FTA)的推進戰略」, 『當代韓國』, 2006年 春季號

劉魁楚(2008), 「中韓FTA分析」, 『中國商界』, 2008年 第6期

邢程程·張廣勝(2010), 「中韓FTA對我國對韓水産品出口貿易流量的影響」, 『市場與貿易』, 2010年 第6期

車松虎(2010), 「中韓FTA爭論的焦點分析」, 『消費導刊』, 2010年 第3期

李聖華(2011), 『中日經濟貿易合作研究』, 經濟科學出版社

李榮林(2011), 『APEC內部FTA的發展及其對APEC的影響』, 天津大學出版社

商務部研究院亞洲與非洲研究所(2011), 『中國自由貿易區發展報告2010』, 中國商務出版社

"年440조 커지는 中내수시장 5大전략으로 뚫는다", 매일경제, 2012. 1. 9자 A12면

"한중 FTA, 농업 타격받겠지만 한국경제 전체 살릴 보약", 아주경제, 2012. 4. 25 A7면

"한중 FTA 피해규모 최소화해야", 아주경제, 2012. 5. 9 A20면

"한중 FTA 품목수·금액 규모 제한 두는 전략 필요", 아주경제, 2012. 6. 20 A7면

"대중국 수출 30%, GDP 2~4%", 아주경제, 2012. 7. 19 A7면

〈부록〉 HS 코드 2단위

HS 코드	설 명
01	산동물
02	육, 식용설육
03	어류, 갑각류, 연체동물, 기타 수생무척추동물
04	낙농품, 조란, 천연꿀, 기타 식용의 동물성생산품
05	기타 동물성생산품
06	산수목, 기타 산식물, 구근류, 절화, 장식용 잎
07	식용의 채소, 뿌리, 괴경
08	식용의 과실과 견과류, 감귤류 또는 멜론의 껍질
09	커피, 차, 마태, 향신료
10	곡물
11	제분공업생산품, 맥아, 전분, 이눌린, 밀의 글루우텐
12	채유용 종자·과실, 각종 종자·과실, 공업용·의약용식물, 짚·사료식물
13	락, 검, 수지, 기타 식물성 액즙과 엑스
14	식물성 편조물용 재료, 기타 식물성생산품
15	동식물성 유지, 이들의 분해생산물, 조제식용지, 동식물성의 납
16	육류, 어류, 갑각류, 연체동물, 기타 수생무척추동물의 조제품
17	당류와 설탕과자
18	코코아, 코코아조제품
19	곡물, 곡물분, 전분, 밀크의 조제품, 베이커리제품
20	채소, 과실, 견과류, 또는 식물의 기타부분 조제품
21	각종 조제식료품
22	음료, 알코올, 식초
23	식품공업 시 생기는 잔유물과 웨이스트, 조제사료
24	담배, 제조한 담배대용물
25	소금, 황, 토석류, 석고, 석회, 시멘트
26	광, 슬래, 회
27	광물성연료·광물유 이들의 증류물, 역청물질, 광물성 왁스
28	무기화학품, 귀금속·희토류금속·방사성원소·동위원소의유기·무기화합물
29	유기화학품
30	의료용품
31	비료

32	유연·염색엑스, 탄닌과 그 유도체, 염료·안료, 페인트, 퍼티, 잉크
33	정유와 레지노이드, 조제향료, 화장품류, 화장용품류
34	비누, 유기계면활성제, 왁스, 연마조제품, 양초, 조형용 페이스트
35	단백질계물질, 변성전분, 굴루우, 효소
36	화약류, 화공품, 성냥, 발화성합금, 특정가연성조제품
37	사진용 또는 영화용의 재료
38	각종 화학공업생산품
39	플라스틱 및 그 제품
40	고무와 그 제품
41	원피(모피제외)와 가죽
42	가죽제품, 동물거트의 제품, 마구·여행용구·핸드백·기타 유사제품
43	모피, 인조모피 및 이들의 제품
44	목재와 그 제품 및 목탄
45	코르크와 그 제품
46	짚·에스파르토·기타 조물재료의 제품과 농세공물, 지조세공물
47	목재펄프, 섬유질셀룰로오스재료의 펄프, 지·판지의 웨이스트와 스크랩
48	지와 판지, 제지용펄프·지 또는 판지의 제품
49	인쇄서적·신문·회화·기타 인쇄물, 수제문서·타이프문서, 도면
50	견
51	양모·섬수모·조수모·마모사 및 이들의 직물
52	면
53	기타 식물성방직용섬유와 지사 및 지사의 직물
54	인조장섬유
55	인조단섬유
56	워딩, 펠트, 부직포, 특수사, 끈, 코오디지, 케이블과 그 제품
57	양탄자류와 기타 방직용 섬유제 바닥깔개
58	특수직물, 더후트한 섬유직물, 레이스, 태피스트리, 트리밍과 자수포
59	침투·도포·피복·적층한 방직용섬유직물, 공업용의 방직용 섬유제품
60	메리야스편물과 뜨개질편물
61	메리야스 및 뜨개질편물의 의류와 그 부품
62	의류와 그 부속품(메리야스 및 뜨개질편물의 것은 제외)
63	기타 방직용섬유제품, 중고의류, 중고 방직용섬유제품, 넝마
64	신발류·모자류·산류·지팡이·시트스틱·채찍 및 이들의 부분품
65	모자류와 그 부분품
66	산류·지팡이·시트스틱·채찍 및 이들의 부분품

67	조제우모와 솜털 및 그 제품, 조화, 인모제품
68	석·플라스터·시멘트·석면·운모 또는 이와 유사한 재료의 제품
69	도자제품
70	유리와 유리제품
71	진주, 귀석·반귀석, 귀금속, 귀금속을 입힌 금속, 모조신변장식용품, 주화
72	철강
73	철강의 제품
74	동과 그 제품
75	니켈과 그 제품
76	알루미늄과 그 제품
78	연과 그 제품
79	아연과 그 제품
80	주석과 그 제품
81	기타 비금속, 서메트, 이들의 제품
82	비금속제의 공구·도구·칼붙이·스푼과 포크 및 이들의 부분품
83	비금속제의 각종제품
84	원자로·보일러와 기계류 및 이들의 부분품
85	전기기기와 그 부분품
86	철도용 기관차량 및 부품, 철도 또는 궤도용의 장비품 및 부품
87	철도 또는 궤도용 이외의 차량 및 그 부분품과 부속품
88	항공기와 우주선 및 이들의 부분품
89	선박과 수상구조물
90	광학기기, 사진용기기, 영화용기기, 측정기기, 검사기기, 정밀기기와 의료용기기 및 이들의 부분품과 부속품
91	시계와 그 부분품
92	악기 및 그 부분품과 부속품
93	무기, 총포탄 및 이들의 부분품과 부속품
94	가구와 침구, 램프와 조명기구, 조명용 사인, 조립식 건물
95	완구, 유희용구, 운동용구 및 그 부분품과 부속품
96	잡품
97	예술품, 수집품과 골동품

서창배(徐暢培)
중국경제통상 전공
대외경제정책연구원(KIEP) 전문연구원 역임
현) 부경대학교 국제지역학부 교수
「한-중-일 FTA의 추진현황과 필요성 연구」(2011) 등
『현대중국사회: 10개의 시선, 하나의 중국』(공저, 2009) 등
e-mail: rainmaker@pknu.ac.kr

연상모(延上模)
중국 상하이 副총영사 역임
현) 부산발전연구원 석좌연구위원
「세계화의 추세와 당면과제」(2004) 등
e-mail: smyun80@mofat.go.kr

곽복선(郭福墠)
KOTRA 중국사업단장 역임
현) 경성대학교 중국통상학과 교수
「12.5규획으로 본 중국지방정부 신흥전략산업」(2011) 등
『현장에서 읽는 중국환경시장』(2007) 등
e-mail: kbsamor@ks.ac.kr

김동하(金東河)
중국경제 전공
포스코경영연구소 연구위원 역임
현) 부산외국어대학교 중국지역통상학과 교수
「중국 리콜제도 법제화에 관한 연구」(2011) 등
『위안화 경제학』(2010) 등
e-mail: dhkim@bufs.ac.kr

김형근(金亨根)
중국경제 전공
지식경제부 경제자유구역기획단 물류자문위원 역임
현) 신라대학교 중국어중국학과 교수
「중국 동북지역 개발에 따른 물류협력 가능성과 진출 전략에 관한 연구」(2012) 등
『중국 서부대개발 지역의 주요 개방신구 비교 및 우리기업 진출 지원방안』(2012) 등
e-mail: kimhg@silla.ac.kr

강희정(姜熙丁)
중국경제 전공
대통령직속 동북아시대위원회 자문위원 역임
현) 한밭대학교 경제학과 교수
　　중국 쑤저우(蘇州)산학협력R&D센터장
「제주특별자치도 중장기 수출진흥전략」(2012) 등
『한중 산학연 녹색협력 강화와 중국 녹색시장 진출전략』(2012) 등
e-mail: khj2003@hanbat.ac.kr

서이명(徐二明, 中國人)
공상관리 전공
중국 국무원 학위위원회 위원 역임
현) 중국인민대학교 공상관리학과 교수
「資源互補對機會主義和戰略聯盟績效的影響研究」(2012) 등
『전략관리』(2012) 등

김종욱(金鍾旭)
경제학 전공
현) 부산발전연구원 연구위원
「부산의 창업활성화를 위한 시스템 구축방안: 기술창업의 특성 및 정책대안을 중심으로」
(2011) 등
『부산 지역산업의 개방형 혁신 구축방안』(2012) 등
e-mail: jwkim@bdi.re.kr

장정재(張正在)
중국기업관리 전공
현) 부산발전연구원 연구위원
「중국의 외자기업 정책 변화에 따른 우리기업의 조세전략 수립에 대한 연구」(2011) 등
『쉽게 풀어쓴 중국 재무회계와 조세실무』(2010) 등
e-mail: jangjj@bdi.re.kr

초 판 인 쇄 | 2012년 10월 12일
초 판 발 행 | 2012년 10월 12일

엮 은 이 | 부산발전연구원
펴 낸 이 | 채종준
펴 낸 곳 | 한국학술정보㈜
주   소 | 경기도 파주시 문발동 파주출판문화정보산업단지 513-5
전   화 | 031) 908-3181(대표)
팩   스 | 031) 908-3189
홈 페 이 지 | http://ebook.kstudy.com
E - m a i l | 출판사업부 publish@kstudy.com
등   록 | 제일산-115호(2000. 6. 19)

ISBN   978-89-268-3861-7 13340 (Paper Book)
            978-89-268-3862-4 15340 (e-Book)